비유의 위력

비유의 위력

지은이/ 존 도미닉 크로산
옮긴이/ 김준우
펴낸이/ 김준우
초판 1쇄 펴낸날/ 2012년 4월 20일
초판 2쇄 펴낸날/ 2013년 10월 1일
초판 3쇄 펴낸날/ 2018년 10월 25일
펴낸곳/ 한국기독교연구소
등록번호/ 제8-195호(1996년 9월 3일)
경기도 고양시 일산동구 고봉로 32-9, 양우 331호 (우 10364)
전화 031-929-5731, 5732(Fax)
E-mail: honestjesus@hanmail.net
Homepage: http://www.historicaljesus.co.kr.
표지 디자인/ 정희수
인쇄처/ 조명문화사 (전화 02-498-3017)
보급처/ 하늘유통 (전화 031-947-7777, Fax 031-947-9753)

The Power of Parable: *How Fiction by Jesus Became Fiction about Jesus*. Copyright ⓒ 2012 by John Dominic Crossan.
All rights reserved. Korean Translation copyright ⓒ 2012 by Korean Institute of the Christian Studies. The Korean translation right arranged with the author c/o HarperOne through EYA (Eric Yang Agency). Printed in Seoul, Korea.

이 책의 한국어판 저작권은 EYA(Eric Yang Agency)를 통한 HaperOne 사와의 독점계약으로 한국어 판권을 한국기독교연구소가 소유합니다. 저작권법에 따라 국내에서 보호받는 저작물이므로 무단전재와 무단복제를 금합니다.

ISBN 978-89-97339-03-7 94230
ISBN 978-89-87427-87-4 (세트)

값 15,000원

비유의 위력

예수에 의한 픽션이 어떻게 예수에 관한 픽션이 되었는가?

존 도미닉 크로산 지음

김준우 옮김

한국기독교연구소

The Power of Parable

How Fiction by Jesus Became Fiction About Jesus

John Dominic Crossan
New York, NY: HarperOne, 2012.

Korean Translation by Kim Joon Woo

이 책은 한상익 장로님(청파교회)의
출판비 후원으로 간행되었습니다.

2012
Korean Institute of the Christian Studies

목차

프롤로그　이야기와 은유 __ 7

제1부
예수가 가르친 비유들

1장　수수께기 비유들 __ 23
　　　그들이 깨닫지 못하도록

2장　본보기 비유들 __ 45
　　　가서 너희도 이처럼 행하라

3장　도전하는 비유들: 1부 __ 69
　　　예루살렘에서 여리고로 내려가다가

4장　도전하는 비유들: 2부 __ 99
　　　말씀에 맞서는 말씀

5장　도전하는 비유들: 3부 __ 135
　　　들을 귀 있는 자는 들을지어다!

6장　하나님의 나라 __ 171
　　　협동하라는 도전

중간극
비유적인 역사의 유혹 __ 213
루비콘 강의 카이사르

제2부
예수에 관한 비유들

7장 이름 없는 사람들을 위한 찬양 __ 235
마가에 따른 비유 복음

8장 수사학적 폭력 __ 267
마태에 따른 비유 복음

9장 로마, 그 새로운 예루살렘 __ 295
누가-사도행전에 따른 비유 복음

10장 하나님의 환상적인 꿈 __ 329
요한에 따른 비유 복음

에필로그 역사와 비유 __ 367

옮긴이의 말 __ 383

성경 색인 __ 391

프롤로그

이야기와 은유

1960년 여름, 나는 로마의 쟈니콜로 언덕 위에 있는 세르비떼 수도원의 수도 신부로서, 로마 시내 중심가에 있는 교황청 성서연구소에서 2년 동안의 박사 후 연구과정의 절반 정도를 지나고 있었다. 당시 로마는 8월 말에 시작될 올림픽 경기를 준비하고 있었으며, 그 찌는 더위만이 아니라 곳곳에서 벌이고 있던 건설공사와 수많은 사람들로 인해 북새통을 이루고 있었다.(심지어 교황님도 8월에는 바티칸을 떠나 로마 동쪽의 서늘한 알바니 언덕의 카스텔 간돌포에 머무실 정도다.)

그 해 8월에 나는 감사하게도 로마를 떠나 리스본으로 가서 미국인 순례자 그룹을 만나 서부 유럽의 중요한 로마 가톨릭의 성지들을 안내하라는 명령을 받았다. 내가 안내할 성지 가운데는 성모 마리아를 위한 파티마와 루르드, 성녀 테레사를 위한 리지외, 그레이스 켈리를 위한 모나코, 요한 23세를 위한 카스텔 간돌포가 포함되어 있었다. 그리고 일이 벌어졌다.

우리 일행은 파리에서 미국으로 돌아가는 비행기를 타기 위해 로마에서 버스를 타고 천천히 파리로 가던 중이었다. 그 중간에 바바리아 알프스 지방의 오베람머가우에 멈춰서, 우리는 예수의 마지막 한 주간을 대여섯 시간 동안의 연극으로 만든 수난극을 관람했다. 그 마을 사람들은 1634년의 흑사병에서 구출된 것을 감사해서 매 십 년마다 그 연극을 공연했다. 물론 1940년에는 공연하지 못했지만, 1950년에 공연할 때는 아데나워 수상과 아이젠하워 장군이 모두 참석했다.

다시 말해서, 우리가 1960년에 본 것은 히틀러가 1930년에 보았으며, 또한 1934년에 그 흑사병 300주년을 기념해서 특별 공연한 것을 보았던 것과 똑같은 연극이었다. 그러나 당시 1960년 9월초에는 내가 아직 히틀러가 그 연극에 관해 다음과 같이 열광적으로 논평한 것을 읽지 못했었다.

> 수난극이 오베람머가우에서 계속되는 것은 대단히 중요하다. 로마 시대에 벌어진 일을 보여주는 이 연극처럼 유대인들의 위협을 적나라하게 보여준 것은 결코 없었기 때문이다. 사람들은 본디오 빌라도에게서 인종적으로 또한 지적으로 우월한 로마인을 보게 됨으로써, 그는 온통 유대인 쓰레기와 진창 한복판에 우뚝 선 깨끗한 바위와 같다.

이처럼 악랄한 논평은 1942년 7월, 즉 독일 군대가 스탈린그라드를 향해 진격할 때 나온 것이다. 그러나 내가 당시에 히틀러의 논평을 알지는 못했지만, 수도원의 전례와 성서연구를 통해 기독교의 고난주간에 벌어진 일의 순서는 분명히 알고 있었다.

내가 예상하지 못했던 것은 내가 그처럼 잘 알고 있는 기록된 본문(text)의 이야기가 그처럼 전혀 납득할 수 없는 드라마(drama)로 만들어진 사실이었다. 그 수난극은 이른 아침에 종려주일로 시작했는데, 예수가 예루살렘으로 들어갈 때 그를 찬성하고 환호하는 군중들로 그 큰 무대가 가득했다. 그러나 오후 시간에는 성(聖) 금요일 장면에서 그 똑같은 군중들이 예수를 십자가에 처형하라고 외쳐댔다. 그러나 그 연극에서는 그 군중들이 도대체 왜 그처럼 마음을 완전히 바꾸었는지에 대해서는 아무런 설명도 없었다.

나는 군중들이 예수의 죽음에 대해 자기들이 책임을 지겠다며 "그 사람의 피는 우리와 우리 자손에게 돌아올 것이오"라고 외치는 그 표독스런 장면이 사실(fact)인지 아니면 허구(fiction)인지 하는 의문이 들었다. 그 장면이 역사라고 확신할 수 있을 것 같지는 않았다. 그 군중들이 예수를 받아들였다가 태도를 돌변하여 예수를 배척하게 된 이유는 도대체 무엇이었는가? 그 이야기는 역사라기보다는 오히려 비유로서 그 기능을 수행할 수 있었던 것인가?

이런 생각은 다른 질문들로 이어졌다. 만일에 예수의 수난이야기가 비유라면, 즉 도덕적 혹은 신학적 목적을 위해 만들어진 허구적인 이야기라면, 착한 사마리아 사람의 비유처럼 예수가 가르친 비유들(parables by Jesus)만이 아니라, 그 수난극의 군중들의 치명적인 주장처럼 예수에 관한 비유들(parables about Jesus)도 있는 것이 아닌가? 더 나아가, 빛의 비유들만이 아니라 어둠의 비유들도 있었다. 예수의 십자가 처형이라는 사실적인 역사가 비유가 되어, 비유적인 역사(parabolic history) 혹은 역사적인 비유(historical parable)가 되었고—이 점에 대해서는 나중에 보다 자세하게 설명하겠다—또한 그것으로부터 시대의 격랑 속에서 신학적 반(反)유대주의가 생겨나 인종적 반(反)셈족주의를 낳았다.

1967년 6월에 나는 예루살렘 구(舊) 시가의 다마스커스 문 바로 북쪽에 있는 프랑스 고고학 학교에서 2년 동안의 안식년을 보내고 돌아왔다. 나는 6일 전쟁으로 인해 예루살렘 구 시가가 요르단으로부터 이스라엘로 넘어가기 직전에 탈출했다. 그 후 2년 동안, 내가 1969년에 수도원과 사제직을 떠나 드폴 대학교로 가기 전에, 나는 시카고 지역에 있는 두 곳의 신학대학들에서 가르쳤다. 한 과목은 예수가 가르친(by Jesus) 비유들에 관한 것이었고, 다른 한 과목은 예수에 대한(about Jesus) 부활 이야기들에 관한 것이었다.

이 과목들을 통해 나는 예전에 오베람머가우에서처럼, 또 다시 비유와 역사의 접촉점을 탐구하게 되었다. 나는 예수가 가르친 비유 이야기들은 예수에 관한 부활절 이야기들과 두드러지게 비슷해 보인다는 점을 발견했다. 예수에 관한 부활절 이야기들도 예수가 만든 비유들처럼, 비유들로 의도되었던 것들인가? 우리들은 비유를 읽으면서 역사를 생각함으로써, 비유와 역사 모두를 오해해왔던 것인가? 적어도 계몽주의에 대해 반응하면서 문자주의가 친(親) 기독교적 상상력과 반(反) 기독교적 상상력 모두를 불구로 만들어 놓은 이래로, 우리는 비유와 역사 모두를 오해해왔던 것인가? 예를 들어, 예루살렘에서 여리고로 내려가는 길에서 등장한 착한 사마리아 사람과, 예루살렘에서 엠마오로 내려가는 길에서 등장한 부활 이후의 예수를 생각해보자. 대부분의 사람들은 전자(누가 10:30-35)를 신학적인 메시지가 있는 허구적인 이야기로 받아들일 것이지만, 후자(누가 24:13-33)에 대해서는 어떻게 생각하는가? 엠마오 이야기는 사실(fact)인가 허구(fiction)인가, 역사인가 비유인가? 많은 사람들은 엠마오 이야기가 실제로 일어났다고 말할 것이다. 그러나 도대체 왜 그런가? 불과 몇 장 앞에서는 비슷한 이야기가 순전한 허구, 완전히 비유로 간주되지 않았는가? 우리는 이 질문에 대해 좀 더 가까이 살펴볼 필요가 있다.

엠마오로 가던 길에서 일어난 이야기가 역사가 아니라 비유를 뜻하는 것이었다는 첫 번째 단서는 예수가 그 길을 가던 두 사람과 합류할 때, 그들이 예수를 알아보지 못한다는 점이다. 예수는 실제로 신분을 숨긴 채 여행하는 중이다. 두 번째 단서는 심지어 예수가 성서가 어떻게 예수를 메시아로 가리키는지를 자세히 설명해도 그들이 여전히 예수를 알아보지 못한다는 점이다. 그러나 세 번째로 그 이야기의 목적에 대한 결정적인 단서는 그 클라이맥스에 나오는데, 인용하면 다음과 같다.

그 두 길손은, 자기들이 가려고 하는 마을에 가까이 이르렀다. 그런데 예수께서는 더 멀리 가시려는 척하셨다. 그러자 그들은 예수를 만류하여 말하기를 "저녁때가 되고, 날이 이미 저물었으니, 우리 집에 묵으십시오" 하였다. 예수께서 그들의 집에 묵으려고 들어가셨다. 그리고 그들과 함께 음식을 잡수실 때에, 예수께서 빵을 들어서 축사하시고, 떼어서 그들에게 주셨다. 그제서야 그들의 눈이 열려서, 예수를 알아보았다. 그러나 그 순간 예수께서는 그들에게서 사라지셨다. 그들은 서로 말하였다. "길에서 그가 우리에게 말씀하시고, 성경을 풀이하여 주실 때에, 우리의 마음이 속에서 뜨거워지지 않았던가?"
(누가 24:28-32)

이것은 비유이지, 역사가 아니다. 기독교의 예전은 성서(Scripture)와 성만찬(Eucharist), 둘 모두와 관련되어 있으며, 성서는 성만찬의 서곡이며 프롤로그다. 엠마오 이야기의 두 가지 쌍둥이 요소들도 마찬가지다. 우선 성서 부분이 나온다. 그러나 심지어 예수가 성서 해설자로서 함께 해도 그 결과는 "마음이 뜨거워진 것"인데, 이 말은 마음이 무엇인가를 할 준비가 되어 있다는 말이다. 그러나 무엇을 할 것인가? 성만찬 부분에서 우리는 그 질문에 대한 대답을 얻는다. 그것은 낯선 사람을 자신처럼 대접하고, 낯선 사람을 자신의 집에 초대하며, 낯선 사람과 식사를 나누는 일이다. 바로 이처럼 음식을 나눌 때 비로소 예수가 현존한 것을 알아볼 수 있게 된다. 그 당시에도 그랬고, 지금도 그러며 항상 그렇다. 이 때문에 엠마오 이야기의 클라이맥스에 나오는 핵심적 동사들, 즉 "들어서, 축사하고, 떼어서, 나누어주었다"는 동사들이 예수가 처형되기 전에 마지막 유월절 만찬(마가 14:22)에서도 똑같이 사용된 것이다.

이 이야기는 사랑하는 것에 관한 비유이다. 즉 낯선 사람을 우리 자신처럼 먹이고, 그 만남 속에서 여전히―혹은 유일하게?―완전히 현존하는 예수를 발견하는 일에 관한 비유이다. 오래 전에 나는 이것을 매우 명확히 깨달았고, 이 이야기를 기록한 고대 크리스천들의 의도와 이 비유에 대한 현대 기독교적인 의미를 요약해서, "엠마오는 결코 일어나지 않았다. 엠마오는 항상 일어난다"고 표현했다. 이것은 한편 비유에 대해 소개하는 정의인 셈이다. 비유는 결코 일어난 적이 없는 이야기지만 항상 일어나는 이야기, 혹은 적어도 항상 일어나야만 하는 이야기다.

이제까지 말한 것들은 이 책의 기본적인 질문들을 소개한 것이다. 만일에 적어도 십자가 처형 이야기 속에 한 가지 어두운 비유가 있으며, 부활 이야기 속에는 하나의 밝은 비유가 있다면, 다른 종류의 비유들은 얼마나 많이 있는가? 예수의 마지막 일주일—기독교의 고난주간—에 관해 기록된 사건들 가운데 역사라기보다는 비유(혹은 비유적인 역사나 역사적 비유)인 것들은 일부분인가, 아니면 많은가, 아니면 거의 대부분인가? 예수가 가르친 비유들(parables by Jesus)은 예를 들어 착한 사마리아 사람, 탕자, 불의한 청지기의 비유처럼, 그 등장인물들과 이야기들을 만들어냈지만, 예수에 관한 비유들(parables about Jesus)은 역사적인 인물들, 예를 들어 세례자 요한과 예수, 안나스와 가야바, 안티파스와 빌라도 등의 역사적 인물들을 등장시키지만, 그들이 말하고 행동한 것에 관한 이야기들을 만들어냈다.

사실적인 역사는 어디에서 끝나고 허구적인 비유가 시작되는가? 사실이 허구에 의해 해석되고, 역사가 비유에 의해 해석되고, 인간적인 사건이 신적인 비전에 의해 해석되는 이런 상호작용이 복음의 전체 내용으로까지 확장되는가? 그렇기 때문에 우리는 오직 하나의 복음에 대한 여러 판본들(versions)을 갖게 된 것인가? 마태에 따른 복음, 혹은 마가에 따른 복음, 혹은 누가에 따른 복음, 혹은 요한에 따른 복음이라고 애당초 올바르게 불렀던 것처럼 말인가? 이런 기본적인 질문에서부터 출발한 이 책의 순서와 구조는 다음과 같다.

이 책은 크게 두 부분으로 이루어져 있고 그 분량은 같다.

1부는 예수가 가르친 비유들에 관한 것으로서, 허구적인 (fictional) 등장인물들에 관한 허구적인(fictional) 사건들에 관한 것이다. 2부는 예수에 관한 비유들로서, 사실적인(factual) 등장인물들에 관한 허구적인(fictional) 사건들에 관한 것이다. 이 두 부분 사이에는 매우 중요한 중간극이 있는데, 이것은 순전한 허구(pure fiction)에서부터, 사실과 허구가 혼합된 것(fact-fiction mixture)으로 바뀌는 것을 강조하고 그 사례를 보여주기 위한 것이다. 내가 선택한 사례는 율리우스 카이사르가 기원전 49년에 루비콘 강을 건너 이탈리아로 진격함으로써 그 후 20년 동안 계속된 로마의 내전을 시작하게 된 이야기다. 이 사건은 사실적 역사이다. 그러나 이 사건에 관한 고대의 모든 이야기들—심지어 카이사르 자신의 이야기조차도—은 비유들이다. 그 이야기들은 순전한 역사가 아니라 역사적 비유 혹은 비유적 역사를 보여준다. 이것은 우리로 하여금 2부에서 예수에 관한 역사적인 비유 이야기들로 바뀌게 된 것을 이해하도록 도와준다.

1부는 예수가 가르친 비유들에 관해 여섯 장으로 이루어져 있다. 1장과 2장에서 나는 예수의 비유들에 대해 기본적으로 두 가지 형태, 즉 수수께끼 비유(riddle parable)와 본보기 비유(example parable)로 구분해서 설명할 것이다. 나는 비유들의 요점을 이처럼 두 가지 방식으로 이해하는 것이 이미 예수 이전에 성서 전통 속에 있었다는 사실을 밝힐 것이다. 그러나 나는 또한 예수 자신이 비유를 통해 보여준 비전에 이 두 가지 방식 가운데 어느 하나를 적용하는 데 따르는 문제점들도 지적할 것이다.

3장에서는 세 번째 형태, 내가 도전하는 비유(challenge parable)라고 부르는 것을 통해 두 가지 방식을 세 가지 방식으로 확장하겠다. 4장에서는 도전하는 비유들 역시 예수 이전의 성서 전통 속에 이미 있었다는 점을 밝힐 것이다. 5장에서는 예수의 비유들 가운데 수수께끼 비유나 본보기 비유라기보다는 도전하는 비유로 볼 것들이 얼마나 많은지를 살펴보겠다. 도전은 예수 자신의 수사학적인 목적과 비유로 가르친 의도에 잘 들어맞는다.

1부의 결론을 짓기 위해서 나는 6장에서 도대체 왜 예수는 자신의 중요한 교육 방식과 중요한 교육 도구로서 도전하는 비유들을 선택했는지를 해명할 것이다. 만일에 매체(medium)가 메시지(message)라면, 하나님 나라라는 그의 메시지와 도전하는 비유라는 그의 매체 사이에는 어떤 특별한 관계가 있는가? 도대체 왜 예수는 마가 4:34의 표현처럼 "비유가 아니면 말씀하시지 않으셨는가"?

2부는 예수에 관한 비유들로서 네 장으로 이루어져 있다. 각 장은 네 개의 복음서 판본들 중 하나와 일치한다. 즉 7장에서는 마가, 8장에서는 마태, 9장에서는 누가-행전, 10장에서는 요한에 따른 복음을 다룰 것이다. 각각의 장에서 각각의 복음을 다루면서 나는 그 각각의 복음이 역사라기보다는 비유라는 것을 밝히기 위해 그 복음의 매우 중요한 한 부분에 초점을 맞출 것이다. 그런 다음에 그 중요한 사례로부터 넓혀서 각각의 복음서 판본 전체가 나사렛 예수라는 역사적 인물의 생애와 죽음과 부활에 관해 기록한 한 권의 책 분량에 이르는 메가 비유(megaparable) 즉 큰 비유라고 생각할 것이다. 그러나 그 네 장을 관통하는 또 하나의 통일적 주제가 있다.

그 네 복음서 판본들 속에서 우리는 예수에 관한 도전하는 비유들만이 아니라, 새로운 네 번째 형태의 비유들도 찾아볼 수 있다. 나는 그것을 공격하는 비유(attack parable)라고 부르는데, 이것은 이야기 속에서 예수가 그의 청중들에게 도전할 뿐 아니라, 예를 들어 그들을 욕하거나, 그들의 진심을 의심하거나 그들의 성실성을 비난하는 방법으로 그들을 공격하는 이야기다. 7장에서 10장까지 관통하는 중요한 질문이며 네 복음서 판본들을 예수에 관한 메가 비유들(megaparables)로 보면서 묻는 질문은 이것이다. 공격하는 비유들은—도전하는 비유들과는 구별되게—역사적 예수의 특징이었는가?

이 책에서 나는 구약성서와 신약성서 속에 나오는 비유들에만 초점을 맞출 것이며, 독자들은 이미 이 책이 어떻게 전개될 것인지에 대한 전망을 갖게 되었을 것이다. 그러나 이 프롤로그를 마치면서 묻게 되는 분명한 질문이 남아 있다. 우리가 지금까지 논의하고 있는 "비유"라는 것이 도대체 무엇인가? 이런 형태, 저런 형태를 떠나서, 수수께끼나 본보기, 도전이나 공격을 떠나서, 그런 구분 이전에 도대체 비유란 무엇인가?

하워드 슈바르츠는 현대의 100개의 비유들을 수집한 그의 놀라운 책 『제국의 메시지』의 서문에서, "비유의 기본적인 도전은 가능한 한 짧게 좋은 이야기를 쓰는 것"[1]이라고 말한다. 그러나 이런 정의는 약간 부정확하며 또한 상당히 부적절하게 보인다. 비유가 분명히 하나의 이야기라는 점을 생각할 때, 단지 그 이야기의 길이와 단어수로만 판단해야 할 것인가? 예수가 탁월한 비유꾼인 것이—적어도 누가복음의 그리스어 판본에서는—그의 착한 사마리아 사람의 비유가 약 100 단어이며, 탕자의

---

1) Howard Schwartz, ed., *Imperial Message: One Hundred Modern Parables* (Woodstock, NY: The Overlook Press, 1991), p. xix.

비유가 약 400 단어이기 때문인가?

나는 길이가 짧은 것이 비유의 결정적인 특징이라고는 받아들이지 않는다. 율리우스 카이사르는 기원전 47년에 젤라에서, 즉 터키의 중남부 흑해 연안의 내륙에서 승리한 것을 기념하여 라틴어로 "베니, 비디, 비키"(*Veni, Vidi, Vici*), 즉 "나는 왔노라, 보았노라, 정복했노라"라고 기록했지만, 우리는 보통 이것이 그 간결함 때문에 완전한 비유라고는 생각하지 않는다. 반면에 존 번연의 『천로역정』(*Pilgrim's Progress*)이나 허만 멜빌의 『백경』(*Moby Dick*)은 매우 긴 이야기들이지만, 우리는 이것들을 비유들이라고 생각한다.

그러나 심지어 길이가 짧은 것을 비유의 중요한 특징으로 받아들인다 해도, 이것이 비유를 정의할 때 필요한 전부인가? 짧음과 이야기됨이 비유를 구성하는가? 나는 길이가 짧은 것을 비유의 한 특징으로 볼 수는 있지만, 반드시 필수적인 특징은 아니라고 생각하며, 비유를 다음과 같이 정의한다.

비유 = 은유 + 이야기

비유는 짧거나 중간 정도거나 길거나 간에 은유가 하나의 이야기로 확대된 것이며, 혹은 좀 더 단순하게 말해서, 비유는 은유적인 이야기다. 그러나 은유는 무엇이며, 이야기는 무엇이고, 이 둘이 결합해서 은유적인 이야기가 된 것이, 다른 형태의 이야기들, 예컨대 당신이 방금 읽은 소설이나 당신이 방금 본 영화와는 어떻게 다른가?

은유(Metaphor). "은유"라는 말은 두 개의 그리스어 어원, 즉

"건너서" 혹은 "가로질러"라는 뜻의 '메타'(*meta*)와 "나르다" 혹은 "지니다"라는 뜻의 '페레인'(*pherein*)에서 온 말이다. 즉 은유는 한 사물로부터 다른 것으로 "건너서 나르는" 것, 그래서 "어떤 것을 다른 것으로 보는 것" 혹은 "어떤 것을 다른 것으로 말하는 것"을 뜻한다. 간단한 일상적인 사례를 들어보자. "구름이 돛을 달고 바다를 건너고 있다"는 표현은 은유적인 표현이다. 왜냐하면 그것은 푸른 하늘을 푸른 바다로 보며, 흰 구름을 흰 돛단배로 보기 때문이다. 은유는 "~로 보는 것" 혹은 "~로 말하는 것"이다.

이처럼 작은 은유들, 혹은 우리가 일상적으로 사용하는 속담들의 은유들처럼 작은 은유들을 인식하는 데는 아무 문제가 없다. 문제는 **큰** 은유들이 위험하며 불가피하다. 은유가 커지면 "전통"이라 부른다. 은유가 더욱 커지면, "현실"이라고 부르며, 가장 크게 되면, "진화" 혹은 심지어 "신"(god)이라고 부른다. 우리가 항상 은유를 사용한다는 것이 문제가 아니라, 은유의 존재를 망각하거나 무시하기 쉽다는 점이 문제다. 그러나 은유는 언어의 **뼈대**를 이루는 판(板)들이기 때문에(이것은 은유다), 은유를 망각하거나 무시하는 것은 결코 현명한 것이 아니다.

이야기(Story). 이야기 혹은 설화는 시작이 있고, 중간, 끝의 순서로 연결된 사건들이다. 내가 이 프롤로그를 쓰는 도중에 "왕의 연설"(The King's Speech)이라는 영화가 2011년 오스카상을 네 개나 수상했다. 이 영화는 하나의 이야기다. 왜냐하면 이 영화는 조지 6세가 전쟁 중에 있는 영국의 왕위에 오르지만 말을 더듬는 것 때문에 공개적 연설을 하지 못해 무능력하게 된 시작 부분과, 한 사람의 언어 치료사가 엄격하면서도 친절하게 왕을 치료하는 중간부분, 그리고 결국 왕이 전쟁에 돌입한 대영제국에게 완전히 성공적으로 크리스마스 연설을 하는 종결부분 사이의 긴장감 넘치는 순서로 이루어져 있기 때문이다.

은유적인 이야기(Metaphorical Story). 이처럼 평범한 이야기는 우리로 하여금 내부적으로 그 자체에 초점을 맞추게 하여, 그 등장인물과 줄거리의 전개를 따라가며, 다음에는 어떤 일이 벌어지며 결말은 어떻게 날 것인지 궁금하게 만든다. 우리로 하여금 그 이야기 속에 푹 파묻히도록 만들지, 그 이야기로부터 벗어나도록 만들지 않는다. 만일에 우리가 어느 이야기에 대해 "도대체 집중이 되지 않는다!"거나 "내 관심을 끌지 못했다"고 말하면, 그 이야기는 실패한 것이다. 실제로 소설이나 영화는 우리로 하여금 그것에서 벗어나 그 이야기 전체가 얼마나 황당하며 믿을 수 없는 것인지를 깨닫게 되는 것을 원하지 않는다.

반면에 비유, 즉 은유적 이야기는 항상 외부적으로 그 이야기 너머의 보다 폭넓고 다른 어떤 지시 대상을 가리킨다. 비유는 그 실제 내용이 무엇이든 간에, 결코 그 내용에 관한 것이 아니다. 그 내적인 주제가 무엇이든 간에, 비유는 항상 당신을 가리키며 또한 당신이 외부의 어떤 지시 대상에게 가기를 원한다.

그 때문에 프란츠 카프카의 비유 "나의 목적지"는 비유의 패러다임과 같다. 대단히 짧은 이 이야기에서, 하인이 주인에게 어디를 가시냐고 물을 때, 주인은 이렇게 대답한다.

"몰라... 단지 여기서 벗어나는 거야. 항상 여기서 벗어나는 거야. 그럼으로써 나는 내 목적지에 도달할 수 있어."

"그러면 주인님께서는 가시는 목적지를 알고 있나요?"

"그럼, 나는 항상 그렇게 말해왔어. 여기서 벗어난다. 그것이 나의 목적지야."

문자적 의미에서 은유적 의미로, 특정한 소우주로부터 일반적인 대우주로, "여기서 벗어나는 것"은 모든 비유의 목적지다.

예를 들어, 마가 4:3-9에 나오는 "씨 뿌리는 사람의 비유"에 대해 생각해보자. 그 비유는 한 농부가 서로 다른 종류의 밭에 씨를 뿌리는 이야기를 들려준다. 그러나 최초의 청중들과 후대의 독자들은 그 비유가 무엇에 관한 것이든 간에, 씨를 뿌리는 것에 관한 것은 아니라는 점을 즉각적으로 알게 된다. 즉 예수는 갈릴리 저지대의 농업 생산량을 늘리려고 노력하는 것이 아니다. 그 비유는 "씨를 뿌리는 것에서 벗어나는" 어떤 것에 관한 것이다. 그러나 어디로 벗어나며 왜 벗어나야 하는가? "비유"(parable)라는 말의 그리스어 어원은 '파라'(*para*) 곧 "더불어" 혹은 "~와 함께"라는 말과 '발레인'(*ballein*) 곧 "놓다" 혹은 "던지다"라는 말이 결합된 말이다. 예수의 비유에서 "씨를 뿌리는 일"은 다른 활동과 함께 주어지고 비교된다. 그 다른 활동은 무엇인가? 이 질문은 다음 장으로 연결되는데, 다음 장에서는 우리가 "씨 뿌리는 사람의 비유"를 훨씬 자세하게 살펴볼 것이다. 그 비유가 소극적으로 땅에 씨앗을 심는 것에 관한 것이 아니라 그것에서 "벗어나는" 것이라고 할 때, 마가는 우리에게 그 비유에 관해 어떻게 적극적으로 말하는가를 살펴볼 것이다.

제1부

예수가 가르친 비유들

1장

수수께끼 비유들

그들이 깨닫지 못하도록

"아무도 오늘 밤 잠들지 못한다." 푸치니가 1924년 사망하여 미완성으로 남은 그의 마지막 오페라 「투란도트」(Turandot)에서 투란도트 공주는 그렇게 외친다. 아무도 잠들 수 없는 이유는 새벽이 오기 전에 반드시 수수께끼를 풀어야만 하기 때문이다. 이것이 투란도트 공주의 이야기다.

매우 오래 전에 그녀의 조상 로우링 공주는 지혜롭게 통치했으나, 침략한 왕자에 의해 겁탈당하고 살해되었다. 복수하기 위해 그 공주의 후손인 투란도트 공주는 자기와 결혼하기 원하는 남자는 누구든지 세 가지 수수께끼를 풀어야 하는데, 실패하면 참수를 당하고 성공하면 결혼할 수 있다고 포고령을 내렸다. 그 오페라가 시작되자마자 페르시아의 젊은 왕자는 처형장으로 끌려가고, 투란도트 공주는 그를 바라보며 얼음처럼 차가운 미소를 짓는다. 그럼에도 불구하고 새로 도착한 타타리의 왕자는 자기가 그 세 가지 수수께끼들을 풀 준비가 되어 있다고 선언한다. 첫 번째 수수께끼는 이것이다.

> 투란도트 공주: "매일 밤 태어나고 매일 새벽에 죽는 것은 무엇인가?"
> 타타리의 왕자: "희망(hope)입니다."

그의 대답은 옳았다. 이어서 다음 수수께끼가 주어진다.

> 투란도트 공주: "붉게 흔들리며 불길처럼 따뜻하지만 불이 아닌 것은 무엇인가?"
> 타타리의 왕자: "피(blood)입니다."

이번에도 정답이다. 이제 마지막 수수께끼다.

> 투란도트 공주: "얼음 같지만 불처럼 타오르는 것은 무엇인가?"
> 타타리의 왕자: "투란도트 공주님입니다."

그는 시합에서 이겼지만, 공주에게 결혼에서 벗어날 마지막 길을 제시한다. 즉 만일에 공주가 다음 날 아침까지 자신의 이름을 알아맞힌다면, 자기는 처형당하고 공주는 결혼의 의무에서 풀려날 것이다. 그렇지 않다면 그들은 결혼할 것이다. 따라서 아무도 그 밤에 잠들 수 없는 것이다. 모두가 그 왕자의 진짜 이름을 알아내는 수수께끼를 풀어야 하기 때문이다.

투란도트 공주는 유일하게 그 왕자의 이름을 알고 있는 그의 하녀 리우를 고문하는데, 리우는 왕자의 비밀을 지키기 위해 자결한다. 그러나 그 왕자는 투란도트 공주에게 자기의 이름이 깔라프라는 것을 말하고 자기의 운명을 그녀의 손에 맡긴다. 마침내 공주는 그의 이름을 안다고 선언한다. 그 이름은 "사랑"이며, 그들은 영원히 행복하게 살게 된다.

오늘날 수수께끼는 보통 아이들끼리, 혹은 아이들과 어른들 사이에 하는 "단어 알아맞히기" 놀이나 말장난으로 생각한다. 그러나 투란도트 공주 이야기와 같은 민담에서는 수수께끼가 종종 목숨이 걸린 시합으로서, 수수께끼를 알아맞히지 못하면 죽임을 당하고, 알아맞히면 왕국을 얻을 수 있는 것이었다. 수수께끼는 지식과 무지 사이의 원형적인 투쟁으로서, 실제 인생에서는 무지로 인해 종종 죽임을 당하는 것이었다.

이 장의 구조는 네 개의 질문들로 이루어져 있으며, 그 각각의 질문은 앞의 대답에서 비롯된다. 첫째로, 투란도트 공주의 수수께끼처럼, 목숨이 걸린 치명적인 수수께끼 비유들이 예수 이전에 지중해 세계에 이미 존재했는가? 둘째로, 예수가 만든 이야기들도 그처럼 중대한 결과들—부정적이든 긍정적이든—을 초래할 수 있는 수수께끼들로 이해할 때, 예수의 비유들을 가장 잘 이해하는 것이 되는가? 이 질문에 대한 대답은 프롤로그를 마치면서 약속한 것처럼, 마가 4장의 "씨 뿌리는 사람의 비유"를 치밀하게 읽는 일과 관련되는데, 마가는 분명하게 이 질문에 대해 그렇다고 대답한다. 셋째로, 왜 마가는 예수의 비유들을 수수께끼 비유들로 해석했는가? 끝으로, 그렇게 예수의 비유들을 수수께끼 비유들로 이해하는 것이 실제로 예수의 의도였는가, 아니면 단지 마가의 해석(오해)이었을 뿐인가?

이 장의 첫 번째 질문은 우리가 투란도트 공주 이야기에서 본 것처럼, 목숨이 걸린 치명적인 언어 게임이 예수 당시의 그리스와 로마 환경 속에, 혹은 예수 자신의 유대인 전통과 성서 전통 속에, 이미 존재하고 있었는가 하는 질문이다. 다음 두 가지 매우 유명한 사례들을 통해서 볼 때, 이 첫 번째 질문에 대한 대답은 매우 분명하게 또한 매우 단호하게, 그런 수수께끼 비유들이 예수 이전에 이미 존재하고 있었다고 대답할 수 있다.

첫 번째 사례는 오이디푸스와 스핑크스(Oedipus and the Sphinx) 이야기다. 소포클레스의 90살에 이르는 생애는 아테네에서 기원전 5세기의 전부를 차지한다. 이 위대한 비극작가의 가장 위대한 작품은—아리스토텔레스의 유명한 판단에 따르면—기원전 429년에 발표한 『오이디푸스 왕』(*Oedipus the King*)이다.

델피의 위대한 신탁은 테베의 라이우스 왕과 조카스타 왕비에게 그들의 아들이 자기 아버지를 죽이고 자기 어머니와 결혼할 것이라고 경고한다. 라이우스 왕은 하인에게 명령하여 그들의 갓 태어난 아들을 죽이도록 했지만, 그 하인은 단지 그 아기를 산에 버리고 만다. 어떤 목동들이 그 아기를 구해서 키워 나중에 코린트의 왕과 왕비의 양자로 입양된다. 그가 커서 마침내 자신의 부모가 친부모가 아니라는 것을 알게 되어, 델피의 신탁에 도움을 구하는데, 그 신탁은 똑같이 그가 자신의 아버지를 죽이고 어머니와 결혼하게 되리라고 경고한다. 따라서 그는 (운명을 피하기 위해) 코린트로 돌아가지 않고 대신 테베로 간다.

테베로 가던 중에 그는 다른 사람과 다투게 되어 그를 살해한다. 그는 전혀 알지도 못한 채 자기 아버지 라이우스를 살해한 것이다. 이처럼 그의 끔찍한 운명의 절반을 지나서 테베의 성문에 도달한다. 그 입구는 인간의 머리를 한 사자 스핑크스가 지키고 있으면서, 테베 성에 들어가려는 모든 여행자들에게 수수께끼를 내어, 알아맞히지 못하면 산채로 잡아먹었다. 이것은 분명히 불공평한 거래로서, 테베는 점차 야위어갔던 반면에 스핑크스는 더욱 살이 쪘다. 여기서 그 치명적인 시합이 나온다.

> 스핑크스의 수수께끼: "아침에는 네 발로 걷고 오후에는 두 발로 걷다가 밤에는 세 발로 걷는 것이 무엇이냐?"
> 오이디푸스의 대답: "사람이다. 어려서는 네 손과 발로 기어다니며, 어른이 되어서는 두 다리로 걸어다니고, 늙어서는 지팡이에 의지해서 걷기 때문이다."

그의 대답은 물론 옳았다. 그래서 스핑크스는 즉시 스스로 죽고 말았다. 테베가 해방되었고, 오이디푸스는 최근에 과부가 된 조카스타 왕비와 결혼함으로써, 결국 전혀 눈치채지 못한 채 자신의 아버지를 살해했고 이제 또한 자신의 어머니와 결혼한다. 이처럼 소포클레스의 위대한 작품은 관련된 등장인물 모두의 비극적인 결과에서 전개된다.

이것은 그리스 전통에서 가장 유명한 수수께끼이며, 실제로 그 수수께끼를 푸는 데 성공한 것이 오이디푸스 왕, 조카스타 왕비, 그리고 테베 시민들 모두의 운명에 더 좋은 결과를 가져다주었는지를 판단하기는 어렵다. 그러나 어떤 결과이든 간에, 수수께끼 비유는 유치한 게임이 아니라 목숨이 걸린 심각한 어른들의 시합이다. 성공은 큰 이익을 가져다주지만, 실패는 큰 손실을 뜻한다. 우리가 다음에 볼 사례처럼, 성서 전통 안에도 수수께끼 비유들에는 똑같이 치명적인 위협이 걸려 있다.

두 번째 사례는 삼손과 사자(Samson and the Lion)의 이야기다. 삼손의 이야기는 사사기(판관기) 13-16장에 나오는데, 무엇보다도 이스라엘 백성과 다른 종족 사이의 결혼에 대해 엄격히 경고한다. 삼손의 아버지와 어머니는 삼손에게, "네 친척이나 네 백성의 딸들 가운데는 여자가 없느냐? 왜 너는 할례도 받지 않는 블레셋 사람을 아내로 맞으려고 하느냐?"(14:3)고 말했다. 삼손은 헤라클레스와 같은 인물로서 자기 백성을 위협으로부터 보호했지만, 불행하게도 분노를 다스리는 문제는 말할 것도 없고, 여자 문제에 관해서는 끔찍할 정도로 더디게 배우는 사람이었다. 당시 이스라엘의 원수는 블레셋 족속으로서, 이 족속은 기원전 1190년경에 아마도 미케네 문명 시대의 크레타 섬으로부터 출발해서 이집트에 침입했다가, 이집트에서 격퇴당하자 가나안의 남부 해안에 정착함으로써, 결국 이스라엘에 심각한 군사적 위협이 되었다. 다윗이 양쪽 군대가 포진하고 있는 동안에 물맷돌로 블레셋 장군 골리앗을 쓰러트렸어도 그들의 위협은 계속되었다.

삼손이 블레셋 여인들을 좋아한 것이 처음에는 딤나의 이름 모르는 여인(14:1)이었으며, 그 다음에는 가사의 이름 모르는 창녀(16:1)였다가, 마침내 소렉의 들릴라(16:4)였다. 나는 여기서 첫 번째 여인에게 초점을 맞출 것이며 여기서도 수수께끼 시합이 결과적으로 죽음을 초래한 것을 살펴보겠다. 삼손은 딤나의 여인에게 청혼하러 가는 길에 어린 사자의 공격을 받았지만, "그 사자를 염소 새끼 찢듯이 찢어 죽였다"(14:6). 나중에 삼손이 그 여인과 결혼하러 가는 길에, 그 사자의 주검에 벌꿀이 모여 있는 것을 발견하고 그것을 떠서 가는 길에 먹었다.

    삼손의 결혼잔치를 위해 그의 처갓집 식구들이 삼손에게 삼십 명의 친구를 붙여주었다. 삼손은 그들에게 "내가 여러분에게 수수께끼를 하나 내려고 하는데, 잔치가 계속되는 이레 동안에 알아맞히어 보시오. 여러분이 알아맞히면 내가 모시옷 서른 벌과 겉옷 서른 벌을 내놓고, 맞히지 못하면 여러분이 나에게 모시옷 서른 벌과 겉옷 서른 벌을 주도록 하는 것이 어떻소?"(14:12-13) 하고 말했다. 그 수수께끼는 다음과 같다.

    먹는 자에게서 먹는 것이 나오고,
    강한 자에게서 단 것이 나왔다.(14:14)

    이 수수께끼는 공정한 수수께끼라고는 할 수 없으며, 사적인 정보와 관련된 것이기 때문에 그들로서는 결코 그 해답을 짐작할 수조차 없는 것이었다.

    그래서 "나흘째가 되던 날, 그들은 삼손의 아내를 을러대었다. '신랑을 꾀어서, 그가 우리에게 낸 그 수수께끼의 해답을 알아내서 우리에게 알려라. 그렇지 않으면 너와 네 아버지의 집을 불살라 버리겠다. 우리가 가진 것을 빼앗으려고 우리를 초대한 것은 아니지 않느냐?'"(14:15) 삼손은 마침내 아내의 요구에 굴복했고, 삼십 명의 그의 결혼 하객들은 의기양양하게 물었다.

> 무엇이 꿀보다 더 달겠으며,
> 무엇이 사자보다 더 강하겠느냐? (14:18)

삼손은 그들이 자기 아내를 이용해서 자신을 속였다는 것을 알았다. 그 결과 "주의 영이 삼손에게 세차게 내리덮쳤다. 삼손이 아스글론으로 내려가서 그 곳 주민 서른 명을 죽이고, 그들에게서 노략한 옷을 가져다가, 수수께끼를 푼 사람들에게 주었다" (14:19). 이 사건 이후에도 그 수수께끼의 치명적 영향은 계속되었다.

그러나 삼손은 딤나의 여인을 자신의 아내로 간주했지만, 그녀의 아버지가 그녀를 결혼식에 들러리 섰던 사람에게 주었다는 사실을 알게 되어, 삼손은 블레셋 사람들의 "곡식가리뿐 아니라 아직 베지 않은 곡식과 포도원과 올리브 농원까지 다 태워 버렸다"(15:5). 블레셋 사람들은 딤나의 여인과 그녀의 아버지를 불에 태워 죽였다(15:6). 또 다시 복수하기 위해 삼손은 블레셋 사람들을 "닥치는 대로 정강이와 넓적다리를 치고 마구 죽였다"(15:8). 전 세계의 민담과 전설에서는 이처럼 수수께끼를 푸는 것과 관련하여 죽음의 냄새가 배어 있다.

투란도트, 오이디푸스, 그리고 삼손의 이야기에는 수수께끼들이 나온다. 그 수수께끼들은 매우 중요하지만, 보다 폭넓은 이야기 속에 단순히 삽입되어 있을 따름이다. 그러나 만일 하나의 수수께끼가 확대되어 전체 이야기를 이루고 있어서, 그 수수께끼의 중요한 요점과 그 안의 사소한 요점들 때문에, 듣는 사람이나 읽는 사람에게 수수께끼가 꼬리를 무는 것처럼 전개될 때는 어떨까? 위의 세 가지 수수께끼 사례들에서 본 것처럼, 수수께끼는 보통 단지 한 문장으로 된 퍼즐이거나 비밀이다. 그러나 한 문장으로 된 수수께끼 질문(riddle question)이 확대되어 수수께끼 이야기(riddle narrative)가 될 때는 그 전체 이야기 자체만이 아니라 그 많은 부분들 역시도 각각 다른 곳을 가리키게 된다. 그런 수수께끼 비유들은 알레고리(allegories)라고도 부르는데, 이 말은 그리스어에서 "다른"과 "말하다"는 뜻의 어원에서 온 말이다. 수수께끼 비유들이나 알레고리들에서는 전체 이야기와 그 각각의 부분들이 "다른" 어떤 것을 "말한다." 그럴 경우에는 전체 이야기만이 아니라 그 각각의 요소들에 대해서도 그 암호를 풀어야만 한다.

그러므로 첫 번째 질문에 대한 대답은 목숨이 걸린 치명적인 수수께끼들이 예수 이전에 지중해 세계 안에, 성서 전통 안과 밖에 모두 이미 존재했다는 것이다.

이제 두 번째 질문으로 넘어갈 차례다. 예수가 가르친 비유들 가운데 일부분만, 혹은 대부분이, 혹은 모두 다, 이런 수수께끼 비유로 이해해야 할 것인가? 수수께끼 비유(riddle parable)는 예수가 특히 선호했던 비유 형태인가? 이 질문에 대해 매우 강하게 그렇다는 대답을 마가에 따른 복음에서 찾아볼 수 있다. 마가는 현재 신약성서 안에 있는 네 개의 복음서들 가운데 가장 최초의 복음서이기 때문에, 이 대답은 치밀한 조사를 필요로 한다.

첫째로, 마가는 우리에게 예수의 "씨 뿌리는 사람의 비유"를 들려주며 또한 그것을 수수께끼 비유로서 항목별로 해석해준다 (4:1-20). 마가는 또한 이 비유를 예수의 다른 비유들의 모델 혹은 패러다임으로 인용함으로써, 모든 비유들을 수수께끼 비유들로 간주하도록 만든다. 끝으로, 이처럼 수수께끼를 내고 풀어가는 과정에 대한 최고의 전통에서는 그런 비유들이 매우 중요한 결과를 초래한다. 왜냐하면 그 수수께끼 비유를 이해하는 데 성공하면 하나님 나라를 얻게 되지만, 그것을 이해하지 못하면 결과적으로 육체적인 죽음은 아닐지라도 영적인 죽음을 초래하기 때문이다. 그렇다면 여기서 마가가 전해준 예수의 씨 뿌리는 사람의 비유를 살펴보자. 이것은 2막으로 된 짧은 드라마이다.

1막은 갈릴리 바다에서 시작된다. 많은 사람들이 모여들어 "예수께서는 배에 오르셔서, 바다쪽에 앉으셨다. 무리는 모두 바닷가 뭍에 있었다." 예수는 사람들에게 "비유들로 여러 가지를 가르치셨다"(4:1-2). 여기서 즉각적으로 "비유들"이라고 복수형을 사용한 것에 주목할 필요가 있다. 그 이유는 마가 4:3-8에는 씨 뿌리는 사람의 비유 하나만 나오며, 제자들이 예수에게 "비유들에 관해" 물어볼 때(4:10) 또 다시 복수형으로 나오기 때문이다.

왜 이처럼 처음에는 복수형으로 "비유들"이라고 하고, 그 다음에는 단수형으로 씨앗 뿌리는 사람의 비유가 나오고, 또 다시 복수형으로 "비유들"로 나오는가? 마가는 "씨 뿌리는 사람의 비유"가 모든 비유들을 위한 패러다임(paradigm)으로서 다른 모든 비유들의 모델이라는 것을 강조하고 있는 것이다. 즉 만일 당신이 이 하나의 비유를 이해하면, 당신은 모든 비유들을 이해하게 될 것이라고 마가는 말하는 것이다. 그러나 만일 이 비유를 이해하지 못하면, 당신은 어떤 비유도 이해하지 못할 것이라는 말이다.

그렇다면 이처럼 패러다임이 되는 비유(4:3-8)를 살펴보자.(숫자는 저자가 덧붙인 것이다)

> 씨를 뿌리는 사람이 씨를 뿌리러 나갔다.
> [1] 그가 씨를 뿌리는데, 더러는 길가에 떨어지니, 새들이 와서 그것을 쪼아먹었다.
> [2] 또 더러는 흙이 많지 않은 돌짝밭에 떨어지니, 흙이 깊지 않으므로 싹은 곧 나왔지만, 해가 뜨자 타버리고, 뿌리가 없어서 말라 버렸다.
> [3] 또 더러는 가시덤불 속에 떨어지니, 가시덤불이 자라 그 기운을 막아 버려서, 열매를 맺지 못하였다.
> [4] 그런데 더러는 좋은 땅에 떨어져서, 싹이 나고, 자라서, 열매를 맺었다. 그리하여 삼십 배, 육십 배, 백 배가 되었다.

1막이 끝나기 전에는 더 이상 이 비유에 대한 설명이 군중들에게 주어지지 않는다.

2막은 예수가 군중들을 떠나 그의 제자들과 사적으로 이야기하는 장면으로 시작한다. "예수께서 혼자 계실 때에, 예수의 주위에 둘러 있는 사람들이, 열두 제자와 함께, 그 비유들에 관해 예수께 물었다"(4:10). 여기서도 "비유들"로 복수형으로 나온다. 씨 뿌리는 사람의 비유는 모든 비유들을 위한 비유로서 비유들에 관한 비유인 셈이다. 제자들의 질문에 대해 예수는 무엇이라고 대답하는가?

제자들의 첫 번째 질문은 씨앗 뿌리는 사람에 관한 것만이 아니라 "비유들에 관해" 물었다. 제자들은 예수에게 도대체 왜 그런 이미지들, 인물들, 은유들을 사용하는지를 물었던 것이다.
왜 비유들을 사용하는가? 왜 쉽고 문자적이며 직설적인 가르침
이 아닌가? 예수의 대답은 꽤나 경악하게 만든다.

"너희에게는 하나님 나라의 비밀을 맡겨 주셨다. 그러나 저
바깥 사람들에게는 모든 것이 수수께끼로 들린다.

'그것은 그들이 보기는 보아도 알지 못하고,
듣기는 들어도 깨닫지 못하게 하셔서,
그들이 돌이켜 용서를 받지 못하게 하시려는 것이다.'(사 6:10)

그리고 예수께서 그들에게 말씀하셨다. "너희가 이 비유를 알
아듣지 못하면서, 어떻게 모든 비유를 이해하겠느냐?"
(4:11-13)

이 말은 분명히 예수가 한 것으로 되어 있는 말 가운데 가장 대경실색하게 만드는 말이다. 우리는 이 말을 두 가지로 생각할 수 있다. 하나는 악의가 있는 것이며, 다른 하나는 점잔빼는 말투다. 둘 다 나쁜 것이다.

이 선언은 예수가 가르친 수수께끼 비유들의 영향이 그 목적으로서 인용된 것이라고 볼 수 있다. 즉 청중들이 깨닫지 못하도록 하는 것이 마치 예수의 의도였던 것처럼 말하고 있다.

우리는 이와 똑같은 구조를 예컨대 출애굽기에서 찾아볼 수 있다. 모세가 노예로 살고 있는 히브리인들을 이집트인들의 억압에서 해방시키려 할 때 파라오는 계속 거부한다. 파라오가 하

나님께 했던 것이 실제로는 하나님께서 파라오에게 하셨던 것으로 그 인과관계가 뒤바뀌는 것을 주목하라.

파라오는 그의 마음을 완악하게 하였다.(8:15, 32; 9:34)
파라오의 마음이 완악하여졌다.(7:13-14, 22; 8:19; 9:7, 35)
하나님께서 파라오의 마음을 완악하게 하셨다.(9:12; 10:1, 20, 27; 11:10; 14:8)

파라오가 하나님께 대한 행위의 결과로 나타난 것이 하나님께서 그 원인이 되시고 의도하시고 목적이셨던 것으로 돌려진다.

그러나 마가는 그처럼 친절하게 읽기를 원하지 않는 것처럼 보인다. 마가는 예수의 비유들의 의도하지 않았던 결과가 몰이해였다고 말하는 것이 아니다. 마가는 예수의 메시지에 대해 이미 몰이해가 있었기 때문에, 예수는 수수께끼 비유들을 사용해서 그런 몰이해를 더욱 심하게 만들고 그들이 돌이켜 용서받지 못하고 처벌받도록 하기 위한 것이라고 말한다. 마가에 따르면, 예수의 청중들이 먼저 예수를 거부한 것 때문에 예수 역시—수수께끼 비유들을 통해—그 청중들을 거부하게 되었다. 그러므로 마가의 해석은 예수의 비유들이 외부인들, 적대자들에게는 고의적으로 깨닫지 못하도록 의도된 것이지만, 내부인들(insiders), 곧 제자들에는—예수의 특별한 해석을 통해서—깨달을 수 있다는 것이다.

이런 점은 세 번째 질문으로 인도한다. 도대체 왜 마가는 예수의 비유들이 그의 적대자들에게는 용서받지 못하게 하는 수수께끼 비유들로서, 예수의 제자들에게는 사적인 해석이 필요한 것이라고 해석했는가? 이 질문에 대한 나의 대답은 마가의 구체적인 본문들, 특히 마가 3장과 4장, 그리고 7장과 12장에서 나온다.

마가 3장에서 시작하겠다. 복음에 대한 마가의 비전은 이렇다. "요한이 잡힌 뒤에, 예수께서 갈릴리에 오셔서, 하나님의 복음을 선포하셨다. '때가 찼다. 하나님의 나라가 가까이 왔다. 회개하여라. 복음을 믿어라'"(1:14-15). 그러나 2:1부터는 예수가 계속해서 반대에 부딪치게 되어 마침내 "바리새파 사람들은 바깥으로 나가서, 곧바로 헤롯 당원들과 함께 예수를 없앨 모의를 하였다"(3:6).

이어서 사건이 벌어진다. "예수의 가족들이, 예수가 미쳤다는 소문을 듣고서 그를 붙잡으러 나섰다. 예루살렘에서 내려온 율법학자들은, 예수가 '바알세불이 들렸다고 하고, 또 그가 귀신의 두목의 힘을 빌어서 귀신을 내쫓는다'고도 하였다"(3:21-22). 바로 이처럼 철저한 모욕에 대한 즉각적인 반응으로서 마가는 처음으로 예수가 비유를 사용한 것을 언급한다.

그래서 예수께서 그들을 불러서, 비유들로 말씀하셨다. "사탄이 어떻게 사탄을 내쫓을 수 있느냐? 한 나라가 갈라져서 서로 싸우면, 그 나라는 버틸 수 없다. 또 한 가정이 갈라져서 싸우면, 그 가정은 버티지 못할 것이다. 사탄이 스스로에게 반란을 일으켜서 갈라지면, 버틸 수 없고, 끝장이 난다. 먼저 힘센 사람을 묶어 놓지 않고서는, 아무도 그 사람의 집에 들어가

서 세간을 털어 갈 수 없다. 묶어 놓은 뒤에야, 그 집을 털어 갈 것이다."(3:23-27)

이처럼 3:23에서 처음 비유들을 사용한 후에, 마가 4장에서 그 비유들이, 예수에 대한 사람들의 거부를 예수가 거부한 것으로서 이해되고, 사람들의 앞선 거부를 연장시키고 그들에게 유죄판결을 내리기 위해 의도된 수수께끼 비유들로 이해된 것은 놀라운 일이 아니다.

다시 마가 4장으로 되돌아가자. 하나의 수수께끼 질문—삼손, 오이디푸스, 혹은 투란도트의 경우처럼—이 확대되어 수수께끼 비유라는 이야기로 발전하면 흔히 알레고리라고 불린다는 것은 이미 언급했었다. 다음은 마가의 예수가 씨앗 뿌리는 사람이라는 수수께끼 비유 혹은 알레고리를 제자들에게만 설명한 방식이다(숫자는 저자가 붙인 것이다)

씨를 뿌리는 사람이 뿌린 씨는 말씀을 가리킨다.
[1] 길가에 뿌려지는 것들이란 이런 사람들이다. 그들에게 말씀이 뿌려질 때에 그들이 말씀을 듣기는 하지만, 바로 사탄이 와서, 그들 속에 뿌려진 그 말씀을 빼앗아 간다.
[2] 돌짝밭에 뿌려지는 것들이란 이런 사람들이다. 그들은 말씀을 들으면 곧 기쁘게 받아들이기는 하지만, 그들 속에 뿌리가 없어서 오래가지 못하고, 그 말씀 때문에 환난이나 박해가 일어나면 곧 걸려 넘어진다.
[3] 가시덤불 속에 뿌려지는 것들이란 달리 이런 사람들을 가리키는데, 그들은 말씀을 듣기는 하지만, 세상의 염려와 재

물의 유혹과 그 밖에 다른 일의 욕심이 들어와 말씀을 막아서 열매를 맺지 못한다.

[4] 좋은 땅에 뿌려지는 것들이란 이런 사람들이다. 그들은 말씀을 듣고 받아들여서, 삼십 배, 육십 배, 백 배의 열매를 맺는다.(4:14-20)

새들이 사탄이라고? 돌들이 시험이라고? 가시덤불이 욕망이라고? 이것은 분명히 수수께끼 이야기로서, "그들이 돌이켜 용서를 받지 못하게 하시려는 것이다"라는 예수의 말처럼 우선은 몰이해를 의도한 것이며, 그 다음은 돌이켜 용서를 받지 못하고 유죄판결을 받도록 하기 위한 것처럼 보인다. 심지어 당신이 "씨 뿌리는 일"이 "가르치는 일"을 뜻한다는 것까지는 짐작을 했다 하더라도, 그밖에 다른 세부적인 것까지 어떻게 정확하게 알아맞힐 수 있을 것인가? 수수께끼는 우리가 그 세부적인 것들까지 모두 정확하게 알아맞힐 것을 요구한다. 즉 오이디푸스에게, "넷"은 유아기를 뜻하며, "둘"은 어른을 뜻하며, "셋"은 노인을 뜻하는 것처럼 말이다. 마가에게는 "새들"은 사탄을 뜻하며, "돌짝밭"은 박해를, "가시덤불"은 유혹을 뜻한다. 전부 알아맞히든가 아니면 아무것도 못 맞히든가, 모 아니면 도다.

이제는 마가 7장을 살펴볼 차례다. 마가 4장과 비슷한 맥락이 마가 7장에도 나타난다. "바리새파 사람들과 예루살렘에서 내려온 율법학자 몇 사람이 예수께로 몰려왔다." 그리고 그들은 예수의 제자들 몇 사람을 비판했다(7:1-5). 예수는 그들을 "위선자들"이라고 부르면서 그들이 "하나님의 계명을 버리고, 사람의 관습을 지키고 있다"(7:6, 8)고 말한다. 이것은 또 다시 대결적인 맥락에서 예수가 우선 공개적으로 "무리들에게" 말하고(7:14) 난 다음에 예수가 "무리를 떠나 집으로 들어가셨을 때에, 제자들이 그 비유를 두고 물었다"(7:17). 마가에게 비유들은 이미 예수를 거부한 사람들을 거부하기 위한 것이다.

나는 마지막 초점을 마가 12장에 맞출 것이다. 마가 2-3장에서 예수가 공적인 활동을 시작하자 곧바로 벌어진 일련의 격렬한 논쟁들은 마가 11-12장에서 예수가 공적인 활동을 끝낼 무렵 벌어진 또 다른 논쟁들을 마주보게 한다. 여기서도 우리는 목숨이 걸린 대결 한복판에서 예수가 "비유들"을 말하는 모습을 볼 수 있다.

> 예수께서 그들에게 비유로 말씀하기 시작하셨다. "어떤 사람이 포도원을 일구어서, 울타리를 치고, 포도즙을 짜는 확을 파고, 망대를 세웠다. 그리고 그것을 농부들에게 세로 주고, 멀리 떠났다…" 그들[11:27의 대제사장들과 율법학자들과 장로들]은 예수가 자기들을 겨냥하여 이 비유를 말씀하신 것을 알아차렸으므로, 그를 잡으려고 하였으나, 무리를 무서워하였다. 그래서 그들은 예수를 그대로 두고 떠나갔다.(12:1, 12)

마가는 3:23-27에서 시작해서 4:11-13과 7:17을 거쳐 12:1, 12에서, 예수가 "비유들"을 말한 것은 그의 청중들이 예수를 배척한 현장에서, 예수 자신이 그 청중들을 맞받아쳐 배척하는 것(counterrejection)으로 설정하고 있다.

이 모든 것이 마가로서는 충분히 분명하다. 그러나 이것은 우리에게 네 번째 질문을 안겨준다. 알아맞힐 수 없는 수수께끼 비유들은 예수를 배척한 사람들에 대한 의도적 처벌로서, 사람들의 일차적인 배척에 대해 예수가 맞받아쳐 배척하는 것이었는가? 그것이 예수의 의도였는가, 아니면 마가의 이해(오해)였는가?

나는 이런 맞받아치는 배척은 예수가 비유들을 가르친 목적이었다고 생각하지 않는다. 비록 예수의 비유들을 수수께끼들이나 알레고리들이라고 간주한다 해도 그렇다. 그 중요한 이유는 마가 자신이 비유들의 기능에 대해 자가당착에 빠져 있음을 보이기 때문이다. 즉 마가는 비유들이 사람들로 하여금 깨닫지 못하도록 함으로써 그들이 용서받지 못하고 확실하게 형벌을 받도록 하기 위한 것이라고 보기 때문이다. 마가 4장에 나오는 다음 다섯 가지 이유들을 살펴보자.

첫째로, 마가의 해석은 4장에서 예수가 비유로 가르치기 시작한 장면에 대한 그의 강조와 모순된다. "예수께서 다시 바닷가에서 가르치기 시작하셨다. ... 예수께서 비유로 여러 가지를 가르치셨는데, 가르치시면서 그들에게 이렇게 말씀하셨다"(4:1-2). 여기서 씨앗 뿌리는 사람의 비유가 뒤따른다. 그러나 도대체 선생이 청중들로 하여금 깨닫지 못하도록 하기 위해 가르치는 것이 무엇인가? 가르쳐도 사람들이 깨닫지 못하는 경우들은 종종 있지만, 그것은 선생의 의도는 아니다. 오히려 선생은 사람들이 분명히 이해하도록 하기 위해 가르친다.

또한 마가의 해석은 예수가 씨앗 뿌리는 사람의 비유 자체를 가르치기 위해 사용한 틀, 즉 그 첫 마디와 마지막 마디와도 모순된다. 예수는 "잘 들어라!"는 말로 시작해서, "들을 귀가 있는 사람은 들어라"는 말로 마친다. 이 마지막 말은 오히려 "너희는 귀가 있으니까 귀를 잘 이용해라. 귀담아 들어라! 생각해라! 반응을 보여라! 깨우쳐라!"라고 번역하는 것이 옳을 것이다. 만일에 깨닫지 못하도록 하는 것이 비유의 목적이라고 마가가 믿었다면, 도대체 왜 "잘 들어라!"는 말을 강조했는가?

다음으로, 몇 줄 내려가 등불(Lamp)의 비유는 어떤가? "사람이 등불을 가져다가 됫박 아래에나, 침상 밑에 두겠느냐? 등경 위에다가 두지 않겠느냐? 숨겨 둔 것은 드러나고, 감추어 둔 것은 나타나기 마련이다. 들을 귀가 있는 사람은 들어라"(4:21-23). 이것은 사람들로 하여금 깨닫지 못하도록 하기 위한 프로그램이 아니며, 또 다시 귀를 잘 사용하라는 도전으로 끝마친다.

더 나아가, 마가는 비유들에 관한 4장을 이렇게 요약하면서 끝낸다. "예수께서는, 그들이 알아들을 수 있는 정도로, 이와 같이 많은 비유로 말씀을 전하셨다. 비유가 아니면 말씀하시지 않으셨으나, 제자들에게는 따로 모든 것을 설명해 주셨다"(4:33-34). 그래서 "그들이" 즉 군중들이 "알아들을 수 있는 정도로" 비유들 가운데 몇몇은 이해했다는 말이 아닌가?

끝으로, 4:3-9의 "씨 뿌리는 사람의 비유" 자체와 4:14-20의 그 자세한 해석은 예수가 이 특정한 비유를 모든 비유들을 위한 패러다임으로 사용한 것이라는 마가의 이해와 모순된다. 이렇게 생각해보자.

수수께끼 비유(씨 뿌리는 사람)에 대한 마가의 판본(version)에서 예수는 세 가지 종류의 나쁜 땅만이 아니라 세 가지 종류의 좋은 땅에 관해서도 말한다. 즉 세 가지 종류의 손실만이 아니라 세 가지 서로 다른 정도의 이익도 있다. "그런데 더러는 좋은 땅에 떨어져서, 싹이 나고, 자라서, 열매를 맺었다. 그리하여 삼십 배, 육십 배, 백 배가 되었다"(4:8). 좋은 땅은 삼십 배, 더 좋은 땅은 육십 배, 가장 좋은 땅은 백 배의 소출을 내었다. 이것은 나중에 알레고리로 설명된다. "좋은 땅에 뿌려지는 것들이란 이런 사람들이다. 그들은 말씀을 듣고 받아들여서, 삼십 배, 육십 배, 백 배의 열매를 맺는다"(4:20).

세 가지 종류의 나쁜 땅에 관해서는 수많은 주석이 쓰여졌지만, 세 가지 종류의 좋은 땅에 관해서는 아무것도 쓰여진 것이 없다. 알레고리로 해석되지 않은 탓이다. 그 좋은 땅들은 중요하지 않은가? 마가의 설명에 대해 가장 치밀하고 가장 비판적으로 읽은 최초의 독자는 누가였다. 누가는 그 문제를 발견했고, 그것을 피하기 위해서 마가를 고쳐서 썼다. 누가는 이 비유의 끝을 다음과 같이 끝맺는다. "그런데 더러는 좋은 땅에 떨어져서 돋아나, 백 배의 열매를 맺었다"(8:8). 그리고 이 비유에 대한 누가의 해석은 다음과 같다. "좋은 땅에 떨어지는 것들은, 바르고 착한 마음으로 말씀을 듣고서, 그것을 굳게 간직하여, 참는 가운데 열매를 맺는 사람들이다"(8:15). 이처럼 누가는 세 가지 모습의 실패와 오직 한 가지 모습의 성공을 제시한다.

"씨 뿌리는 사람의 비유" 자체 안에서 찾아볼 수 있는 이런 균형—세 종류의 실패와 세 가지 서로 다른 정도의 성공—은 이 비유의 목적이 사람들로 하여금 깨닫지 못하도록 하기 위한 것이라는 바깥의 해석을 부정하지 않는가? 만일에 청중들이 세 가지 서로 다른 정도의 실패(새들, 돌짝밭, 가시덤불)를 쉽게 알아맞힐 수 있었다면, 세 가지 서로 다른 정도의 성공(삼십 배, 육십 배, 백 배)에 대해서는 어떻게 해석했을 것인가? 예수의 비유는 그 실패와 성공의 정도들을 쉽게 예상하고 받아들일 준비가 된 것처럼 보인다. 더욱 탐구해야 하겠지만 적어도 내가 결론내릴 수 있는 것은, 마가가 예수의 비유들을 수수께끼 비유들로 해석하고, 그 비유들의 목적이 사람들로 하여금 깨닫지 못하게 만드는 것이며 그래서 그 사람들의 처벌을 돌이키지 못하도록 하려는 것이었다는 마가의 해석은 예수의 의도에 맞지 않을 뿐만 아니라 적절하지도 않다는 점이다.

이 장의 부제목인 "그들이 깨닫지 못하도록"은 수수께끼 비유 전체를 위한 표어(motto)이거나 주문(mantra)이다. 나는 이 장을 시작하면서 오페라 투란도트를 통해 고대 세계에서 수수께끼는 유치한 말장난이 아니라 목숨이 걸린 언어 시합이었다는 것을 강조했다. 그 다음에 네 개의 질문을 제시했다.

첫 번째 질문은 그처럼 목숨이 걸린 언어 시합이 예수 이전에 지중해 세계 속에 존재했는지를 물었다. 오이디푸스의 스핑크스 이야기와 삼손의 사자 이야기는 틀림없이 그렇다는 대답을 제시했다. 다시 말해서, 목숨이 걸린 수수께끼 비유들은 예수 자신의 비유들의 모델이 되었을 가능성이 있었다는 말이다.

두 번째 질문은 예수의 그런 비유들을 수수께끼 비유들로 보는 것—단지 이야기들 속에 수수께끼가 들어 있는 것이 아니라 수수께끼들 속에 이야기가 들어 있는 것—이 예수의 비유들을 가장 잘 이해하는 것인지에 관한 것이다. 씨 뿌리는 사람의 비유를 마가가 예수의 다른 모든 비유들의 패러다임으로 해석한 것은 이 질문에 대해 틀림없이 그렇다고 대답해준다.

세 번째 질문은 왜 마가는 씨 뿌리는 사람의 비유를 수수께끼 비유로 선택했으며, 또한 실제로 그 비유를 예수의 모든 비유들을 위한 마스터 모델(master model)로 생각했느냐 하는 질문이었다. 마가는 도대체 왜 예수가 비유로 가르친 것이 많은 사람들로 하여금 깨닫지 못하도록 하기 위한 목적이었으며, 오직 소수의 사람들만을 위해 사적인 해석을 통해서만 그런 몰이해를 완화시키는 것이라고 생각했는가? 그 이유가 마가로서는 예수의 청중들이 예수를 거부한 것 때문에 예수가 그 청중들을 맞받아 거부한 것이라는 대답이다.

마지막 질문은 예수가 비유들로 가르친 의도를 마가가 올바로 이해했는가 하는 질문이었다. 나는 이 질문에 대해 강력하게 아니라고 대답했다. 왜냐하면 마가의 그런 생각은 마가 자신의 자가당착을 보여주기 때문인데, 예를 들어 마가 4장의 컨텍스트와 특히 등불의 비유와 모순되기 때문이다. 등불이 빛을 숨기기 위한 것이 아니듯이, 비유들은 깨닫지 못하도록 하기 위한 것이 아니다.

이 장을 통해서, 예수의 비유들이 사람들로 하여금 깨닫지 못하도록 만들고 결과적으로 용서받지 못하도록 하기 위한 것이 아니었다는 점을 인정할 때, 그 비유들은 윤리적인 훈계를 위한 본보기 비유들(example parables)이었는가? 이 질문은 다음 장의 기본 질문으로서, 본보기 비유들의 구조와 순서를 자세히 다룰 것이다.

2장

본보기 비유들

가서 너희도 이처럼 행하라

옛날 옛적에 신학자들은 하나님이 전지전능하며 무소부재하신지에 대해 논쟁을 하곤 했다. 그런 존재는 물론 하나님이 아니라 구글(Google)이다. 만일 당신이 오늘날 모든 것을 알고 있는 인터넷 위키피디아(*Wikipedia*) 백과사전에서 '비유'(parable)를 찾아보면, "산문이나 운문으로 된 간단하고 간결한 이야기로서 실례를 들어 도덕적 혹은 종교적 교훈을 주는 이야기. 우화와 다른 것은 우화는 동물, 식물, 무생물, 자연의 힘들이 주인공으로 나오는 반면에, 비유는 일반적으로 사람이 주인공으로 나온다"고 정의되어 있다. 이것은 비유에 대한 매우 일반적인 정의이지만, 내가 이것을 인용한 이유는 내가 프롤로그에서 밝힌 나의 정의에 비추어 그 일반적인 정의를 제한하려는 것이다.

첫째로, 우화(fables)는 (동물들이나 나무들이 서로 이야기하는 것처럼) 비현실적이며 불가능한 사례들을 보여주는 반면에,

비유(parables)는 (주인들과 하인들이 서로 이야기하는 것처럼) 현실적이며 가능한 사례들을 보여주는 것으로서 기원전 4세기의 아리스토텔레스의 『수사학의 기술』(*Art of Rhetoric*)에까지 거슬러 올라간다(2.20). 예수는 우화보다는 아리스토텔레스가 말한 비유를 사용했다. 예를 들어 이솝(Aesop)은 기원전 620년과 560년 사이에 살았으며 아리스토텔레스가 이솝을 인용하기도 했는데, 이솝은 동물들, 사람들, 그리고 사람들과 동물들 사이의 많은 우화들을 만들었다. 『이솝의 우화』(*Aesop's Fables*)에 나오는 모든 이야기들을 나는 간단히 본보기 비유들(example parables)이라고 부르겠다.

둘째로, 위키피디아 백과사전에 나온 일반적인 비유의 정의는 불행하게도 비유들 가운데 오직 한 형태만을 가리키는 정의다. 다시 말해서, 비유는 본보기 비유들과 동일시되고 있다. 나는 이 책에서 이런 동일시를 받아들이지 않는다. 대신에 나는 본보기 비유들이라는 용어를 비유의 오직 한 형태만을 가리키는 것으로 사용한다. 이 책에서 본보기 비유들이란 도덕적 모범을 보이는 이야기들이나 윤리적인 이야기들로서, 의식적으로 또한 의도적으로, 문자적인 좁은 의미를 넘어 보다 큰 세계로 나아가도록 은유적으로 가리키며, 하나의 명백한 내용으로부터 훨씬 더 폭넓은 의미와 적용으로 나아가도록 가리킨다.

이 장의 구조 역시 네 개의 질문들로 이루어져 있다. 첫째로, 본보기 비유들이란 정확히 무엇인가? 이 질문에 대답하기 위해 나는 예수 시대 이후의 유대교 전통에 나오는 두 이야기를 살펴보겠다. 둘째로, 본보기 비유들은 예수 시대 이전의 성서 전통 속에 존재했는가? 이 질문에 대해 나는 그렇다고 대답하며 몇 가지 사례들을 제시할 것인데, 어떤 것은 짧은 이야기며 어떤 것은 긴 이야기다. 셋째로, 본보기 비유들은—예컨대 누가복음에서 본 것처럼—예수의 비유들의 일부분, 혹은 대부분, 혹은 모두를 위한 가장 좋은 모델인가? 끝으로, 예수의 비유들을 본보기 비유들로 이해하는 것이 예수의 실제 의도를 보여주는 것인가, 아니면 단지 누가의 해석(오해)을 보여주는 것인가?

이 장의 첫 번째 질문에 대해 대답하면서, 내가 본보기 비유들이라고 말하는 것의 스타일과 양식을 보여주는 두 가지 사례를 제시하겠다. 첫 번째 사례는 바빌로니아 탈무드 속의 랍비적 유대교(rabbinic Judaism)에 나오는 것인데, 바빌로니아 탈무드는 기원후 500년경에 처음 출판된 것으로서 유대교의 율법과 지혜, 윤리와 사상, 역사와 전통의 요점들을 집대성한 것이다. 장님과 절름발이의 비유는 「산헤드린」(*Sanhedrin*) 91b에 인용되어 있는데, 이 비유는 기원후 2세기 말엽의 랍비 유다 하나시가 들려준 이야기로 전해진다. 이 비유는 심판날에 영혼과 육체가 서로를 비난하면서 각자 자기는 죄가 없다고 주장할 때 하나님께서 어떻게 하실 것인지를 생각하는 비유다. 육체는 영혼을 비난하고, 영혼은 육체를 비난한다. 각자는 죄를 지은 것이 자기가 아니라 상대방이라고 주장하고, 이제 죽어서 육체와 영혼이 분리되었는데, 각자 자기는 악에 대한 책임이 없다고 주장한다. 각자는 죄가 없다는 주장이다.

이 문제에 대해 인간 통치자는 어떻게 다룰 것인지를 보여줌으로써 해결하는 것이 이 본보기 비유다. 왕이 자기의 아름다운 무화과 밭을 보호하기 위해 두 명의 감시인을 임명했는데, 한 사람은 장님이고 또 한 사람은 절름발이였다. 절름발이는 무화과를 보았고 장님의 어깨 위에 올라갔고, 두 사람은 무화과를 먹었다. 무화과가 사라진 것이 발각되자, 두 사람은 각각 자신의 무죄를 주장했다. 장님은 "나는 어떤 무화과도 볼 수가 없었다"고 말했고, 절름발이는 "나는 무화과에 손이 닿을 수 없었다"고 말했다. 왕의 해결책은 장님의 어깨 위에 절름발이가 올라가게 하여 두 사람을 동시에 처벌하는 방식이었다. 이 비유는 다음과 같은 적용으로 끝난다. "그래서 거룩하신 분, 그분께 복 있으시기를, 그분께서는 영혼을 육체 속에 집어넣어 둘 모두를 하나로 심판하실 것이다." 이 비유에서 그 인간 통치자가 한 것은 신적인 통치자가 하실 것을 은유적으로, 사례를 들어 보여주는 본보기라는 것이 매우 분명하다.

본보기 비유의 두 번째 사례연구는 하시디즘 유대교(Hasidic Judaism)에 나오는 것인데, 하시디즘 유대교는 바알 셈 토브(Baal Shem Tov), 혹은 "선한 이름의 대가"(Master of the Good Name)로 알려진 랍비 이스라엘 벤 엘리에젤이 창시한 신비주의 전통으로서 노래, 춤, 이야기를 강조하는 유쾌한 대중적 신앙 전통이다. 그 비유는 수탉 왕자의 비유로서, 바알 셈 토브의 증손자인 브레슬로브의 랍비 나만이 들려준 비유다. 그 랍비는 오늘날 우크라이나 지방에서 1772년부터 1810년까지 살았다.

그 비유는 이렇게 시작한다. "옛날에 한 왕자가 있었는데, 그는 미쳐서 자신이 수탉이라고 주장했다." 그는 모든 옷을 벗어던지고 닭처럼 울고, 식탁 아래 바닥에서 자기의 음식을 먹었다. 아무도 그를 고칠 수 없었는데, 한 하시디즘 랍비가 그 왕궁에

왔다. 그 랍비는 자신의 옷을 벗어던지고, 또 다른 수탉처럼 벌거벗은 채 식탁 아래 앉아 그 왕자와 어울렸다.

하루는 그 랍비가 바지를 입기 시작했다. 왕자는 수탉은 바지를 입지 않는다며 항의했다. 랍비는 "그러나 왜 수탉이라고 사람들처럼 따뜻하고 안락해질 수 없겠느냐?"고 말했다. 왕자도 이에 찬성해서 바지를 입었다. 그러자 랍비는 따뜻한 셔츠를 입었고, 왕자가 항의하자, 랍비는 똑같이 대답했고, 결과는 똑같았다. 마침내 왕자는 랍비를 따라서 완전히 의복을 갖춰 입고, 사람처럼 식탁의 식기들을 사용함으로써, 완전히 고쳐졌다.

이 두 가지 이야기들은 모두 본보기 비유들이며, 첫 번째 질문에 대한 대답으로서, 본보기 비유들의 스타일이 보여준다. 탈무드의 이야기는 분명히 그 이야기의 적용과 해석까지 보여준다. 그 이야기는 인간 통치자의 행동이 하나님의 행동을 보여주는 사례라고 말한다. 그 이야기는 정확히 무엇을 뜻하는지를 말한다. 한편 하시디즘의 이야기는 그 이야기에 대한 해석을 직접 말하지는 않지만, 인간의 행동 사례를 제시하면서 그것을 어떻게 적용시킬 것인지에 대해서는 청중들이나 독자들에게 맡겨놓는다. 본보기 비유들은 은유적이며 또한 작은 규모의 예, 모범, 패러다임, 혹은 본보기로서, 종교적 이론, 도덕적 실천, 혹은 보다 폭넓은 행동방식, 혹은 생활방식을 보여준다.

이제 두 번째 질문으로 넘어가겠다. 우리는 방금 예수 시대 이후 몇 세기가 지난 다음에 나온 유대인들의 본보기 비유 두 개를 살펴보았다. 그러나 예수 시대 이전에는 어떠했는가? 이 질문은 예수 이전에 성서 전통 속에 본보기 비유들이 존재했는가 하는 질문이다. 다음 두 가지 사례를 통해서 볼 때, 예수 시대 이전에도 그런 비유들이 분명히 존재했었다.

첫 번째 사례는 성서의 사사기(판관기)에 나오는데, 사사기는 이스라엘 백성들이 이집트의 노예생활에서부터 탈출하여 시내 광야를 방황한 후에, 어떻게 가나안 사람들이 살고 있었던 가나안 땅에 들어가게 되었는지를 말해준다. 기원전 1200년경부터 1000년까지 약 200년 동안에, 이스라엘의 각각의 부족들(지파들)—통일된 민족이 아니었다—은 가나안 족속, 모압 족속, 암몬 족속, 아말렉 족속, 미디안 족속, 블레셋 족속과 같은 그 지역의 적대자들과 맞서 싸우면서 서서히 정착에 성공했다.

그 초기 단계에서 이스라엘 각 부족들의 지도자들은 제도적이며 항구적이라기보다는 카리스마적(영적)이며 일시적인 지도자들이었다. 서로 분리되어 있던 이스라엘 부족들은 전쟁 때는 "구출자들"에 의존했으며 평화시에는 "사사들"에 의존했다. 즉 이스라엘 부족들은—매우 행복하게도—아직 왕조에 의해 계승되는 왕들이 없었다. 그들의 옛 이야기들은 그 부족의 패배와 승리에 대한 사화(史話, sagas)들로서 구전(口傳, orally)으로 전해 내려왔는데, 그 이야기들은 사람들의 결함들을 감추지 않았다.

내가 관심을 갖고 살펴보려는 이야기는 사사기 9장, 특히 9:8-15에 나오는 비유다. 이 비유는 영웅적인 지도자 여룹바알(기드온)에 관한 것인데, 그는 많은 아내들과 첩들을 갖고 있어서 아들만 70명이었고, 그 아들들 가운데 가장 젊은 아들이 요담이었다. 여룹바알에게는 아마도 가나안 여인 노예로부터 얻었을 아들 아비멜렉도 있었다.

아비멜렉은 여룹바알의 아들들 가운데 요담을 제외한 모든 아들들을 죽였으며, 그의 혈육인 가나안 사람들로 하여금 자신을 단지 부족장이 아니라 그의 고향 세겜 도시국가의 왕으로 삼을 것을 제안했다(9:1-3). 그러나 여룹바알의 아들들 가운데 유일하게 살아남은 요담은 그의 이복 형 아비멜렉의 제안에 대해 (세겜 성읍 사람들 앞에서) 다음과 같은 "나무들의 비유"를 들어 반박했다.

옛날 옛적에 나무들이 처음에는 올리브나무에게, 그 다음에는 무화과나무에게, 그 다음에는 포도나무에게 요청하여 자기들을 "다스리도록" 했는데, 모두 거절했다. 그 나무들이 거절한 이유는 기름이나 열매 혹은 포도주를 내는 것이 "다른 나무들 위에서 날뛰는 것"보다 훨씬 중요했기 때문이다. 마침내 나무들은 가시나무에게 요청했다.

> 그러자 가시나무가 나무들에게 말하였습니다. "너희가 정말로 나에게 기름을 부어, 너희의 왕으로 삼으려느냐? 그렇다면, 와서 나의 그늘 아래로 피하여 숨어라. 그렇게 하지 않으면, 이 가시덤불에서 불이 뿜어 나와서 레바논의 백향목을 살라 버릴 것이다."(삿 9:15)

이 비유는 그 맥락을 모른다 해도 이해하기가 매우 쉽다. 왜냐하면 "다스린다"는 것과 "왕"을 세운다는 것이 무슨 뜻인지를 즉각적으로 보여주기 때문이다. 은혜를 베풀고 생산적인 사람들은 다른 사람들을 통치하기에는 너무 분주하다. 오직 게으르고 위험한 자들만이 그럴 여유가 있다는 말이다.

더 나아가, 언제든 불을 내뿜을 수 있는 가시나무는 아비멜렉에 대한 완벽한 상징이다. 나중에 아비멜렉과 세겜 사람들 사이에 적대감이 생기자, 아비멜렉은 세겜 사람들의 요새를 파괴하기 위해 그 요새 앞에 "나무 가지들"을 쌓아놓고 불을 질렀다 (9:49). 또한 아비말렉은 세겜의 동맹군이었던 데베즈의 요새를 공격하면서도 똑같이 불을 지르려 했지만, "그 때에 한 여인이 맷돌 위짝을 아비멜렉의 머리에 내리던져, 그의 두개골을 부숴버렸다"(9:53).

이 비유 배후에서 작용하는 힘은 반(反)군주제이며 또한 반(反)연합체 운동이다. 우선 반(反)군주제인 이유는 이 비유가 불을 내뿜기 일쑤인 군주제가 아니라, 군사적 성공이나 사법적인 지혜를 통해 그 자격이 입증되는 카리스마적인 부족 지도자들을 편들고 있기 때문이다. 둘째로 반(反)연합체적인 이유는 이 비유가 가나안 사람들로부터 완전히 분리된 이스라엘을 편들고 있기 때문이다. 이스라엘 사람 여룹바알과 가나안 노예 여인 사이에서 태어난 아비멜렉이 무슨 짓을 저질렀는지 똑똑히 보라는 것이 이 비유가 말하는 것이다. 이런 점에서 이 비유는 사람들이 해서는 안 되는 것이 무엇인지를 경고하는 본보기 비유다.

구약에 있는 본보기 비유의 두 번째 사례는 사무엘하 12:1-4에 나온다. 이 비유의 기록연대는 이스라엘의 공식적 지도자들로서 카리스마적인 사사들 대신에, 왕조의 왕들이 왕위를 계승한 이후였다. 나무들의 비유는 분명히 오랫동안 영향을 끼치지는 못했다. 그래서 이 비유의 맥락은 다윗이 통치하던 기간, 즉 기원전 1000년대에서 900년대로 바뀌던 시대였다.

이 이야기는 "그 다음 해 봄에, 왕들이 출전하는 때가 되자" (삼하 11:1)라는 말로 시작하는데, 그러나 이스라엘의 왕 다윗은 스스로 출정하지 않고, 대신에 그의 사령관 요압 장군으로 하여금 암몬족을 공격하고 그들의 수도 랍바를 포위하도록 명령했다. 랍바는 오늘날 암만으로서, 하셈 요르단 왕국의 수도이다.

다윗은 예루살렘 왕궁에서 근처에 있는 집의 평평한 지붕 위에서 목욕하는 아름다운 여인을 보았다. 그 여인은 "엘리암의 딸로서, 헷 사람(히타이트족) 우리아의 아내 밧세바"(11:2-3)였다. 우리아는 요압 장군 아래 랍바의 성벽 앞에서 싸우는 외국인 장교였다. 다윗은 밧세바와 정을 통했고, 밧세바는 임신을 하게 되었으며, 흔히 그렇듯이 사건을 은폐하기 위해 음모는 깊어지고 그럴수록 더욱 메스꺼워졌다.

다윗은 밧세바의 남편 우리아에게 휴가를 주어 집에 가서 "그의 발을 씻도록"(11:8) 명령했다. 그러나 우리아는 전쟁터에서 집과 아내를 떠나 싸우고 있는 동지들을 존경하는 마음에, 밧세바에게 가지 않았다. 그러자 다윗은 그를 왕궁으로 초대해 먹고 마시게 하고 취하도록 만들었지만, 우리아는 여전히 아내가 있는 집으로 가지 않으려 했다. 마침내 다윗은 우리아를 다시 최전선으로 보낸 다음에 요압 장군에게 "너희는 우리아를, 전투가 가장 치열한 전선으로 앞세우고 나아갔다가, 너희만 그의 뒤로 물러나서, 그가 맞아서 죽게 하여라"(11:15)고 명령한다.

하나님의 응답은 즉각적이다. 예언자 나단이 다윗에게 찾아와 "가난한 사람의 어린 양의 비유"를 전한다.

> 어떤 성읍에 두 사람이 살았습니다. 한 사람은 부유하였고, 한 사람은 가난하였습니다. 그 부자에게는 양과 소가 아주 많았습니다. 그러나 그 가난한 사람에게는, 사다가 키우는 어린 암

양 한 마리 밖에는, 아무것도 없었습니다. 그는 이 어린 양을 자기 집에서 길렀습니다. 그래서 그 어린 양은 그의 아이들과 함께 자라났습니다. 어린 양은 주인이 먹는 음식을 함께 먹고, 주인의 잔에 있는 것을 함께 마시고, 주인의 품에 안겨서 함께 잤습니다. 이렇게 그 양은 주인의 딸과 같았습니다. 그런데 그 부자에게 나그네 한 사람이 찾아왔습니다. 그 부자는 자기를 찾아온 손님을 대접하는 데, 자기의 양 떼나 소 떼에서는 한 마리도 잡기가 아까웠습니다. 그래서 그는 그 가난한 사람의 어린 암양을 빼앗아다가, 자기를 찾아온 사람에게 대접하였습니다.(삼하 12:1-4)

통치자는 비록 예언자가 다가오는 것을 두려워해야 하지만, 다윗은 나단의 비유 덫 속으로 곧장 빠져 들어간다.

다윗은 그 부자가 못마땅하여, 몹시 분개하면서, 나단에게 말하였다. "주께서 확실히 살아 계심을 두고서 맹세하지만, 그런 일을 한 사람은 죽어야 마땅하다. 또 그가 그런 일을 하면서도 불쌍히 여기는 마음이 전혀 없었으니, 그는 마땅히 그 어린 암양을 네 배로 갚아 주어야 한다."
나단이 다윗에게 말하였다. "임금님이 바로 그 사람입니다."(삼하 12:5-7a)

그 부자는 가난한 사람의 한 마리밖에 없는 "어린 암양"을 빼앗았으니 죽어 마땅하다고 다윗은 말한다. 그러나 그 부자는 적어도 다윗이 우리아를 죽인 것처럼 그 가난한 사람을 죽이지는 않았다. 그러므로 다윗은 자신에 대해 죽음보다 더한 것을 받아 마땅하다고 심판한 것이다. 이어서 나단은 하나님께서 다윗을 처벌하기 위해 행하실 모든 것을 열거하면서, "이제부터는 영영 네 집안에서 칼부림이 떠나지 않을 것이다"(12:10)라고 말하자, 다윗은 마침내 "내가 주께 죄를 지었습니다"(12:13)라고 고백하지만, 밧세바와 우리아에 대해 자신이 저지른 짓은 언급하지 않는다.

여기서도 이 본보기 비유는 적어도 멀리 떨어져 있는 우리들로서는 쉽게 그 의미를 파악할 수 있다. 다윗은 "양과 소가 아주 많은" 부자, 즉 그 자신의 아내들과 첩들을 많이 거느린 부자였다. 우리아는 "어린 암양 한 마리밖에 없는" 가난한 사람, 즉 그의 아내 밧세바 한 사람밖에 없다. 그런데도 그 부자는 가난한 사람의 유일한 어린양을 "빼앗는다." 이 이야기의 문자적인 의미로부터 은유적인 의미로, 작은 규모의 차원에서 보다 넓은 차원으로 나아가는 것이 쉬울 만큼 단순하다.

"나무들의 비유"와 "가난한 사람의 어린 양의 비유" 모두는 그 맥락이 관련되어 있기는 하지만, 그 길이가 한 문단에 불과한 매우 짧은 본보기 비유들이다. 그러나 예수 이전 시대의 성서 전통에 나오는 본보기 비유들 중에는 그 길이가 한 장, 혹은 한 권에 해당되는 것들도 있다.

이야기의 길이가 한 장에 해당되는 비유들 가운데 가장 잘 알려진 것은 다니엘서 1-6장에 나온다. 이들 본보기 비유들에서는 유대인 현자들이 기원전 600년대와 500년대에 바빌로니아 혹은 메대 제국의 황제들 밑에 있던 궁정의 신하들로 나온다. 가장 유명한 것은 바빌로니아 왕 느부갓네살 치하에서 불타는 용광로 속에 던져진 세 젊은이에 관한 이야기(단 3장)와 메대 왕 다리우스 치하에서 사자 굴에 던져진 다니엘의 이야기(단 6장)다.

이런 이야기들의 도덕적 메시지는 매우 분명하다. 즉 조상들의 전통에 충실하고 계약(언약)에 헌신적인 유대인들은 왕궁에서 신하들로서 멋지게 성공했다는 것이다. 본보기에 의한 메시지는 유대인의 전통을 지키는 것은 부채가 아니라 자산이라는 점이다. 왜냐하면 만일 당신이 하나님께 끝까지 충성하면, 하나님께서 당신을 보호하시고 모든 일이 잘 될 것이기 때문이다.

이야기의 길이가 책 한 권에 달하는 본보기 비유들은 히브리 정경과 개신교 정경 모두에서 찾아볼 수 있으며, 또한 그밖에 로마 가톨릭의 외경과 그리스 정교회 전통에서도 찾아볼 수 있다. 후자들 가운데는 유딧(Judith)의 이야기가 있는데, 그 여주인공 유딧은 바빌로니아의 느부갓네살 왕이 보낸 장군 홀로페르네스를 죽임으로써 자기 백성을 구한 여인으로 그려지고 있다.

앗시리아의 억압에 대한 또 다른 방식의 저항은 토비트(Tobit)의 본보기 비유에 묘사되어 있는데, 토비트는 앗시리아가 기원전 700년대 말에 북 이스라엘 왕국을 멸망시킨 후에 니느웨로 유배되었다. 토비트는 유배 이전에나 이후에나 똑같이 하나님께 절대적으로 신실했으며, 그 자신의 많은 난관과 그 가족들이 많은 위험을 겪었지만, 모든 일들이 최선으로 풀려나갔다.

마지막으로 이야기의 길이가 책 한 권에 달하는 에스더의 본보기 비유는 앞에서 말한 모든 다양한 정경들 속에서 찾아볼 수 있다. 그 여주인공 에스더는 페르시아 왕 아하수에로/크세르세스 치하에서 자기 민족을 구했다. 이 세 가지 본보기 비유 책들은 모두 위대한 용기를 발휘하는 삶, 계약에 충실한 생활, 전통적인 신앙을 지키는 사람은 항상 행복한 결말을 보게 된다는 것을 보여준다.

우리는 이제까지 예수 이전의 성서 전통 속에서 잘 알려진 본보기 비유들을 살펴보았다. 어떤 이야기는 그 길이가 한 문단에 불과하며, 어떤 것은 한 장, 또 어떤 것은 책 한 권에 달하는 분량이다. 두 번째 질문, 즉 예수 시대 이전에도 본보기 비유들이 존재했는가 하는 질문에 대해 나는 그렇다고 대답했는데, 나의 이런 대답은 이제 세 번째 질문으로 인도한다. 즉 본보기 비유들은 예수의 비유들을 위한—일부분을 위한, 혹은 대다수를 위한, 혹은 전부를 위한—최상의 모델인가? 나는 예수의 비유들 속에 긍정적인 본보기들이나 부정적인 본보기들이 있는지 그 여부에 관해 질문하는 것이 아니라, 그런 본보기들이 예수의 비유들의 일차적인 초점, 목적, 의도였는가 하는 질문이다.

만일에 마가는 예수의 비유들을 수수께끼 비유들로 생각했으며, 누가는 본보기 비유들로 생각했다면, 누가는 자신의 비유 이해가 후대의 기독교적 해석의 대부분을 위해 규범적인 것으로 만드는 데 훨씬 더 성공했을 것이다. 누가의 본보기 비유들은 어떻게 하나님 혹은 예수가 행동할 것인지에 대한 모델, 혹은 어떻게 행동하지 않을 것인지에 대한 모델이다. 그 본보기 비유들은 또한 우리가 어떻게 행동해야 하는지, 혹은 행동해서는 안 되는지에 대한 모델이기도 하다. 그 비유들의 주제는 "너희도 가서 이처럼 행하라, 혹은 이처럼 행하지 말아라" 하는 것이다. 예를 들어 누가 15장에 나오는 세 가지 비유들을 생각해보자.

누가 15장의 첫 마디는 이렇게 시작한다. "세리들과 죄인들이 모두 예수의 말씀을 들으려고 그에게 가까이 몰려들고 있었다. 바리새파 사람들과 율법학자들은 서로 수군거리며 말하기를 '이 사람이 죄인들을 맞아들이고, 그들과 함께 음식을 먹는구나' 하였다"(15:1-2). 이어지는 세 개의 비유들은 예수의 행동을 보여주며 정당화하는 본보기들로서, 예수의 적대자들을 반박하며 그들의 비난을 부정한다. 그 비유들은 일상적인 본보기들로서 은유적으로 또한 작은 규모에서 예수가 하는 일을 지지하는 반면에 예수를 비판하는 자들의 말을 반박한다.

처음 두 개의 비유들은 의도적으로 한 쌍을 이루고 있다. 즉 "잃었던 양의 비유"는 남자의 경험에서 나온 본보기인 반면에, "잃었던 동전의 비유"는 여자의 경험에서 나온 것이다.

> 너희 가운데서 어떤 사람이 양 백 마리를 가지고 있는데, 그 가운데서 한 마리를 잃으면, 아흔아홉 마리를 들에 두고, 그 잃은 양을 찾을 때까지 찾아 다니지 않겠느냐? 찾으면, 기뻐하면서 어깨에 메고 집으로 돌아와서, 친구들과 이웃 사람을 불러모으고 '나와 함께 기뻐해 주십시오. 잃었던 내 양을 찾았습니다' 하고 말할 것이다. 내가 너희에게 말한다. 이와 같이 하늘에서는, 회개할 필요가 없는 의인 아흔아홉보다, 회개하는 죄인 한 사람을 두고 기뻐할 것이다.(누가 15:4-7)

어떤 여자에게 은전 열 닢이 있는데, 그가 그 가운데서 하나를 잃으면, 등불을 켜고, 온 집안을 쓸며, 그것을 찾아낼 때까지 샅샅이 뒤지지 않겠느냐? 그래서 찾으면, 벗과 이웃 사람을 불러모으고 '나와 함께 기뻐해 주십시오. 잃었던 드라크마를 찾았습니다' 하고 말할 것이다. 내가 너희에게 말한다. 이와 같이, 회개하는 죄인 한 사람을 두고, 하나님의 천사들이 기뻐할 것이다.(누가 15:8-10)

이 비유들은 한 남자가 집밖에서 양 한 마리를 잃었든지, 아니면 한 여자가 집 안에서 동전을 잃었든지, 잃어버렸던 것을 되찾는 이야기들이다. 일단 찾고 나면, 더 이상 잃어버린 것이 아니기 때문에, 관심을 가진 모든 사람들이 함께 기뻐하는 것이 당연하다. 이와 마찬가지 일을 내가 하는 것이라고 누가의 예수는 말한다. 즉 잃어버린 사람들—"세리들과 죄인들"—을 찾는 일/구하는 일이다. 그리고 일단 찾으면/구하면, 아무도 투덜거려서는 안 되며, 오히려 모두가 기뻐해야 한다.

이처럼 "잃었던 양"과 "잃었던 동전"에서부터 누가는 "잃었던 아들"로 나아가는데, 이 이야기는 우리가 전통적으로 "탕자의 비유"라고 부르는 것이다. 예수는 "어떤 사람에게 아들이 둘 있는데"(15:11)라는 말로 이야기를 시작하여, 우선 둘째 아들에 관한 비유를 이야기하고(15:12-24), 그 다음에 큰아들에 관해 이야기한다(15:25-32).

둘째 아들은 아버지에게서 물려받을 재산 가운데서 자신에게 돌아올 몫을 미리 달라고 요구해서 받은 다음에 먼 나라에 가서 "방탕하게 살면서" 재산을 탕진한다. 그 후에 기근에 들어 굶주리게 되자 그는 돼지를 치는데, 오히려 돼지가 그보다 잘 먹었다. 그는 집으로 되돌아가기로 작정하고, 그의 아버지는 두 팔을 벌려 그를 환영하고, 새 옷을 입혀주고, 그를 위해 잔치를 베풀면서 "나의 이 아들은 죽었다가 살아났고, 내가 잃었다가 되찾았다"(15:24)고 말한다.

큰아들이 밭에서 일하고 집에 오는데, 하인이 그에게 집에서 잔치가 벌어지고 있다고 말한다. 화가 난 그는 집에 들어가기를 거부하고 아버지에게 불평을 털어놓는다. "나는 이렇게 여러 해를 두고 아버지를 섬기고 있고 아버지의 명령을 한 번도 어긴 일이 없는데, 내게는 친구들과 함께 즐기라고, 염소 새끼 한 마리도 주신 일이 없습니다"(15:29). 아버지는 "애야, 너는 늘 나와 함께 있지 않느냐? 또 내가 가진 모든 것은 다 네 것이 아니냐? 너의 이 아우는 죽었다가 살아났고, 내가 잃었다가 되찾았으니, 즐거워하고 기뻐하는 것이 마땅하지 않겠느냐?"(15:31-32) 하고 말한다. 여기서 비유는 끝나지만, 큰아들이 누그러졌는지에 관해서는 말하지 않는다.

여기서도, 이 비유는 누가의 처음 맥락에 잘 맞는다. 즉 둘째 아들, 탕자, 잃어버렸던 아들은 "세리들과 죄인들"(15:1)을 나타내며, 그들처럼 탕자도 "잃었다가 되찾았다"(15:24, 32). 한편 화가 나서 잔치가 벌어진 "집으로 들어가려 하지 않았던"(15:28) 큰아들은 예수가 "죄인들을 맞아들이고, 그들과 함께 음식을 먹는다"(15:2)는 이유로 투덜거렸던 바리새파 사람들과 율법학자들을 나타낸다.

실제로 이 세 비유들 모두—특히 세 번째 비유—는 앞에서 벌어진 사건을 은유적으로 변호한다.

레위가 자기 집에서 예수에게 큰 잔치를 베풀었는데, 많은 세리와 그 밖의 사람들이 큰 무리를 이루어서, 그들과 한 자리에 앉아서 먹고 있었다. 바리새파 사람들과 그들의 율법학자들이 예수의 제자들에게 불평하면서 말하기를 "어찌하여 당신들은 세리와 죄인들과 어울려서 먹고 마시는 거요?" 하였다. 예수께서 그들에게 말씀하셨다. "건강한 사람에게는 의사가 필요하지 않으나, 병든 사람에게는 필요하다. 나는 의인을 부르러 온 것이 아니라, 죄인을 불러서 회개시키러 왔다."(누가 5:29-32)

누가 15장의 세 비유들은 본보기 비유들로서 예수가 하는 일은 단지 상식이며, 그의 반대자들이 말하는 것은 그와 같은 상황에서는 정상적인 반응이 아니라는 것을 은유적으로 보여준다. 왜냐하면 "잃어버렸던" 것을 다시 찾으면 모두가 기뻐해야 마땅하기 때문이다. 그렇다면, 누가 15장의 비유들에 나타난 예수의 비유들에 대한 누가의 이해를 예수의 다른 모든 비유들에게도 확대해서 적용할 수 있는가? 예수의 비유들은 마가 4장과 달리 수수께끼 비유들이 아니라, 누가 15장에서처럼 본보기 비유들로 볼 수 있지 않겠는가?

이 질문은 네 번째 질문으로 인도하는데, 이것은 내가 앞장에서 마가 4장에 관해 물었던 것을 상기시켜준다. 우리가 방금 살펴본 누가 15장의 비유들과 그 밖의 누가의 다른 모든 비유들은 누가 자신의 해석인가, 아니면 예수의 의도인가?

한편으로는 누가 15장이 매우 설득력이 있으며, 예수의 모든 비유들, 대다수 비유들, 혹은 일부 비유들의 모델이 아닐까 생각할 수 있다. 그러나 다른 한편으로 나로서는 누가 15장을 다른 비유들을 위한 패러다임으로 보기 이전에, 누가 15장 자체에 관해서도 크게 주저하는 것이 있다.

첫째로, 그 해석자의 맥락(15:1-3)에 뒤이어 "잃었던 양의 비유"(15:4-7), "잃었던 동전의 비유"(15:8-10)와 "잃었던 아들의 비유"(15:11-32)가 결합된 것은 오직 누가에서만 찾아볼 수 있을 뿐이지 다른 복음서에서는 찾아볼 수 없다는 점이다. 둘째로, 누가 15장의 세 비유들 가운데 오직 "잃었던 양"의 비유만 마태(18: 12-14)에 나온다. 그러나 마태의 맥락은 누가 15:1-3에서처럼 외부적인 것이 아니다. 즉 그 공동체 외부의 반대자들이 "투덜거림"에 관한 것이 아니다. 마태에서의 맥락은 내부적인 것으로서 그 공동체 안에서의 "걸림돌"에 관한 것이다. 마태가 아래에서 "잃었던 양의 비유"를 얼마나 다르게 해석하고 있는지를 주목해서 볼 필요가 있다.

마태에서는 예수가 "누구든지 이 어린이와 같이 자기를 낮추는 사람이 하늘 나라에서는 가장 큰 사람이다"(18:4)라고 말한다. 다음에 예수는 자신을 "믿는 이 작은 사람들 가운데서 하나라도 넘어지게 하는 사람," 즉 작은 사람들 앞에 "걸림돌"을 놓는 것에 대해 경고한다(18:6). 이어서 마태는 "잃었던 양의 비유"에 대한 자신의 판본을 다음과 같이 들려준다.

[1] 너희는 이 작은 사람들 가운데서 하나라도 업신여기지 않도록 조심하여라. 내가 너희에게 말한다. 하늘에서 그들의 천사들이 하늘에 계신 내 아버지의 얼굴을 늘 보고 있다.
[2] 너희는 어떻게 생각하느냐? 어떤 사람에게 양 백 마리가 있는데, 그 가운데 한 마리가 길을 잃었으면, 그는 아흔아홉 마리를 산에다 남겨 두고서, 길을 잃은 그 양을 찾아 나서지

않겠느냐? 내가 너희에게 말한다. 그가 그 양을 찾게 되면, 길을 잃지 않은 아흔아홉 마리 양보다, 오히려 그 한 마리 양을 두고 더 기뻐할 것이다.

[3] 이와 같이, 이 작은 사람들 가운데서 하나라도 잃어버리는 것은, 하늘에 계신 너희 아버지의 뜻이 아니다. (18:10-14)

다시 말해서, 마태에게는 "잃었던 양"이 누가 15장에서처럼 그 공동체 외부에 있는 사람들이 예수를 비판하는 것에 관한 것이 아니라, 예수가 공동체 내부자들(insiders)을 비판하는 것에 관한 것이다. 똑같은 비유를 그 둘 가운데 어느 관점에서 사용하든 잘못된 것은 없지만, 그것은 매우 다른 것이다. 따라서 누가 15장에서 그 맥락과 비유 사이에 매우 긴밀하게 들어맞는 것은 예수의 솜씨가 아니라 누가의 솜씨일 수 있다. 그렇다면 "잃었던 양의 비유"가 예수의 모든 비유들을 위한 모델이라는 것은 접어두고라도, 그것이 본보기 비유였다고 우리가 어떻게 확신할 수 있겠는가?

끝으로, "잃었던 양의 비유"에 대한 또 다른 판본—내 판단으로는 독립적인 판본—이 도마복음서에 나오는데, 도마복음서는 예수의 말씀들을 모은 어록집(collection of the sayings)으로서, 신약성서의 네 복음서들처럼 예수가 그 말씀을 하게 된 맥락을 이야기(narrative)로 들려주지 않고 있는 말씀들만의 복음서다.

예수는 말하기를 "[아버지의] 나라는 양 백 마리를 가진 목자와 같다. 그들 가운데 하나, 가장 큰 양이 길을 잃었다. 그는 아흔아홉 마리를 남겨두고 그 한 마리를 마침내 찾을 때까지

찾아다녔다. 그가 수고한 후에, 그 양에게 '나는 아흔아홉보다 너를 더욱 사랑한다'고 말했다."(107)

도마복음서의 전체 신학은 독신으로서의 금욕주의를 기독교인의 이상으로서 옹호한다. 그 복음서는 에덴동산으로 되돌아가는 것이 죄를 짓기 이전일 뿐만 아니라, 심지어 애당초 "사람"이 남자와 여자로 분리되기 이전 상태라고 상상한다. 따라서 낙원으로 되돌아가는 길은 독신으로서의 금욕주의를 통해서인데, 왜냐하면 그 길을 통해 도마복음서의 예수는 "너희는 둘을 하나로 만들고, 너희가 남자와 여자를 하나로 만들어, 남자가 남자가 아니고 여자가 여자가 아닐 때... 너희는" 하나님의 나라에 "들어갈 것이다"(22)라고 말하기 때문이다.

이런 일반적 신학 테두리 안에서, "가장 큰" 양은 이상적인 독신주의 금욕주의자, 즉 예수가 "아흔아홉보다 더욱" 사랑하는 독신 금욕주의자다. 이것은 온화하게 표현한다 하더라도, "잃었던 양의 비유"에 대한 누가나 마태의 해석과는 매우 다른 해석이다. 이 모든 것은 누가 15장이 반드시 예수의 생애 속에 벌어진 사건일 필요는 없다는 뜻이며, 그 세 개의 비유들이 반드시 누가의 맥락과 연결되거나 서로 서로 연결될 필요는 없다는 뜻이며, 또한 누가 15장이 반드시 예수의 모든 비유들을 본보기 비유들로서 보기 위한 패러다임일 필요는 없다는 뜻이다.

여기서 잠시 멈추어서, 우리가 어디를 거쳐왔으며 또한 앞으로 무엇을 살펴볼 것인지를 정리해보자. 우리가 1장과 2장에서 발견한 것은 무엇이며, 그 결과들은 제1부의 앞으로 남은 네 장의 구조를 어떻게 이룰 것인가? 우리는 어디에서 왔으며 어디로 가는가?

이 장에서 나의 첫 번째 질문은 본보기 비유들의 의미에 관한 것이었다. 본보기 비유들이란 무엇인가? 나는 예수 이후의 유대인들의 두 가지 본보기 비유들의 사례를 갖고 이 질문에 대해 대답했다. 그 다음의 질문은 그런 본보기 비유들이 예수 당시 이전에 성서 전통 속에 존재했는지에 관한 것이었다. 다양한 길이의 본보기 비유들에 대한 여러 사례들을 통해 그렇다고 대답한 것이 세 번째 질문으로 이어졌다. 누가 15장이 분명히 시사하는 것처럼, 예수 자신의 비유들 가운데 일부, 혹은 대부분, 혹은 전부를 본보기 비유들로 이해하는 것이 예수의 비유들을 가장 잘 이해하는 것인가? 마지막 질문은 예수의 비유들을 본보기 비유들로 이해하는 것이 누가의 이해(오해)였는가 아니면 예수 자신의 의도였는가? 결론은—누가 15장에도 불구하고—예수의 이야기들은 완전히 혹은 적절하게 본보기 비유들로 해석되지 않았다는 점이다.

이제는 1장과 2장 모두를 생각해보자. 1장에서 우리는 수수께끼 비유들—목숨이 걸린 것이거나 의도적으로 치명적인 시험들—이 예수 당시의 세계에 존재했으며, 또한 마가 4장은 예수 자신의 비유들을 수수께끼 비유들의 패러다임에서 해석했지만, 마가의 해석은 전혀 설득력이 없었다. 한편 2장에서는 우리가 본보기 비유들—실제적이며 도덕적인 혹은 종교적인 모델들—이 예수 당시의 세계 속에 이미 있었으며, 누가 15장은 예수 자신의 비유들을 본보기 비유들의 패러다임에서 해석했지만, 누가의 해석은 완전히 설득력을 가진 것은 아니었다는 사실을 발견했다.

1장과 2장을 통해서 수수께끼 비유들과 본보기 비유들에 대한 부정적인 결론은 제1부 나머지 부분에서 도전하는 비유들(challenge parables)에 대해 긍정적인 초점을 맞추도록 준비한다. 내가 주장하는 것은 첫째로, 도전하는 비유들이 우리가 비유라고 부르는 은유적인 이야기들 가운데—수수께끼 비유들과 본보기 비유들과는 별도로—세 번째 형태라는 것이며, 둘째로 도전하는 비유들은 예수가 들려준 이야기들의 의도와 목적을 이해하는 가장 좋은 범주라는 것이다. 이런 주장은 다음 네 장에 걸쳐 개진될 것이다.

3장에서는 우선 내가 다시 "탕자의 비유"를 다룰 것이다. 나는 이 고전적인 이야기를 현대적으로 재구성한 이야기를 통해 누가가 탕자의 비유를 본보기 비유로 본 것을 도전하는 비유로 바꾸어놓은 것, 즉 누가 15장의 판본을 정면에서 도전하는 비유로 바꾸어놓은 것을 살펴볼 것이다. 그 재구성한 이야기는 내가 비유의 세 번째 형태로 주장하는 도전하는 비유의 첫 번째 전형적인 사례가 될 것이다.

이어서 3장의 나머지 부분에서 나는 예수의 "착한 사마리아 사람의 비유"에 초점을 맞출 것이다. 비유들의 세 가지 형태들이 수수께끼 비유, 본보기 비유, 도전하는 비유라는 것을 확정한 후에, 나의 계획은 예수의 비유들 가운데 가장 유명한 착한 사마리아 사람의 비유에 대해 그 세 가지 형태 가운데 각각의 관점에서 읽어볼 것이다. 나의 질문은 착한 사마리아 사람의 비유를 수수께끼 비유, 본보기 비유, 도전하는 비유 가운데 어느 것으로 이해하는 것이 가장 좋은 것인지를 묻는 것이다.

4장에서는 그 다음의 질문을 물을 것이다. 이 질문은 수수께끼 비유들과 본보기 비유들을 다루었던 앞장들에서 제기했던 것과 똑같은 질문이다. 즉 예수 시대 이전의 성서 전통 속에도 도전하는 비유가 존재했는가? 아니면 나는 예수가 도전하는 비유라는 새롭고 특별한 형태의 비유를 창안했다고 주장하는 것인가?

5장은 예수 이전 시대의 성서 전통 속에도 도전하는 비유가 이미 존재했다는 4장의 강력한 긍정적 대답에 이어서, 도전하는 비유가 예수의 비유들 가운데 일부, 혹은 대부분, 혹은 전부에 잘 들어맞는가 하는 질문이다. 이 질문에 대해서도 역시 긍정적인 대답을 하게 되면, 제1부의 마지막 장을 위해서는 단지 하나의 질문만이 남는다.

6장의 질문은 이것이다. 즉 예수는 하나님의 나라라는 그의 비유적인 비전을 가르치기 위해 도대체 왜―수수께끼 비유나 본보기 비유보다는―이 세 번째 형태의 도전하는 비유를 선택했는가? 그 메시지와 매체 사이에, 하나님의 나라와 예수의 도전하는 비유 사이에, 어떤 특별히 적합한 상호작용이 있는가?

3장

도전하는 비유들: 1부

예루살렘에서 여리고로 내려가다가

프랑스의 지성인 앙드레 지드(Andre Gide)는 1869년부터 1951년까지 살았다. 정직성과 성실성을 추구했던—한 때 성적이며 사회적인, 또한 정치적 및 종교적 추구에 몰두했던—그는 1930년대의 러시아 공산주의에 대해 처음에는 존경했다가 곧바로 욕설을 퍼부었다. 결과적으로 그는 1947년에 노벨 문학상을 받았으며, 그가 죽은 직후인 1952년에는 그의 책들이 바티칸의 금서(禁書) 목록에 포함되었다.

앙드레 지드는 "탕자의 귀환"을 썼는데, 이것은 누가의 탕자 이야기를 재구성한 것으로서, 몇 년 동안 계속된 암흑과 낙심이 그 클라이맥스에 도달한 1907년에 발표했다. 그는 실제로 소설의 한 대목에 자신이 끼어들어 근대의 탕자처럼 기도했다. "주님, 저는 오늘 당신 앞에 무릎꿇고, 눈물로 내 얼굴을 적시나이다. 만일 제가 당신의 그 절박한 비유를 기억하고 제안하는 것은 제가 당신의 탕자를 이해하며, 그 속에서 저 자신을 발견하기 때문입니다."

누가에서 예수는 "어떤 사람에게 아들이 둘 있는데"(15:11)라고 말하지만, 지드는 그 소설에서 그 사람에게 아들이 셋이 있으며 또한 아내도 있는 것으로 설정했다. 그러나 이렇게 재구성된 비유의 클라이맥스는 더 이상 탕자의 형이 아니라 새로 만든 동생이다. 탕자의 동생이 중요한 위치를 차지하는 것은 이미 지드의 다음과 같은 논평에서 드러난다. "탕자의 방 옆방에는 그의 동생이 있는데, 그는 밤새도록 헛되이 시간을 보내곤 했다."

지드는 이야기를 전개하면서, 돌아온 탕자와 네 차례의 긴 대화를 만들어내는데, 처음에는 그의 아버지와, 그 다음에는 형과, 그리고 그의 어머니와, 마지막에는 그의 동생과 대화를 나눈다. 아버지는 탕자에게 그의 형에 대해 이렇게 말한다. "여기서 법을 만드는 사람은 네 형이다. 나로 하여금 너에게 '집 바깥에는 너를 위한 구원이 없다'고 말하도록 재촉한 것도 형이었다." 한편 그 형은 탕자에게 아버지에 관해 말한다. "나는 아버지의 유일한 해석자이며, 아버지를 이해하려는 사람은 누구든 나의 말을 들어야만 한다." 어머니는 탕자에게 그 동생에 관해 말한다. "그 앤 너무 많이 읽는단다. 그리고 ... 종종 정원에서 가장 높은 나무에 올라가 앉아서는, 너도 기억하는 것처럼 담장 너머 벌판을 바라보곤 한단다."

한편 그 동생은 탕자에게 자신에 관해 이렇게 말한다. "형, 나는 형이 집을 떠날 당시와 같아." 그리고 고백한다. "나는 오늘 밤중에 떠날 거야. 오늘 밤. 오늘 밤, 동녘이 밝아오기 전에 말이야." 그러나 자기의 유산을 챙겨서 떠났던 탕자와는 달리 그 동생은 "나는 받을 유산이 없어. 나는 맨몸으로 떠날 거야"라고 말한다.

돌아온 탕자는 동생에게 잘 가라고 말한다. 그는 동생에게 "너는 나의 모든 희망도 갖고 가는 거야"라고 말하고는, 가족들은 잊어버리고 절대로 돌아오지 말라고 말한다. "계단(steps)을 조심해라. 탕자를 조심해라."

이처럼 탕자의 비유를 앙드레 지드가 소설로 재구성한 판본을 우리는 어떻게 분류해야 할 것인가? 그것은 무엇보다도 예수의 비유에 대한 대안적 판본이며 대항적 비유(a counterparable)인 셈이다. 누가가 집에 돌아온 탕자를 "세리들과 죄인들"로 해석하고 집에 머물러 있던 형을 "바리새파와 율법학자들"로 해석한 것을 괄호 속에 넣는다 해도, 예수의 비유에는 아들이 둘 뿐이며, 선택도 둘 뿐이다. 즉 한 아들은 집을 떠났다가 되돌아오고, 다른 아들은 결코 집을 떠나지 않는다.

그러나 지드의 소설에는 아들이 셋이며 선택도 셋이다. 형은 결코 집을 떠나지 않으며, 둘째는 집을 떠났다가 결국 되돌아오고, 셋째는 집을 떠나지만 결코 되돌아오지 않을 작정이다. 탕자는 동생에게 "우리를 잊어버려. 나를 잊어버리라고. 너는 결코 돌아오지 않기를 바래!"라고 말한다. 그 떠남은 은유적으로—카프카의 "여기서 벗어나"처럼—모든 인생의 떠남을 가리킨다. 그 떠남은 지드와 우리들 모두에게 가정, 정원, 벽으로 차단된 공간—생활과 섹스에서, 정치와 종교에서, 심지어 전통과 신앙에서—의 안전을 떠나는 것이다. 그러나 물론 그리고 언제나 "계단을 조심해야 한다."

지드의 소설을 패러다임으로 볼 때 나는 이 세 번째 형태의 비유를 도전하는 비유(challenge parable)라고 부르는데, 그 형식과 내용에서 그것은 조용히 그리고 부드럽게 누가의 비유에 대해 도전할 뿐만 아니라, 심지어 예수의 비유에 대해서도 도전할 것이기 때문이다. 지드는 탕자의 객지 생활을 칭찬하지 않으며, 또한 그것을 모방하도록 부추기지도 않는다. 그 때문에 탕자의 동생은 탕진할 유산이 없이 "맨몸으로" 집을 떠난다. "그게 훨씬 더 낫다"고 탕자는 동생에게 말한다. 그러나 지드로서는 셋째 아들이 우리에게 도전하는 것이 다른 두 아들이 도전한 것보다 훨씬 더 크다.

   지드의 소설이 도전하는 비유인 것은 그것이 우리로 하여금 그 현재적인 의미에 대해 생각하고 토론하고 논쟁하고 어떻게 적용할 것인지를 결정하도록 도전하기 때문이다. 그 기본적인 도전은 이런 것이다. 만일에 전통이 변한다면, 그 전통은 파괴될 수도 있다. 그러나 만일에 전통이 변하지 않는다면, 그 전통은 파괴되기 마련이다. 이것이 지드의 소설이 도전하는 것이며, 또한 모든 도전하는 비유들이 도전하는 것이다. 그러나 계단을 매우 조심해야만 한다. 요약하자면, 또한 사도 바울의 표현을 빌려서 표현하지만, 수수께끼 비유들, 본보기 비유들, 도전하는 비유들, 이 세 가지는 항상 있을 것이지만, 그 중에 제일은 도전하는 비유들이다.

   다음 단계는 무엇인가? 나는 약속한 것처럼 예수의 "착한 사마리아인의 비유"에 초점을 맞출 것인데, 다음 세 가지 단계를 거칠 것이다. 첫째로, 나는 그 본문 전체를 인용하고, 그 맥락을 요약하고, 나중에 좀 더 완전한 논의를 위해 몇 가지 설명을 덧붙일 것이다. 둘째로, 나는 그 맥락 속의 본문(text-in-context)을 다음 세 가지 해석을 통해 간접적으로 살펴볼 것이다. 착한 사마리아인의 비유에 대해 첫째는 수수께끼 비유로서, 둘째는 본보기 비유로서, 셋째는 도전하는 비유로서 살펴볼 것이다. 셋째로, 나는 그 맥락 속의 본문을 직접적으로 살펴볼 것인데, 문학적 맥락과 사회적 맥락을 통해서 볼 것이다. 그리고 나는 이 비유를 수수께끼 비유나 본보기 비유가 아니라 도전하는 비유―누가의 입장에서는 아니라 할지라도 적어도 예수의 입장에서는―로 보는 것이 가장 적합하다고 주장할 것이다. 나는 모든 비유들에 대한 해석이 똑같이 타당한지, 아니면 어떤 해석은 다른 해석보다 더욱 적절한지에 관해 의문을 제기하는 것으로 결말을 지을 것이다.

누가에 나오는 착한 사마리아인의 전체 본문은 다음과 같다. 그 본문 앞이나 뒤에 나오는 맥락은 일단 빼고 본문만 살펴본 후에, 곧이어 그 맥락을 살펴보겠다.

어떤 사람이 예루살렘에서 여리고로 내려가다가 강도들을 만났다. 강도들이 그 옷을 벗기고 때려서, 거의 죽게 된 채로 내버려 두고 갔다. 마침 어떤 제사장이 그 길로 내려가다가, 그 사람을 보고 피하여 지나갔다. 이와 같이, 레위 사람도 그 곳에 이르러서, 그 사람을 보고 피하여 지나갔다. 그러나 어떤 사마리아 사람은 길을 가다가, 그 사람이 있는 곳에 이르러, 그를 보고 측은한 마음이 들어서, 가까이 가서, 그 상처에 올리브 기름과 포도주를 붓고 싸맨 다음에, 자기 짐승에 태워서,

여관으로 데리고 가서 돌보아 주었다. 다음날 그는 두 데나리온을 꺼내어서, 여관 주인에게 주고, 말하기를 "이 사람을 돌보아 주십시오. 비용이 더 들면, 내가 돌아오는 길에 갚겠습니다" 하였다.(10:30-35)

여기서 우리들은 전형적인 민담의 형식으로, 두 번(사람)의 실패에 이어 어떻게 세 번째 클라이맥스에서 성공하는지를 볼 수 있다. 그러나 심지어 우리가 이 이야기의 본문을 매우 잘 알고 있다고 해도, 누가의 맥락 속에 나오는 율법교사와 예수 사이의 네 차례 대화를 인식하는 것이 훨씬 더 중요하다.

[1a] 율법교사가 예수에게: "선생님, 내가 무엇을 해야 영생을 얻겠습니까?"(10:25)

[1b] 예수가 율법교사에게: "율법에 무엇이라고 기록하였으며, 너는 그것을 어떻게 이해하고 있느냐?"(10:26)

[2a] 율법교사가 예수에게: "'네 마음을 다하고 네 목숨을 다하고 네 힘을 다하고 네 뜻을 다하여, 주 너의 하나님을 사랑하여라' 하였고, 또 '네 이웃을 네 몸같이 사랑하여라' 하였습니다."(10:27)

[2b] 예수가 율법교사에게: "네 대답이 옳다. 그대로 행하여라. 그러면 살 것이다."(10:28)

[3a] 율법교사가 예수에게: "내 이웃이 누구입니까?"(10:29)

[3b] 예수가 율법교사에게: 착한 사마리아인 비유(10:30-35); "너는 이 세 사람 가운데서, 누가 강도 만난 사람에게 이웃이 되어 주었다고 생각하느냐?"(10:36)

[4a] 율법교사가 예수에게: "그에게 자비를 베푼 사람입니다"(10:37a)

[4b] 마지막으로 예수가 율법교사에게: "가서, 너도 그와 같이 하여라."(10:37b)

즉 착한 사마리아인의 비유 자체(10:30-35)는 그 앞에 나오는 대화(10:25-29)와 그 뒤에 나오는 대화(10:36-37)에 의해 틀 속에 갇히게 되었으며 또한 해석되고 있다. 그 비유 본문(text)만 예수에게서 비롯된 것이며, 그 틀을 이루는 맥락(context)은 누구에게서 비롯된 것일 수 있는가? 이 질문에 대한 대답을 어떻게 결정할 수 있는가? 나는 이 질문에 대해 이 장의 나중 부분에서 다시 다룰 것이다. 이제 이 비유를 세 가지 관점에서, 즉 수수께끼 비유로서, 본보기 비유로서, 그리고 도전하는 비유로서 읽어보자.

착한 사마리아인 비유를 우선 수수께끼 비유로 읽는 것은 성 아우구스티누스를 통해서다. 그는 기독교 역사의 가장 위대한 신학자 가운데 한 사람이었으며 로마 시민으로서 북 아프리카 베르베르족의 후손이었다. 354년에 태어난 그는 395년에 현재 알제리의 아나파에 해당하는 힙포 레기우스의 주교로 임명되었다. 그리고 서 로마제국이 몰락하던 당시, 430년에 이미 반달족이 그의 주교좌 도시를 포위한 당시에 죽었다.

아우구스티누스는 399년과 400년 사이에 쓴 『복음서들에 관한 질문들』(*Questions on the Gospels*)에서, 착한 사마리아인의 비유를 수수께끼 비유로 간주하고, 예수의 비유들 가운데 가장 잘 알려진 알레고리적 해석을 제시했다. 그의 해석은 매우 영리한 해석이면서 동시에 매우 부적절한 해석—혹은 불완전한 해석, 부정확한 해석—이라는 유명한 사례가 되었다.

우리는 방금 그 비유의 본문을 읽어보았는데, 다음에 내가 고딕체로 표기한 부분에 대해 아우구스티누스가 어떻게 해석했는지를 볼 수 있다.

어떤 사람이 예루살렘에서 여리고로 내려갔다. 어떤 사람은 아담 자신을 뜻한다. 예루살렘은 하늘의 평화의 도시이며, 그 축복으로부터 아담은 떨어졌다(타락했다). 여리고는 "달"(moon)을 뜻하며 우리의 죽을 수밖에 없는 운명을 뜻한다. 왜냐하면 달은 태어나, 커지고, 기울고, 죽기 때문이다.

강도들은 악마와 그의 천사들이다. 그 옷을 벗기고, 그의 불멸성을 빼앗았다는 뜻이다. 그를 때려서, 그가 죄를 꼬드겨서, 거의 죽게 된 채로 내버려 두고 갔다. 왜냐하면 사람이 하나님을 이해할 수 있고 알 수 있는 한 그는 살지만, 그가 죄로 인해 소모되고 억압되는 한, 그는 죽은 것이다. 그래서 그는 거의 죽게 된 상태라고 말해진다.

마침 어떤 제사장과 레위인이 그 길로 내려가다가, 그 사람을 보고 피하여 지나갔다. 이것은 구약성서의 제사장직과 목회를 뜻하는데, 그것은 구원에 아무런 유익을 줄 수 없다.

사마리아 사람은 "보호자"를 뜻하며, 따라서 주님 자신이 이 이름으로 불린 것이다. 그 상처를 싸맸다는 것은 죄를 억제했다는 말이다. 올리브 기름은 좋은 희망의 위로이며, 포도주는 열렬한 마음으로 일하도록 훈계하는 것이다. 짐승은 그

분이 황송하게 우리에게 오시기 위해 입으시는 육신이다. 짐승에 태워서는 그리스도의 성육신에 대한 믿음이다. 여관은 교회로서, 여행자들이 그들의 하늘 나라로의 순례에서 돌아오는 길에 원기를 회복하는 곳이다. 다음날은 주님의 부활 후를 말한다. 두 데나리온은 사랑의 두 계명이거나, 이생과 앞으로 올 내생의 약속이다. 여관 주인은 사도 [바울]이다. 무제한적 지불(비용이 얼마가 더 들든지, 내가 돌아오는 길에 갚겠습니다)은 독신에 대한 바울의 권고이거나, 아니면 비록 그가 "복음을 전하는 일로 살아가는 것"이 합법적이었지만(고전 9:14), 복음이 새로운 소식인 마당에 약한 형제들에게 부담이 되지 않도록 자기 손으로 노동했다는 사실 가운데 하나다.(2. 19)

아우구스티누스는 이 착한 사마리아인의 비유를 읽으면서, 씨 뿌리는 사람의 비유에 대한 마가의 알레고리적 해석을 극단적으로 밀고 나간 셈이다. 그러나 그는 물론 사람들이 의도적으로 깨닫지 못하게 만들어 그들이 돌이켜 용서를 받지 못하고 유죄판결을 받도록 하기 위한 것이었다는 언급은 하지 않는다.

여기서 즉각적으로 제기되는 질문들이 있다. 아우구스티누스는 우리가 예수의 모든 비유들을 알레고리적으로 수수께끼 비유들로 읽을 수 있으며, 혹은 읽어야만 한다고 생각했는가? 아니면 아우구스티누스는 자신의 비유 읽기 방식이 매우 영리한 것이면서 동시에 성서를 주석하는 측면에서는 매우 재미있게 놀 수 있는 것이라는 것을 잘 알고 있었던 것인가? 그의 해석은 단순히 진지하게 놀 수 있으며 동시에 명랑하게 진지할 수 있는 자유인가? 어떻든 간에, 아우구스티누스는 그의 『복음서들에 관한 질문들』에서 착한 사마리아인의 비유를 알레고리로 수수께끼 비유로 읽은 것은 매우 명백하다.

이제 나는 착한 사마리아인의 비유를 본보기 비유로 읽을 것인데, 아이러니하게도 이런 읽기 역시도 성 아우구스티누스로부터 비롯된 것이다. 아우구스티누스가 이처럼 본보기 비유로 읽은 것은 397년에 쓴 『기독교 교리에 관하여』(*On Christian Doctrine*)에 나온다는 점에서, 그가 수수께끼 비유로 해석한 것보다 먼저였다. 그 때문에 나는 그가 수수께끼 비유로 해석한 것이 단순히 진지한 놀이가 아니었는지 의문을 갖게 된 것이다. 이 의문에 대해 나는 그렇다고 대답할 것이다.

아우구스티누스는 『기독교 교리에 관하여』에서 착한 사마리아인의 비유를 알레고리로서 수수께끼 비유로 해석하지 않고 윤리적으로 본보기 비유로 해석한다. 그뿐 아니라 그는 이 비유 자체의 본문만이 아니라 그 틀을 이루는 맥락도 살폈다. 그는 율법교사와 예수 사이에 벌어진 여덟 개의 대화를 다섯 개로 줄여서 다음과 같이 순서를 뒤집어서 설명했다.

[A1] 예수가 율법교사에게: "우리 주님께서 그 사람에게 그 두 계명을 말씀하시고 그 두 계명에 모든 율법과 예언자들의 본뜻이 달려 있다고 말씀하셨다."

[B1] 율법교사가 예수에게: "그는 예수께 '누가 나의 이웃입니까' 하고 물었다."

[C] 예수가 율법교사에게: 착한 사마리아인의 비유: "예수께서는 그에게 어떤 사람이 예루살렘에서 여리

고로 내려가다가 강도들을 만나 심하게 부상을 당하고 벌거벗겨진 채 거의 죽게 되었다고 말씀하셨다. 또한 예수께서는 그 사람에게 아무도 그의 이웃이 되지 않았지만, 단 한 사람 그를 불쌍히 여겨 나서서 구해주고 돌보아주었다고 말씀하셨다."

[B2] 율법교사가 예수에게: "예수께 질문했던 사람은 자기 자신이 오히려 질문을 받자 그 진리를 인정했다."

[A2] 예수가 율법교사에게: "우리 주님께서는 그에게 '너도 가서 이처럼 행하라'고 말씀하신다."

이처럼 맥락 속의 본문을 요약한 직후에, 아우구스티누스는 그의 가장 중요한 논평을 덧붙인다. 이 비유에 대해 그는 이렇게 말한다.

예수께서는 우리의 이웃은 그 사람이 곤경에 처했을 때 그를 도와주는 것이 우리의 의무인 사람, 혹은 만일에 그가 곤경에 처하게 되면 그를 도와주는 것이 우리의 의무가 될 사람이라고 가르치신다. 따라서 우리를 도와주는 것이 그의 의무가 되는 사람은 우리의 이웃이다. 왜냐하면 "이웃"이라는 이름은 상대적인 [즉 쌍방간의] 것이며, 이웃에게만 이웃이 될 수 있기 때문이다… 우리가 자비를 베풀어야만 하는 모든 사람, 혹은 우리에게 자비를 베풀어야만 하는 사람은 이웃이라고 불릴 수 있다.(1.31, 33)

여기서 나는 보다 중요한 논의는 잠시 뒤로 미루고, 아우구스티누스의 분석에서 두 가지 점에 주목할 것이다. 하나는 위의 A1에서 굵은 글씨로 표기된 것이 누가 10:27에서처럼 율법교사가 예수에게가 아니라, 마태 22:40에서처럼 예수가 율법교사에게라는 점이다. 다른 하나는 아우구스티누스가 여기서 이웃이 도랑에 버려진 사람인지 아니면 길을 가는 사람인지, 도움을 받은 사람(10:29)인지 아니면 도움을 준 사람(10:37a)인지 하는 문제를 해결했다는 점이다. 아우구스티누스는 이웃이라는 용어가 상호적이며 상대적이며, 이 비유는 "이웃"이라는 말의 상호성에 관한 것이라고 말한다. 예루살렘에서 여리고로 가는 길은 실제로 일방통행로가 아니라 쌍방향 도로이다. 이웃은 누구든지 다른 사람을 돕는 사람과 또한 도움을 받는 사람 둘 모두를 뜻한다. 그러므로『기독교의 교리에 관하여』에서, 아우구스티누스는 착한 사마리아인의 비유를 윤리적인 본보기 비유로 읽는다.

우리는 방금 이 비유를 어떻게 심지어 같은 신학자가 처음에는 수수께끼 비유로, 그 다음에는 본보기 비유로 해석할 수 있는지를 살펴보았다. 이런 점을 인정한 후에, 나는 착한 사마리아인의 비유를 세 번째 방식, 즉 도전하는 비유로 읽을 차례다. 그것은 사실상 예수 이후 1700년이 지난 후에 매우 다른 상황에서 다른 인물들이 등장하여 그 이야기를 새롭게 들려주는 것이다. 그러나 그것은 내 생각에 이 유명한 비유에 대한 가장 정확한 "해석"이다.

헨리 필딩(Henry Fielding)이 1742년에 발표한 풍자소설의 제목은『돈키호테의 저자 세르반테스의 방식을 모방하여 쓴 조셉 앤드류스와 그의 친구 아브라함 아담스의 모험의 역사』이다. 그 소설 1권의 12장의 제목은 "조셉 앤드류스가 길 위에서 겪게 된 수많은 놀라운 모험들로서 역마차로 여행해본 적이 없는 사람들에게는 거의 믿을 수 없는 이야기들"이다. 그 사건은 다음과 같이 시작된다.

조셉은 ... 2 마일도 채 가기 전에, 좁은 길에서 두 사람과 마주쳤는데, 가진 것을 내놓으라는 지시를 받았다. 그는 기꺼이 자기의 모든 돈을 내주었다... 그 둘은 함께 불쌍한 조셉을 막대기로 때려서, 마침내 그를 끝장냈다고 확신하게 되었다. 그들은 그를 완전히 벌거벗기고 도랑 속으로 던져버리고는 노획한 것을 갖고 떠나갔다.

조셉은 "역마차가 다가오자 정신이 들기" 시작했고, 역마차에 타고 있던 사람들은 그 불쌍한 벌거벗은 조셉을 어떻게 할 것인지에 대해 논란을 벌이기 시작했다. 즉 멈추어 설 것인가 아니면 그냥 갈 것인가, 도와줄 것인가 아니면 말 것인가, 옷을 입혀줄 것인가 아니면 내버려둘 것인가, 그를 도랑에서 꺼내어 여관으로 데려다 줄 것인가 말 것인가 하는 논란이었다.

그 역마차에 함께 있던 사람들은 "말잡이"—선두 말을 타고 말을 통제하는 사람—와 "마부"—역마차 외부의 좌석에 앉는 길잡이—와 "하인"—마부 옆에 앉아야 했을 것이다—이었으며, 역마차 안에 타고 있던 승객들은 "숙녀" 한 사람과 "신사" 두 사람이었는데, 한 사람은 나이가 들었으며 다른 사람은 "법률에 종사하는 젊은이"였다.(헨리 필딩이 변호사였다가 런던의 행정장관이 되었다는 사실을 기억할 필요가 있다.)

다시 말해, 필딩은 예수의 착한 사마리아인의 비유에 등장하는 세 사람—제사장, 레위인, 사마리아인—을 여섯 사람으로 확대했다. 그러나 그 여섯 사람 모두가 동시에 같은 장소에 있기 때문에, 강도를 만나 도랑에 던져진 그 사람을 어떻게 처리할 것인지에 대해 논란을 벌일 수 있었다. 그러나 더욱 중요한 점은 그가 그 여섯 사람을 사회적 신분에 따라, 역마차 밖에 있는 세 사람으로부터 그 안에 타고 있던 승객들 세 사람으로 설정하여, 말잡이, 마부, 하인, 그리고 변호사, 신사, 숙녀의 순으로 그 신분이 올라가는 것으로 만들었다는 점이다.

    말잡이는 도랑에서 들려온 신음소리를 듣고 역마차를 세우기를 원하지만, 마부는 "우리가 엄청 늦었기 때문에 죽은 사람을 돌볼 시간이 없다"며 거절한다. 숙녀는 사태를 알아보기 위해 멈추기를 원하지만, 말잡이가 그 강도를 만난 조셉이 벌거벗은 상태라고 말하자, "오, 맙소사. 벌거벗은 남자라고! 마부 아저씨, 그냥 내버려두고 떠납시다"라고 외친다. 나이 많은 신사 역시 그 말에 찬성하며 "우리도 가능한 한 서둘러 빠져나갑시다. 아니면 우리도 강도를 당할 겁니다"라고 말한다. 그러나 변호사는 자비심이나 인간적인 동기 때문이 아니라 법적인 책임을 지게 될 것이 두려워 다음과 같이 말한다.

    그는 사람들이 아무것도 모른 채 지나갔기를 바랬지만, 이제는 자기도 별 수 없이 그 사람들과 한 배에 타게 되었음을 깨달았다. 만일에 그 사람이 죽게 된다면 그가 살해된 것에 대한 어떤 책임 때문에 소환될 지도 몰랐다. 그래서 그는 모두를 위해 가능하다면 그 불쌍한 사람의 생명을 구하는 것이 나을 것이라고 생각했다. 적어도 만일 그가 죽는다면, 자신들이 도망쳤다는 것에 대해 배심원들이 손가락질 할 것은 막아야 했기 때문이다. 그래서 그는 그 사람을 역마차에 태우고 가까운 여관에 데려다주자고 말했다.

그의 제안에 대해 숙녀가 반대한 것은 그 벌거벗은 남자 조셉을 덮어줄 옷이 없다는 이유였고, 마부는 여관비로 지불할 돈이 없다는 이유로 반대한다. 변호사는 또다시 법적인 책임을 지게 될 가능성을 경고한다.

그러나 변호사는 만일에 그 비참한 사람을 그 상태로 남겨두고 떠날 경우 자신에게 어떤 피해가 돌아올 것을 염려하여, 아무도 이런 일에 대해 지나치게 신중할 수는 없을 것이지만, 책을 통해서 매우 예외적인 사례들이 있었다는 것을 기억한다고 말하면서, 마부를 위협하였고, 또한 자신은 그가 위험에 처하지 않도록 끝까지 만류했다는 것을 인정하라고 명령했다. 왜냐하면 만일에 그가 죽는다면, 마부는 그의 죽음을 방조한 혐의로 기소될 것이며, 또한 만일에 그가 살아나서 마부에 대해 법적인 책임을 제기한다면, 자신이 기꺼이 그 사건을 맡아 변호를 할 것이기 때문이다.

그래서 마부는 "아마도 그 불쌍한 사람의 상태에 대한 약간이나마 측은한 마음이 들어" 조셉을 가까운 여관에 데려다주기로 동의한다. 그러나 조셉은 매우 정숙해서 자기의 벌거벗은 몸을 가릴 것이 없이는 역마차 안에 들어가지 않겠다고 거부한다. "예의범절에 조금이라도 어긋나지 않도록" 하겠다는 것이다. 이 마지막 난국은 다음의 해결책으로 벗어난다(고딕 글씨 표기는 나의 것이다).

> 비록 역마차에는 몇 개의 큰 외투가 있었지만, 조셉이 시작한 이 난관을 넘어가는 일이 쉽지 않았다. 신사 두 사람은 자신들도 춥기 때문에 한 조각도 내어줄 수 없다고 투덜거렸다. 그 중 위트가 있는 신사는 웃는 소리로 자선은 가족부터 챙기는 것이라고 말했다. 한편 마부는 자기 엉덩이 밑에 외투 두 개를 깔고 앉아 있었지만, 어느 것도 내주기를 거부했다. 피가 묻게 될 것이 싫었던 것이다. 숙녀의 하인 역시 똑같은 이유로 양해를 구했으며, 또한 숙녀는 벌거벗은 남자를 질색했지만 그 하인을 양해했다. 가련한 조셉은 자신의 정숙함을 고집하여 죽게 될 운명이었다. 그러나 말잡이 (그는 닭을 도둑질한 것 때문에 끌려가던 젊은이)는 자발적으로 자기의 유일한 겉옷인 외투를 벗어주면서, 동시에 "동료 인간이 그처럼 비참한 상태에서 고통을 겪게 하기보다는 평생동안 셔츠만 입고 다니겠다"고 맹세를 했다. (승객들은 그의 맹세를 비난했다.)

모든 사람들이 조셉에게 외투를 거절했으며, 조셉은 정숙함 때문에 벌거벗은 채로는 역마차에 타지 않겠다고 고집했기 때문에, 처음에는 그가 안전하게 가까운 여관으로 이송될 희망은 없었다.

모두가 거절하고, 단지 가장 낮은 계급의 젊은 말잡이만 예외였다. 이 "젊은이"는 그의 도둑질 때문에 나중에 "이송"될 운명이었다. 오스트렐리아가 당시까지는 죄인들의 유배지가 아니었기 때문에, 아마도 미국으로 이송되었을 것이다. 즉 역마차에 타고 있던 여섯 사람 가운데 오직 이 최하층 계급의 범죄자만 "동료 인간이 그처럼 비참한 상태에서 고통을 겪게 하기보다는 평생동안 셔츠만 입고 다니겠다"고 맹세했다. 이것은 도전하는 비유의 고전적인 사례이다. 물론 세 사람의 여행자 중에 한 사람이 여기서는 여섯 사람 중에 한 사람으로 바뀌었고, 착한 사마리아인은 착한 말잡이로 바뀌었다.

첫째로, 예수와 헨리 필딩 모두 당장 마땅히 해야 하는 일은 그 강도를 만나 매맞고 벌거벗겨진 채 거의 죽게 되어 길가에 방치된 그 사람을 살리는 일이라는 것을 절대적으로 당연한 일로 간주한다. 이런 이유 때문에 이 비유를 진정한 도덕적 행위에 대한 본보기 비유로 쉽게 간주하도록 만든다. 그러나 도움을 주는 것은 이 비유의 일차적인 요점이라기보다는 암묵적 전제인 셈이다.

둘째로, 예수와 필딩 모두에게는 도움을 거절하는 사람들이 존경받는 사람들인 반면에 필요한 일을 하는 사람들은 평판이 좋지 않은 사람들이다. 따라서 예수는 "제사장과 레위인"을 사용하며, 필딩은 그 역마차에 있던 사람들의 사회적 신분이 높은 사람에서부터 가장 아래 사람에게로 내려간다. 상류층 숙녀와 신사, 중산층 변호사와 하층계급의 마부와 하인은 도와주는 것을 거부한다. 오직 가장 젊으며 최하층 범죄자만이 불쌍한 조셉을 구해준다. 이것이 그 소설을 도전하는 비유로 만든다. 왜냐하면 이 소설은 사람들이 기대하는 것과 판단하는 것, 필딩의 사회적 위계질서에 의해 움직이는 사회의 전제들과 편견들을 뒤집어 놓기 때문이다. 어떤 이야기가 당신이 살고 있는 사회에서 "최상"이라는 사람들이 악하게 행동하는 반면에 "최악"이라는 사람만이 올바로 행동하는 것으로 묘사한다면, 그 이야기는 당신의 사회에 어떤 충격을 줄 것인가?

내 생각에는 아우구스티누스는 착한 사마리아인의 비유를 두 번씩 잘못 이해한 반면에, 헨리 필딩은 정확하게 이해했다. 다음 단계는—아우구스티누스보다 훨씬 오래 전에—예수가 본래 도전하는 비유로 말했던 착한 사마리아인의 이야기가 누가에 의해 본보기 비유로 바뀌었다는 사실을 보여주는 것이다. 그러나 내가 이런 결론에 대해 어떻게 그처럼 확신할 수 있는가? 나는 무엇 때문에 누가의 본문 배후로 들어가서 예수의 마음을 파악할 수 있다고 생각하게 되었는가? 그런 나의 주장이 단지 건방진 해석, 즉 (누가가 복음서를 쓸) 당시보다 지금 나의 위치가 더 정확한 관점을 갖고 있으며, 그의 삶의 자리보다 나의 삶의 자리가 더 명확한 안목을 갖고 있다는 교만에 불과한 것인가? 나의 결론, 즉 예수가 착한 사마리아인 이야기를 도전하는 비유로서 말했던 것이지만, 누가가 그것을 본보기 비유로 바꾸었다는 결론은 다음 두 단계를 따른 것이다. 첫째로, 나는 누가 10:30-35에 들어 있는 착한 사마리아인 이야기를 그 틀, 즉 후대의 누가의 문학적 맥락인 10:25-29와 36-37으로부터 분리시켜서, 그런 결론을 내리게 된 이유들을 설명하겠다. 둘째로, 그렇게 분리시킨 착한 사마리아인 이야기보다 먼저 있었던 예수 자신의 사회적 맥락을 살펴봄으로써 누가가 자신의 맥락 속에 그 이야기를 포함시킨 결과들을 강조할 것이다. 이제 그 두 단계를 하나씩 설명할 것이다.

나는 착한 사마리아인 이야기를 그 문학적 맥락에서 떼어내는 것부터 시작하겠다. 한편으로 착한 사마리아인 이야기는 신약성서 안에서 누가복음에만 나온다. 그 본문과 내용과 해석을 위해서는 완전히 누가에 의존할 수밖에 없다. 다른 한편으로, 이웃을 사랑하는 것에 관한 그 질문자와 예수 사이의 대화는 마가 12:28-34에 나오며, 마태는 마가를 베껴서 22:34-40에 나온다. (마가의 복음이 일차 자료로서, 마태와 누가 모두 마가를 이용했다는 점에 대해서는 대다수 학자들이 합의하고 있다.)

그뿐 아니라, 예수가 예루살렘에서 보낸 마지막 한 주간 동안에, 마가는 예수와 다른 사람들 사이에 몇 차례 논쟁을 벌인 것으로 기록하고 있다. 이 대목에서 마가는 하나님을 사랑하며 이웃을 사랑하는 것에 관한 질문과 대답이 자리잡도록 만들었다. 한편 마태는 마가를 따라서 똑같은 위치에 자리매김했다. 그러나 누가는 예루살렘에서의 논쟁에서 그런 질문과 대답을 빼야만 했는데, 그 이유는 누가가 앞에서 착한 사마리아인 비유를 위한 문학적 맥락으로 그런 질문과 대답을 사용했기 때문이다. 다음에서 마가의 세 가지 대화를 누가가 베끼면서 가운데 대화가 비어 있는 것을 주목해보라.

천국에서의 결혼	마가 12:18-27	마태 22:23-33	누가 20:27-40
율법학자의 질문	마가 12:28-34	마태 22:34-40	
다윗의 아들과 주님	마가 12:35-37	마태 22:41-46	누가 20:41-44

한편 그 질문자는, 마가 12:28에는 "율법학자들 가운데 한 사람"이지만, 마태 22:34에는 "바리새파 사람들 가운데 율법교사"로 나온다.

끝으로, 마가는 그 율법학자와 예수 사이의 질문과 대답이 두 차례 진행된 것으로 설정했다.

[1a] 율법학자가 예수에게: "모든 계명 가운데서 가장 으뜸되는 것은 어느 것입니까?"(12:28)

[1b] 예수가 율법학자에게: "첫째는 이것이다. '이스라엘아, 들어라. 주, 곧 우리 하나님은 오직 한 분이신 주님이시다. 네 마음을 다하고, 네 목숨을 다하고, 네 뜻을 다하고, 네 힘을 다하여, 주 너의 하나님을 사랑하여라.' 둘째는 이것이다. '네 이웃을 네 몸 같이 사랑하여라.' 이 계명보다 더 큰 계명은 없다."(12:29-31)

[2a] 율법학자가 예수에게: "선생님, 옳은 말씀입니다. 하나님은 한 분이시요, 그 밖에 다른 이는 없다고 하신 그 말씀은 옳습니다. 또 마음을 다하고 지혜를 다하고 힘을 다하여 하나님을 사랑하는 것과, 이웃을 자기 몸 같이 사랑하는 것이, 모든 번제와 희생제보다 더 낫습니다."(12:32-33)

[2b] 예수가 율법학자에게: "너는 하나님의 나라에서 멀리 있지 않다."(12:34a)

마태는 마가를 베끼면서, 이 대화가 너무 많다고 생각하여 한 차례의 대화, 즉 율법교사가 예수에게 질문하고(22:34-35), 예수가 율법교사에게 대답한 것(22:36-40)으로 줄였다. 마태는 22:40에

"이 두 계명에 모든 율법과 예언자들의 본 뜻이 달려 있다"는 말을 덧붙였다. 독자들은 아우구스티누스가 『기독교의 교리에 관하여』에서 착한 사마리아인의 비유를 읽으면서, 누가 10:27에 대한 요약 속에—실수로?—마태 22:40을 집어넣은 것을 기억할 것이다.

하나님을 사랑하고 이웃을 사랑하라는 두 가지 계명에 관한 예수의 대화를 골라내서 착한 사마리아인의 비유를 위한 맥락으로 채택한 것(adopted)은 예수가 아니라 누가였다. 누가는 또한 그 비유를 개작했다(adapted). 즉 마가는 그 질문자가 예수를 칭찬하면서 "선생님, 옳은 말씀입니다"(12:32)라고 말한 것을 누가는 바꾸어서 오히려 예수가 그 질문자를 칭찬하여 "네 대답이 옳다"(10:28)고 말한 것으로 만들었다.

율법교사가 "내 이웃(neighbor)이 누구입니까?"(10:29)라고 묻고 예수는 그에게 "너는 이 세 사람 가운데서, 누가 강도 만난 사람에게 이웃(neighbor)이 되어 주었다고 생각하느냐?"(10:36)라고 묻는 대화 중간에 착한 사마리아인 비유를 삽입시킴으로써 그 비유를 해석한 사람은—예수가 아니라—누가였다. 이것을 요약하면 다음과 같다.

예수와 율법학자   → 착한 사마리아인 비유 ←   예수와 율법학자
 (10:25-29, 누가의 말)   (10:30-35, 예수의 말씀)   (10:36-37, 누가의 말)

나의 첫 번째 주장은 누가가 예수 전승에서 두 개의 독립적인 단락들—두 가지 계명에 관한 대화와 착한 사마리아인에 관한 비유—을 하나로 연결시켰고, 또한 앞의 것을 사용해서 뒤의

것을 해석했다는 주장이다. 그러나 그렇게 함으로써 누가는 예수의 도전하는 비유를 본보기 비유로 바꾸어놓았다.

이것은 물론 비교적 쉬운 작업이었다. 왜냐하면 거의 모든 도전하는 비유는 그 핵심이 올바르고 도덕적이며 윤리적인 행동이라는 점을 상정하고 있기 때문이다. 예수와 헨리 필딩 모두, 강도를 만나 매를 맞고 거의 죽게 된 사람을 보면, 사람은 마땅히 멈추어서 그 불행한 사람을 도와주어야 한다는 것을 절대적으로 당연한 것으로 간주한다. 그러나 도전하는 비유의 요점은 ―그 자체의 문화적, 사회적, 정치적, 혹은 종교적 기대 속에서― 도와주지 않는 사람들은 "선한" 사람들인 반면에, 실제로 도와주는 사람은 "나쁜" 사람이라는 점이다. 이것이 바로 청중들이 기대하는 것, 위계적 사회의 편견, 그리고 도덕적 전제들이 정상적인 것으로 간주하는 것에 대해 도전하는 것이다.

그러므로 요약하자면, 누가 10:30-35에 나오는 예수의 착한 사마리아인의 이야기는 누가의 틀, 즉 그 이야기 앞에 누가가 덧붙인 부분(10:25-29)과 그 이야기 다음에 덧붙인 부분(10:36-37)과는 별도로 읽어야만 한다. 이것이 나의 첫 번째 단계다. 이처럼 이 착한 사마리아인의 비유를 누가의 문학적 맥락에서 떼어낸 다음에는 이제 두 번째로 똑같이 중요한 단계로서, 이 비유를 예수 자신의 사회적인 맥락 속에 넣어서 읽는 단계다.

첫째로, 유대인들의 세계에서는 제사장들과 레위인들―이들은 최고 단계와 둘째 단계의 성직자들이었다―은 문화적으로 "착한 사람들"의 대명사였다. 제사장과 레위인이 1세기 유대인 전통의 문화적인 양극(陽極)인 반면에 사마리아인은 정반대편의 음극(陰極)이었다. 그와 비슷하게 역마차 안에 타고 있던 승객들과 그 마차 밖에 타고 있던 일꾼들은 헨리 필딩의 세계에서 사회적 및 문화적으로 양극단을 대표했던 인물들이다. 그러나 그 "착한 사람들"이 악하게 행동한 반면에, "나쁜 사람들"이 착하게 행동하는 것으로 드러나자, 이야기는 현실을 뒤집어엎는다.

둘째로, 만일에 예수가 곤경에 처한 사람을 돕는 것에 관한 본보기 비유로서 이 비유를 말하려 했던 것이라면, 예수는 등장인물들을 구체적으로 언급하지 않은 채 쉽게 그 목적을 달성할 수 있었을 것이다. 즉 예를 들어 "어떤 사람이 길을 가다가 ... 첫 번째 여행자는 ... 두 번째 여행자는 ... 세 번째 여행자는 ..." 이라고 말하는 것이 훨씬 쉬웠을 것이다. 또한 만일에 예수가 그런 도움은 곤경에 처한 원수들에게도 적용해야 한다는 것을 주장하고 싶었다면, 예수는 단순히 "어떤 사마리아인이 길을 가다가 ..., 첫 번째 여행자는 ... 두 번째 여행자는 ... 세 번째 여행자는 ..."이라고 말하는 것으로 충분히 그 목적을 달성했을 것이다. 즉 이런 식으로 가르친 비유조차도 고전적인 본보기 비유가 되었을 것이다. 그러나 예수는 구체적으로 존경받는 성직자를 등장시키고 그가 도움을 주지 않았던 반면에, 사람들로부터 멸시를 받는 사마리아인을 등장시켜 도와주는 사람으로 이야기를 들려준 순간, 우리는—예수가 의도했던 것처럼—고전적인 도전하는 비유를 듣게 된 것이다.

끝으로, 왜 이처럼 분명한 사실이 거의 2천 년 동안 기독교 전통 속에서—심지어 누가 자신에게도—분명히 드러나지 않았는가에 대해 우리는 의문을 갖게 된다. 그 이유는 "착한 사마리아인"이 장황한 상투적 이야기가 되었기 때문이다. 곤경에 처한 타인을 돕는 것은 사람들에게 단순히 표준적 행동이다. 그러나 문제는 사람들이 매우 오래 전에 이미 그 모순어법—말하자면 네모난 원—을 망각해버린 것이다. 사람들은 1세기 유대인들이 이 비유를 들었을 방식, 즉 문화적 역설(a cultural paradox)이며 사회적 모순(a social contradiction)으로 듣지 않기 때문이다. 예수 시대 이전에 몇 백 년 동안에 걸쳐, 유대인들과 사마리아인들 사이에는 긴장과 갈등이 쌓여왔으며, "착한 사마리아인"이라는 말은 상투어가 아니라 역설이었던 것이다.

그 긴장상태가 시작된 것은 이스라엘이 기원전 900년대 말엽에 북왕국과 남왕국으로 분열된 때부터였다. 그 후 기원전 700년대 말에 앗시리아 제국이 북왕국을 점령하고 500년대 초에는 바빌로니아 제국이 남왕국을 정복함으로써 그 긴장상태는 더욱 첨예하게 되었다. 똑같은 조상들의 후손들 사이에서 불화가 생긴 것이지만, 1세기에 이르러서는 종족간의 정치적 및 종교적인 증오로 굳어졌다. 예컨대 다음 이야기를 생각해보라.

> 예수께서 심부름꾼들을 앞서 보내셨는데, 그들이 가서 예수를 모실 준비를 하려고, 사마리아 사람의 한 마을에 들어갔다. 그러나 그 마을 사람들은, 예수께서 예루살렘으로 가시는 도중이므로, 예수를 맞아들이려 하지 않았다. 그래서 제자인 야고보와 요한이 이것을 보고 말하기를 "주님, 불이 하늘에서 내려와 그들을 태워 버리라고 우리가 명령하면 어떻겠습니까?" 하였다. 예수께서 돌아서서 그들을 꾸짖으셨다. 그리고 그들은 다른 마을로 갔다.(누가 9:52-56)

다음은 예수 당시보다 약 20년 후에 벌어진 훨씬 더 치명적인 사건이다. 역사가 요세푸스는 그의 『유대 전쟁』에서 "많은 유대인들이 장막절 축제를 위해 예루살렘으로 올라가던 중에" 그 순례자들이 사마리아를 거쳐 남쪽 유대지방으로 가다가 "어떤 갈릴리 사람이 살해되어" 결국 "갈릴리인들과 사마리아인들 사이에" 싸움이 벌어지게 된 것을 전해준다(2.232). 이 소식이 예루살렘에 전해지자, "군중들이 소동을 일으키게 되었고 그 축제를 떠났다. 그리고 그들을 지휘할 장군들도 없이 큰 폭력을 일으키며 사마리아로 몰려갔다. 그들을 통제할 치안 담당자들도 없었다"(2.234).

사태가 심각해지자 시리아 총독이 군단 병력을 이끌고 개입하게 되었다. 그는 십자가에 처형하고 참수하는 것으로 시작했지만, 저명한 유대인들과 사마리아인들만이 아니라 그 지역을 담당하던 최고의 로마 관리들까지 카이사르 앞에 재판을 받도록 송치하는 것으로 끝냈다. 요한 4:9은 "유대 사람은 사마리아 사람과 상종하지 않는다"고 말한다. 이것은 아마도 싸움 이외에는 서로 상종하지 않는다는 말일 것이다. 따라서 예수 당시에 "착한 사마리아인"은 상투어라기보다는 그 말 자체가 도전, 도발, 역설, 모순어법이었다는 점을 기억할 필요가 있다.

나의 결론은 착한 사마리아인의 비유는 예수가 단순히 본보기 비유, 즉 직설적인 도덕적 교훈, 자비를 베푸는 행동을 위한 적극적인 패러다임으로 말했던 것이 아니라는 점이다. 이 비유는 자비심에서 비롯된 도움을 주는 것이 당연한 반응이라는 점을 상정하고 있다. 그러나 이 비유를 도덕적 행동의 본보기로 이해하는 것은 예수의 일차적인 의도가 아닌 것으로 보인다. 이 비유가 본보기 비유가 된 것은 오직 누가의 맥락과 해석 때문이다.

오히려 이 비유는 도전하는 비유, 즉 청중들로 하여금 자신들의 사회적 편견, 문화적 전제들, 그리고 심지어 자신들의 가장 신성한 종교적 전통에 대해서까지 다시 생각하도록 도전하는 이야기로 이해할 때 훨씬 잘 이해할 수 있는 것이다.

이 장의 마지막 질문은 이 모든 것이 단지 시간 낭비인지 아닌지 하는 질문이다. 즉 우리는 이처럼 다양한 해석들을 단순히 즐기면 되는 것이며, 예수의 비유들을 수수께끼와 본보기와 도전과 또한 그 모든 것을 합친 것으로 받아들이기만 하면 되는 것이 아닌가 하는 질문이다. 실제로, 다시 아우구스티누스에게로 돌아가면, 예수의 비유들을 다양하게 해석해야 한다는 것이 그 자신의 거의 포스트모던적인 결론이다.

이번에는 그가 397-398년에 쓴 『고백록』(*Confessions*)에 나오는 본문인데, 이것이 그가 397년에 착한 사마리아인 비유를 본보기로 해석한 것과 399-400년에 수수께끼 비유 혹은 알레고리로 해석한 것 사이에 쓴 본문이다. 그는 자신의 『고백록』에서—약간 방어적으로?—"이 복음서 저자의 의미를 다른 사람이 해석한 것과 다르게 해석한다고 해서 무엇이 해로울 것인가?"라고 묻는다. 특히 "이런 해석들로부터 서로 다른 많은 것들을 이해할 수 있으며, 그 모든 해석들은 참된 것일 수 있기 때문이다." 다시 말해서,

> 각자는 성서 안에서 그 저자가 이해했던 것을 이해하려고 노력하기 때문에, 만일에 한 사람이 당신께서, 즉 진리를 말하는 모든 사람의 빛이신 당신께서 그 사람에게 참된 것이라고

보여주신 것을 이해한다면 무엇이 해로울 것인가? 그 성서의 저자는 그 진리를 비록 다른 의미로 이해했지만 그 해석자가 이해한 측면은 보지 못했을 경우에 말이다.(12.18)

그렇다면, 착한 사마리아인 비유는 수수께끼인 동시에 본보기라는 말인가? 그러나 만일 그렇다면, 그 비유는 마가 4장에서처럼 깨닫지 못하게 하기 위한 수수께끼인 동시에 누가 10장에서처럼 모방을 위한 본보기일 수는 없다. 왜냐하면 그것을 모방하기 위해서는 반드시 그것을 이해할 필요가 있기 때문이다.

또한 다음과 같은 근본적인 질문도 생겨난다. 착한 사마리아인 비유나 혹은 다른 어떤 비유를 해석하기 위한 일차적 기준은 "그 저자(예컨대 누가)가 이해했던 것"에 대해 해석자가 최선을 다해 해석한 것인가, 아니면 그 해석의 일차적 기준이 "예수가 의도했던 것"에 대해 해석자가 최선을 다해 해석한 것인가? 우리는 그 비유들을 "예수의" 비유들이라고 부르지, 결코 마가의 비유들이나 누가의 비유들이라고 부르지 않는다.

더욱 기본적인 측면에서, 나 자신은 "말"에 대해 험티 덤티의 관점보다는 앨리스의 관점을 선호하며, 이것은 "비유들"에도 똑같이 적용된다고 생각한다. 루이스 캐롤(Lewis Carroll)이 1871년에 쓴 소설 『거울을 통해서』(*Through the Looking Glass*)에는 이 주제에 관해 매우 예언자적인 대화가 나온다.

험티 덤티는 약간 멸시하는 말투로 말했다. "내가 어떤 말을 사용할 때는, 내가 의미하는 것으로 선택한 것만을 의미한다. 그 이상도 이하도 아니다."

앨리스는 말했다. "문제는 당신이 그 말을 통해 그토록 많은 것을 의미하도록 만들 수 있는가 하는 것이다."

험티 덤티는 말했다. "문제는 어떤 것이 가장 중요한 의미인가 하는 것이다. 그게 전부다."

그러므로 이 책의 첫 부분에서, 그리고 특히 착한 사마리아인의 비유에 관한 이 장에서, 나는 누가의 해석과 이해보다는 예수의 목적과 의도를 이해하려고 시도했다. 왜냐하면 비록 본보기 비유도 좋겠지만, 도전하는 비유가 훨씬 더 중요하게 전복시키는 작용을 하기 때문이다. 왜 그런가? 도전하는 비유는 우리가 절대적인 것으로 믿고 있는 편견들의 콧대를 꺾어놓으면서도, 그 자리에 대항적인 절대를 대신 세워놓지 않기 때문이다. 도전하는 비유들은 큰 풍선에 위험할 정도로 가까이 다가가는 작은 바늘들이다. 그런 비유들은 우리들로 하여금 우리의 세계 속에서—그 문화적인 관습들, 사회적 관계들, 전통적인 정치, 그리고 종교 전통 안에서—우리가 완전히 당연한 것으로 받아들이는 것들에 대해 새로운 눈으로 검토하고 천착하도록 만들기 때문이다. 도전하는 비유들은 앙드레 지드의 비유에 나오는 마지막 말처럼, 계단들에 대해 매우 조심할 것을 상기시켜준다.

나는 이 장을 시작하면서, 탕자의 비유에 대해 앙드레 지드가 재구성한 이야기를 통해, 도전하는 비유가 무엇을 뜻하는지를 보여주었다. 그 이야기는 우리로 하여금 "집으로 돌아오는 것"보다는 "집을 떠나는 것"에 관해 더욱 깊이 철저하게 생각하도록 도전한다.

이어서 나는 예수의 가장 유명한 비유, 즉 착한 사마리아인의 비유를 살펴보았다. 우리는 그 비유를 우선 수수께끼 비유로, 또한 본보기 비유로, 그리고 도전하는 비유로 해석한 것을 살펴보았다. 나는 착한 사마리아인의 비유를 본보기 비유로 본 것이 확실히 누가의 의도였지만, 이런 누가의 의도는 누가가 이 비유를 삽입한 틀로서의 문학적 맥락 자체가 마가에 나오는 율법학자와 예수의 대화—하나님을 사랑하고 이웃을 사랑하는 것에 관한 대화—에서 비롯된 것이라고 주장했다. 그러므로 나의 임시적인 결론은 예수가 착한 사마리아인의 비유를 말한 것은 도전하는 비유로서 의도했던 것이며, 또한 도전하는 비유들은 비유들의 세 가지 형태들 가운데 가장 중요한 것이라는 점이다. 다음 차례는 무엇인가?

나는 1장과 2장에서 수수께끼 비유와 본보기 비유의 사례를 구약성서에서 찾아서 제시했다. 4장에서는 도전하는 비유들의 사례들을 똑같이 예수 이전의 성서 전통 속에서 찾아서 제시할 것이다. 그런 사례들은 모두 도전의 힘을 보여줄 것이며 또한 예수가 분명히 도전하는 비유를 처음 창안하지는 않았지만, 구약성서 자체 속에 이미 존재하고 있었던 것을 물려받아 사용했다는 점을 시사한다.

그뿐 아니라 2장에서 우리는 비유의 길이가 책 한 권 분량에 달하는 세 가지 본보기 비유들을 언급했는데, 토비트, 유딧, 에스더가 그런 본보기 비유들이다. 다음 4장에서 보게 될 도전하는 비유들도 역시 그 길이가 책 한 권 분량에 달하는데, 그것들은 룻기, 요나서, 그리고 욥기라는 도전하는 비유들이다.

4장

도전하는 비유들: 2부

말씀에 맞서는 말씀

내가 고등학교에 다니던 1945년부터 1950년까지, 아일랜드 교육부가 만들어 시행하던 표준 영어 교과과정은 매년 셰익스피어의 희곡들을 가르치도록 되어 있었다. 내 기억으로는 『베니스의 상인』, 『리처드 2세』, 『헨리 4세』, 『햄릿』, 『맥베스』였는데, 그 순서는 정확하지 않다. 우리는 매년 그 희곡들 속에 나오는 중요한 독백들을 암기해야 했는데, 정부가 출제하는 시험들은 학생들이 그런 독백들을 암기하고 있을 것으로 예상하고 또한 자유롭게 인용할 수 있는 능력을 테스트했기 때문이다.

나는 당시 아마도 열세 살이었을 때 처음으로 셰익스피어의 『리처드 2세의 생애와 죽음』을 배웠는데, 이것은 랭캐스터 왕가의 등장에 관한 그의 네 개의 희곡 가운데 첫 번째였다. 이것은 1595년경에 쓰여진 희곡이지만 리처드 2세에 초점을 맞춘 것이다. 리처드 2세는 1377년에 열 살의 나이에 영국의 왕이 되었다.

그는 수도원에서 태어나 지하감옥에서 죽었으며, 22년 동안 통치하면서 농민들과 귀족들 모두와 사이가 벌어졌다.

그 희곡의 무대는 1398년부터 1400년까지로서, 리처드 왕이 아일랜드에서 전쟁을 벌이느라 자리를 비운 사이에, 그의 사촌 헨리 볼링브로크가 평민들과 영주들을 규합해서, 귀환하던 리처드 왕을 웨일즈에서 생포한 사건을 다루었다. 헨리는 왕위에 올라 헨리 4세가 되었고, 리처드 왕은 결국 런던에서 멀리 떨어진 웨스트 요크셔 지방의 폼프렛이나 폰테프랙트 성에 감금되었다. 그는 그 지하감옥에서 1년도 지나기 전에 죽었는데, 헨리 4세는 그를 죽이라고 직접 명령하지는 않았지만, 간접적으로 자신의 의중을 내비쳤다. 그는 나중에 "왕관을 쓴 머리가 불편하게 누워있다"(*Henry IV*, 3막 1장, 1. 31)는 것을 인정했다.

나는 60년이 지난 지금도 그 희곡의 상당부분을 외우고 있지만, 내가 가장 정확하게 기억하는 것은 감옥에 갇힌 리처드 왕은 왕권신수설(the divine right of kings)을 열렬히 신봉했던 왕으로서 자신이 어떻게 왕이면서 동시에 왕이 아닐 수 있는지를 곰곰이 생각하는 대목이다. 또한 어떻게 헨리가 왕이 아닐 수 있으면서 동시에 왕일 수 있는가. 다음 독백은 내가 가장 분명하게 암기하고 있는 것이다.(5막 5장, ll, 11-17)

어떤 생각도 만족을 주지 못하는구나.
그나마 좀 더 나은 생각은 신적인 것에 관한 생각들이지만 주저하게 만드는 것들과 뒤섞여 있으며
말 자체가 그 말에 맞서는 꼴이다.
따라서 "작은 생각이라도 떠올라라" 하지만 또다시

"낙타가 바늘귀를 지나는 것만큼이나 어렵구나."

"말 자체가 그 말에 맞선다"는 성서적 표현이 그 오랜 세월 동안 내 머리에서 떠나지 않았다. 물론 그것 때문에 내가 기독교 성서의 역사와 신학에 관해 연구하고 책을 출판했던 것은 아니다. 그러나 그 말은 지난 50년 동안 내가 성서를 연구하면서 발견할 것을 잘 요약해준다.

"말이 말에 맞선다"는 표현은 이 장을 위한 완벽한 주제인 셈이다. 성서 전통은 도전하는 비유들을 통해서, 하나님은 결코 인간의 상상력으로 완전히 파악할 수 없으며, 심지어—혹은 특히—토라(Torah)나 예언서, 지혜나 종말론, 구약성서나 신약성서, 예수나 복음서에 의해서도 완전히 파악할 수 없다는 점을 상기시켜준다. 성서의 도전하는 비유는 우리에게, 출애굽기 3:5의 모세처럼, 먼저 신발을 벗어야만 한다는 것을 기억하는 한, 거룩한 땅에 서서 하나님과 이야기하는 것은 받아들일 수 있다는 것을 상기시켜주려는 것이다. 그것 역시 도전하는 비유인 것이다.

이 장에서 우리는 룻기, 요나서, 그리고 욥기를 탐구할 것인데, 예수 시대 이전에 이미 구약성서 안에 책 한 권 분량에 해당하는 도전하는 비유가 있었다는 것을 보여주기 위해서다. 다시 말해서 예수의 이야기들은 예수가 새로운 형태의 비유를 창안한 것이라기보다는 예수가 이미 성서 전통 속에 있었던 형태를 선택해서 사용한 것이라는 말이다. 그러나 내가 그 세 권의 책을 자세하게 탐구하기 전에, 두 가지 기본적인 질문을 제기할 필요가 있다. 우선 왜 세 가지 사례가 필요한가? 하나나 두 가지 사례로는 충분하지 않은가? 둘째 질문은 이 세 가지 사례들에 어떤 공통적인 배경이 있는 것인가 하는 질문이다.

첫째로, 왜 나는 예수 시대 이전의 성서 전통 속에서 세 가지 사례들을 필요로 하는가? 한두 사례로는 나의 요점을 충분히 전달할 수 없다고 생각하기 때문인가? 룻기와 같은 한 가지 사례만으로도 예수 시대 이전에 이미 오래 전에 도전하는 비유들이 있었다는 나의 요점을 독자들은 충분히 이해할 것이다. 그러나 나는 또 다른 점을 주장할 것인데, 이것은 룻기, 요나서, 그리고 욥기의 순서대로 세 권 모두를 검토할 필요가 있다.

나의 또 다른 주장은 비유로 된 이 세 가지 책들을 통해서, 그 도전은 성서 전통의 핵심 속으로 더욱 깊이 들어간다는 점이다. 즉 룻기는 성서의 한 부분에 대해 도전하며, 요나서는 성서 전체에 대해 도전하며, 욥기는 성서의 하나님에 대해 도전한다는 점이다. 그뿐 아니라, 룻기에서부터 요나서를 거쳐 욥기에 이르기까지 그 도전이 확대되는 것은 그 셋 가운데 마지막 책인 욥기 자체 안에서 그대로 반복되고 있다는 점이다. 즉 욥기가 처음에는 성서의 한 부분에 대해 도전하고, 이어서 성서 전체에 대해 도전하며, 마침내는 성서 전통의 하나님에 대해 도전한다.

요약하자면, 우리는 그 세 권을 모두 순서대로 살펴보아야만 그 세 권의 비유들이 도전하는 것이 단순히 성서의 말들에 맞서는 성서의 말들(biblical words against biblical words)에 관한 것이 아니라 성서의 말씀에 맞서는 성서의 말씀(biblical Word against biblical Word)에 관한 것임을 분명하게 깨달을 수 있다.

나의 또 다른 질문은 이 세 권의 책들의 공통적인 역사적 배경에 관한 것이다. 그 맥락을 이해하기 위해서는 매우 중요하지만 명백한 구별도 필요하다. 실제로 그 배경이 없다면 그 책들은 도전하는 비유들이 아니라 단지 짧은 이야기들에 불과하다.

우리는 어떤 이야기의 역사적 무대(setting)와 이야기의 기록(writing) 사이의 차이를 구별하며, 어떤 이야기가 자리매김한(located) 시대와 그 이야기가 작성된(composed) 시대 사이의 차이를 구별한다. 예를 들어, 마가렛 미첼의 유명한 소설 『바람과 함께 사라지다』(Gone with the Wind)는 미국의 남북전쟁을 전후로 한 1860년대와 1870년대를 무대로 하지만, 그 소설이 쓰여진 것은 1920년대와 1930년대였다. 이런 차이를 구별하는 것이 성서의 세 가지 도전하는 비유를 읽을 때 매우 중요하다. 왜냐하면 그 각각의 책들은 매우 다른 시대를 무대로 삼고 있지만, 세 권 모두가 똑같은 역사적 모체 속에서(in the same historical matrix) 기록되었기 때문이다.

룻기의 역사적 무대는 이스라엘이 여전히 카리스마적인 지도자들—사사들—에 의해 인도될 때였지, 후대의 왕조체제 시대가 아니었다. 룻기는 사사기 "시대"를 무대로 삼고 있다. 요나서의 역사적 무대는 앗시리아 제국과 그 수도 니느웨다. 요나서는 이사야서와 같은 시대를 무대로 삼고 있다. 한편 욥기의 역사적 무대는 이스라엘의 가장 오래된 조상들의 시대다. 욥기는 창세기와 같은 시대를 무대로 삼고 있다. 그러나 그 이야기들이 도전하는 비유들로서의 의도적인 목적을 드러내는 것은 그 이야기들의 무대라기보다는 그 이야기들이 기록된 시대다. 그 이야기들이 기록된 공통적인 시대는 언제였는가?

우리가 살펴볼 세 가지 책들이 작성된 역사적 모체에 관해 우리가 반드시 알아야 할 것들은 다음과 같다. 첫째로, 기원전 597년과 587년 사이에, 바빌로니아인들은 예루살렘과 그 성전을 비롯해서 이스라엘의 남부 절반을 파괴했으며, 유대인 귀족들을 "바빌론 포로"로 끌고 갔다. 둘째로, 그러나 같은 세기의 중엽에 페르시아인들이 바빌로니아인들을 정복하였고, 포로로 끌려갔던 유대인들을 고향으로 돌려보내 그들의 성전, 도시를 재건할 뿐 아니라 그들의 율법, 관습, 전통을 회복하도록 했다. 그렇게 함으로써 이스라엘인들이 페르시아인들에게 조공을 바칠 수 있도록 했으며, 또한 이집트에 맞서기 위한 완충지대로서 이스라엘을 전략적으로 이용할 수 있었다. 그것은 마치 제2차 세계대전 후 미국이 유럽에서 소련에 맞서서 펼쳤던 마샬 계획에 대한 페르시아적인 방법이라고 생각할 수 있다. 페르시아인들은 자신들이 정복한—"해방시킨"—영토를 단순히 약탈하기보다 그 피폐한 민족들과 경제를 회복시켜 그 속국들을 생존하게 만들어 동맹국으로 삼는 것이, 미래의 문제들과 반란의 씨앗을 키우는 것보다 유리하다고 판단했던 것이다.

당시는 이스라엘로서 매우 대단히 위험한 시대였다. 이스라엘의 독특한 정체성과 민족적인 생존이—정확히 페르시아 제국의 우호적인 도가니(melting pot) 속에서—서서히 또한 착실하게 중동 지방의 유전자 풀(gene pool) 속으로 사라질 수 있는 시대였기 때문이다. 당시는 이스라엘의 수도의 방어벽을 새로 쌓고, 또한 이스라엘의 옛 정체성의 보호벽을 새로 쌓을 때였다. 당시는 종교와 율법, 성전과 토라 모두를 회복할 때였다. 당시는 토론이 아니라 결정할 때였으며, 반박이 아니라 결단할 때였으며, 분개할 때가 아니라 선포할 때였다. 그러므로 당시는 단호한 확실성과 안정된 절대성이 요구되던 시대였다.

바로 이처럼 보수적인 확실성이 팽배해 있던 시대에, 룻기, 요나서, 그리고 욥기의 세 비유들은 정확히 그 "페르시아 시대의 회복"(Persian Restoration)의 강력한 원칙들, 전제들, 선입견들에 대해 도전장을 던졌던 것이다. 그 세 권의 책들은 그 회복에 맞서는 패러다임의 변화를 제안했다기보다는 그 안에서 또한 그것에 대해서 패러다임에 관한 질문을 제기했다. 이런 개론적인 모든 사실들을 유념한 채, 이제 룻기, 요나서, 그리고 욥기를 살펴볼 것이다.

룻기: 룻기는 구약성서 안에 나오는 도전하는 비유에 대한 나의 첫 번째 사례연구이다. 룻기는 또한 전체 성서 전통 안에서 가장 아름다운 이야기이기도 하다. 나는 룻기를 하나의 이야기로서 요약한 후에 그것이 도전하는 비유임을 살펴볼 것이다.

베들레헴 출신의 한 농민 가족—엘리멜렉과 나오미와 그들의 두 아들인 말론과 기룐—이 기근이 들어 요단 강을 건너 모압 지방으로 이주한다. 엘리멜렉이 죽고, 말론과 기룐은 모압 여인 오르바와 룻과 결혼한다. 그러나 말론과 기룐마저 죽는다. 그래서 이야기가 시작된 후 첫 다섯 절에서 남자 셋이 모두 죽자, 이야기는 세 여인만의 이야기로 이어질 참이다(1:1-5).

기근이 끝났다는 소식을 들은 나오미는 고향으로 돌아갈 결심을 한다. 그러나 이어지는 사건은 시어머니와 며느리 사이의 전형적인 긴장관계를 부정하는 것이다. 오르바와 룻 모두 자신들의 고향을 버리고 시어머니와 함께 베들레헴으로 가겠다고 주장한다. 그러나 나오미는 그들에게 고향 모압에 머물러 있으면서 새로운 남편들을 만나라고 말한다. 오르바는 시어머니의 말을 듣지만, 룻은 여전히 거부한다.

> 나더러, 어머님 곁을 떠나라거나,
> 　어머님을 뒤따르지 말고 돌아가라고는 강요하지 마십시오.
> 어머님이 가시는 곳에 나도 가고,
> 　어머님이 머무르시는 곳에 나도 머무르겠습니다.
> 어머님의 겨레가 내 겨레이고,
> 　어머님의 하나님이 내 하나님입니다.
> 어머님이 숨을 거두시는 곳에서 나도 죽고,
> 　그 곳에 나도 묻히겠습니다.
> 죽음이 어머님과 나를 떼어놓기 전에
> 　내가 어머님을 떠난다면, 주께서 나에게 벌을 내리시고
> 　또 더 내리신다 하여도 달게 받겠습니다.(1:16-17)

이처럼 매우 충성스런 선언에 이어, 이야기는 그들이 고향에 돌아온 것을 들려준다. "이렇게 하여 나오미는, 모압 여인인 며느리 룻과 함께 모압 지방에서 돌아왔다. 그들이 베들레헴에 이르렀을 때는, 보리를 거두기 시작할 무렵이었다"(1:22). 여기서 "모압"을 두 번씩 강조하고 있음을 주목할 필요가 있다.

그 다음 이야기는 더욱 줄여서 요약하겠다. 나오미는 룻으로 하여금 "남편 쪽의 친족 한 사람"을 만나도록 하는데—고상하게 유혹하는데—"그는, 엘리멜렉과 집안간으로서, 재력이 있는 사람이었다. 그의 이름은 보아스이다"(2:1). 룻과 보아스는 결혼하여 첫아들을 낳는다. 이것은 물론 가족에 대한 성실과 전통에 대

한 충성을 드러내는 이 아름다운 이야기에서 쉽게 예상할 수 있었던 해피엔딩이다. 이 이야기는 완전히 여성의 관점에서 말해지고 있으며 다음과 같은 말들로 끝난다.

> 그러자 이웃 여인들이 나오미에게 말하였다. "주께 찬양을 드립니다. 주께서는 오늘 이 집에 자손을 주셔서, 대가 끊어지지 않게 하셨습니다. 그의 이름이 이스라엘에서 늘 기리어지기를 바랍니다. 시어머니를 사랑하는 며느리, 아들 일곱보다도 더 나은 며느리가 아기를 낳아 주었으니, 그 아기가 그대에게 생기를 되찾아 줄 것이며, 늘그막에 그대를 돌보아 줄 것입니다." 나오미가 그 아기를 받아 자기 품에 안고 어머니 노릇을 하였다. 이웃 여인들이 그 아기에게 이름을 지어 주면서 "나오미가 아들을 보았다!" 하고 환호하였다. 그들은 그 아기의 이름을 오벳이라고 하였다. 그가 바로 이새의 아버지요, 다윗의 할아버지이다.(4:14-17)

그러나 이 마지막 문장, 특히 마지막 단어는 이 낭만적인 이야기의 결론으로서는 매우 놀라운 것이다. 즉 우리는 사사로운 농민의 이야기로부터 갑자기 예상 밖으로 공적인 왕조의 이야기와 맞부딪치게 되기 때문이다.

끝으로, 이 이야기가 충격적인 두 가지 측면이 있다. 하나는 룻이 이스라엘 여인이 아니라 모압 여인이라는 사실을 청중들이 결코 잊지 않도록 만들고 있기 때문이다. "모압"이라는 단어가 이야기의 처음과 마지막에 매우 강조되기 때문이다(1:1, 2, 6, 7, 22; 4:3, 5, 10). 룻 자신이 "모압 여자"(1:4)로 명시되고 있으며 "나오미와 함께 모압 지방에서 돌아온 모압 사람"(2:6)으로, 혹은 좀 더 단순하게 "모압 여인 룻"(1:22; 2:2, 21; 4:5, 10)으로 나온다.

다른 하나는 다윗 왕—이스라엘의 과거와 미래의 왕—이 룻과 보아스의 자손이라는 것에 대해 두 차례나 강조되고 있다는 점이다. 룻기의 마지막 결론은 다음과 같다.(4:17-22)

이웃 여인들이 그 아기에게 이름을 지어 주면서 "나오미가 아들을 보았다!" 하고 환호하였다. 그들은 그 아기의 이름을 오벳이라고 하였다. 그가 바로 이새의 아버지요, 다윗의 할아버지이다.

다음은 베레스의 계보이다. 베레스는 헤스론을 낳고, 헤스론은 람을 낳고, 람은 암미나답을 낳고, 암미나답은 나손을 낳고, 나손은 살몬을 낳고, 살몬은 보아스를 낳고, 보아스는 오벳을 낳고, 오벳은 이새를 낳고, 이새는 다윗을 낳았다.

이처럼 오벳과 이새와 다윗의 혈통에 관해 두 차례나 언급하고 있다. 그러므로 모압 여인 룻이 이스라엘의 이상적인 왕 다윗의 증조할머니라는 사실을 두 차례나 강조하고 있는 것이다. 우리가 본보기 비유라고 생각했던 것—사람이 가족과 전통에 충실하면 어떤 일이 벌어지는가?—이 도전하는 비유로 바뀐 것이다—모압 여인이 다윗 왕의 조상이라면 어떤 일이 벌어지는가?

이제는 어떻게 이 짧은 이야기가 도전하는 비유가 되는지를 살펴보겠다. 기원전 500년대와 400년대의 페르시아 시대의 회복이라는 역사적 상황 속에서 이 모압 여인 룻의 이야기를 들었다고 상상해보자. 페르시아 제국은 유대인 지도자 에스라와 느헤미야를 책임자로 임명하여 그들의 조상들의 법을 회복하도록 했는데, 이것은 예전에 바빌로니아 영토였던 모든 지역들을 새롭게 페르시아가 차지한 후에 펼친 정책의 일환이었다. 이스라엘로서는 이것이 토라의 율법들을 회복하고 특히 신명기 율법을 회복하게 되었다는 뜻인데, 신명기는 "모세의 다섯 권의 책들"의 마지막 클라이맥스에 해당되는 책이다. 그러나 신명기 율법 가운데는 다음과 같은 것이 들어 있다.

> 암몬 사람과 모압 사람은 주의 총회 회원이 되지 못한다. 그 자손은 십 대가 아니라, 영원히 주의 총회 회원이 되지 못한다. 그들은 너희가 이집트에서 나올 때에, 먹을 것과 마실 것을 가지고 와서 너희를 맞아들이지 않았기 때문이다.(신 23:3-4a)

출애굽기 전승에 따르면, 이스라엘은 이집트의 속박으로부터 탈출하여, 사해 북쪽의 동부 광야를 거쳐 약속의 땅에 들어갔다. 이것은 모압과 암몬 부족들의 영토를 통과했다는 뜻이다. 이들 부족들은 당연히 자기들의 영토를 통과하는 이스라엘 사람들에 대해 의심하고, 도와주지 않았으며 심지어 적대감을 갖게 되었다. 이 때문에 암몬 사람이나 모압 사람이 이스라엘 백성의 신분을 얻는 것을 영원히 금지시켰던 것이다.

이제는 일반적인 법 이론으로부터 구체적인 역사적 실천에 대해 살펴보겠다. 바빌로니아 제국 이후 기원전 550년부터 450년 사이에 페르시아 시대의 회복 기간 동안에, 에스라와 느헤미야는 이스라엘 민족의 민족적 정체성을 지키기 위해 하나의 특정한 문제에 초점을 맞추었다. 그들은 이스라엘 사람들이 외국 여인들과 결혼한 것을 모두 즉시 끝장낼 것을 요구했다. 다음의 본문에서 "이방 여자, 이방인 아내"라는 말이 계속해서 울려 퍼지는 것을 들어 보라.

> 우리가 주변에 있는 이 땅의 백성에게서 이방 여자를 데려와서 아내로 삼음으로써, 하나님께 죄를 지었지만 … 여러분은 이방 여자들과 결혼하였으므로, 배신자가 되었소. 그것 때문에, 이스라엘의 죄가 더욱 커졌소. … 이 땅에 있는 이방 백성과 관계를 끊고, 여러분이 데리고 사는 이방인 아내들과도 인연을 끊어야 하오. … 마을마다 이방 여자와 결혼한 사람들에게는 날짜를 정하여 주어서 … 제사장의 무리 가운데서 이방 여자와 결혼한 사람들은 다음과 같다… 이들은 모두 이방 여자와 결혼한 남자이다. 이방 여자 가운데는 자식을 낳은 사람들도 있었다.(라 10:2, 10, 11, 14, 17, 18, 44)

> 백성은 이 율법의 말씀을 듣고, 섞여서 사는 이방 무리를 이스라엘 가운데서 모두 분리시켰다… 이스라엘 왕 솔로몬이 죄를 지은 것도, 바로 이방 여자와 결혼한 일이 아니냐? … 그러나 그마저 죄를 짓게 된 것은 이방 아내들 때문이다. 이제 너희가 이방 여자들을 아내로 데려와서, 이렇게 큰 잘못을 저지르며 하나님을 거역하고 있는데, 우리가 어찌 보고만 있을 수 있느냐? 나는 제사장들과 레위 사람들에게 묻은 이방 사람의 부정을 모두 씻게 한 뒤에, 임무를 맡겨 저마다 맡은 일을 하게 하였다.(느 13:3, 26, 27, 30)

느헤미야의 민족적인 개혁 정책들은 에스라의 정책들보다 더욱 엄정했다. 느헤미야기에서 인용한 위의 본문 바로 앞에는 신명기 23:3-4의 본문에 기초한 구체적인 명령이 나온다.

그 날, 백성에게 모세의 책을 읽어 주었는데, 거기에서 그들은 다음과 같이 적혀 있는 것을 발견하였다. "암몬 사람과 모압 사람은 영원히 하나님의 총회에 참석하지 못한다. 그들은 먹을 것과 마실 것을 가지고 와서 이스라엘 자손을 맞아들이지 않았기 때문이다… 백성은 이 율법의 말씀을 듣고, 섞여서 사는 이방 무리를 이스라엘 가운데서 모두 분리시켰다.(느 13:1-3)

이런 추방이 종교적인 것이라기보다는 민족적인 것이었기 때문에, 이방인 아내들과 그들의 자녀들은 아마도 이스라엘 백성으로 "신분 변경"을 할 수 없었을 것이다. 그러나 심지어 일부 이방인들이 신분 변경을 할 수 있었다 하더라도, 암몬 사람들과 모압 사람들은 해당되지 않았던 것이다. 다시 말해서, 신명기 신학과 바빌론 포로기 이후의 교조주의(dogmatism)에 따르면, 룻은 시어머니인 나오미에게 "어머님의 겨레가 내 겨레이고, 어머님의 하나님이 내 하나님입니다"(1:16)라는 말을 결코 할 수 없었을 것이다.

룻기는 부드럽고 우아하며 품위가 있다. 룻기에는 가족에 대한 충성과 부족의 전통이 깊이 새겨져 있다. 그러나 룻기는 한 사람의 개인에 관한 단 하나의 이야기에 불과하다. 이 작은 비폭력적인 사례가 어떻게 에스라와 느헤미야의 절대적이며 대규모적이며 폭력적인 명령에 대해 반대하고 그것을 뒤엎을 수 있는가? 어떻게 특정한 이야기가 일반적인 법에 맞설 수 있는가? 룻기는 단지 모압 사람들에 대한 규칙에 대한 하나의 예외로서 치부할 수도 있을 것인가? 그럴 수 없는 이유는 이 예외적인 사례가 이스라엘의 과거와 미래의 왕 다윗이 태어난 계기가 되었기 때문이다.

그렇다면 룻기는 포로기 이후 상황에서 신명기 명령에 대한 우아하면서도 동시에 단호한 도전으로서 읽어야 한다. 룻기는 만일에 보아스와 룻이 이혼했더라면 어찌 되었을 것인지를 부드럽게 묻고 있다. 만일에 실제로 다윗이 그 이방인 어머니와 더불어 쫓겨났다면 어찌 되었을 것인가? 룻기는 본보기 비유로서 그 꼬리에 전갈의 독침이 있었던 것이 그 마지막 문장에서 도전하는 비유로 바뀌어 이스라엘 사람들로 하여금 도전하는 비유로 읽을 수밖에 없도록 만든 것이다. 실제로 만일에 보아스가 룻과 이혼하여 그들의 아들 오벳을 내쫓았다면, 어찌 되었을 것인가?

룻기는 에스라와 느헤미야가 신명기에 근거해서 개혁을 펼치던 특정한 정책에 대한 도전이다. 성서 전통에서는 모압 사람들에 대한 차별적 명령이 다윗 시대 이전에 주어졌으며, 에스라와 느헤미야가 그 명령을 실행한 것은 다윗 시대 이후에 나타났다. 바로 그 사이에 룻의 이야기와 다윗의 조상이 모압 사람과 이스라엘 사람의 결혼에 의한 것이라는 점이 자리잡고 있다. 따라서 다윗 왕이 하나님께서 이스라엘의 통치자로 예정하신 왕인데, 그런 (신명기) 율법들 가운데 어떤 것이 유효할 수 있는가? 이처럼 뒤집어엎도록 도전하는 비유는 우리로 하여금 일반적인 법이 주장하는 것을 단지 하나의 이야기가 폐기처분한 것이라는 점을 상기시켜 준다.

요나서: 내가 룻기에서 시작한 이유는 룻기가 페르시아 시대의 회복 기간 동안 성서 전통의 한 측면에 대해 도전하기 때문이다. 즉 외국인 아내들과 자녀들, 특히 모압 여인들이나 암몬 여인들과는 이혼해야 하며 이스라엘 공동체에서 거부되어야 한다는 정책에 대해 도전하기 때문이다. 나는 이제 요나서를 검토할 것인데, 요나서는 일반적인 성서 전통의 한 측면이 아니라, 두 가지 보다 기초적인 측면에 대해 도전한다. 즉 예언자들은 선하며 하나님의 뜻에 순종하는 반면에 이방인들—특히 앗시리아인들—은 악하며 순종하지 않는다는 생각에 대해 도전한다. 다시 말해서, 요나서는 하나님께서 선택하신 민족과 배척하신 민족, 내부인들(insiders)과 외부인들(outsiders)에 대한 성서 전체의 전통에 대해 도전한다. 나는 이번에도 요나서를 우선 하나의 짧은 이야기로 보고 난 다음에 하나의 도전하는 비유로 볼 것이다.

요나는 하나님으로부터 전형적인 예언자의 사명을 받는다. "주께서 아밋대의 아들 요나에게 말씀하셨다. '너는 어서 저 큰 성읍 니느웨로 가서, 그 성읍에 대고 외쳐라. 그들의 죄악이 내 앞에까지 이르렀다'"(1:1-2). 요나의 반응은 즉시 니느웨와는 반대 방향으로 떠나는 것이다. 그는 육로를 통해 동쪽으로 가라는 명령을 받았지만, "주의 낯을 피하여"(1:3) 배를 타고 서쪽으로 향한다.

하나님께서 폭풍을 보내 그 배가 침몰할 위기에 처하게 되자, 이방인 뱃사람들은 그것이 요나 때문이라는 것을 알게 된다. "요나가 그들에게, 자기가 주의 낯을 피하여 달아나고 있다고 말하니, 사람들이 그 사실을 알게"(1:10) 된 것이다. 그들은 마음이 내키지는 않았지만 요나를 바다에 던졌고, 바다는 즉시 잠잠

해졌다. "사람들은 주를 매우 두려워하게 되었으며, 주께 희생제물을 바치고서, 주를 섬기기로 약속하였다"(1:16). 이방인 뱃사람들이 유대인 예언자보다 더욱 하나님을 공경한다.

이처럼 고집이 센 예언자의 어리석음조차도 하나님의 진노를 불러일으키지는 않는다. 하나님께서는 요나를 고향으로 데려오기 위해 단순히 또 다른 운송수단을 보내신다. 그 유명한 "큰 물고기"다. 그래서 그의 구출에 대해 감사하는 시편(2:1-9)에 뒤이어 "주께서 그 물고기에게 명하시니, 물고기가 요나를 뭍에다가 뱉어 냈다"(2:10).

이어서 요나의 사명이 반복된다. "주께서 또다시 요나에게 말씀하셨다. '너는 어서 저 큰 성읍 니느웨로 가서, 이제 내가 너에게 한 말을 그 성읍에 외쳐라.'"(3:1-2). 이번에는 요나가 순종하여 동쪽으로 향해 간다.

그 다음에 벌어지는 일은 분명히 전체 예언자 전통에서 가장 이상한 사건들 가운데 하나다. 요나는 설교의 역사에서 가장 짧은 설교, 예언의 역사에서 가장 짧은 위협, 즉 "사십 일만 지나면 니느웨가 무너진다!"(3:4)고 선포하는데, 이처럼 성서에서 가장 작은 위협이 성서에서 가장 큰 회개를 초래한다.

그러자 니느웨 백성들은 하나님의 말씀을 믿고, 금식을 선포하고, 그들 가운데 가장 높은 사람으로부터 가장 낮은 사람에 이르기까지 모두 굵은 베 옷을 입었다. 이 소문이 니느웨의 왕에게 전해지니, 그도 임금의 의자에서 일어나, 걸치고 있던 임금의 옷을 벗고, 굵은 베 옷을 입고 잿더미에 앉았다. 왕은 니느웨 백성에게 다음과 같이 선포하여 알렸다. "왕이 대신들과 더불어 내린 칙명을 따라서, 사람이든 짐승이든 소 떼든 양 떼든, 입에 아무것도 대서는 안 된다. 무엇을 먹어도 안 되고 물을 마셔도 안 된다. 사람이든 짐승이든 모두 굵은 베 옷만을 걸치고, 하나님께 힘껏 부르짖어라. 저마다 자기가 가던 나쁜 길에서 돌이키고, 힘이 있다고 휘두르던 폭력을 그쳐라. 하나님께서 마음을 돌리고 노여움을 푸실지 누가 아느냐? 그러면 우리가 멸망하지 않을 수도 있다."(3:5-9)

이처럼 즉각적이며 전체적이며 대규모적인 회개가 일어난 결과, "하나님께서 그들이 뉘우치는 것, 곧 그들이 저마다 자기가 가던 나쁜 길에서 돌이키는 것을 보시고, 뜻을 돌이켜 그들에게 내리시겠다고 말씀하신 재앙을 내리지 않으셨다"(3:10).

그러나 니느웨에 하나님의 재앙이 내리지 않게 되자 "요나는 이 일이 매우 못마땅하여, 화가 났다"(4:1). 그는 니느웨 성 밖으로 물러나 태양을 가릴 초막을 짓고, 무슨 일이 벌어질 것인지를 보기 위해 기다리고 있다. 하나님께서 박 넝쿨을 자라게 하여 그늘이 지게 하였다가 곧바로 벌레를 통해 그 식물이 시들게 만들고, 또한 광야의 뜨거운 동풍을 그에게 보내신다. 요나는 "이렇게 사느니 차라리 죽는 것이 더 낫겠습니다"(4:10)라고 불평한다. 마지막으로 클라이맥스에서, 하나님께서는 다음과 같은 놀라운 풍자를 통해 마지막 말씀을 하신다.

주께서 말씀하셨다. "네가 수고하지도 않았고, 네가 키운 것도 아니며, 그저 하룻밤 사이에 자라났다가 하룻밤 사이에 죽어 버린 이 식물을 네가 그처럼 아까워하는데, 하물며 좌우를 가릴 줄 모르는 사람들이 십이만 명도 더 되고 짐승들도 수없이 많은 이 큰 성읍 니느웨를, 어찌 내가 아끼지 않겠느냐?"(4:10-11)

요나의 이야기는 어떤 메시지를 전하기 위한 것인가? 분명히 본보기 비유로서, 하나님께 순종하지 않을 수 없으며, 우리의 사명을 피할 수 없다는 것을 경고하는 이야기라고 주장할 수 있을 것이다. 그렇다면 나는 왜 이 이야기를 도전하는 비유라고 부르는가? 한편으로는 표준적인 성서 전통이 예언자들에 대해 기대하는 것이 있기 때문이며, 다른 한편으로는 그 성서 전통이 이방인들에 대해 기대하지 않는 것이 있기 때문이다.

이것이 하나의 짧은 이야기로서 요나서가 의도하는 것이다. 이 짧은 이야기가 어떻게 도전하는 비유가 되는가? 첫째로 성서의 예언이 일반적으로 기대하는 것은 분명하며 한결같다. 그것은 다음 두 가지 표준적이며 순서가 뒤바뀐 구절 사이의 변증법을 통해 나타난다.

| 하나님의 메시지가 | 예언자에게 | 주어진다 |
| 예언자는 | 하나님의 메시지를 | 선포한다. |

예언자가 하나님에게서 받은 메시지가 선포하는 메시지가 되기 때문에, 예언자의 운명은 신성과 인간성 사이의 상호적이며 상호작용하는 고리이다. 이런 상호작용을 가장 잘 표현한 것이 "주께서 이렇게 말씀하셨다"라는 한결같은 표현인데, 예언서들 속에 350회 이상 나오는 표현이다.

성서의 전통적인 예언자는 하나님께 순종한다. 예언자라는 용어 자체가 그분께 대한 충성을 드러낸다. 예언자라는 용어는 "위해서"(for)라는 뜻의 그리스어 '프로'(pro)와 "말한다"(to speak)는 뜻의 '페미'(phemi)가 합쳐진 단어이기 때문이다. 즉 예언자는 하나님을 위해 말하는 사람으로서, 그 메시지는 과거, 현재 혹은 미래에 관한 것이다. 순종하는 예언자라는 말은 굳이 말할 필요가 없는 말이다. 순종하지 않는 예언자라는 말은 사각형 원이라는 말처럼 말이 되지 않는 모순어법이다. 더군다나 성서의 예언자는 단지 순종할 뿐만 아니라 흔히 하나님의 메시지를 전달하는 일에 매우 열심이다. 고전적인 사례는 이사야의 부름이다. 이사야는 주님께서 "내가 누구를 보낼까? 누가 우리를 대신하여 갈 것인가?"라는 음성을 듣고, "제가 여기에 있습니다. 저를 보내어 주십시오"(6:8)라고 대답했다. 예언자들에 대한 성서 전통의 기대가 이처럼 큰 것이었던 반면에, 니느웨에 대한 성서 전통의 부정적인 기대는 어떠했는가?

성서에서 니느웨에 대한 전통적인 이미지는 매우 분명하고 한결같다. 이 고대 도시는 티그리스 강 동쪽(오늘날 이라크의 모술 근처)에 자리잡고 있었는데, 기원전 705년부터 681년까지 앗시리아 제국을 통치했던 세나게립 왕의 멋진 수도가 되었다. 그의 아버지 사르곤 2세는 722년부터 705년까지 통치하면서 721년에 이스라엘의 북쪽 절반을 약탈하여 완전히 황폐하게 만들었다. 세나게립은 701년에 이스라엘의 남쪽 절반에 대해 똑같이 약탈하려고 시도했으나 끝내 성공하지 못했다.

세나게립은 6각형 기둥에 기록한 그의 『연대기』(Annals)에서 "나는 히스기야[유다의 왕]를 그의 수도 예루살렘에 마치 새장에 새 한 마리처럼 가두었다"고 말한다. 그러나 예언자 이사야는 그 새장에 갇힌 새에게 다음과 같이 노래하도록 가르쳤다.

> 그러므로 앗시리아 왕을 두고, 주께서 이렇게 말씀하십니다. "그는 이 도성에 들어오지 못하며, 이리로 활도 한 번 쏘아보지 못할 것이다. 방패를 앞세워 접근하지도 못하며, 성을 공격할 토성을 쌓지도 못할 것이다… 나는 나의 명성을 지키려 하여서라도 이 도성을 보호하고, 나의 종 다윗을 보아서라도 이 도성을 방어할 것이기 때문이다."(37:33, 35)

북 이스라엘의 수도 사마리아는 파괴되었으며, 그 주민들은 유형에 처해졌다—그래서 "이스라엘의 잃어버린 열 지파들"이 되었으며, 또한 예루살렘은 포위되었지만 정복당하지는 않았다. 그러므로 성서 전통이 앗시리아와 그 위대한 수도 니느웨에 대해 어떻게 생각했을 것인가?

"앗시리아"라는 이름은 다른 대표적인 "극히 악한" 장소들과 같은 것으로 간주된다. "너 앗시리아는 네 속에 불의를 감추고 있으니 화 있을진저! 오 악한 나라여, 내가 소돔과 고모라에게 행한 일을 기억하라"(제2 에스드라서 2:8). "앗시리아의 교만이 꺾일 것이며, 이집트의 홀도 사라질 것이다"(슥 10:11). 실제로 니느웨는 악한 도시들의 전형처럼 간주되었다. 끔찍한 사례는 예언서 나훔에 나오는데, 그것은 "니느웨가 형벌을 받을 것을 내다보고 쓴" 길고 신랄한 "묵시록"(1:1)이다. 그 본문은 니느웨의—임박한 혹은 완결된?—파괴에 초점을 맞추고 기뻐하는데, 메대와 바빌로니아인들이 612년에 앗시리아를 정복했기 때문이다. 다음 두 본문이 대표적이다.

> 니느웨는 생길 때로부터, 물이 가득 찬 연못처럼
>   주민이 가득하였으나, 이제 모두 허겁지겁 달아나니,
> "멈추어라, 멈추어라!" 하고 소리를 치나,
>   뒤돌아보는 사람이 없다.
> "은을 털어라!
>   금을 털어라!
> 얼마든지 쌓여 있다.
>   온갖 진귀한 보물이 많기도 하구나!
> 털리고 털려서 빈털터리가 되었다.
>   떨리는 가슴, 후들거리는 무릎,
> 끊어질 것같이 아픈 허리
>   모두가 하얗게 질린 얼굴들! (2:8-10)

> 너는 망한다! 피의 도성!
>   거짓말과 강포가 가득하며
> 노략질을 그치지 않는 도성!
>   찢어지는 듯한 말채찍 소리,
> 요란하게 울리는 병거 바퀴 소리.
>   말이 달려온다. 병거가 굴러온다.
> 기병대가 습격하여 온다.
>   칼에 불이 난다. 창은 번개처럼 번쩍인다.
> 떼죽음, 높게 쌓인 시체 더미, 셀 수도 없는 시체.
>   사람이 시체 더미에 걸려서 넘어진다.(3:1-3)

이것이 실제로 구약성서가 니느웨에 대해 생각한 것이다. 앗시리아인들이 북 이스라엘의 수도 사마리아에서 자행했던 것과 남 이스라엘의 수도 예루살렘에서 자행하려 했던 것 때문이다.

그러나 요나서에서는 예언자 요나가 유치하게 불순종하는 반면에, 니느웨 사람들은 믿기 어려울 정도로 순종적이다. 요나의 이야기는 이처럼 예언자들과 앗시리아인들에 대한 성서의 일반적인 전통에 비추어 읽어보아야 한다. 기본적인 전제들과 근본적인 기대들이 뒤집어지고 있다. 이것은 포로기 이후 회복기의 안전과 확실성에 대해 어떤 의미가 있는가? 요나서의 비유는 룻기의 비유보다 더욱 깊숙하게 성서에 대해 도전한다.

항상 그렇듯이 도전하는 비유에서는 일반적인 기대와 공동체의 전통이 침착하게 뒤집힌다. 단 하나의 이야기 속에서 말이다. 그것은 일반적인 이념에 맞서는 특별한 이야기이며, 신화에 맞서는 비유이며, 고무풍선에 맞서는 날카로운 못이다.

욥기: 구약성서의 도전하는 비유의 세 번째 사례는 욥기이다. 욥의 이야기는—룻기의 이야기처럼—성서 전통의 단지 한 가지 측면과 표면적 차원에 대해 도전하는 것이 아니며 혹은—요나서처럼—두 가지 측면과 보다 깊은 차원에 대해 도전하는 것이 아니라, 세 가지 측면과 가장 깊은 차원에 대해 도전한다. 욥기는 실제로 다차원적으로 도전하는 비유이며 성서 전통 전체에서 가장 강력한 비유이다. 욥기는 항상 세계 문학의 걸작 가운데 하나로 올바로 평가되었다.

나는 그 이야기를 요약한 후에 성서에 대한 도전을 논의하겠다. 욥기의 현재 형태는 산문과 운문, 또한 이야기와 논쟁이 치밀하게 상호작용하도록 결합되어 있다. 욥기를 대충 살펴보기만 해도 산문으로 기록된 이야기와 운문으로 기록된 논쟁을 확실하게 구분할 수 있다. 또한 분명한 것은 욥기의 시작과 끝 부분의 산문으로 기록된 이야기가 가운데 부분인 운문으로 기록된 논쟁을 앞뒤에서 싸고 있음을 알 수 있다.

[A1] 산문으로 기록된 이야기: 시작하는 장면(1:1-2:13)
    [B1] 운문으로 기록된 논쟁: 친구들과 욥(3:1-37:24)
    [B2] 운문으로 기록된 논쟁: 하나님과 욥(38:1-42:6)
[A2] 산문으로 기록된 이야기: 마지막 장면(42:7-17)

다시 말해서, 산문으로 기록된 이야기의 보다 초기 판본이 있었을 가능성에 대한 논란에도 불구하고, 욥기의 현재 형태가 마치 부적격자가 가위와 풀을 사용하여 멋대로 만들어낸 것처럼 어느 부분(특히 A2 부분 - 옮긴이)을 떼어내려 해서는 안 된다. 이 문제는 잠시 미루어놓고, 산문으로 된 이야기와 운문으로 된 논쟁을 구분하는 것은 잠시 뒤에 다시 설명하겠다.

    여기서는 간단히 욥기의 내용을 요약할 것이다. 하나님께서는 욥이 세상에서 가장 거룩한 사람이라고 선언하신다. 그러나 "사탄"—기독교가 말하는 악마의 우두머리가 아니라 하나님의 검찰총장—은 욥이 거룩한 것이 단지 하나님께로부터 이익을 얻기 위해서라고 대답한다. 하나님과 사탄은 욥을 실험재료로 시험하는 것에 대해 동의한다. 욥은 모든 것—자녀들과 소유물, 재산과 건강—을 박탈당한다. 그러나 욥은 여전히 자신의 고결함과 성실성을 유지한다.

세 명의 친구들—엘리바스, 빌닷, 소발—과 네 번째 친구—엘리후—는 그의 재앙을 설명함으로써 그를 위로하려고 애쓴다. 즉 욥은 어떤 죄 때문에 벌을 받는 중이기 때문에, 만일에 욥이 회개하면 하나님께서 그를 용서하실 것이라는 주장이다. 그러나 욥은 이에 반대하면서, 자신이 그 고통을 정당화할 어떤 죄를 지었는지를 알고 싶어하며, 또한 자신이 그 죄를 기억할 수 없다면 어떻게 그 죄가 그처럼 클 수 있었는지에 대해 알고자 한다. 그러자 하나님께서는 창조의 장엄함으로 압도하고 욥 자신이 그 창조의 장엄함을 이해할 수 없다는 것을 통해 그를 침묵시킨다.

끝으로 하나님께서는 그 친구들이 욥의 상황을 해석하는 것에서 틀렸다고 선언하시고, "주께서 욥이 이전에 가졌던 모든 것보다 배나 더 돌려주셨다"(42:10). 더 나아가 "그 뒤에 욥은 백사십 년을 살면서, 그의 아들과 손자 사 대를 보았다"(42:16). 이야기의 끝은 비유의 시작이다. 이야기 듣는 것을 마치면, 생각을 시작할 때다.

욥은 앞에서 말한 것처럼, 삼차원의 도전하는 비유로서 그 각각의 차원은 성서 전통의 중심 속으로 더욱 깊이 파고든다. 그러나 비록 그 도전하는 차원들을 구분할 수는 있지만, 완전히 분리시킬 수는 없는 것은 각각의 차원이 서로 상호작용하여 전체 모체를 이루기 때문이다.

도전하는 비유로서 욥기의 첫 번째 차원은 산문으로 된 이야기 속에 나온다(1:1-2:13; 42:7-17). 그것은 이스라엘과 관련된 것으로서, 특히 이스라엘의 계약의 배타성과 종족성과 관련된다. 이 도전하는 비유의 두 번째 차원은 욥과 그의 친구들 사이의 운문으로 된 논쟁 속에 나온다(3:1-37:24). 그것은 토라와 관련된 것으로서, 특히 덕을 쌓은 사람에게는 하나님께서 상을 주시고 악을 행한 사람들에게는 하나님께서 벌을 주신다는 신명기적인 보상과 관련된 것이다(예를 들어 신명기 28장을 보라). 이 도전하는 비유의 세 번째 차원은 운문으로 된 두 번째 논쟁, 즉 하나님과 욥 사이의 논쟁(38:1-42:6)에 나온다. 그것은 하나님과 관련된 것으로서 특히 성서 전통의 핵심에 있는 하나님의 성격에 관련된 것이다. 나는 이제부터 그 각각의 도전을 다룰 것이지만, 그 도전들을 구분할 수는 있지만, 이 멋진 책의 전체적인 주장 속에서 분리시킬 수는 없다는 점을 기억할 필요가 있다.

욥기 속에서 도전하는 비유의 첫 번째 표면적 차원은 이 책의 운문으로 된 부분(1:1-2:13; 42:7-17)에 나온다. 그것은 실제로 이 책의 시작 부분에 다음과 같이 선언되고 있다.

> 우스라는 곳에 욥이라는 사람이 살고 있었다. 그는 흠이 없고 정직하였으며, 하나님을 경외하며 악을 멀리하는 사람이었다. 그에게는 아들 일곱과 딸 셋이 있고, 양이 칠천 마리, 낙타가 삼천 마리, 겨릿소가 오백 쌍, 암나귀가 오백 마리나 있고, 종도 아주 많이 있었다. 그는 동방에서 으뜸가는 부자였다.(1:1-3)

욥은 "동방에서 으뜸가는 부자"였을 뿐만 아니라 세상에서 가장 거룩한 사람이기도 했다. 왜냐하면 하나님께서는 "이 세상에는 그 사람만큼 흠이 없고 정직한 사람, 그렇게 하나님을 경외하며 악을 멀리하는 사람은 없다"(1:8)고 선언하기 때문이다.

세상에서 가장 거룩하며 동방에서 으뜸가는 부자가 우스라는 곳의 출신이라고? 다시 말해서, 욥은 유대인이 아니라 이방인이다. "우스라는 곳"이 정확히 어디이며, 성서 전통은 그곳에 대해 어떻게 말하는가?

예레미야 25:15-26은 하나님의 원수들인 왕들, 민족들, 지역들에 대해 매우 완벽한 목록을 제시한다. 하나님께서는 예레미야에게 "너는 내 손에서 이 진노의 포도주 잔을 받아라. 내가 너를 뭇 민족에게 보낼 터이니, 그들 모두에게 그 잔을 마시게 하여라. 그들은 모두 이 잔을 마신 다음에, 내가 일으킨 전쟁 때문에 비틀거리며 미칠 것이다"(25:15-16)라는 말씀을 듣는다. 그 민족들의 목록에는 이스라엘 주변의 모든 민족들이 포함되며, 실제로 그 시작은 "우선 예루살렘과 유다 성읍의 주민으로부터 시작하여, 그 땅의 왕들과 고관들에게 마시게 하였다"(25:18)라는 말씀이다.

이어서 하나님의 원수들의 목록은 "이집트 왕 파라오와 그의 신하와 고관과 그의 모든 백성과, 이집트에 사는 여러 족속과, 우스 땅의 모든 왕과, 블레셋 땅의 모든 왕과, 아스글론과 가사와 에그론의 주민과, 아스돗에 남아 있는 주민과, 에돔과 모압과 암몬 백성"(25:19-21)으로 이어진다. 여기서 "우스 땅"은 네겝 광야로 향하는 곳 어딘가에 있으며 "우스 땅"에는 유다 바로 남쪽의 에돔 사람들도 포함되었다.

이것은 예레미야 애가를 통해서도 확인되는데, 이 책은 기원전 586년에 바빌로니아인들이 예루살렘과 그 성전을 파괴한 것에 대한 애가이다. 애가는 에돔에게 이스라엘의 파멸에 대해 즐거워하지 말 것을 경고한다. 왜냐하면 다음 차례는 에돔일 수 있기 때문인데, 여기서 에돔을 "우스 땅에 사는 딸 에돔"(4:21)이라고 부른다. 다시 말해서, "우스 땅"은 이스라엘의 원수로서 에돔을 포함하지만 분명히 훨씬 남쪽의 네겝 광야까지 확장되는 지역이다.

고대 이스라엘 사람들은 우스 땅에 사는 에돔인들에 대해 실제로 어떻게 생각했는가? 한 시편에서는 "주님, 예루살렘이 무너지던 그 날에, 에돔 사람이 하던 말, '헐어 버려라, 헐어 버려라. 그 기초가 드러나도록 헐어 버려라' 하던 그 말을 기억하여 주십시오"(시 137:7)라고 기도한다. 에돔은 바빌로니아인들이 예루살렘과 그 성전을 파괴하는 것을 기뻐했으며 또한 그 일에 참여했다. 예언자 오바댜는 이렇게 예언한다.

> 이것은 오바댜가 받은 계시다. 주 하나님이 에돔을 두고 하신 말씀이다... 나는 여러 민족 가운데서 너를 가장 보잘것없이 만들겠다. 모든 사람이 너를 경멸할 것이다... 내가 너를 끌어내리고야 말겠다... 내가 에돔에서 슬기로운 사람을 다 없애고... 유다 자손이 몰락하던 그 날, 너는 그들을 보면서 기뻐하지 않았어야 했다... 나의 백성이 패망하던 그 날, 너는 그 재산에 손을 대지 않았어야 했다.(옵 1, 2, 4, 8, 12, 13)

에돔은 단순히 이스라엘의 인근 영토만이 아니며 혹은 때때로 이스라엘의 원수가 아니다. 에돔은 바빌로니아인들이 이스라엘의 수도와 그 거룩한 성전을 파괴할 때 도왔으며 또한 그것을 기뻐했다. 그러므로 욥기가 시작되자마자, 이스라엘은 가장 거룩한—또한 가장 부유한—자가 이스라엘의 오랜 민족적 원수들 가운데 하나라는 사실을 상상하도록 도전받고 있다.

독자들은 이제 산문으로 된 욥의 이야기가 이스라엘 자체를 향해 어떻게 도전하는 비유가 되는지를 분명히 알 수 있을 것이다. 세상에서 가장 거룩한—또한 가장 부유한—자가 계약을 맺은 이스라엘 사람이 아니라 증오의 대상인 에돔 사람인 것이다. 구약성서에서 그 길이가 책 한 권에 이르는 세 가지 도전하는 비유들이, 우선 한 사람의 매우 착한 모압 여인—룻기에서—으로부터 시작해서, 매우 대단히 착한 앗시리아인들로 가득한 도시—요나서에서—를 거쳐, 매우 대단히 매우 착한 에돔 사람이 가장 거룩하고 가장 부유한—욥기에서—모습으로 차츰 확대되고 있다.(따라서 나중에 예수의 착한 사마리아인, 혹은 헨리 필딩의 착한 말잡이를 보게 되는 것은 놀라운 일이 아니다).

욥기에서 두 번째 좀 더 깊은 차원의 도전하는 비유는 운문으로 된 두 개의 논쟁 가운데 첫 번째 논쟁, 즉 욥과 그의 친구들 사이의 논쟁(3:1-37:24)에서 지배적이다. 욥이 갑자기 끔찍한 불행을 겪게 된 것에 대해 욥의 친구들이 그 이유를 설명하려고 시도하는 가운데 그 논쟁은 거듭되고 있다.

욥과 그 친구들 사이의 길고도 반복적이며 결론을 얻지 못하는 모든 논쟁 중에서, 나는 그의 친구들의 반복적인 주장, 즉 하나님은 의로우시며 또한 죽을 수밖에 없는 인간은 하나님께 대해 질문을 제기할 수 없기 때문에, 욥의 고통은 그의 과거의 죄에 대한 하나님의 처벌임에 틀림없다는 것, 그리고 만일에 욥이 죄를 고백하고 자비를 구하기만 한다면, 하나님께서는 분명히 그를 용서하실 것이라는 주장에 초점을 맞출 것이다. 그 친구들은 욥이 왜 고통을 겪고 있는가에 대한 그들의 해석에서 매우 진지하지만, 그들은 도대체 자신들의 해답이 옳다는 것에 대해 어떻게 그처럼 확신을 가질 수 있는가?

그들의 확신은 토라 자체에서 비롯된 것이며 보다 구체적으로는 오경의 클라이맥스와 같은 법령집인 신명기에서 비롯된 것이다. 예를 들어, 신명기 28장은 이렇게 약속한다. "너희가 주 너희 하나님의 말씀에 순종하면, 이 모든 복이 너희에게 찾아와서 너희를 따를 것이다"(28:2). 그리고 매우 구체적인 축복의 목록이 열두 절에 걸쳐 이어지는데, 예를 들면, "너희의 태가 복을 받아 자식을 많이 낳고, 땅이 복을 받아 열매를 풍성하게 내고, 집짐승이 복을 받아 번식할 것이니, 소도 많아지고 양도 새끼를 많이 낳을 것이다"(28:4)와 같은 축복들이다.

신명기 28장에는 또한 이스라엘에 대한 경고도 나온다. 즉 "그러나 너희가 주 너희 하나님의 말씀을 듣지 않고, 또 내가 오늘 너희에게 명한 모든 명령과 규례를 지키지 않으면, 다음과 같은 온갖 저주가 너희에게 닥쳐올 것이다"(28:15)라는 경고가 그것이다. 저주의 목록은 축복의 목록보다 훨씬 더 길어 오십 삼 절에 걸쳐 이어지는데, 예를 들면, "너희의 몸에서 태어난 자녀와 너희 땅의 곡식과 소 새끼와 양 새끼도 저주를 받을 것이다"(28:18)와 같은 저주들이다.

욥의 네 친구들 혹은 위로자들은 신명기적인 근본주의자들로 생각할 수 있다. 그들은 욥이 그 모든 가족들과 수천 마리의 가축들, 그리고 "매우 많은 종들"(1:2-3)을 잃게 되었을 때, 하나님께서 욥의 불순종에 대한 처벌로 그에게 저주를 내리신 것이 틀림없다고 추론한다. 그 친구들은 하나님께서 사람들의 덕에 대해서는 상을 주시고 악행에 대해서는 처벌하신다고 믿으며, 따라서 고통을 겪는 사람들은 하나님의 처벌을 받는 중이며, 번성하는 사람들은 하나님의 상을 받는 중이라고 믿는 신명기주의

자들이다. 가련한 욥이 계속해서 대답할 수 있는 것은 자신이 도대체 그런 혹독한 처벌을 받기에 마땅한 어떤 죄를 저질렀는지 자신은 알지 못한다는 것이다. 욥은 "어디, 알아듣게 말 좀 해 보아라. 내가 귀기울여 듣겠다. 내 잘못이 무엇인지 말해 보아라"(6:24) 하며 간청한다.

물론 고대세계의 청중들이나 오늘날의 독자들은 욥의 친구들이 욥의 상황을 분석하는 데서 완전히 틀렸다는 점을 알고 있다. 그러므로 만일 그 친구들이 그처럼 틀렸다면, 신명기 28장은 그처럼 맞는 것인지에 대해 의문을 제기하지 않을 수 없게 된다. 하나님께서는 욥의 친구들에게, 욥기의 청중들이나 독자들이 애당초부터 알고 있었던 것, 즉 욥은 완전히 죄가 없다는 사실을 가르쳐주신다. 즉 하나님께서는 마침내 엘리바스에게, "내가 너와 네 두 친구에게 분노한 것은, 너희가 나를 두고 말을 할 때에, 내 종 욥처럼 옳게 말하지 못하였기 때문이다"(42:7)라고 말씀하신다. 욥의 상황은 그의 죄에 대한 하나님의 처벌에 관한 것이 아니라 그의 성실성에 대한 하나님의 도박에 관한 것이다. 그러나 만일에 산문으로 된 비유가 이스라엘에 대해 도전한다면, 운문으로 된 비유는 토라에 대해 도전한다. 욥기의 청중들은 40장에 걸쳐서 위대한 운문으로 기록된 엉터리 신학(bad theology)을 듣도록 강요당하고 있다. 우리는 욥의 친구들이 틀렸다는 것을 처음부터 알고 있었지만, 하나님께서는 그들이 틀렸다는 것에 대해 마지막에 가서야 증인이 되신다. 그렇다면 그 친구들이 틀렸다는 사실로 인해 말을 더듬다가 결국 침묵하게 될 때, 신명기 28장과 그 신학적인 확실성에서 남는 것은 무엇인가?

우리가 욥기에서 세 번째이며 가장 깊은 차원의 도전하는 비유에 도달하는 것은, 우리가 욥기에서 운문으로 된 두 개의 논쟁 가운데 두 번째 것, 즉 하나님과 욥 사이의 논쟁(38:1-42:6)에 초점을 맞추게 될 때이다. 이 논쟁은 훨씬 짧은 것으로서 단지 2회전으로 끝난다.

하나님(38:1-40:2)과 욥(40:3-5)
하나님(40:6-41:34)과 욥(42:1-6)

하나님께서 항상 먼저 말씀하시고 욥은 단지 몇 절에 걸쳐 (불)응답할 따름이다. "주께서 욥에게, 폭풍이 몰아치는 가운데서 대답하셨다"(38:1). 그러나 청중들의 사전 지식을 고려한다면, 그리고 물론 하나님께 대한 마땅한 존경심을 갖고 말한다면, 하나님의 음성은 폭풍보다는 오히려 바람이다.

이 비유에는 하나님을 신비라기보다는 오히려 약자를 괴롭히는 깡패(bully)처럼 보이게 만드는 문제가 있다. 도대체 왜 하나님께서는 욥에게 진실을, 진실 전부를, 오직 진실만을 말씀하시지 않는가? 욥기의 독자들이나 청중들은 처음부터 진실을 알고 있다. 즉 그것은 단순히 욥의 성실성과 사탄의 비난에 대한 하나님의 내기 도박인 것이다. 그러나 욥은 마지막까지도 그 진실을 듣지 못한다. 욥기의 다층적인 비유들은 이스라엘의 계약 백성으로서의 교만에서부터 시작하여, 토라의 신명기적인 상벌에 대한 도전을 거쳐, 마침내 하나님 자신의 성품에 대한 도전으로까지 차츰 확대된다.

로버트 프로스트가 1945년에 발표한 희곡 『이성의 가면극』 (*A Masque of Reason*)에서는, 하나님께서 매우 오랫동안 욥에게 감사와 사과를 했어야만 했다는 것을 인정하신다. 하나님께서는 지금쯤은 "자신이 했던 역할"을 욥이 알아챘을 것이라고 생각한다. 무슨 역할을 하셨는가? 이어서 마침내 다음과 같은 훌륭한 문장, 즉 "신명기 저자를 무효로 만들기 위해서"(to stultify the Deuteronomist) 벌어진 사태였다는 것을 통해서 하나님께서는 그 모든 사건이 어떻게 전개된 것인지를 마침내 인정하신다. 욥기는 신명기의 선언이 주는 절대적 안전성을 바보로 만든다(라틴어로는 *stultus*).

로버트 프로스트의 희곡에서 욥이 듣게 되는 것은, 신명기 신학이 하나님으로 하여금 "인류에 대한 도덕적 속박"(moral bondage to the human race)에 매어지도록 만들었다는 점이다. 욥기 이전에는 하나님께서 착한 사람들에게 번성하도록 상을 주시고 악한 사람들에게는 불행한 일을 당하도록 벌을 주시는 일에 완전히 개입하셨다. 그러나 욥기는 "하나님을 이런 통치로부터 벗어나도록 해방시켰다." 진실은 불행하게도 프로스트의 희곡에서 하나님께서 욥에게 말씀하신 것처럼, 욥기는 "종교 사상의 성격을 바꾸지" 않았다. 욥기는 기껏해야 신명기적인 고속도로 위에 속도를 줄이기 위해 만들어진 하나의 작은 범프(bump)가 되었을 따름이다. 신명기 저자의 신학은 여전히 살아 있으며, 예수의 제자들이 예수에게 "선생님, 이 사람이 눈먼 사람으로 태어난 것이, 누구의 죄 때문입니까? 이 사람의 죄입니까? 부모의 죄입니까?"(요한 9:2) 하고 물었을 때에도 잘 드러났다. 또한 오늘날 재난에서 살아남은 사람이 "내가 무슨 일을 했기에 이런 재난을 당해야 하는가?" 하고 물을 때 여전히 그 신학은 살아 있다.

그럼에도 불구하고, 비록 욥의 도전이 "신명기 저자의 신학을 완전히 무효로 만들지" 못했으며, 혹은 "종교 사상의 성격을 바꾸는" 데 성공하지 못했다 하더라도, 프로스트의 희곡에서, 하나님께서 욥에게 진실을 말씀하는 데 얼마나 오랜 시간이 걸렸는지를 드러냄으로써 욥기의 심층적인 도전은 강조되고 있다. 하나님께서는 "내가 너에 대해 마음이 걸린 세월이 천 년이었다"라고 말씀하신다. 이처럼 깊은 차원의 도전은 우리로 하여금 하나님의 성격에 대해 생각하도록 만드는데, 그 이유는 우리가 처음부터 그 진실을 알고 있었지만, 하나님께서는 결코 욥에게 그 진실을 인정하지 않았기 때문이다. 하나님께서는 욥에게 그가 잃어버렸던 것들에 대해 모두 두 배로 되돌려주시지만, 여전히 그 진실은 욥에게 밝혀주지 않으신다.

이 장에서 우리는 구약성서 전통에 나오는 세 개의 도전하는 비유들을 살펴보았으며, 또한 그 각각의 비유의 마지막 형태는 페르시아 시대의 회복을 위해 불가피했던 절대성에 대한 저항이라는 사실을 살펴보았다. 당시는 이스라엘의 부족에 대한 충성심, 민족적 정체성, 계약에 대한 성실성을 위해 매우 위험한 시대였는데, 그 이유는 페르시아 사람들이 이스라엘을 치명적으로 박해했기 때문이 아니라, 오히려 페르시아가 제국을 통해 이스라엘을 지원했기 때문이었다. 하나님께서 예언자 이사야를 통해 페르시아의 고레스 왕을 "나의 메시아"(45:1)라고 불렀을 때는 이스라엘의 미래를 위해 매우 위험한 순간이었다.

책 한 권의 길이를 갖고 있는 룻기, 요나서, 욥기의 비유들은 이스라엘이 페르시아 시대의 절대성과 배타성을 통해 확보하려 했던 안전성을 그 뿌리까지 흔들어놓을 정도로 도전했다. 룻기,

요나서, 욥기는 성서에 대한 도전이었으며, 성서로부터의 도전이었으며, 성서에 의한 도전이었으며, 성서 안에서의 도전이었다. 그 비유들은 룻기로부터 시작해서 요나서를 거쳐 욥기에 이르면서 그 저항이 더욱 높아갔다. 내가 룻기, 요나서, 욥기의 순서로 설명한 이유는 외부적으로 그 저항이 세 단계로 더욱 높아간 과정을 강조하기 위해서였다. 그러나 욥기 자체 안에는 내부적으로 세 단계로 저항이 더욱 높아간 과정이 포함되어 있는데, 그것은 이스라엘의 민족성에 대해 비판적으로 질문을 제기한 단계, 토라의 상벌에 대해 비판적으로 질문을 제기한 단계, 그리고 하나님의 정직성에 대해 비판적으로 질문을 제기한 단계이다.

이스라엘의 오랜 원수들이며 제국들인 모압 사람들, 니느웨 사람들, 에돔 사람들이, 어떻게 이처럼 침착한 허구적인 이야기들 속에서 이상적인 민족으로 등장하는가 하는 것은 무척 기이한 사태가 아닌가? 착한 모압 사람, 선한 니느웨 사람들, 그리고 좋은 에돔 사람 이야기 이후에, 우리는 예수로부터 착한 사마리아인 이야기를 들을 준비가 되어 있어야만—놀라지 말아야 할—했다. 우리는 예수의 그 도전하는 비유를 즉시 알아차릴 수 있어야만 했으며, 누가가 그 비유를 어떻게 본보기 비유로 바꾸었는지를 즉시 알아차려야만 했다. 어쨌건 간에, 도전하는 비유들은 예수 시대 이전부터 존재했다는 것은 분명하며, 아마도 예수 자신의 비유들에 영향을 미쳤을 것이다. 다시 말해서, 앞의 3장에서처럼 착한 사마리아인 이야기를 도전하는 비유로 읽는 것은 거의 전통적인 것으로 간주되어 왔다. 비록 4장의 사례연구들에서처럼 전통을 맞받아치는(countertraditional) 것으로 간주된다 할지라도 말이다. 그렇다면 다음 5장에는 무엇이 나올 것인가?

다음 질문은 아마도 지금쯤이면 분명해졌을 것이다. 착한 사마리아인의 비유는 예수의 이야기들 중에서 예외적으로 도전하는 비유인가? 그 비유는 유일하게 도전하는 비유인가? 그러므로 다음 장에서는 예수의 가장 잘 알려진 비유들을 몇 개 더 살펴볼 것이다. 그뿐 아니라 우리가 5장에서, 도전하는 비유들을 좀 더 찾아볼 것이기 때문에, 우리는 그 비유들이 현재와 같이 기록된(written) 상태와는 구분되는 본래의 구전(oral) 맥락을 생각해 보아야만 한다. 우리는 예수의 도전하는 비유들이 실제로 어떤 맥락에서 들려졌는가에 대해 어떻게 상상할 것인가?

이 모든 질문들의 해답을 찾는다 해도 여전히 6장은 클라이맥스와 같다. 6장의 중요한 질문들은 다음 두 가지이다. 첫째로, 예수는 하나님 나라를 선포하기 위해 도대체 왜 그의 특별하며 독특한 스타일로서 도전하는 비유를 선택했는가? 둘째로, 하나님 나라와 도전을 결합시킨 것, 하나님 나라를 도전으로 선포한 것은 단지 그 최초의 청중들이었던 고대 유대인들만을 위한 것인가, 아니면 오늘날 우리들처럼 뒤늦게 나타났으며 가장 현대적인 기독교인 독자들도 위한 것인가? 아니 오히려 우리 기독교인 독자들을 더욱 위한 것인가?

5장

도전하는 비유들: 3부

들을 귀 있는 자는 들을지어다!

1973년에 나는 시카고 드폴 대학교의 부교수로서 『비유들: 역사적 예수의 도전』(*In Parables: The Challenge of the Historical Jesus*)을 출판했는데, 이 책은 역사적 예수 연구 시리즈의 첫 권으로서 그 시리즈의 정점은 『역사적 예수: 지중해 지역의 한 유대인 농부의 생애』(*The Historical Jesus: The Life of a Mediterranean Jewish Peasant*, 1991, 김준우 역, 한국기독교연구소, 2000)가 될 것이었다. 아르구스(Argus) 출판사의 편집인은 일반 독자들을 위해 『비유들』을 좀 더 쉽게 써달라고 요청하였다. 그 작업을 마쳤을 때 나는 그 책제목을 『어두운 간격: 이야기 신학을 위하여』(*Dark Interval: Towards a Theology of Story*, 이대성 역, 2009)라고 붙였는데, 이 제목은 프라하 태생의 독일 시인 라이너 마리아 릴케가 1899년부터 1903년까지 쓴 『시간의 책』(*The Book of Hours*)에 나오는 제목에서 빌려온 것이다. 릴케에게 "어두운 간격"은 음악에서 생명과 죽음의 선율 사이의 간격인데, 이 두 선율은 조화를 이루기 어렵다. 왜냐하면 "죽음의 선율이 가장 중요한 경향"이 있기 때문이다. 그러나 나는 나의 책제목에서 릴케의 표현을 똑같은 방식으로 사용하지는 않았다. 나는 "어두운 간격"이라는 말을 듣는 것과 이해하는 것 사이, 혹은 읽는 것과 해석하는 것 사이의 잠시 멈춤(pause)이라는 뜻으로 사용했다. 나는 그 말을 통해 비유와 해석 사이, 혹은 도전과 응답 사이의 숨 돌리는 순간을 의미했다.

『어두운 간격』이라는 책제목은 비유들의 처음 구전 판본(the original oral version)을 들은 후에 스스로 해석해야 했던 사람들에게 보다 더 해당되었던 것이지, 나중에 그 기록된 판본들을 읽은 사람들에게는 덜 해당되는 것이다. 왜냐하면 기록된 판본들은 이미 복음서 저자들과 전통이 그 비유들의 의미를 해석해 놓은 것이기 때문이다. 예를 들어, 앞장에서 다루었던 "착한 사마리아인"에 대해 기록된 판본을 다시 읽어보기 바란다. 읽는 데 걸리는 시간을 재보기 바란다. 아마도 1분도 채 걸리지 않을 것이다. 그러나 그것은 그 줄거리를 요약해서 기록한 것이지, 말로 구연(口演)한 것이 아니다. 예수가 그 이야기를 말로 전했을 때는, "착한 사마리아인"이라는 핵심 단어가 나오자마자 (어이없다는 듯이 - 옮긴이) 콧방귀 소리나 헛기침 소리가 그 단어를 묻히게 만들 수도 있었을 것이다. 그뿐 아니라, 청중들은 예수에게 질문을 하거나 반대 의견을 제시하거나 논평을 하고 동의하지 않는다고 말함으로써 예수의 이야기를 방해했을 것이다. 따라서 "착한 사마리아인" 이야기를 가르치는 데 예수는 1분이 아니라 한 시간이 걸렸을 것이다.

나는 아르구스 출판사의 편집인이 나중에 요청한 것도 기억한다. 내가 그 책에서 다루었던 비유들 중에는 "바리새인과 세리의 비유"도 포함되어 있었다. 그 비유는 이렇게 시작된다. "두 사람이 기도하러 성전에 올라갔다. 하나는 바리새파 사람이고, 다른 하나는 세리다"(누가 18:10). 예수의 청중들은 이 비유의 나머지를 듣기도 전에, 이 첫 대목에 함께 등장하는 두 사람의 신분만 듣고도 이미 마음이 상했을 것이다. 나는 나의 독자들 역시 그 처음 청중들과 같은 불쾌감을 느끼게 되기를 원했다. 그래서 나는 독자들에게 오늘날 그 비유에 해당되는 것으로서, 어느 로마 가톨릭 사제가 주일날 그의 강론을 시작하면서, "교황과 포주 하나가 성 베드로 대성당에 기도하러 들어갔습니다"라고 말하는 것을 상상해보도록 요청했다. 나는 독자들 자신의 이야기 세계 속에서 "착한" 사람과 "나쁜" 사람의 대표격인 인물들을 생각하도록 요청했던 것이다. 나는 교황과 포주가 성 베드로 대성당에서 함께 기도하는 모습을 통해, 그 비유 첫 마디의 충격을 느끼도록 요청했던 것이다.

나는 교황(pope)과 포주(pimp)와 베드로(Peter) 대성당에서 모두 알파벳 p자로 시작하는 두운(頭韻)을 사용한 것에 대해 자랑스럽게 생각했으며 지금도 그렇다. 그러나 나의 편집인이 나의 원고를 읽고 난 후, 내가 현대식으로 풀어쓴 첫 대목을 **빼면** 좋겠다고 요청했다. 로마 가톨릭 독자들의 마음을 상하게 할 염려가 있다는 것이었다. 그래서 나는 그에게 동의했다. 물론 그것이 정확히 바로 내가 의도했던 것이었다. 현대의 사례만 갖고도 나의 청중들을 마음 상하게 만들 정도라면, 예수의 "착한 사마리아인 비유"의 첫 대목은 당시 그의 청중들에게 얼마나 도전적이었으며, 얼마나 마음을 상하게 만들었으며, 얼마나 노골적으로 도발하는 것이었겠는가! 그 비유의 나머지 부분을 듣기도 전에 예수의 청중들은 노발대발하지 않았겠는가!

이 작은 기억은 이 장을 위한 나의 전주곡이다. 3장에서 설명한 것처럼, "착한 사마리아인 비유"는 수수께끼 비유가 아니며 또한 본보기 비유도 아니며, 4장에서 살펴본 것처럼 성서 전통의 룻기, 요나서, 욥기의 선상에 서 있는 도전하는 비유라는 점을 인정할 때, 이 장에서 묻게 되는 질문들은 다음과 같다.

예수의 "착한 사마리아인 비유"는 예수가 통례적으로 선호했던 도전하는 비유였는가 아니면 예외적인 사례였는가? 예수의 비유들의 상당수가, 혹은 대부분이, 혹은 모두가 그처럼 도전하는 비유들이었는가? 이 질문에 대해 이 장에서는 세 단계로 대답할 것이다.

첫 번째 단계에서는 예수의 또 다른 두 가지 비유들—"바리새인과 세리의 비유"와 "나사로와 부자의 비유"—을 살펴볼 것이다. 이 비유들 역시 "착한 사마리아인의 비유"와 똑같은 구조, 즉 전통적으로 "착한 사람들"이 실패하고 대신에 "나쁜 사람들"이 성공하는 구조를 갖고 있다. 이 비유들에서 청중들에게 도전하는 것—생각하도록 부추기고, 논쟁하도록 유인하는 것—은 매우 노골적이며 매우 명백하다. 이 비유들은 분명히 도전하는 비유들이다.

두 번째 단계에서는 "포도원 품꾼들의 비유"와 "주인의 돈(달란트) 비유"를 살펴볼 것인데, 이 비유들의 도전은 훨씬 더 파악하기 어렵지만 여전히 매우 강력하게 도전한다. 이 비유들 역시 청중들이 말대꾸하며 서로 반응하는 중에 의식화하려고 노력한다.

세 번째 마지막 단계에서는 예수의 비유들을 훨씬 폭넓게 살펴본 후에 결론에서 요약할 것이다. 결국 우리는 3장에서 비유 두 개를 살펴보았으며, 이 장에서는 또 다른 비유 네 개를 살펴볼 것이다. 그러나 도대체 한 장(chapter)이라는 제한된 공간 안에서 나는 어떻게 비유들에 대한 전체적 안목을 넓힐 계획인가? 특별한 전략이 필요한데, 예수의 비유들 속에서 정상적인 형태(normalcy of format)와 내용의 급진성(radicality of content) 사이의 충돌을 강조하는 전략이다. 이 충돌은 일반적인 이야기 전달 방식(storytelling)에 대한 인류학적 예상들 속에서 고찰하는 것이다.

이 장의 전주곡에서 내가 출판사 편집인으로부터 겪었던 일화를 소개한 후에, "바리새인과 세리의 비유"는 우리의 논의를 시작하기에 매우 적절한 비유다. 여기서도 이 비유의 유일한 자료인 누가가 어떻게 이 비유의 시작과 끝에서 자신의 해석을 틀로 삼아 그 틀 속에 이 비유를 넣었는지를 주목할 필요가 있다.

[A1] 누가의 여는 틀: 스스로 의롭다고 확신하고 남을 멸시하는 몇몇 사람에게 예수께서는 이 비유를 말씀하셨다.(18:9)

[B] 예수가 가르친 비유: 두 사람이 기도하러 성전에 올라갔다. 하나는 바리새파 사람이고, 다른 하나는 세리다. 바리새파 사람은 서서, 혼잣말로 이렇게 기도하였다. "하나님, 감사합니다. 나는, 토색하는 자나 불의한 자나 간음하는 자같은 다른 사람들과 같지 않으며, 또는, 이 세리와도 같지 않습니

다. 나는 이레에 두 번씩 금식하고, 내 모든 소득의 십일조를 바칩니다." 그런데 세리는 멀찍이 서서, 하늘을 우러러볼 엄두도 못내고, 가슴을 치며 "아, 하나님, 이 죄인에게 자비를 베풀어 주십시오" 하고 말하였다.(18:10-13)

[A2] 누가의 닫는 틀: 내가 너희에게 말한다. 의롭다는 인정을 받고서, 자기 집으로 내려간 사람은 저 바리새파 사람이 아니라, 이 세리다. 누구든지 자기를 높이는 사람은 낮아지고, 자기를 낮추는 사람은 높아질 것이다.(18:14)

누가에게 이 비유는 어떻게 기도해야 하는가—또한 어떻게 기도해서는 안 되는가—를 보여주는 본보기 비유다. 그러나 이런 목적을 위해서라면, 그 등장인물의 신분에 대한 정확한 묘사 없이, 단순히 "두 사람이 기도하러 성전에 올라갔다. 한 사람은 혼잣말로 이렇게 기도하였다... 그런데 다른 사람은 멀찍이 서서 이렇게 기도하였다"라고만 말해도, 그 목적을 충분히 달성했을 것이다. 그러나 만일에 이 비유가 누가가 해석한 것처럼 본보기 비유라면, 예수는 이 비유를 도전하는 비유로 가르쳤던 것인가?

한편으로, 바리새인들은—신약성서 안에서 그들에 대한 끈덕지며 부정확한 중상모략에도 불구하고—보통 사람들과 가까웠으며 그들로부터 존경을 받는 사람들이었다. 그들은 자신이 죄인이 아닌 것에 대해 하나님께 감사하는 것이 도대체 무엇이 잘못이냐고 따졌을 것이다. 그 바리새인은 자신의 거룩함에 대해 자신을 축하한 것이 아니라 하나님의 은혜를 감사한 것인데, 도대체 무엇이 잘못이라는 말인가?

다른 한편으로, 세리들은 매우 평판이 나빴기 때문에 그들은 흔히—공정하게 혹은 부당하게—"세리들과 죄인들"이라는 상투적 표현 속에 도매금으로 넘겨졌다(누가 5:30; 7:34; 15:1-2). 그 세리는 얼마나 뉘우쳤는가 하고 다른 세리들은 물었을 것이다. 그 세리는 누가의 다음 장에 나오는 삭개오와 같았는가? 삭개오는 "세관장이고 부자"였으며, 단순히 자비를 베풀어달라고 기도하지 않았다. 삭개오는 예수를 만났을 때, "주님, 보십시오, 내 소유의 절반을 가난한 사람들에게 주겠습니다. 또 내가 누구에게서 강탈을 했으면, 네 배로 갚아 주겠습니다"(19:8)라고 했다.

그러나 여기서도 나쁘게 행동한 사람은 전통적인 "착한 사람"—바리새인—인 반면에, 바르게 행동한 사람은 전통적인 "나쁜 사람"—세리—이다. 이것은 예수 당시의 유대인들의 정상적인 예상과 전제에 대한 도전이다. 착한 사마리아인의 도전하는 비유에서처럼 말이다.

이처럼 전통적인 문화적 예상을 뒤집어엎어 버리는 똑같은 과정—그래서 "첫째가 꼴찌가 되고 꼴찌가 첫째가 되는 사람이 많을 것"(마가 9:35; 마태 19:30)이며, 또한 "자기를 높이는 사람은 낮아지고, 자기를 낮추는 사람은 높아질 것이다"(마태 23:12; 누가 14:11)—은 나사로와 부자의 비유에서 다시 나타난다.

예수가 그 가난한 거지의 이름을 "나사로"라고 알려준 반면에 부자의 이름은 알려주지 않은 것은 도발적이다. 그 반대로 되는 것이 문화적으로 예상할 수 있었던 것이기 때문이다. 즉 두 사람 모두의 이름을 밝히지 않든가, 만일 한 사람의 이름을 밝힌다면, 마땅히 부자의 이름을 밝히는 것이 상식이기 때문이다. 실제로 후대에 신약성경에 대한 라틴어 번역본에서는 이런 불공평을 해결하기 위해, 단순히 "부자"를 뜻하는 라틴어(*dives*)를 그의 이름을 가리키는 고유명사(Dives)로 사용했다. 그러나 이 비유가 실제로 말하는 것은 다음과 같다.

> 어떤 부자가 있었는데, 그는 자색 옷과 고운 베 옷을 입고, 날마다 즐겁고 호화롭게 살았다. 그런데 그 집 대문 앞에는 나사로라 하는 거지 하나가 헌데 투성이 몸으로 누워서, 그 부자의 상에서 떨어지는 부스러기로 배를 채우려고 하였다. 개들까지도 와서, 그의 헌데를 핥았다.(누가 16:19-21)

여기서 잠시 멈추겠다. 현재까지 드러난 것은 그 부자나 그 거지가 특별히 도덕적이거나 비도덕적인 행동을 하지 않았다는 점을 주목할 필요가 있다. 그들은 단순히 경제적인 관점에서 기술되고 있을 따름이지 도덕적으로 평가되고 있지는 않다. 비유는 계속 이어진다(누가 16:22-25).

> 그러다가, 그 거지가 죽어서 천사들에게 이끌려 가서 아브라함의 품에 안겼고, 그 부자도 죽어서 땅에 묻히게 되었다. 부자가 지옥(하데스)에서 고통을 당하다가 눈을 들어서 보니, 멀리 아브라함이 보이고, 그의 품에 나사로가 있었다. 그래서 그가 소리를 질러 말하기를 "아브라함 조상님, 나를 불쌍히 여겨 주십시오. 나사로를 보내서, 그 손가락 끝에 물을 찍어서, 내 혀를 시원하게 하도록 해주십시오. 나는 이 불 속에서 몹시 고통을 당하고 있습니다" 하였다. 그러나 아브라함이 말하였다. "애야, 되돌아보아라. 살아 있을 때에 너는 온갖 복을 다 누렸지만, 나사로는 온갖 불행을 다 겪었다. 그래서 그는

지금 여기에서 위로를 받고, 너는 고통을 받는다."

이 비유는 이어서 그 부자가 나사로를 그의 다섯 형제들에게 보내 경고해 줄 것을 요청하지만, 아브라함은 그에게 "그들이 모세와 예언자들의 말을 듣지 않으면, 죽은 사람들 가운데서 누가 살아날지라도, 그들은 그의 말에 귀를 기울이지 않을 것이다"(16:31)라고 말한다. 나는 16:27-31 전부를 누가가 부활절 이후의 기독교인의 체험(누가 24장의 엠마오의 체험 - 옮긴이)에 기초하여 덧붙인 것으로서 괄호 속에 집어넣는데, 그 부활절 이후의 경험에서는 "모세와 모든 예언자들"(24:27)에 대한 해석과 더불어 예수 자신의 현존에 대한 인식을 통해 비로소 "눈이 열리게 된다"(24:31-32). 누가의 이런 덧붙임이 있다고 해서, 내가 이 비유를 도전하는 비유로 읽는 것을 바꾸지는 않는다.

이 이야기는 실제로 청중들의 예상을 매우 놀랍게 뒤집어엎는다. 내가 앞에서 지적한 것처럼, 그 부자는 특별히 무슨 잘못을 행한 것이 없으며, 그 거지 역시 무슨 옳은 일을 한 것은 없다. 그러나 이 세상에서의 그들의 역할이 다음 세상에서는 뒤집힌다. 이것은 운이 좋은 부자들과 불행한 거지들에 관한 세상의 표준적인 생각들에 대해 도전하지 않는가? 천국과 지옥은 세상에서 공적을 쌓은 사람들에게 상을 주고, 벌을 받아 마땅한 사람들에게 벌을 내리는 일에 관한 것인가, 아니면 단순히 세상에서의 지위가 뒤집혀지는 일에 관한 것인가? 만일 이 세상에서 고통을 겪지 않는 부자들이 다음 세상에서는 고통을 겪는 거지들이 되고, 이 세상에서 고통을 겪는 거지들이 다음 세상에서는 고통을 겪지 않는 부자들이 된다면 어쩔 것인가? 단순히 재물이 뒤집히는 것인가? 이것에 대해 잠시 생각해 보라.

이제까지 살펴본 예수의 비유들 속에서 문화적으로 정상적인 것이라고 간주되는 것들과 청중들이 예상했던 것들이 뒤집혀지는 것 모두에 관해 좀 더 폭넓게 생각할 필요가 있다. 특히 그 비유들이 서로 얼굴을 맞대고 말로 가르치는 상황에서 그처럼 뒤집혀지는 것들이라는 점을 상상해 보기 바란다. 그런 뒤집힘이 애당초 벌어졌던 것처럼 상상해 보기 바란다. 예수가 그 이야기를 들려줄 당시에, 말하자면 한 시간 남짓 완벽하면서도 예의 바른 침묵의 시간이 이어졌을 것인가? 아니면 그 화자와 청중들 사이만이 아니라, 청중들 사이에서도 갑론을박하면서 그 이야기 전달을 방해하였을까?

바로 이와 같은 청중들과의 상호작용 가운데, 예수의 비유들은 그 청중들을 스스로 생각하도록 인도함으로써 의식화시키려 도전했던 것이다. 다시 말해서 도전하는 비유들은 참여하는 교육방법(participatory pedagogy), 협동하는 교육방법이다. (라틴어에서 '도케레'[*docere*]는 "가르친다"는 뜻이며, '두카레'[*ducare*]는 "인도한다"는 뜻이다).

만일에 예수가 도전하는 비유를 가르치는 동안에 그 청중들이 완벽하게 침묵을 지키거나, 아니면 예수가 그 비유를 다 들려준 다음에 청중이 "랍비님, 참으로 이 아침에 멋진 비유입니다"라고 말하면서 예수를 지나쳐 갔다면, 예수는 완전히 실패했을 것이다. 선생님, 다른 비유를 또 들려주십시오, 혹은 다른 청중들에게도 이 비유를 가르쳐주십시오.

다른 비유로 넘어가기 전에, 방금 다루었던 두 가지 비유들을 다시 생각해보겠다. 패러다임과 같은 "착한 사마리아인 이야기"에서처럼, 예수 자신의 문화 속에서 전통적인 예상들이 명백하게 뒤집혀졌는데, 그 문화 속에서 긍정적인 극단, 혹은 "착한 사람들"—성직자, 학자, 귀족—은 부정되는 반면에, 부정적인 극단 혹은 "나쁜 사람들"—사마리아인, 세리, 거지—은 칭찬을 받았다. 다음에 살펴볼 두 사례에서도 이와 비슷한 극단적인 변증법을 볼 수 있지만, 덜 명백하며, 좀 더 미묘하며, 아마도 더욱 크게 갑론을박을 벌였을 것이다. 그러나 모든 도전하는 비유들에서는 그 청중이 반응하고 응답하고 성찰하도록 미끼가 주어지고 인도되며 도발된다. 도전하는 비유들은 참여적인(participatory)—도발하는 것이기 때문에—교육방법(pedagogy)이다.

"포도원 품꾼들의 비유"는 오직 마태 20:1-16에만 나온다. 이 비유는 "자기 포도원에서 일할 일꾼을 고용하려고 이른 아침에 집을 나선, 어떤 포도원 주인"에 관한 것이다. "그는 하루에 한 데나리온으로 일꾼들과 합의하고, 그들을 포도원으로 보냈다"(20:1-2). 이렇게 시작한 다음에 이 비유의 중심 부분은 다음과 같이 "빈둥거리는 사람들"을 주제로 하여 그 구조가 이루어져 있다.

[오전 아홉 시] 또 아홉 시쯤에 나가서 보니, 사람들이 장터에서 빈둥거리며 서 있었다. 그가 그들에게 말하기를 "당신들도 포도원에 가서 일하시오. 적당한 품삯을 주겠소" 하였다. 그래서 그들이 일을 하러 떠났다.

[낮 열두 시] 주인이 다시 열두 시와

[오후 세 시] 오후 세 시쯤에 나가서 그렇게 하였다.
[오후 다섯 시] 오후 다섯 시쯤에 주인이 또 나가 보니, 아직도 빈둥거리고 있는 사람들이 있어서, 그들에게 "왜 당신들은 온종일 이렇게 하는 일 없이 빈둥거리고 있소?" 하고 물었다. 그들은 "아무도 우리에게 일을 시켜 주지 않아서, 이러고 있습니다" 하고 대답하였다. 그래서 그는 "당신들도 포도원에 가서 일을 하시오" 하고 말하였다.(20:3-7)

여기서 잠시 강조되고 있는 틀을 주목할 필요가 있다. 처음 오전 아홉 시에는 "빈둥거리며 서 있는 사람들"을 한번만 언급하지만(20:3), 마지막으로 오후 다섯 시에는 "빈둥거리고 있는 사람들"과 "온 종일 빈둥거리고"라고 두 번 언급한다(20:7). 이 문제는 나중에 다시 설명하겠다. 그러나 독자들은 오후 여섯에 무슨 일이 벌어졌는가에 대해 아마도 알고 있을 것이다(20:8-15).

저녁이 되어, 포도원 주인이 자기 관리인에게 말하기를 "일꾼들을 불러, 맨 나중에 온 사람들부터 시작하여 맨 먼저 온 사람들에게까지, 품삯을 치르시오" 하였다. 오후 다섯 시쯤부터 일을 한 일꾼들이 와서, 한 데나리온씩을 받았다. 그러니 맨 처음에 와서 일을 한 사람들은, 은근히 좀 더 받으려니 하고 생각하였는데, 그들도 한 데나리온씩을 받았다. 그들은 받고 나서, 주인에게 투덜거리며 말하기를 "마지막에 온 이 사람들은 한 시간 밖에 일하지 않았는데도, 찌는 더위 속에서 온종일 수고한 우리들과 똑같이 대우를 하시는군요" 하였다. 그러자 주인이 그들 가운데 한 사람에게 말하였다. "친구여, 나는 그대를 부당하게 대한 것이 아니오. 그대는 나와 한 데나리온으로 합의하지 않았소? 그대의 품삯이나 받아 가지고 돌아가시오. 그대에게 주는 것과 꼭 같이 이 마지막 사람에게 주는 것이 내 뜻이오. 내 것을 가지고, 내 뜻대로 할 수 없다는 말이오? 내가 후하기 때문에, 그대 눈에 거슬리오?"

"포도원 품꾼들의 비유"는 어떻게 해석해야만 하는가? 다시 말해서, 1세기에 로마가 지배하던 유대인들의 땅에서, 예수의 이 말씀을 들은 청중들은 어떻게 반응했을 것이라고 우리는 상상하는가?

물론 예수의 처음 청중들은 단지 오후 여섯 시에 벌어진 일에만 초점을 맞추어 그 포도원 주인의 공평함에 대한 찬반 입장을 주장했을 가능성도 있다. 그 청중들 모두는 그 품삯을 나누어 준 것의 개인적인 정의에 관해 논쟁을 벌였을 수도 있다. 그러나 나는 갈릴리의 농민 청중들의 자유로운 반응이 단순히 이 문제에만 초점을 맞추어 논쟁을 벌였을 것이라는 점에 대해 확신이 서지 않는데, 다음 세 가지 이유 때문이다.

첫 번째 이유는 이 비유의 주인공이 "포도원 주인"이기 때문이다. 이런 직업은 첫 수확을 거두기 몇 년 전부터 많은 자본을 투자하여—아마도 산언덕에 축대를 쌓아 계단식 밭을 만들고—노동집약적인 방식으로 준비하고 유지할 필요가 있었다. 따라서 이 이야기의 처음 시작에서부터, 보통의 농민들/품꾼들은 그런 "자본가"(일꾼을 부려본 경험이 많은 사람 - 옮긴이)에게 사랑을 받지 못했을 가능성이 크다고 생각한다.

두 번째 이유는 예수가 그 포도원 주인을 가차없이 구두쇠로 묘사하기 때문이다. 그 주인은 계속해서 가능한 한 적은 수의 품꾼을 고용하려고 한다. 오전 여섯 시에(20:1의 "이른 아침에" - 옮긴이) 고용할 수 있는 사람들을 모두 한꺼번에 고용하기보다는 여러 차례 나가서—심지어 오후 다섯 시처럼 늦은 시간에도—일꾼들을 고용한다. 예수의 이야기는 그 주인이 네 차례나 더 나갔다는 점을 강조한다. 예수는—만일 원했다면—그 품꾼들이 스스로 하루 종일에 걸쳐 각자 그 시간에 도착했다고 말했을 수도 있었다.

마지막 이유는 오전 아홉 시와 오후 다섯 시에 "빈둥거림"에 대해 의도적으로 강조하고 있다는 점 때문이다. 노동자들을 이처럼 비방하는 말에 대해 그 품꾼들은 동의했을 것인가? 무엇보다도 그 주인은 오후 다섯 시에, 노동자들을 매우 화나게 만드는 도발적인 표현을 사용한다. 즉 "왜 당신들은 온종일 이렇게 하는 일 없이 빈둥거리고 있소?" 하는 표현이 그것이다. 우리는 그 노동자들이 (이빨을 갈면서?) "아무도 우리에게 일을 시켜주지 않아서, 이러고 있습니다" 하고 대답하는 것을 상상할 수 있다. (당시나 지금이나 사람들은 실업자들을 게으름 때문이라고 비난한다). 아무도 일을 시켜주지 않아 항의했던 노동자들이 이 비유의 그 특별한 측면에 대해서만 논쟁을 벌였을 것인가?

나는 이런 세 가지 이유 때문에, 예수의 청중들 가운데 적어도 몇 사람, 대부분, 혹은 모두가 그 포도원 주인의 관대함에 대해서만이 아니라 그 체제의 사악함에 대해 질문을 제기했을 것이라고 생각한다. 즉 포도원들이 한창 수확철이라 시간에 쫓기고 있기 때문에 일손이 모자라고 품삯은 가장 많이 줄 때임에도 불구하고, 도대체 그렇게 많은 일용직 품꾼들이 거의 저녁이다 되도록 여전히 일자리를 구하고 있었다니 말이 되는가! 그런데 이 모든 것이 그 포도원 주인에게 유리했지 결코 노동자들에게 유리하지 않았다는 것이 이상하지 않은가?

이 도전하는 비유의 의도와 목적은, 한편으로는 개인적인 정의와 불의 사이의 차이에 대해 청중들을 의식화시키는 것이었으며, 다른 한편으로는 구조적 혹은 제도적 정의와 불의 사이의 차이에 대해 의식화시키는 것이었다. 만일 모두가 그 체제가 아니라 포도원 주인에 관해서만 말했다면, 예수의 도전은 실패했을 것이다. 예수님, 계속하세요. 다른 곳에서도 이 이야기를 들려주세요. 아니면 당신의 이야기보따리에서 완전히 빼버리세요.

마지막으로 "빈둥거림"에 관해 비난하는 말들을 살펴보자. 이 비유가 그 포도원 주인의 관대함에 관한 것이라면, 그런 비난의 말은 실제로 필요하지 않다. 그러나 청중들—혹은 적어도 이 비유 속의 일용직 노동자들—을 자극하여 개인적인 정의 혹은 불의(포도원 주인)와 구조적이며 제도적인 불의(경제) 사이의 차이를 의식하도록 만들기 위해서는 반드시 필요한 말들이다. 이 비유는 매우 강력하게—또한 매우 성공적으로—도전하는 비유다. 나는 이제 돈에 관한 또 다른 비유를 살펴볼 것인데, 돈을 지불하는 것에 관해 도전하는 비유로부터, 돈을 빌려주는 것에 관해 도전하는 비유로 넘어가는 것이다.

4장과 5장에서 나는 예수의 비유들 몇 가지를 살펴보았는데 그 비유들은 우리가 단지 하나의 판본(version)만 갖고 있는 비유들이다. 이제 살펴볼 비유는 세 개의 판본을 갖고 있는 비유인데, 그 중 두 판본은 신약성서 안에 있으며, 다른 하나는 신약성서 밖에 있다. 이것은 "주인의 돈(달란트) 비유"이다.

마태 25:14-30에 나오는 판본에는 어떤 사람이 여행을 떠나면서 세 하인에게 재산을 맡겨 투자하도록 한다.

또 하늘 나라는 이와 같다. 어떤 사람이 여행을 떠나면서, 자기 종들을 불러서, 자기의 재산을 그들에게 맡겼다. 그는 각 사람의 능력에 따라, 한 사람에게는 다섯 달란트를 주고, 또 한 사람에게는 두 달란트를 주고, 또 다른 한 사람에게는 한 달란트를 주고 떠났다.

다섯 달란트를 받은 사람은 곧 가서, 그것으로 장사를 하여, 다섯 달란트를 더 벌었다. 두 달란트를 받은 사람도 그와 같이 하여, 두 달란트를 더 벌었다. 그러나 한 달란트 받은 사람은 가서 땅을 파고, 자기 주인의 돈을 숨겼다.(25: 14-18)

금 한 달란트는 약 30 파운드(약 13.5 Kg)의 무게로서 6,000 데나리온의 값이었다. 당시에는 노동자의 하루 품삯이 한 데나리온이었다.(한 달란트는 노동자의 17년 품삯인 셈이다.- 옮긴이). 고대에 안티파스가 갈릴리와 베레아를 통치할 때 1년 세입이 약 200 달란트였다. 오늘날의 화폐가치로 생각하면 그 첫 하인이 받은 다섯 달란트는 2백만 달러를 받은 셈이다. 다시 말해서, 예수는 "동화"와 같은 액수를 말함으로써 청중들의 주의를 사로잡는다.

오랜 뒤에, 그 종들의 주인이 돌아와서, 그들과 셈을 하게 되었다. 다섯 달란트를 받은 사람은 다섯 달란트를 더 가지고 와서 말하기를 "주인님, 주인님께서 다섯 달란트를 내게 맡기셨는데, 보십시오, 다섯 달란트를 더 벌었습니다" 하였다.

그의 주인이 그에게 말하였다. "착하고 신실한 종아, 잘했다! 네가 적은 일에 신실하였으니, 이제 내가 많은 일을 네게 맡기겠다. 와서, 주인과 함께 기쁨을 누려라."

두 달란트를 받은 사람도 다가와서 "주인님, 주인님께서 두 달란트를 내게 맡기셨는데, 보십시오, 두 달란트를 더 벌었습니다" 하였다.

그의 주인이 그에게 말하였다. "착하고, 신실한 종아, 잘했다! 네가 적은 일에 신실하였으니, 이제 내가 많은 일을 네게 맡기겠다. 와서 주인과 함께 기쁨을 누려라."(25:19-23)

처음 두 하인은 그 주인과 이야기하면서 토씨 하나까지 똑같은 말을 사용한다. "착한 사마리아인의 비유"에서, 제사장과 레위인이 똑같은 말로 묘사된 것을 기억할 필요가 있다. "마침 어떤 제사장이 그 길로 내려가다가, 그 사람을 보고 피하여 지나갔다. 이와 같이, 레위 사람도 그 곳에 이르러서, 그 사람을 보고 피하여 지나갔다"(누가 10:31-32). 이처럼 처음 두 사람에 대해 똑같은 묘사를 한 것은 세 번째 사람에 대해서는 매우 다를 것으로 예상하도록 만든다.

그러나 한 달란트를 받은 사람은 나아와서 "주인님, 나는, 주인이 굳은 분이시라, 심지 않은 데서 거두시고, 뿌리지 않은 데서 모으시는 줄로 알고, 무서워하여 물러가서, 그 달란트를 땅에 숨겨 두었습니다. 보십시오, 여기에 그 돈이 있으니, 받으십시오" 하고 말하였다.

그러자 그의 주인이 그에게 말하였다. "악하고 게으른 종아, 너는, 내가 심지 않은 데서 거두고, 뿌리지 않은 데서 모으는 줄 알았다. 그렇다면, 너는 내 돈을 돈놀이하는 사람에게 맡겼어야 했다. 그랬더라면, 내가 와서, 내 돈에 이자(그리스어 tokos)를 붙여 받았을 것이다. 그에게서 그 한 달란트를 빼앗아서, 열 달란트 가진 사람에게 주어라."(25:24-28)

여기서 그 주인의 탐욕스럽고 교활한 성격 묘사를 주목하고 또한 그 주인조차 스스로 그런 묘사에 동의하는 모습을 주목할 필요가 있다.

이 비유의 두 번째 판본("열 므나의 비유")은 누가 19:12-26에 나오는데 매우 다르다. 우선 이 비유는 해외에 나가 왕위를 얻으려는 귀족에 관한 또 다른 이야기와 결합되어 있으며 그 이야기의 틀 속에 들어 있다(19:12, 14, 27). 또한 관련된 돈이 달란트가 아니라 므나이다. 1 므나는 약 100 데나리온이지만, 1 달란트는 앞에서 설명한 것처럼 약 6,000 데나리온이다. 그뿐 아니라, 관련된 하인들의 숫자와 돈의 액수도 다르다. 그는 "자기 종 열 사람을 불러다가 열 므나를 주고서는 '내가 올 때까지 이것으로 장사를 하여라' 하고 말하였다"(19:13). 끝으로, 그 하인들이 벌어들인 돈의 액수도 다르다.

그러나 그 귀족은 왕위를 받아 가지고 돌아와서, 은화를 맡긴 종들을 불러오게 하여, 각각 얼마나 벌었는지를 알아보고자 하였다.

첫째가 와서 말하기를 "주인님, 나는 주인의 한 므나로 열 므나를 벌었습니다" 하였다.

주인이 그에게 말하였다. "착한 종아, 잘했다. 네가 가장 작은 일에 신실하였으니, 열 고을을 다스리는 권세를 차지하여라."

둘째가 와서 말하기를 "주인님, 나는 주인의 한 므나로 다섯 므나를 벌었습니다" 하였다.

주인이 이 종에게도 말하기를 "너도 다섯 고을을 다스리는 권세를 차지하여라" 하였다.(19:15-19)

누가에서는 열 명의 종이 1 므나씩 받았지만, 마지막 보고에서는 단지 세 사람의 종만이 보고한다. 위의 두 사람에 이어서, 세 번째이자 마지막 사람이 등장한다.

또 다른 하나가 와서 말하였다. "주인님, 보십시오, 주인의 한 므나가 여기에 있습니다. 나는 이것을 수건에 싸서, 보관해 두었습니다. 주인님은 엄하신 분이라, 맡기지 않은 것을 찾아 가시고, 심지 않은 것을 거두시므로, 나는 주인님이 무서워서 이렇게 하였습니다."

주인이 그에게 말하였다. "악한 종아, 나는 네 입에서 나오는 말로 너를 심판하겠다. 너는, 내가 엄한 사람이어서, 맡기지 않은 것을 찾아가고, 심지 않은 것을 거두어 가는 줄 알고 있었다는 말이냐? 그러면 어찌하여 내 은화를 은행에 예금하지 않았느냐? 그랬더라면, 내가 돌아와서, 그 이자와 함께 그것을 찾았을 것이다."

그리고 그는 곁에 서 있는 사람들에게 "이 사람에게서 한

므나를 빼앗아서, 열 므나를 가진 사람에게 주어라" 하고 말하였다.(19:20-24)

이처럼 마태복음과 누가복음 사이의 모든 차이점들은 우리로 하여금 그 주인과 세 번째 종 사이의 클라이맥스와 같은 대화에서 거의 똑같은 말을 주고받는 것에 주목할 수밖에 없도록 만든다. 마태와 누가에서 모두 그 주인은 탐욕스런 모습으로 그려지고 있으며, 그 주인은 스스로 그런 평가를 받아들이며, 마지막에는 똑같이 "이자"를 언급한다. 이런 점들을 염두에 두고, 이 비유의 세 번째 판본을 살펴보기로 하자.

"주인의 돈의 비유"는 예수의 비유들 가운데 신약성서 안에도 있으며 밖에도 있는 비유들 가운데 하나다. 「나사렛 사람의 복음」에는 또 하나 더욱 다른 비유가 나오는데, 이 복음서는 마태복음의 그리스어 본문을 확장한 것으로서 2세기 전반에 서부 시리아의 크리스천 유대인들이 사용했던 복음서다. 이 복음서의 사본이 남아 있는 것은 없지만, 그 단편들은 초기 기독교 신학자들이 인용한 글에서만 찾아볼 수 있다.

예를 들어, 4세기 가이사랴의 감독 유세비유스는 자신의 『신의 현현』(*Theophany*)에서 "주인의 돈의 비유"에 대한 이 판본을 다음과 같이 보여준다(4.12).

[어느 주인에게] 세 명의 종이 있었다. 한 사람은 그 주인의 재물을 창녀들과 피리 부는 여인들에게 탕진했으며, 한 사람은 그 재물로 많은 돈을 벌었으며, 또 한 사람은 그 달란트를 감추어두었다. 따라서 한 사람은 (기쁨으로) 받아들여졌으며,

또 한 사람은 책망을 들었고, 또 다른 한 사람은 감옥에 던져졌다.

그러나 주인의 그런 세 가지 처리 방식이 어떻게 그 세 종들에게 나타났는가? 만일 이것을 단순한 병행법적 순서(simple parallel sequence, 즉 종들의 행동에 대해 순서대로 처리한 방식 - 옮긴이)라고 간주한다면, 그 종들의 세 가지 서로 다른 행동에 대한 주인의 처리 방식은 다음과 같은 순서다.

[A1] 한 사람은 그 주인의 재물을 창녀들과 피리 부는 여인들에게 탕진했으며,
　　[B1] 한 사람은 그 재물로 많은 돈을 벌었으며,
　　　　[C1] 또 한 사람은 그 달란트를 감추어두었다.
[A2] 한 사람은 (기쁨으로) 받아들여졌으며,
　　[B2] 또 한 사람은 책망을 들었고,
　　　　[C2] 또 다른 한 사람은 감옥에 던져졌다.

그러나 종들의 행동에 대해 주인이 이런 순서로 처리했다는 것은 말이 되지 않는다. 왜냐하면 나중의 두 사람, 즉 많은 돈을 번 사람(B1)과 돈을 감추었던 사람(C1)에게 대해 주인이 처리한 방식들(B2와 C2)만이 아니라, 첫 번째 종, 즉 탕진한 사람에 대해 "(기쁨으로) 받아들여졌다"는 것은 말이 되지 않기 때문이다. 따라서 이 이야기는 전체적으로 다음과 같이 병행법적 역순(reversed parallel sequence)으로 읽어야만 한다.

[A1] 한 사람은 그 주인의 재물을 창녀들과 피리 부는 여인
들에게 탕진했으며,
　　[B1] 한 사람은 그 재물로 많은 돈을 벌었으며,
　　　　[C1] 또 한 사람은 그 달란트를 감추어두었다.
　　　　[C2] 한 사람은 (기쁨으로) 받아들여졌으며,
　　[B2] 또 한 사람은 책망을 들었고,
[A2] 또 다른 한 사람은 감옥에 던져졌다.

"주인의 돈"에 대한 이 판본은 우아한 역순 병행법으로 나타나고 있다. 이것은 우리가 1장에서 마가 4:11-13이 이사야 6:10을 인용한 것에서 본 것처럼, 시적인 장치이다. 그러나 이 구조에 따르면, 그 세 사람의 종들 가운데 첫 번째 탕진한 종은 "감옥에 던져졌다"(A1, A2). 그리고 많은 돈을 번 사람은 "책망을 들었다"(B1, B2). 또한 돈을 감추었던 사람(C1, C2)은 "받아들여졌다." 다시 말해서, 돈을 감추었던 사람이 이상적인 종이다.

그렇다면, 이처럼 판본이 여럿인 이 비유에 대한 해석은 어떻게 할 것인가? 이 비유가 정확하게 도전하는 것은 무엇인가? 이 질문에 대한 대답은—여기서도 또한 언제나—1세기 유대인 청중들의 반응을 상상함으로써 대답해야만 한다. 예수는 청중들의 토론과 논쟁을 환영했을 것이다. 청중들 가운데 몇 사람, 혹은 많은 사람, 혹은 대다수, 혹은 모두가, 마태와 누가의 판본들에 나오는 처음 두 종에 대해 찬성하거나 반대했으며, 세 번째 종에 대해서는 헐뜯거나 아니면 칭찬했을 것인가? 그 청중들은 세 번째 판본에 대해서는 어떻게 생각했을 것인가? 만일 그 청중들이 일반적으로 주인의 돈을 탕진한 종에 대해 주인이 처리

한 방식에 찬성했다면, 그들은 돈을 감추었던 종이 그 돈으로 많은 돈을 번 종보다 더 훌륭한 종이라는 점, 사실상 이상적인 투자자라는 점에 대해서도 찬성하거나 아니면 반대했을 것인가?

어쨌거나, 예수 시대에 그 현장에서 이런 논쟁의 양쪽 편에게 관건이 되었던 것은 정확히 무엇이었는가? 단서는 이것이다. 한편으로, 마태와 누가에 나오는 "주인의 돈" 비유에 대한 두 판본("달란트의 비유"와 "열 므나의 비유")에 언급된 "이자"(利子)라는 말은 신약성서 전체에서 오직 이곳에만(마태 25:27; 누가 19:23) 나온다는 점이다. 다른 한편으로, 구약성서에는 이자에 대한 언급이 몇 차례 나오지만, 모두가 부정적인 의미로 사용되고 있다는 점이다. 따라서 율법의 계약과 전통에 신실한 1세기 유대인 청중들에게는, 마태와 누가에 나오는 이 비유의 처음 두 종은 긍정적인 본보기인 반면에 세 번째 종은 부정적인 본보기라고 생각하는 것은 매우 이상한 것이다. 다시 말해서, 그 청중들은 그 주인의 행동에 대해 찬성하거나 아니면 반대하도록 도발되고 있는가? 도대체 어느 종의 행동에 대해 찬성하거나 반대했을 것인가? 그래서 이자라는 이름으로 돈을 늘리는 것에 대해 찬성했을 것인가 아니면 반대했을 것인가?

토라(율법서)는 이웃 유대인들로부터 이자를 받는 것에 대해 어떻게 생각하는가? 이 질문에 대한 대답은 현재의 토라 다섯 권 안에 들어 있는 가장 오래된 법전(法典) 세 가지 모두—출애굽기 22-23, 신명기 12-26, 레위기 17-26장—에서 다음과 같이 매우 명백하다.

너희가 너희 가운데서 가난하게 사는 나의 백성에게 돈을 꾸어 주었으면, 너희는 그에게 빚쟁이처럼 재촉해서도 안 되고, 이자를 받아도 안 된다.(출 22:25)

너희는 친족에게 꾸어 주었거든 이자는 받지 말아라. 돈이든지 곡식이든지, 이자가 나올 수 있는 어떤 것이라도 이자를 받아서는 안 된다.(신 23:19)

그에게서는 선이자를 받아도 안 되고, 어떤 이익을 남기려고 해서도 안 된다. 네가 하나님 두려운 줄을 안다면, 너의 동족을 너의 곁에 데리고 함께 살아야 한다. 너는 그런 사람에게, 선이자를 받을 목적으로 돈을 꾸어 주거나, 이익을 볼 셈으로 먹을거리를 꾸어 주어서는 안 된다.(레 25:36-37)

선이자(先利子)라는 것은 만일 당신이 100 데나리온을 10%에 빌리겠다고 하면, 내가 당신에게 90 데나리온을 내어주고 나중에 당신은 나에게 100 데나리온을 갚아야 한다는 뜻이다. 후불 이자(後拂利子)는 내가 당신에게 100 데나리온을 내어주고, 당신은 나에게 110 데나리온을 갚아야 한다는 뜻이다.

우리가 4장에서 살펴보았던 것처럼, 기원전 597년과 587년 사이에 바빌로니아인들은 예루살렘 성전을 파괴한 후에, 예루살렘의 제사장 귀족들과 평신도 귀족들을 포로로 끌어갔다. 이 포로기 동안에, 제사장이며 예언자인 에스겔은 이런 두 가지 형태의 이자 취득을 여러 형태의 불의와 폭력들에 속하는 것으로 선포했다.

돈놀이를 하지 않으며, 선이자나 후불이자를 받지 않으며, 흉악한 일에서 손을 떼며, 사람과 사람 사이에서 공정한 판결을 내리며 ... 나의 모든 규례를 지켜서 진실하게 행동하면, 그는 ... 반드시 살 것이다... 돈놀이를 하거나, 선이자나 후불 이자를 받거나 하면, 그가 살 수 있겠느냐? 그는 절대로 살지 못할 것이니, 이 모든 역겨운 일을 하였으므로, 죽을 수밖에 없다. 자기의 피가 자기에게로 돌아갈 것이다... 흉악한 일에서 손을 떼고, 돈놀이를 하지 않으며, 선이자나 후불이자를 받지 않으며, 나의 규례를 실천하고, 나의 율례대로 살아가면, ... 이 사람은 ... 반드시 살 것이다.(18:8-9, 13, 17).

이런 고발이 당시 바빌로니아 포로기라는 맥락에서, 특히 그런 돈놀이가 율법에 대한 불순종 때문에 하나님의 처벌로서 선포된다는 것이 얼마나 심각한 것이었는지를 상상해보기 바란다. 그는 또 다시, "돈을 받고 살인을 하는 자도 있고, 선이자나 후불이자를 받고 고리대금업을 하는 자, 모든 이웃을 억압하고 착취하는 자도, 네 안에 있다. 그러면서도 너는 나를 잊고 있다. 나 주 하나님의 말이다"(22:12)라고 선포한다.

끝으로, 「제4 마카베오서」는 기원후 40년대 초에 기록된 것으로서, 이자를 받는 것과 관련하여 율법에 대한 충성을 다음과 같이 강조한다.

사람이 비록 돈을 사랑하는 사람이라 할지라도, 율법에 따라 생활하는 방식을 받아들이면, 그는 즉시로 자연스러운 방식과는 반대로 행동하게 되며, 궁핍한 사람에게 이자를 받지 않고

돈을 빌려주며, 제7년이 돌아오면 빚을 탕감할 수밖에 없게 된다.(2:8)

다시 말해서, 우리가 예수의 비유를 들을 때, 오늘날 월스트리트라는 금융가에 맞춰진 미국인 귀를 갖고 들을 것이 아니라, 율법에 맞춰진 고대 유대인들의 귀를 갖고 들어야만 한다.

따라서 내가 여기서 주장하는 것은 예수가 청중들에게 논쟁을 불러일으키려 했던 것은, 바로 로마제국 안에서의 로마식 이자 취득 전통과 율법 안에서 유대인들의 이자 반대 전통 사이에 논쟁을 불러일으키려 했다는 점이다. 예를 들어, 예수의 청중들 가운데 "이자를 받으려고 돈을 꾸어 주지 않으며, 무죄한 사람을 해칠세라 뇌물을 받지 않는 사람"(시 15:5)이 있었다면, 예수의 이 비유는 그로 하여금 이처럼 이상적인 가르침에 반대했을 사람들과 격렬한 종교-정치적 논쟁을 하도록 만들었을 것이다.

이 비유는 단순히 이자에 관한 것만이 아니라 세상에 관한 것이다. 다시 말해서, 여기에서처럼 이자로 구체화된 세상, 이윤 추구로 그 실상이 드러나는 세상에 관한 비유이다. 이 비유는 우리에게 다음과 같은 질문들에 대해 생각하도록 도전한다. 이자와 수익에 대해 우리는 어떻게 생각하는가? 우리는 어떤 법을 따르고 있는가? 우리는 토라에 근거해서 살고 있는가 아니면 로마의 관습에 따라 살고 있는가? 우리는 유대인들의 세상에서 사는가 아니면 이방인들의 세상에서 사는가? 하나님 아래에 살고 있는가 아니면 로마의 지배 아래 살고 있는가? 하나님의 법을 받아들이는가 아니면 로마의 관습을 받아들이는가? 이스라엘을 책임지고 있는 것은 하나님인가 아니면 로마인가? 우리는 로마인처럼 사는가 아니면 유대인처럼 사는가? 우리가 어떻게 로마인처럼 살면서 동시에 유대인처럼 살 수 있는가? 우리의 질문들은 이자를 받는 것에서부터 시작해서 부득이 우리의 세상에 대해 상상하는 것으로 넘어가게 마련이다.

예수에게는—실제로 그의 법적이며 또한 예언자적 선조들 모두에게와 마찬가지로—그것은 단순히 이자에 대한 서로 다른 두 가지 반응에 관한 질문이 결코 아니었다. 그것은 항상 이자 문제에 관한 두 가지 서로 다른 태도로 구체화되는 세상에 대한 서로 다른 두 가지 태도에 관한 질문이었다. 그것은 항상—모세가 파라오에게 경고했던 것처럼—"땅은 주님의 것"(출 9:29)인지 아닌지에 관한 문제였다. 그것은 항상—시편 저자가 고백하고 있는 것처럼—"땅과 그 안에 가득 찬 것이 모두 다 주님의 것, 온 누리와 거기에 살고 있는 그 모든 것도 주의 것"(24:1)인지 아닌지에 관한 문제였다. 그것은 물론 땅이 하나님의 모든 백성들을 위한 세상으로서 어떻게 공평하게 분배되어야 하는가에 관한 문제였다.

끝으로, 마태의 용어 "달란트"에 초점을 맞추어 예수의 이 이야기를 본보기 비유로 간주하여 우리가 하나님으로부터 받은 육체적 혹은 영적인 "달란트"(재능)를 완전히 사용할 것을 충고하는 비유로 해석하는 것은 온당치 못한 것이다. 그런 해석은 매우 현명한 충고일 수는 있지만, 이 도전하는 비유의 요점이 아니다. 첫째로, 그런 해석은 마치 하나님께서 "나는 심지 않은 데서 거두시고, 뿌리지 않은 데서 모은다"(마태 25:24, 26)라고 말씀하신 것처럼 되어 하나님께서 자신의 냉혹함을 인정하신 것처럼 해석하기 때문이다. 둘째로, 그런 해석은 신약성서의 예수의 하나님께서 구약성서의 토라의 하나님에 맞서서 이자를 받는 것을 지지하시는 것처럼 해석하기 때문이다. 이런 해석은 예수가 도전한 요점을 비켜가는 것인데, 예수의 요점을 거칠게 표현한다면, "당신은 탐욕스러운 자 편에 설 것인가, 아니면 궁핍한 자의 편에 설 것인가?" 하는 도전이다.

이제는 이 장의 순서에서 세 번째 단계로 넘어간다. 그러나 먼저, 내가 앞에서 언급했던 것처럼, 여기에는 어려운 점이 있다. 이 장에서 다룰 수 있는 짧은 공간 속에서 내가 도대체 어떻게 예수의 수많은 비유들을 보다 폭넓게 살펴보았을 때, 수수께끼 비유들이나 본보기 비유들보다는 오히려 도전하는 비유들이 예수의 비유 스타일의 특징이었다는 점을 주장할 수 있겠는가?

나의 계획은 예수의 비유들을 전체적으로 살펴보기 위해, 일반적인 이야기 전달 방식(storytelling)—일반적인 민간 전통과 특수한 유대인 전통 모두에서—에 대한 인류학적 예상들 속에서, 예수의 일반적인 비유 형태(format)가 전통적으로 정상적이었다는 점과 그 구체적인 내용(content)의 급진적인 새로움을 대조시키려는 것이다.

한편으로, 예수의 비유 형태는 표준적인 민간 이야기 전달 관습들과 매우 일치한다. 다른 한편으로, 예수의 비유의 내용은 일반적인—혹은 유대인들의—이야기 전달 방식이 우리로 하여금 예상하도록 이끄는 것과는 완전히 다르다. 정확하게 이런 점이 바로 그 비유들이 도전하는 힘이며, 또한 내가 이 책의 제목으로 택한 "비유의 위력"인 것이다.

그 형태는 우리에게 예수의 모든 비유들이 문화적으로는 정상적인 형태들이라는 점을 다시 확신시켜주지만, 그 내용은 그처럼 전통적으로 정상적인 것으로 간주해왔던 것을 단호하게 뒤집어엎는다. 이처럼 형태와 내용의 충돌, 스타일과 실체 사이의 어긋남에 관해 생각할 필요가 있다. 왜냐하면 바로 이런 점에서 도전하는 비유들이 작동하는 것을 볼 수 있기 때문이다. 나는 먼저 형태를 살펴보고 그 다음에 내용을 볼 것이다. 그러나 예수의 비유들의 이런 두 측면을 살펴보기 위한 나의 안내자는 인류학이라는 폭넓은 지평이다.

지난 40년 동안 앨런 던데스(Alan Dundes)는 캘리포니아 대학교 버클리 캠퍼스에서 가르친 매우 총명하고 논쟁적인 민담 연구 교수였다. 그는 민담에 관한 여러 논문들을 모아 출판했는데, 그 중에는 네덜란드 학자 악셀 올릭(Axel Olrik)이 1908년에 베를린의 학제간 연구 회의에서 처음 발표했던 매우 유명한 논문 "민담 이야기의 서사적 법칙들"(Epic Laws of Folk Narrative)이 포함되어 있다. 올릭이 말하는 법칙들이란 민담, 전설, 신화와 같은 일반적인 이야기 전달 방식에서 사용되는 표준적 이야기 전통, 관습, 예상을 말한다. 올릭의 이 고전적인 논문은 13개의 그런 원칙들을 열거하고 그것들을 법칙들이라고 불렀는데, "왜냐하면 그것들은 구전문학의 작성에서, 우리의 기록된 문학들에서보다는 훨씬 다르며 훨씬 더 엄격한 방식으로, 그 작성하는 자유를 제한시키기 때문이다."[1] 심지어 예수의 가장 긴 비유들조차도 매우 짧은 것이라는 사실을 인정한다면, 그 스타일은 올릭의 일반적인 "법칙들"에 잘 들어맞는다. 다음은 몇 가지 사례들로

---

[1] Alan Dundes, ed., *The Study of Folklore* (Englewood Cliffs, NJ: Prentice-Hall, 1965), p. 131.

서, 예수의 이야기들 속에 등장하는 주인공들의 숫자를 강조하면서 살펴보겠다.

올릭은 "한 사람의 주인공에 대한 집중의 원칙"(law of concentration on a leading character)을 언급하는데, 예수는 흔히 오직 한 사람에게 집중하여 비유를 구성하는 데 탁월하다. 예컨대, 누가 12:16-21에 나오는 "어리석은 부자"의 비유, 마태 13:44-46의 "보물을 발견한 사람," 혹은 "진주를 발견한 사람"의 비유, 누가 14:28-32의 "망대를 세우는 사람" 혹은 "왕에 대한 경고," 1장에서 살펴보았던 "씨 뿌리는 사람"의 비유, 2장에서 살펴보았던 "잃었던 양을 찾는 목자" 혹은 "잃었던 물건을 찾은 여인"의 비유 등을 이런 관점에서 생각해 보라. 독자들 스스로 다른 비유들에서 얼마나 자주 그런 일이 벌어지는지를 살펴볼 필요가 있다.

올릭은 또한 "쌍둥이의 법칙"(law of twins)에 주목하는데, 그것은 하나의 이야기 속에 두 명의 주인공이 등장하는 것이다. 이것은 흔히 "한 장면에 두 사람의 법칙"과 결합된다. 그런 사례들은 누가 16:1-12의 "주인과 불의한 청지기"의 비유, 누가 18:1-8의 "과부와 재판관"의 비유, 누가 11:5-8의 "밤중에 자던 사람과 문 두드리는 친구," 그리고 물론 이 장에서 살펴본 "바리새인과 세리" 혹은 "나사로와 거지" 등이다. 여기서도 독자들 스스로 다른 비유들을 살펴볼 필요가 있다.

올릭이 말하는 "세 주인공의 법칙"(law of three characters)과 관련해서는, 우리가 이미 "탕자"의 비유에 등장하는 아버지와 두 아들을 살펴보았으며, "착한 사마리아인"의 제사장, 레위인, 그리고 착한 사마리아인을 보았으며, 또한 "주인의 돈"(달란트의 비유와 열 므나의 비유)에 나오는 세 사람의 종을 살펴보았다. 또 다른 사례는 누가 14:16-24에 나오는 "큰 잔치"의 비유에서, 초대받았으나 너무 분주해서 잔치에 참석하지 않겠다는 세 손님에게서 볼 수 있다.

또한 올릭이 말하는 "반복의 법칙"(law of repetition)이 그런 세 사람의 주인공 이야기들 속에서 나타난다. "착한 사마리아인" 이야기에서는 제사장과 레위인에 대한 묘사에서 똑같이 "그 길로 내려가다가, 그 사람을 보고 피하여 지나갔다"(누가 10:31-32)고 반복적으로 묘사된다. 이와 마찬가지로 "주인의 돈" 비유에 나오는 처음 두 종에 대해서도 똑같이 "착하고 신실한 종아, 잘했다! 네가 적은 일에 신실하였으니, 이제 내가 많은 일을 네게 맡기겠다. 와서, 주인과 함께 기쁨을 누려라"(마태 25:20-23) 하고 반복적으로 묘사된다.

"셋의 법칙"(law of three)은 세 명의 등장인물, 혹은 시험이나 시합이 세 가지일 때, 처음의 둘은 흔히 반복적으로 성공하지 못하지만, 세 번째는 성공하며 마지막으로 클라이맥스를 이룬다. 이런 법칙은 제사장, 레위인, 그리고 세 번째로 등장하는 사마리아인의 이야기에서 작동하고 있으며, 또한 "주인의 돈"의 비유에 나오는 세 종의 이야기에서도 작동하고 있다. 처음 둘(돈을 늘린 종들)은 실패했지만, 마지막 사람(돈을 숨겨두었던 종)은 성공한다.

이것은 또한 "본을 따르기 법칙"(law of patterning)—비슷한 장면을 가능한 한 반복하는 법칙—의 사례를 보여주기도 한다. 따라서 제사장과 레위인이 지나간 후에, 예수의 청중들은—다른 어떤 것을 말하기 전에 이미—세 번째 등장인물은 적극적인 인물로서, 그 이야기의 클라이맥스로서 주목할 인물이라고 예상했을 것이다. "주인의 돈" 비유에서도 마찬가지다.

끝으로, 예수의 비유들 전체를 통해서 계속적으로 우리는 올릭이 말하는 "대조의 법칙"(law of contrast)을 보게 되는데, 이것은 극단적으로 대립시키는 경향으로서, 특히 "착한" 사람 대 "나쁜" 사람, "내부인" 대 "외부인," "부자" 대 "극빈자," 그리고 실패하는 사람 대 성공하는 사람 사이의 대조다. 예를 들어, 마태 21:28-32의 "두 아들"의 비유, 마태 25:1-13의 "열 처녀"(현명한 처녀들과 어리석은 처녀들)의 비유를 생각해 보라.

그러나 이처럼 일반적이며 전통적인 그 모든 형태(format), 일반적으로 말로 이야기를 전달하는 방식(oral storytelling)에서 표준적으로 사용되는 그 모든 측면들은, 예수의 비유들이 지닌 내용(content)상의 차이점을 더욱 극적으로 만든다. 이제부터는 예상할 수 있는 형태로부터 넘어가서, 예상할 수 없는 대조(contrast)를 살펴보겠다.

앨런 던데스가 수집한 민담 관련 논문 총서에는 인류학자 윌리엄 바스콤(William Bascom)이 쓴 논문들도 두 개 포함되어 있다. 첫 번째 논문 "민담과 인류학"(Folklore and Anthropology)에서 그는 이렇게 말한다. "민담은 기존의 확립된—신성한 것과 세속적인 것 모두의—신념(beliefs), 태도, 기관을 재가하는 역할을 하는데, 이런 역할은 비(非)문자적인 사회들에서 교육하는 데 절대적인 역할이다."[2] 그는 두 번째 논문 "민담의 네 가지 기능"(Four Functions of Folklore)에서, 민담들 가운데 "개인이 그 사회의 기관들과 인습들을 파괴하거나 혹은 무시하는"[3] 사례가 있는지

---

2) Dundes, ed., *Study of Folklore*, p. 33.

를 묻는다. 이런 논평들은 올바른 것이기 때문에, 인습적인 민담 이야기와 비(非)인습적인 도전 비유는 정면으로 충돌한다. 특히 유대인들의 이야기 전달 방식과 관련해서는 그런 충돌이 더욱 분명하다.

유고슬라비아의 벨그라드 태생의 인류학자 헤디 야손은 인디애나 대학교에서 박사논문을 썼는데, 근동 지방의 유대인들 가운데 무슬림 국가들에서 살다가 이스라엘로 이주한 유대인들의 이야기들을 수집한 데이터베이스를 기초로 해서 논문을 썼다. 그 이야기들에 대한 그의 결론은 다음과 같다.

> 종교 지도자는 그 사회의 최고의 가치들을 대표하는 사람이며, 또한 그의 개인적인 자질에 대해서나 혹은 그의 지도자로서의 권리에 대해 의문을 제기하는 것은 그 가치들의 타당성을 헐뜯는 것이다. 이런 이유 때문에 근동 지방 유대인들의 재료들 가운데 랍비를 부정적으로 묘사하거나 조롱하는 이야기는 하나도 없다. 반면에 유럽의 기독교인들의 전통에서는 사제들이 흔히 조롱을 받으며, 유럽의 유대인 사회에서도 가끔씩 랍비가 조롱을 받는다.[4]

다시 말해서, 예수의 도전하는 비유들은 청중으로 하여금 그 비유들의 형태에 대해 예상할 수 있도록 함으로써 관심을 끌게 만들지만, 그 내용은 전혀 예상할 수 없도록 함으로써 그 청중

---

3) Dundes, ed., *Study of Folklore*, p. 297.
4) Heddy Jason, *Conflict and Resolution in Jewish Sacred Tales* (Ann Arbor, MI: University Microfilm, 1968), p. 90.

들의 생각을 뒤집어엎는다.

따라서 예수의 비유들에 나오는 특정한 이름들 혹은 계급들, 혹은 행동들이나 에피소드를 결코 현대의 기독교인의 귀를 갖고 들으려 해서는 안 된다. 고대 유대인들의 귀를 갖고 들으려 해야 한다. 그리고 예수가 처음 그 비유들을 들려줄 때의 청중들 사이의 반응을 생각해야 한다. 그 청중들이 아마도 한 번도 생각해본 적이 없었던 그 전통적 세계의 기초, 그리고 거의 볼 수 없었던 그 기초들이, 예수의 비유들을 통해 여실히 투사되고 밝혀지고 새삼 곰곰이 생각할 당면 문제가 되었던 것이다.

이 장에서, 나는 "착한 사마리아인"의 비유와 같은 패러다임 이야기와는 별도로 네 개의 도전하는 비유들을 깊이 살펴보았다. 이를 토대로 해서 다음은 몇 가지 결론들이다.

도전하는 비유들은 그 운명을 그 청중들에게 내어 맡긴다. 예수는 분명히 희망을 품고 의도할 수는 있었지만, 궁극적으로는 비유들에 대한 통제를 청중들에게 양보했다. 예수는 단지 그 도전하는 비유들의 내용적인 도발을 통해 그 청중들이 당연한 것으로 받아들였던 정상성의 어떤 측면들에 관해 의식화 과정이 일어날 것을 믿었을 따름이다. 물론 예수 이전에 룻기, 요나서, 욥기도 마찬가지였다.

도전하는 비유들은 우리로 하여금 새삼 조사하고 질문을 제기하며, 곰곰이 따져보고 의아스럽게 생각하며, 토론하고 논쟁하도록 만들려는 의도이며, 무엇보다도 우리가 사유하는 인간 정신의 재능을 사용하도록 의도한 것이다. 도대체 무엇에 관해서인가? 우리의 종교적 신앙의 절대적인 것들에 관해서, 우리의 신학적 관점의 확실성에 관해서, 그리고 우리의 사회적 및 정치적, 그리고 경제적 전통의 전제, 가정, 편견들에 관해서다.

도전하는 비유들은 확신을 의심으로 대체하려는 것이 아니다. 왜냐하면 확신과 의심은 똑같은 스펙트럼의 양극단에 불과하기 때문이다. 도전하는 비유들은 단기간의 의심을 촉진하는 것이 아니라 영구적인 문제제기를 촉진한다. 그 도전하는 비유들의 희망은—시인 라이나 마리아 릴케의 표현처럼—우리로 하여금 "질문들을 사랑하고" 또한 "질문들을 살아내도록" 돕는 것이다. 그 도전하는 비유들의 목적은—시인 제라르 맨리 홉킨스의 표현처럼—"당신의 꽉 막힌 비유들을 밀치고 흔들고 빼내는" 것이다. 그 도전하는 비유들의 의도는—예언자 미가의 표현처럼—우리로 하여금 "겸손히 우리 하나님과 함께 걷도록"(6:8) 만들려는 것이다.

예수는 물론 말씀으로 가르친 스승이었으며 그 말씀에 대해 반응하던 청중들이 있었다. 우리가 1, 2분 안에 읽을 수 있는 비유들을 말로 전달하기에는 한두 시간이 걸렸을 것이며, 청중들의 찬성과 반대로 인해 자주 중단되었을 것이며, 또한 토론과 논쟁, 생각을 불러일으키도록 도발하려는—그렇다, 도발하려는—의도였을 것이다. 그러나 그런 도전은 그 세상의 기초를 흔들려는 것임을 항상 기억해야만 한다. 소크라테스는 도전하는 질문들을 통해 그 일을 했으며, 예수는 도전하는 비유들을 통해서 했다. 결국에는 이 두 과정들 모두가 그 화자(speaker)의 목숨을 빼앗는 치명적인 것으로 드러났으며, 동시에 그 화자를 불멸하는 존재로 만들었다.

이제 독자들은 다음 장, 즉 이 책의 첫 번째 부분의 마지막 장의 주제를 짐작할 것이다. 예를 들어, 마태는 포도원 품꾼들의 비유를 시작하면서, "하늘 나라는, 자기 포도원에서 일할 일꾼을 고용하려고 이른 아침에 집을 나선, 어떤 포도원 주인과 같다" (20:1)고 말한다. 즉 하나님의 나라와 예수의 비유들 사이의 상관 관계는 복음서 본문들 속에 계속 반복해서 나타난다.

사실상, 현대 성서신학자들 사이에는 다음 세 가지 결론에 대해 광범위한 합의를 찾아볼 수 있다. 첫째로, 예수의 근본적인 메시지는 하나님의 나라에 관한 것이었다. 둘째로, 예수는 매우 자주 비유들로 말씀하셨다. 셋째로, 예수는 하나님 나라와 비유들 사이에 상관성을 드러내셨다. 이런 점들은 우리에게 다음 장을 위한 질문들을 품게 만든다. 도대체 왜 예수는 그처럼 도전하는 비유들을 사용했는가? 예수가 비유들을 매체(medium)로 하여 도전한 것과 그의 하나님 나라의 메시지(message) 사이에는 본래적인 연결고리가 있는가? 만일 있다면, 그것은 무엇인가?

6장

하나님의 나라

협동하라는 도전

비록 토마스 쿤은 "패러다임의 변화"(paradigm shift)라는 용어를 만들어내지는 않았지만, 이 용어를 유명하게 만든 것은 그의 책 『과학 혁명의 구조』였다.[1] 그는 당시 캘리포니아 대학교 버클리 캠퍼스의 과학사 교수였다. 그는 이 용어를 사용하여 자연과학에서의 진보는 평탄한 직선적인 발전이 아니라 갑작스런 혁신들을 거쳤다는 것을 주장했다.

토마스 쿤은, 어떤 단계에서든 정상적인 패러다임(a normal paradigm)이 있어서, 그것이 당연한 것으로 받아들여지며 또한 단순히 진실로, 과학으로서 혹은 심지어 실재로서 가르쳐지는 것들이 있다고 주장했다. 그러다가 예외적인 것들과 또한 들어맞지 않는 것들이 쌓이게 되면, 정상적인 과학이 위기 상태(a crisis

---

[1] Thomas S. Kuhn, *The Structure of Scientific Revolutions*, 3rd ed. (Chicago: Univ. of Chicago Press, 1996).

mode)로 돌입한다. 마침내 근본적으로 다른 대안적인 비전이나 혁명적으로 새로운 모델이 제안되면, 흔히 젊은 세대를 통해, 옛 모델로부터 새로운 모델로 패러다임 변화가 일어난다. 말하자면, 프톨레마이오스 모델로부터 코페르니쿠스 모델로, 뉴턴의 모델로부터 아인슈타인 모델로, 혹은 성서 문자주의로부터 다윈의 진화론 모델로 바뀐다는 말이다. ("패러다임 변화자들"은 맬컴 글래드웰의 2008년 책 『국외자들』[2])에 나오는 "국외자들"과 매우 흡사하다. 그들은 우연한 기회나 행운을 통해, 그리고 노력이나 연구를 통해, 구체적인 비전을 갖고 일반적인 전통에 대해 도전해서 성공하며, 어떤 방식으로든 그 세계를 변화시키는 개인들이다.)

비록 "패러다임의 변화"라는 용어가 그 본래의 의미 바깥에서 매우 많이 사용되고, 남용되며 혼돈을 일으키지만, 이 용어는 단지 자연과학에서만이 아니라 많은 사회과학과 심지어 인문 "과학"에서도 매우 유용한 개념이다. 나는 이 장에서 이 용어를 혁명적 변화, 기본적인 전통에서 벗어남, 혹은 근본적으로 갑작스런 혁신과 같은 말로 사용하겠다.

예컨대, 1세기의 여러 종교적 및 정치적 패러다임의 변화라는 위기를 생각해 보자. 야만적인 내전이 20년 동안 계속된 후 1세기가 시작되자, 로마제국은 두 명의 귀족이 1년씩 통치하던 공화정 체제로부터, 한 왕조가 가능한 한 오랫동안 통치하는 군주 체제로 그 패러다임이 바뀌었다. 이것은 정치적 패러다임의 변화였다. 1세기 말엽에 이르러서는 8년 동안의 계급간 투쟁과 식민지 반란들을 거친 후에, 유대인들의 땅은 황폐하게 되었으

---

[2] Malcolm Gladwell, *Outliers* (New York: Little, Brown, 2008).

며, 예루살렘과 그 위대한 성전은 파괴되었고, 그 리더십은 성전, 제사장, 희생제사의 패러다임으로부터, 토라, 랍비, 공부의 패러다임으로 바뀌었다. 이것은 종교적 패러다임의 변화였다.

이런 혁명들, 즉 로마제국의 정치적 패러다임 변화와 유대 지역의 종교적 패러다임 변화 사이에 나사렛 예수가 시작한 갈릴리의 혁명이 등장하였다. 그런 사회적인 지진들과 비교할 때, 예수의 혁명은 처음에는 하나의 사소한 표면적인 미동(微動)처럼 보였다. 그러나 지진과 같은 혼란은 흔히 그런 식으로 시작된다. 종교적-정치적 세계에서, 예수는 패러다임 변화의 대가(master)였으며, 전통에 대한 최고의 문제아(troubler)였으며, 또한 일부 사람들에게는 신적인 국외자(a divine outlier)였다.

우선 예수가 당시 유대교에 대해 도전한 다음과 같은 비전들을 생각해보자. 1995년에 당시 시카고 대학교 신학대학원의 히브리 성서 교수 존 콜린스(John Collins)는 『홀(笏)과 별: 사해 두루마리와 기타 고대 문헌의 메시아들』(*The Scepter and the Star: The Messiahs of the Dead Sea Scrolls and Other Ancient Literature*)을 출판했다. 하나님의 메시아적인 대리자(messianic agent)에 대한 사소하며, 특별한 혹은 심지어 종파적인 비전들과는 별도로, 메시아적인 대리자에 대해 다음과 같은 공통적인 표준적 기대(standard common expectation)가 있었다고 그는 주장했다.

> 기원전에서 기원후로 시대가 바뀔 무렵에 유대인들의 메시아니즘의 공통적인 핵심을 이룬 것은 다윗 왕과 같은 전사 왕(warrior king), 즉 이스라엘의 원수들을 파멸시키고 영원한 평화의 시대를 시작할 분이라는 개념이었다.

다윗 왕과 같은 메시아라는 개념이 주도적이었는데, 그는 왕으로서 이스라엘 왕국을 회복시킬 분이었다. 이런 메시아 개념이 기원전에서 기원후로 바뀔 무렵에 일반적 유대교의 한 부분이었다.3)

그러나 신약성서의 상당부분은 그의 책제목에 나오는 "기타 고대 [유대교] 문헌"에 속하는 것이었기 때문에, 그 문헌은 도대체 어떻게 예수를 하나님의 메시아적인 대리자로 보게 되었는가? 콜린스 교수는 다음과 같이 충격적인 지적을 한다.

비록 그 [나사렛 예수]가 다윗 왕과 같은 메시아라는 주장이 신약성서 안에 가득하지만, 그는 다윗 왕과 같은 메시아의 전형적인 모습(프로필)에는 맞지 않는다. 이 메시아는 무엇보다 전사 왕(warrior prince)으로서 이스라엘의 원수들을 패망시켜야 하는 분이었다.4)

그러므로 요약하자면, 예수를 다윗 왕과 같은 메시아로 해석한 "크리스천들의" 즉 "메시아가 예수 그리스도로 오셨다고 믿는"(messianic) 신약성서는 당시 환경에서 메시아에 대한 일반적인 합의에서 볼 때 그 틀에서 벗어난(atypical) 것이다. 이것은 당시 유대인들의 일반적인 합의 안에서 벌어진 패러다임의 변화, 혁명적 변화, 일탈이다.

---

3) John J. Collins, *The Scepter and the Star* (New York: Doubleday, Anchor Bible Reference Library, 1995), pp. 68, 209.
4) Collins, *Scepter and the Star*, p. 13.

이런 전주곡을 통해 이 장의 중심적인 네 가지 질문들을 간추려 소개하겠다. 첫째로, 예수 시대 이전에는 하나님의 나라(왕국)에 대한 일반적인 성서적 전통은 무엇이었는가? 둘째로, 왜 그 전통에 대해 학자들은 종말론적(eschatological)이며 묵시종말적(apocalyptic) 왕국이라고 말하는가? 셋째로, 예수는 그런 신적인 왕국에 대해 무슨 말을 했으며, 또한 만일에 예수가 당시의 하나님 나라에 대한 이해에서 패러다임의 변화를 보여주었다면, 정확히 예수가 새롭게 혁신한 것은 무엇인가? 넷째로, 이 모든 것을 인정한다고 할 때, 예수가 도전하는 비유들이라는 매체(medium)를 사용한 것은 하나님의 나라라는 그의 메시지(message)에 어떻게 특별하게 혹은 깔끔하게 적합했는가?

첫째 질문, 즉 예수 이전의 하나님 나라 전통에 관한 질문에 대해 대답하기 가장 좋은 장소는 구약성서 안에 있는 다니엘서인데, 이 책은 기원전 160년대 중반에 기록되었다. 당시에 유대인들은 흔들리던 시리아 제국의 안티오쿠스 4세 에피파네스의 극심한 박해를 받고 있었다. 그는 이스라엘이 기대했던 신적인 에피파니(epiphany 顯現)가 결코 아니었다. 그의 공격에 대응해서 다니엘서 7장은 한편으로 지상의 제국들과 다른 한편으로 천상의 초월적인 왕국 사이의 절대적인 대결을 주장했다. 이런 충돌이 다니엘에게 꿈속에서 비전으로, 두 개의 별도의 장면으로 보여진다.

첫째 장면은 지상의 제국들에 관한 것이다. 제국은 하나의 민족이나 국가가 다른 민족들이나 국가들을 이용해서 자신의 이익과 특권을 얻는 것이다. 다니엘서 7장은 다니엘서가 기록되기 이전에 존재했던 네 개의 그런 제국들을 밝힌다.

처음 세 제국들은 바빌로니아 제국, 메대 제국, 페르시아 제국이다. 그 제국들은 "사람들과 같이" 의인화(personified)된 것이 아니라, 동물화(aniamlified)되어, "사자와 같이, ... 곰과 같이, ... 표범과 같이"라고 표현되어 있다. 이런 제국들은 야생 곰들처럼 땅을 공격하거나 바닷가를 내리치는 성난 파도와 같다(7:2-6). 네 번째 제국인 알렉산더 대왕의 그리스 제국은 그 끔찍한 전쟁 무기들로 인해 다른 제국들과 비교하고 견줄 수 있는 흉악한 짐승이 달리 없었다. 그리스 제국은 정말로 끔찍하게 "달리 ... 달랐으며 ... 다른" 제국이다(7:7, 19, 23). 그리고 시리아 제국은 이 위대한 세계 제국이었던 그리스 제국의 부서진 잔해인 셈이다. 시리아 제국은 그리스 제국의 짐승 머리에 돋아난 작은 뿔에 불과할 따름이다(7:8, 11, 20, 21).

그러나 하늘에서는 하나님, 즉 영원히 "옛적부터 계신 분" (Ancient One)께서 정의의 법정, 위대한 심판의 법정을 소집하셨다. 그 흉포한 짐승들은 "권세를 빼앗겼다"(7:12). 그 짐승들 모두로부터 권세를 빼앗았다. 다시 말해서, 제국주의 자체에 대해 하나님께서 엄중하게 유죄를 선고하셨다.

둘째 장면은 하나님의 나라에 관한 것이다. 신비한 존재, 즉 짐승과 같지 않고 "사람 같은 이"가 하나님 앞에 알현한다(영어에서 남성 우월주의로 인해 인류를 뜻하는 humanity를 mankind로 사용했던 것처럼, 다니엘서 7장에서도 셈족의 남성 우월주의로 인해 본래 "사람 같은 이" 즉 one like a human being을 뜻하는 말로 "사람의 아들과 같은 이," one like a son of man을 사용했다. (한글성서에서는 공동번역에만 "사람 모습을 한 이"로 번역되고 나머지 한글 성서에서는 모두 "인자[人子] 같은 이"로 번역되어 있다. - 옮긴이). 이 초월적인 인물은 그처럼 유죄 판결을 받은 제국들을 궁극적으로 대체할 하나님의 나라를 받아 땅으로 가져온다. 이것이 세 차례 선포되는데, 세 차례 매우 계획적인 단계들을 거친다.

> 1단계: 옛부터 계신 분이 그에게(to him) 권세와 영광과 나라를 주서서, 민족과 언어가 다른 뭇 백성이 그를 경배하게 하셨다. 그 권세는 영원한 권세여서, 옮겨가지 않을 것이며, 그 나라가 멸망하지 않을 것이다.(7:14)

> 2단계: 그러나 가장 높으신 분의 거룩한 이들(the holy ones)이 나라를 얻을 것이며, 영원히 영원히 영원히 그것을 누릴 것이다.(7:18)

> 3단계: 나라와 권세와 온 천하 열국의 위력이 가장 높으신 분의 거룩한 백성에게로(to the people of the holy ones) 돌아갈 것이다. 그의 나라는 영원한 나라다. 권세를 가진 모든 통치자가 그를 섬기며 복종할 것이다. (7:27)

이 순서는, 마치 설계사의 사무실에 만들어진 도시의 모형처럼, 하나님의 나라가 하늘에서 창조되고 준비된 것으로 상상한다. 그러나 하늘에서 준비되고(1단계) 또한 하늘에서 유지된 그 왕국(2단계)은 마침내 이 땅으로 내려올 나라(3단계)이다.

첫째로, 그 왕국은 신비한 "사람 같은 이"—아마도 대천사

미카엘—가 돌보고 보호하도록 주어진다. 그 다음에는 그가 "거룩한 이들"(한글성경에는 모두 "성도들"로 번역되어 있다)—아마도 천사들—과 함께 하늘에서 그 왕국을 지켜야 한다. 마지막으로 그 왕국은 "가장 높으신 분의 거룩한 백성"—분명히 이스라엘 백성—을 위해 지상으로 내려온다.

그러나 이런 일이 언제, 또 어떻게 발생할 것인지에 대해서는 말하지 않고 있다. 또한 그 하나님의 나라가 정확히 어떻게 지상에 오게 되는지, 또한 그 대제국들과 어떻게 다른지에 대해서도 말하지 않고 있다. 외면적으로는 그 제국들이 일시적이며 사라지지만, 하나님의 나라는 영원하며 영속적이다. 그러나 내면적으로는 정확히 어떻게 다른가? 하나님의 나라는 내면적으로 그 통치와 지배방식에서 어떻게 그런 제국들과 다른가?

나의 두 번째 질문은 하나님의 나라가 하늘로부터 땅으로 내려오는 것에 관해서 학자들이 토론하기 위해 사용하는 두 가지 공식적으로 사용하는 용어에 관한 것이다. 학자들은 그것을 종말론적(eschatological) 왕국, 그리고/또는 묵시종말적(apocalyptic) 왕국이라 부른다.

"종말"을 뜻하는 그리스어 명사 '에스카톤'(*eschaton*)—그리고 그 파생어들인 'eschatology'와 'eschatological'—은 최근의 학자들 사이에서 인간이 전혀 이해할 수 없는 것으로 신비화되었지만, 실제로는 매우 단순한 개념들이다. '에스카톤' 자체는 무엇의 '마지막' 혹은 '종말'을 뜻하기 때문에 그 의미는 전적으로 그 무엇에 달려 있다. 예를 들어, 그것은 그리스의 어느 공항에서든 탑승 티켓을 사서 탑승을 기다리는 사람들의 마지막을 가리킬 수 있다. 그렇다면, '에스카톤'이 성서전통에서는 무엇을 뜻하는가? 무엇의 마지막인가?

이스라엘의 계약신앙(covenantal faith)은 "정의와 공의"의 하나님께서 이 땅을 창조하셨으며 또한 분배적 정의(distributive justice)의 생활방식에 대한 증인으로서 이스라엘을 선택하셨다는 신앙이었다. 그러나 이스라엘의 식민지 경험(colonial experience)은 이 땅이 철두철미 불공정하며 또한 이스라엘은 제국의 불의에 대해 이스라엘의 몫보다 훨씬 더 많은 것을 받았다는 경험이었다. 이스라엘이 그 계약신앙과 그 식민지 경험을 조화시킨 방법은 하나님께서 언젠가는—"앞으로 올 날에"—이곳의 변화된 세상에서 악, 불의, 억압, 전쟁, 폭력을 "끝장"내실 것이라고 주장하는 방법이었다. 종말, 즉 '에스카톤'은 다시 말하지만, 이 세상의 파멸에 관한 것이 아니라 이 세상의 변모(transfiguration)에 관한 것이다. '에스카톤'의 방향은 땅으로부터 하늘로 나아가는 것이 아니라, 오히려 하늘로부터 땅으로 내려오는 것이다. 성서의 종말론에 대한 나 자신의 번역어는 "하나님의 세계 대청소"(the Great Divine Cleanup of the World)이다.

다음으로, "묵시"로 번역된 그리스어 명사 '아포칼립시스' (apocalypsis)—그리고 그 파생어에서 나온 영어 apocalypse와 apocalyptic—는 무엇을 뜻하는가? 묵시는 단순히 계시(라틴어 *revelatio*), 즉 '무엇'에 관한 신적인 혹은 예언자의 메시지를 뜻한다. 따라서 여기서도 모든 것은 그 '무엇'에 달려 있다. 성서전통에서 묵시종말론(apocalyptic eschatology)은 내가 사용하는 용어로는 하나님의 세계 대청소에 관한 하나님의 특별한 계시를 말한다. 그 메시지 자체는 그 대청소의 어떤 측면에 관한 것일 수도 있다. 그러나 예수 시대에는 그 묵시종말론이 하나의 매우 특별한 측면에 초점을 맞추게 되었다. 그것은 무엇이었는가?

기원후 1세기에 유대인들의 고향 땅을 생각해보자. 다니엘서에 나오는 그 네 개의 대제국들과 하나의 작은 제국은 사라졌으며, 그 자리에 로마제국이 들어섰는데, 로마제국은 이제까지 세상에 나타난 최대의 제국이었으며 아마도 앞으로도 그럴 것이었다. 제국의 지배는 점차 약화된 것이 아니라 더욱 강해지고 있었다. 따라서 신빙성이 있는 묵시종말론은 다음과 같은 질문들에 대해 설득력 있게 대답할 수 있는 계시여야만 했다. 즉 만일에 하나님의 세계 대청소가 지금 이루어지지 않는다면, 도대체 그 이유는 무엇인가? 만일에 지금이 아니라면 도대체 언제인가? 하나님께서는 조만간 세계 대청소를 행하실 것인가? 우리의 생애가 끝나기 전에 행하실 것인가? 세계 대청소는 임박한 것인가? 만일에 당신의 묵시 혹은 계시가 그 세계 대청소가 앞으로 몇십 년 후에 벌어질 것이라면, 당신은 아마도 전(前) 묵시종말론자(ex-apocalyptic eschatologist)가 될 것이며, 당신의 일상적인 직업을 계속하는 것이 좋을 것이다. 그러나 만일에 당신의 묵시 혹은 계시가 그 세계 대청소가 조만간 일어날 것이라면, 그렇게 말하기는 쉽겠지만, 설득력을 갖기 위해서는 단순히 그렇게 주장하는 것 이상으로 긴박한 행동이 필요했다.

끝으로, 하나님의 "왕국"(kingdom)에 대해 말하는 것은 고대의 용어일 뿐 아니라 가부장적인 용어를 사용하는 것이다. "왕국"이라는 용어가 원래 히브리어와 그리스어에서 어디에 초점이 맞추어졌던 것인지를 가장 잘 드러내는 말은 "통치 스타일"이다. 따라서 하나님의 나라는 만일에 하나님께서 실제로 인간들의 왕좌에 앉아 계시면서 통치하신다면, 이 세상이 어떨 것인가에 관해 생각하는 것이다. 하나님의 "통치 스타일"은 인간 황제의 통치 스타일과 어떻게 다를 것인가? 바로 이것이 "하나님의 나라"라는 말에서 관건이 되는 것이다.

나의 세 번째 질문은 하나님의 나라에 대한 예수의 비전이 당시에 유대인들이 일반적으로 기대했던 묵시종말론 안에서 패러다임의 변화를 가져온 것에 관한 질문이다. 이 질문은 하나님의 나라에 관한 성서전통 안에서 예수 자신의 창조적인 혁신에 관한 질문이다. 이 장의 제한된 공간 속에서 예수가 성서전통에서 벗어난 것을 설명하고 강조하는 가장 좋은 방법은 무엇인가?

나의 전략은 하나님의 도래하심에 관한 이스라엘의 패러다임을 대표하는 인물 세례자 요한과 예수—이 세상에 대한 하나님의 변혁에 관한 그 전통 안에서 패러다임의 변화를 대표하는 인물—를 비교하고 대조시키는 전략이다. 그러나 진도를 나가기 전에, 한 마디 주의해야 할 것이 있다.

세례자 요한과 예수를 비교하고 대조시키면서, 나는 세례자 요한보다 예수를 도맷값으로 드높일 마음은 없다. 나는 예수가 세례자 요한으로부터 엄청나게 많은 것을 배웠다고 확신한다. 즉 무엇을 말해야 하며 무엇을 행해야 하는지 하는 것만이 아니라 무엇을 말해서는 안 되며 무엇을 행해서는 안 되는지에 대해서도 배웠다. 그뿐 아니라 세례자 요한이 처형됨으로써 아마도 예수는 목숨을 건질 수 있었을 것인데, 당시의 분봉왕(헤롯 안티파스 - 옮긴이)은 서로 가까운 지역에 있었던 두 사람의 인기 있는 예언자들을 두 사람씩이나 처형하지는 않을 만큼 충분히 영리했다(그는 43년 동안이나 통치했다). 그럼에도 불구하고 예수는 당시의 묵시종말론에 대한 표준적인 기대들 속에서 패러다임의 변화를 선포함으로써, 세례자 요한과는 근본적으로 달랐다. 나는 세 단계를 거쳐서 설명하겠다.

나는 우선 세례자 요한이 하나님의 나라가 도래하는 것에 대해 가졌던 비전을 세 가지 측면에서 살펴보겠다. 그것은 곧 닥쳐올 임박한(imminent) 일이다. 즉 매우 곧 일어날 일이다. 그것은 또한 개입하는(interventionist) 사건이다. 즉 초월적인 하나님의 권능이—홀로—관련된 사건이다. 그것은 폭력적인(violent) 사건이다. 물론 인간의 폭력이 아니라, 복수하시는 하나님의 신적인 폭력을 통해 유대인이든 로마인이든 하나님의 적대세력을 징벌하는 사건이다.

다음으로, 나는 복음서 본문들 속에서 세례자 요한과 예수 사이의 차이점에 관한 여러 이야기들을 살펴보겠다. 다시 말해서, 세례자 요한과 예수 사이의 유사점과 차이점, 비교와 대조는 내가 만들어낸 것이 아니라 이미 복음서 전승 속에 들어 있다는 말이다.

끝으로, 나는 이 땅 위에 세워질 하나님 나라에 관한 선포에 대해 똑같이 세 가지 측면에서, 세례자 요한의 메시지와 예수의 메시지를 비교할 것이다. 그러나 세례자 요한의 메시지와 달리, 예수의 메시지는 하나님의 나라가 도래하는 것이 임박한 것이라기보다는 현재 있는(present) 것이며, 하나님께서 홀로 개입하시는 것이라기보다는 협력적(collaborative)이며, 폭력적인 사건이라기보다는 비폭력적인(nonviolent) 사건이다. 나는 세례자 요한의 메시지에서부터 시작하겠다.

세례자 요한은 도대체 무엇 때문에 하나님께서 지체하시는 지를 물었다. 도대체 왜 하나님께서는 즉각 행동하시지 않는가? 왜 지금이 아닌가? 세례자 요한은 사람들의 죄 때문이라고 대답 했는데, 이것은 독창적인 대답은 아니었다—독자들은 4장에서 설명한 신명기 28장을 기억할 것이다. 그렇게 고발당한 사람들 은, 그렇다면 우리가 무슨 일을 할 수 있는가 하고 묻는 것을 상상해볼 수 있다.

세례자 요한의 독창성이 드러나는 대목은 그가 이집트로부 터의 출애굽을 상징적으로 혹은 성례전적으로 재연하는 길을 생 각해낸 것이다. 그의 프로그램은 다음과 같다. 첫째로, 그들은 요단 강 동편의 광야로 나갈 것이다. 그 다음에, 그들은 그 강을 건널 것이며, 그 강물이 그들의 몸을 씻는 동안에, 회개를 통해 그들의 영혼이 씻겨질 것이다. 끝으로, 그들은 새롭게 정결해진 백성으로서 약속의 땅에 들어올 것이며, 그렇게 되면 분명히 하 나님께서는 엉망진창의 세상을 대청소하실 것이다. 왜냐하면, 그 때가 되면 하나님께서는 지체하실 이유가 없을 것이기 때문 이다. 하나님의 도래는 임박했으며, 단 며칠 사이에도 일어날 수 있는 사건이었다.

하나님의 나라의 임박한 도래는 또한 물론 하나님께서 홀로 개입하시는 사건이다. 정결하게 된 거룩한 백성들은 분명히 그 왕국을 위해 준비할 수 있으며, 또한 그 왕국이 도래하는 것을 촉진할 수도 있을 것이지만, 그 왕국이 도래하는 것은 여전히 하 나님 홀로 초월적으로 개입하시는 행동일 것이다. 그러므로 "세 례자 요한이 광야에 나타나서, 죄를 용서받게 하는 회개의 세례 를 선포하였다. 그래서 온 유대 지방 사람들과 온 예루살렘 주민들이 그에게로 나아가서, 자기들의 죄를 자백하고, 요단 강에서 그에게 세례를 받았다"(마가 1:4-5)는 것은 놀라운 일이 아니다. 세례자 요한의 비전은 이처럼 앞뒤가 맞으며 매우 설득력이 있었다.

더 나아가 세례자 요한의 묵시/계시는 복수하시는 하나님의 임박한 개입에 관한 것이었다. 그의 독설을 들어보자.

요한은 바리새파 사람과 사두개파 사람이 많이들 세례를 받으러 오는 것을 보고, 그들에게 말하였다. "독사의 자식들아, 누가 너희에게 닥쳐올 징벌을 피하라고 일러주더냐? 회개에 알맞는 열매를 맺어라. 그리고 너희는 속으로 주제넘게 '아브라함이 우리 조상이다' 하고 말할 생각을 하지 말아라. 내가 너희에게 말한다. 하나님께서는 이 돌들로도 아브라함의 자손을 만드실 수 있다. 도끼가 이미 나무 뿌리에 놓였으니, 좋은 열매를 맺지 않는 나무는 다 찍혀서, 불 속에 던져진다.(마태 3:7-10).

그러나 예를 들어 누가는 세례자 요한의 메시지에 관한 기록에서 두 가지 심각한 문제를 발견했다. 첫째로, 누가는 세례자 요한의 메시지가 너무나 부정적이기 때문에, 그 다음에 그 자신의 좀 더 긍정적인 메시지를 덧붙였다.

무리가 요한에게 물었다. "그러면 우리는 무엇을 해야 합니까?" 요한이 그들에게 대답하였다. "옷을 두 벌 가진 사람은 없는 사람에게 나누어 주고, 먹을 것을 가진 사람도 그렇게 하여라." 세리들도 세례를 받으러 와서, 그에게 말하였다. "선생님, 우리는 무엇을 해야 하겠습니까?" 요한은 그들에게 말하였다. "너희에게 정해 준 것보다 더 받지 말아라." 또 군인들도 그에게 물었다. "그러면 우리들은 무엇을 해야 하겠습니까?" 요한은 그들에게 말하였다. "남의 것을 강탈하거나 거짓 고발을 하지 말고, 너희의 봉급으로 만족해라." (누가 3:10-14)

그러나 이것은 단지 누가의 첫 번째 문제였을 따름이다. 그의 두 번째 문제는 더욱 심각했다.

우리가 현재 사용하는 신약성서에서는, 하나님의 도래에 관한 세례자 요한의 메시지가 그리스도의 도래에 관한 메시지로 바뀌었다. 그러나 그리스도는 복수하는 존재처럼 행동하지 않았으며, 도래할 분노처럼 보이지도 않았다. 도끼로 나무를 찍어내고 쭉정이는 불로 태우실 것이라는 은유들은 그리스도에게는 적합한 것처럼 보이지 않았다. 따라서 누가는 이런 불일치를 바로 잡기 위해 또다시 대화를 만들어냈다. 즉 세례자 요한의 제자들이 감옥에 갇힌 그에게, 예수가 가버나움의 백부장의 노예를 치유했으며 나인 성의 과부의 아들을 살려냈다고 보고했다(7:1-18). 그러자 세례자 요한은 그 제자들을 예수에게 보내어, "오실 그분이 선생님이십니까? 그렇지 않으면, 우리가 다른 분을 기다려야 합니까?"(7:19) 하고 물어 보게 하였다. 예수는 그들에게 "가서, 너희가 보고 들은 것을 요한에게 알려라. 눈먼 사람이 보고, 다리 저는 사람이 걷고, 나병 환자가 깨끗해지고, 귀먹은 사람이 듣고, 죽은 사람이 살아나고, 가난한 사람이 복음을 듣는다. 나에게 의심을 품지 않는 사람은 복이 있다"(7:22-23) 하고 대답하였다.

세례자 요한은 묵시적 종말론자, 즉 하나님께서 복수하시기 위해 도래하는 사건이 임박했다는 것, 악할 대로 악해진 세상을 변혁하기 위해 하나님의 징벌적인 개입이 임박했다는 것을 계시하는 예언자였다. 내가 다시 강조하는 것은 세례자 요한이 결코 인간의 폭력이나 무장투쟁을 주장하지 않았다는 사실이다. 종말론적 폭력은, 그것이 어떤 것이든, 하나님의 특권이었다. 세례자 요한 자신의 비폭력적인 저항은 헤롯 안티파스를 통해 확인되는데, 헤롯 안티파스는 세례자 요한을 처형했으면서도—세례자 요한은 반역적이었기 때문이다—세례자 요한의 추종자들을 일망타진하지는 않았다—세례자 요한이 비폭력적이었기 때문이다. 이것이 바로 로마인들이나 로마화한 사람들이 제국의 법과 질서에 대해 비폭력적으로 저항하는 사람들을 다룬 방식이었다.

그러나 우리는 다음과 같은 사실에서 출발해야 하며 또한 항상 다음의 사실을 기억해야만 한다. 즉 세례자 요한의 예언자적인 비전은 설득력이 있었던 것만큼 정확한 것이 아니었다. 왜냐하면 결국 개입한 것은 복수하는 하나님이 아니라, 복수하는 분봉왕이었기 때문이다. 도래한 것은 하나님의 나라가 아니라, 안티파스의 기병대였기 때문이다. 세례자 요한은 안티파스의 영토 남쪽 끝에 있던 마캐루스 요새에서 홀로 외롭게 죽었다. 하나님께서는 그의 죽음을 막기 위해 아무런 일도 하지 않으셨다. 이런 현실은 예수로 하여금 다시 생각해 볼 문제였다.

다음으로, 우리는 세례자 요한과 예수 사이의 엄밀한 대조를 살펴보기 전에 먼저 심지어 복음서 전승 안에서 그 두 인물 사이의 일반적인 대조를 살펴보아야 한다.

세례자 요한과 예수 모두를 반대했던 사람들은, 비록 그 두 인물 모두가 이상하기는 했지만, 그들이 서로 정반대되는 방향에서 이상했다는 점에 대해 생각을 같이 했다. 즉 "요한은 와서, 먹지도 않고 마시지도 않았다. 그러니까, 사람들이 말하기를 '그는 귀신이 들렸다' 하고, 인자(the Son of Man)는 와서, 먹기도 하고 마시기도 하니, 그들이 말하기를 '보아라, 저 사람은 먹기를 탐하는 자요, 포도주를 즐기는 자요, 세리와 죄인의 친구다' 한다"(마태 11:18-19). 우리는 사람들이 이처럼 욕하는 해석—세례자 요한을 귀신들린 자로, 예수를 술꾼이며 먹보라고 욕한 것—을 괄호 속에 넣어서 생각할 수는 있지만, 여전히 세례자 요한과 예수가 그 적대자들에게는 이처럼 정반대되는 사람들로 각인되었다고 결론짓게 된다. 결국 사람은 금욕주의 때문에 음식을 절제하거나, 혹은 분배적 정의 때문에 음식을 요구할 수는 있다. 그러나 세례자 요한과 예수 사이의 차이점들은 그 적대자들이 단순히 치부했던 것보다는 훨씬 복잡하다.

한편으로는, 예수가 분명히 요단 강에서 세례자 요한에게 세례를 받았기 때문에, 예수는 요한의 묵시적 종말론의 메시지, 하나님의 세계 대청소를 위한 하나님의 임박한 복수하는 개입에 대한 비전을 받아들였을 것임에 틀림없다. 세례자 요한이 예수에게 세례를 베풀었다는 것에 관해 확신하는 이유는 그 전승이 발전하면서 그 사건에 대한 당혹감이 더욱 증폭되고 있기 때문이다. 즉 마가는 그 사건을 받아들였다(1:9). 그러나 마태는 그 사건에 대해 이의를 제기했다(3:13-15). 누가는 그 사건을 서둘러 처리했다(3:21a). 요한은 그 사건을 완전히 빼버렸다(1:29-34). 더 나아가, 성령이 예수에게 내려오고, 하나님께서 예수에게 말씀하신 것이, 네 복음서 저자들 모두가 증언하는 것처럼(마가 1:10-

11; 마태 3:16-17; 누가 3:21b-22; 요한 1:32-34), 요한과 예수 사이에 있었던 일들과는 전혀 상관없이 기록되어 있다.

다른 한편으로, 예수가 그 자신의 목소리로 그 자신의 비전에서 우러나오는 것을 말할 때, 그는 세례자 요한과는 매우 다르게 말하고 행동한다. 예수는 세례자 요한을 모욕하지 않으며 그렇다고 그에게 동의하지도 않는다. 예를 들어, 예수가 세례자 요한에 대해 말한 다음의 논평을 생각해보자.

> 내가 진정으로 너희에게 말한다. 여자가 낳은 사람 가운데서 세례자 요한보다 더 큰 인물은 없었다. 그러나 하늘 나라(the kingdom of heaven)에서는 아무리 작은 이라도 요한보다 더 크다.(마태 11:11)

> 내가 너희에게 말한다. 여자가 낳은 사람 가운데서, 세례자 요한보다 더 큰 인물이 없다. 그러나 하나님의 나라(the kingdom of God)에서는 아무리 작은 이라도 요한보다 더 크다.(누가 7:28)

이 구절의 전반부에서는 세례자 요한을 극도로 칭송하지만, 후반부에서는 그를 극도로 사소한 존재로 말한다.

또 하나 주의할 것이 있다. 위의 인용문에서 마태가 사용한 "하늘 나라"(the kingdom of heaven)는 하늘에 관한 것이 아니라 땅에 관한 것, 혹은 좀 더 정확한 표현으로는 하나님 나라가 하늘로부터 땅으로 내려오는 것에 관한 것이다. 위의 인용문에서 마태의 "하늘 나라"는 누가의 "하나님의 나라"와 똑같은 것임을 알 수 있다. 우리가 오늘날 "대통령이 말하기를"이라는 뜻으로

"백악관이 말하기를"이라고 표현하는 것처럼, 마태는 예의 바르게 "거주자"를 가리키는 말로 "거주지"를 사용하는 것이다.

마태 자신은 같은 단락에서 두 용어를 함께 사용하기도 했다. 즉 "내가 진정으로 너희에게 말한다. 부자는 하늘 나라에 들어가기가 어렵다. 내가 다시 너희에게 말한다. 부자가 하나님의 나라에 들어가는 것보다 낙타가 바늘귀로 지나가는 것이 더 쉽다"(19:23-24)라는 단락이 그렇다. 또한 '주님의 기도'는 그리스어 본문의 어순에서 하나님의 나라는 "하늘에서 이루어진 것같이, 땅에서도"(마태 6:10) 이루어진다고 주장한다. 그 나라는 이곳 아래로 내려온다. 따라서 그 나라는 항상 하나님의 땅 자체에 관한 것이다.

세례자 요한을 반대했던 사람들은 세례자 요한과 예수가 서로 정반대로 행동했다고 생각했다. 그러나 예수가 그의 공적인 활동을 시작한 것은 세례자 요한의 비전에 동의하고 그 비전에 복종하는 것으로 시작했다. 그러다가 예수는—조심스럽게, 각각, 뚜렷하게—세례자 요한의 메시지로부터 거리를 두기 시작했다. 이것을 어떻게 설명해야 하는가? 그 대답은 다음의 세 번째 단계에서 세례자 요한과 예수를 대조시키는 과정에서 드러날 것이다.

나는 예수가 지켜보았으며, 예수가 배웠으며, 예수가 변한 것은 세례자 요한에게 벌어진 일 때문이었다고 생각한다. 세례자 요한은 하나님의 임박한 도래를 선포했지만, 하나님께서는 오시지 않으셨다. 세례자 요한은 처형되었고, 그의 순교를 막기 위해 하나님께서는 개입하지 않으셨다. 이로 인해, 예수는 종말(*eschaton*)을 철저하게 재해석했다. 종말이란 도대체 무엇이어야 하는가? 묵시(apocalypse), 즉 그 종말의 때는 언제인가? 또한 메시아(messiah), 즉 그는 누구일 것인가? 예수는 하나님의 나라에 관한 그 자신의 이해만 바꾼 것이 아니라, 그 나라의 하나님에 관한 이해도 바꾸었다. 마침내 예수가 자신의 비전과 자신의 목소리로 말하게 되었을 때, 예수는 당시 유대인들의 묵시종말론 안에서 패러다임의 변화를 선포함으로써, 세례자 요한과는 근본적으로 달랐다. 우리가 예수의 혁신적인 사상을 가장 분명하게 볼 수 있는 방법은, 하나님의 임박한 도래, 하나님의 개입, 하나님의 복수라는 세 가지 관점에서, 세례자 요한의 비전과 예수의 혁신을 대조시키는 방법이다.

첫 번째로 중요한 차이점은 예수가 하나님의 임박한 도래보다는 하나님의 현존(presence)을 선포했다는 점이다. 세례자 요한은, 우리가 앞에서 본 것처럼, 하나님의 세계 대청소가 임박했다고, 심지어 며칠 내로 일어날 수도 있는 사건이라고 선포했다. 이와는 반대로 예수는 하나님의 변혁적인 도래는 현존하는 것으로서 이미 지금 이곳에 있다고 선포했다. 세례자 요한에게는 하나님의 나라가 임박한 미래였지만, 예수에게는 이미 현재하는 것이었다. 이처럼 놀라운 예수의 패러다임의 변화를 볼 수 있는 몇 가지 사례들을 살펴보자.

> 하나님의 나라는 눈으로 볼 수 있는 모습으로 오지 않는다. 또 '보아라, 여기에 있다' 또는 '저기에 있다' 하고 말할 수도 없다. 보아라, 하나님의 나라는 너희 가운데 있다.(누가 17:20-21)

율법과 예언자들의 글은 요한의 때까지다. 그 뒤로부터는 하나님의 나라가 기쁜 소식으로 전파되는데, 모두 거기에 힘으로 밀고 들어가려고 애쓴다.(누가 16:16; 마태 11:12-13)

그러나 내가 하나님의 능력으로 귀신을 내쫓는 것이면, 하나님의 나라가 너희에게 왔다.(누가 11:20; 마태 12:28)

너희가 보고 있는 것을 보는 눈은 복이 있다. 내가 너희에게 말한다. 많은 예언자와 왕이, 너희가 지금 보고 있는 것을 보고자 하였으나 보지 못하였고, 너희가 지금 듣고 있는 것을 듣고자 하였으나 듣지 못하였다.(누가 10:23b-24; 마태 13:16-17)

혼인 잔치에 온 손님들이, 신랑과 함께 있는 동안에 금식할 수 있느냐? 신랑을 자기들 곁에 두고 있는 동안에는 금식할 수 없다. 그러나 신랑을 빼앗길 날이 올 터인데, 그 날에는 그들이 금식할 것이다.(마가 2:19-20; 마태 9:15-16; 누가 5:34-35)

예수께서 갈릴리에 오셔서, 하나님의 복음을 선포하셨다. "때가 찼다. 하나님의 나라가 가까이 왔다. 회개하여라. 복음을 믿어라."(마가 1:14b-15; 마태 4:17)

마지막 인용문을 주목할 필요가 있다. 모든 문장들이 곧 다가올 미래(future soon)를 가리키는 것이 아니라, 하나님의 나라가 지금 현존하고(present now) 있음을 가리킨다.

그뿐 아니라, 이 장의 시작에서부터, 다니엘서에서는 "사람과 같은 이"(문자적으로는 "사람의 아들과 같은 이," one like a son of man)에게 맡겨진 일은, "가장 높으신 분의 거룩한 백성"(7:27)을 위해 하나님의 나라를 이 땅 위로 가져오는 일이었다는 점을 기억할 필요가 있다. 그러나 마가는 예수가 "사람의 아들"(Son of Man)이며, 그는 이미 이 땅에 존재하며(2:10, 28), 그는 죽을 것이지만 죽은 자들로부터 살아날 것이며(8:31; 9:9, 12, 31; 10:33, 45; 14:21, 41), 또한 그는 마침내 영광 중에 되돌아올 것이다(8:38; 13:26; 14:26)라고 계속해서 주장한다. 그러나 물론 만일에 예수가 사람의 아들, 즉 예수가 진실로 "사람과 같은 이"로서 이미 이 땅 위에 존재한다면, 하나님의 나라는 이미 이 세상 속에 존재한다는 말이다.

두 번째로 세례자 요한과 예수 사이의 중요한 차이점은 개입이라기보다는 협력(collaboration)에 관한 것이다. 예수가 하나님의 나라가 여기 이 땅에 현존한다고 선포한 것에 대해 1세기의 청중들이 어떻게 반응했을 것인지—그렇다, 그 터무니없음에 대해 어떻게 반응했을 것인지—를 잠시 상상해 보자. 예수의 청중들은 예수에게, "당신 주변을 살펴보구려! 아무것도 변하지 않았단 말입니다. 분봉왕 안티파스는 여전히 그 자리에 있지요. 빌라도 총독도 여전하지요. 무엇보다 티베리우스 황제도 여전하단 말입니다!" 하고 말했을 것이다. 그 청중들은 예수에게 "도대체 하나님의 세계 대청소가 어디에서 벌어지고 있답니까?" 하고 물었을 것이다. 그 청중들은 예수에게 "당신은 단순히 우리가 알 수 없는 '언제'를, 우리가 볼 수 없는 '어디에서'로 바꿔치기한 것에 불과합니다"라고 대꾸했을 것이다. 이처럼 하나님의 나라에 대한 예수의 비전을 강력하게 반대하는 사람들에게 예수는 무슨 대답을 할 수 있었으며, 무슨 대답을 했을 것인가?

이런 질문들에 대해 대답하면서, 예수는 당시의 종말론적인 기대 속에서 자신의 패러다임의 변화를 보여주는 또 다른—그리고 실제로 반드시 동시에 일어나는—측면을 선포하였다. 예수는 사람들에게, "당신들은 하나님을 기다려왔지만, 하나님께서는 당신들을 기다리고 계셨습니다. 아무런 일도 일어나지 않은 것은 전혀 놀라운 일이 아닙니다. 당신들은 하나님의 개입을 원하지만, 하나님께서는 당신들의 협력을 원하십니다" 하고 말했다. 하나님의 나라는 여기에 있지만, 오직 당신들이 그 나라를 받아들이고, 그 나라에 들어가고, 그 나라를 살아냄으로써 그 나라를 세울 때 비로소 그 나라는 여기에 있습니다. 이것이 하나님의 나라가 현존한다는 예수의 주장을 서툴고 잔인한 농담으로 만들지 않는 유일한 해석이다. 다시 말해서, 예수는 실현된 종말이 아니라 실현할 수 있는 종말, 혹은 좀 더 정확히 말해서 협력적인 종말(a collaborative *eschaton*)을 선포하고 있는 것이다. 하나님의 세계 대청소는 하나님 없이는 일어나지 않을 것이지만, 또한 우리들 없이는 일어나지 않는 것이다. 그것은 하나님과 인간의 협력에 관한 것이지, 결코 하나님 혼자 개입하시는 것에 관한 것이 아니다.

세례자 요한은 전통의 패러다임으로서 그의 메시지는 "하나님 나라의 기차가 역에 들어오고 있다. 그 기차에 올라타거나 아니면 그 밑으로 들어가라!"는 것이다. 예수는 그 전통의 패러다임의 변화로서, 그의 대항적 메시지는 "당신들 자신이 하나님의 나라의 기차이다. 하나님은 철로(tracks)이다. 기차가 없다면 철로가 무슨 소용이며, 철로가 없다면 기차가 무슨 소용이냐?"라는 것이다.

세 번째로, 세례자 요한과 예수 사이의 중요한 차이점은 하나님 나라가 도래하는 방식에 관한 것이다. 즉 그 방식은 폭력적이라기보다는 비폭력적(non-violent)이다. 하나님 나라의 현존을 주장함으로써 예수는 하나님의 일방적인 개입이 아니라 하나님과 인간의 쌍방간의 협력(a bilateral divine-human collaboration)을 호소했던 것이다. (한편 "계약"은 항상 쌍방간의 협약이었다.) 그러나 그 협력은 비폭력적인 것인가 아니면 폭력적인 것인가? 예수는 당시의 로마제국, 즉 다니엘서의 "짐승과 같은" 제국주의가 화신(化身)으로 나타난 로마제국에 대해 폭력적인 저항을 요구했는가 아니면 비폭력적인 저항을 요구했는가?

나의 대답은 예수가, 정의롭고 비폭력적인 하나님께 속한 세상 속에서 로마의 제국주의의 불의에 대해, 비폭력적인 저항을 선포했다는 것이다. 그러나 나는 당시 팔레스타인 유대교의 폭력적인 저항과는 달리, 예수가—기독교는 말할 것도 없고—비폭력적인 저항을 처음 창안해냈다고 주장하는 것은 분명히 아니다. 그러므로 나는 두 단계로 나의 주장을 개진할 것인데, 첫 단계는 예수 시대 이전에, 예수 시대에, 그리고 예수 시대 이후에, 유대인들이 로마에 대항했던 폭력적 저항과 비폭력적인 저항의 경험, 그리고 둘째 단계는 하나님의 나라를 위한 예수의 프로그램이 어떻게 당시에 선택할 수 있었던 가능성들 가운데 하나로 부합하는지에 관한 것을 살펴보겠다.

첫째로, 제국주의에 대한 유대인들의 폭력적 저항과 비폭력적 저항의 경험에 관한 것이다. 로마가 유대인들의 땅을 지배하기 시작한 후 처음 200년 동안에, 네 차례에 걸쳐 무장반란 운동이 있었지만, 또한 네 차례에 걸친 비무장 저항운동도 있었다.

예수는 십중팔구 기원전 4년에서부터 기원후 30년경까지 살았다. 그렇다면, 로마에 대항했던 폭력적 반란과 비폭력적 반란의 연대들을 주목할 필요가 있다.5)

폭력적 저항	비폭력적 저항
아우구스투스 황제 때(4 BCE)	아우구스투스 황제 때(6 CE)
네로 황제 때(66-74 CE)	티베리우스 황제 때(26-36)
트라야누스 황제 때(115-17)	티베리우스 황제 때(26-36)
하드리아누스 황제 때(132-35)	칼리굴라 황제 때(40)

우리는 곧바로 예수가—왼쪽 칸에서—기원전 4년과 기원후 66-74년의 두 차례에 걸친 반(反) 로마 무장반란 사이의 오랜 소강상태 속에서 성장하여 성년이 되었다는 점을 알 수 있다. 그러나 또한—오른쪽 칸에서—예수가 세 차례에 걸친 반로마 비폭력 저항기간 동안에, 또한 네 번째로 대규모로 잘 조직된 비폭력 저항 이전에 성장했으며 활동했다는 것을 알 수 있다.

---

5) 대부분의 자료들은 요세푸스의 『유대전쟁』(*Jewish War*)과/혹은 『유대 고대사』(*Jewish Antiquities*)에 나온다. 네 차례의 폭력적인 반란은 (1) 기원전 4년, 『유대전쟁』 2.39-79; 『유대 고대사』 17.250-99a; (2) 66-74년, 『유대전쟁』 2.277-7.455; (3) 115-17년, Cassius Dio, *Roman History* 68.32.1-3; (4) 132-135년, Cassius Dio, *Roman History* 69.12:1-14:3; 15:1. 네 차례의 비폭력적인 반란은 (1) 기원후 6년, 『유대전쟁』 2.118, 433; 7.253; 『유대 고대사』 18.1-10, 23-25; 20.102; (2) 빌라도의 군기들로 인한 26-36년의 반란, 『유대전쟁』 2.169-174; 『유대 고대사』 18.55-59; (3) 빌라도의 수도교 건설로 인한 26-36년의 반란, 『유대전쟁』 175-177; 『유대 고대사』 60-62; (4) 40년의 반란, 『유대전쟁』 2.184-203; 『유대 고대사』 18.261-309; Philo, *On the Embassy to Gaius* 184-260. 이 본문들은 거의 모두 인터넷을 통해 찾아서 읽을 수 있다.

예수의 비폭력 저항에 대한 비전을 협력적인 하나님 나라의 관점에서 설명하면서 내가 강조하는 것은 예수가 비폭력 저항을 처음 창안했던 것이 아니라는 점이다. 비폭력 저항은—심지어 폭력적 저항보다 더욱 가깝게—예수 당시의 유대인들이 선택할 수 있었던 것 가운데 하나였다. 한편 우리의 현대 세계가 비폭력 저항을 창안했다고 짐작하지 않는 것이 현명하다.

둘째로, 당시의 유대인들은 로마에 대해 폭력적인 저항만이 아니라 비폭력 저항도 선택할 수 있었던 상황이었는데, 예수는 그 상황 속에서 어떻게 부합했는가? 나는 예수의 메시지와 프로그램은 다음 네 가지 이유 때문에 비폭력적인 저항에 근거했다고 생각한다.

첫 번째 이유는 예수와 하나님(Jesus and God)에 관한 것이다. 즉 제국주의의 불의에 대해 예수가 비폭력적 저항을 주장한 것은 비폭력적인 하나님과 협력하라는 맥락에서였다. 예수에게는 지금 현재 이 땅위에 현존하는 하나님 나라와 협력한다는 것이 뜻하는 것은 "너희의 원수를 사랑하고, 너희를 박해하는 사람을 위하여 기도하여라. 그래야만, 너희가 하늘에 계신 너희 아버지의 자녀가 될 것이다. 아버지께서는, 악한 사람에게나 선한 사람에게나, 똑같이 해를 떠오르게 하시고, 의로운 사람에게나 불의한 사람에게나, 똑같이 비를 내려 주신다"(마태 5:44-45)는 뜻이다. 혹은 "너희의 원수를 사랑하여라. 너희를 미워하는 사람들에게 잘 해주고, 너희를 저주하는 사람을 축복하고, 너희를 모욕하는 사람을 위하여 기도하여라... 그러나 너희는 너희 원수를 사랑하고, 좋게 대하여 주고, 또 아무것도 바라지 말고 꾸어 주어라. 그러면 너희는 큰 상을 받을 것이요, 너희는 가장 높으신 분의 자녀가 될 것이다. 그분은 은혜를 모르는 자들과 악한 자들에게도 인자하시기 때문이다"(누가 6:27-28, 35)라는 뜻이다. 다시 말해서, 인간의 비폭력을 위한 모델은 하나님의 비폭력이며, 그 하나님은 "너희의 아버지"(마태 5:48; 누가 6:36)이시기 때문이다.

예수가 비폭력 저항자였던 두 번째 이유는 예수와 무기(Jesus and Weapon)에 관한 것이다. 예수의 추종자들은 예수가 자신들에게 요구했던 외적인 비폭력의 상징성 문제와 씨름했다. 당신은 여행을 하면서 최소한의 방어적인 무기—농민들로서는 지팡이, 귀족들로서는 칼—조차 사용할 수 없는가? 이런 질문에 대해 예수 이후의 전통 속에서 불가능하다와 가능하다, 가능하다와 불가능하다는 다음과 같은 반응들에 주목할 필요가 있다.

무기	사용 불가능	사용 가능	사용 불가능
지팡이	마태 10:10; 누가 9:3	마가 6:8	
칼		누가 22:35-36	누가 22:37-38, 49-52

독자들은 이 본문들을 읽어보고, 심지어 방어적인 무기조차 사용할 수 있는지 혹은 사용할 수 없는지에 관한 말씀 배후의 논쟁을 상상할 수 있을 것이다. 예를 들어, 마태와 누가에 나오는 "지팡이"에 관한 초기의 자료—학자들이 Q 복음이라 부르는 자료—는 지팡이를 분명히 사용하지 못하도록 한 반면에, 나중의 마가 본문은 분명히 사용하도록 명령하고 있다. 이런 두 가지 상반되는 명령이 물론 모두 예수의 이름으로 가르쳐진다.

예수를 비폭력적인 저항자로 보는 세 번째 이유는 예수와 바라바(Jesus and Barabbas)에 관한 마가의 이야기인데, 이 이야기는 비록 사실적 역사라기보다는 허구적인 비유이다. 마가가 자신의 복음서를 기록한 것은 66-74년의 유대인 반란으로 인해 예루살렘이 폐허가 되고 또한 그 성전도 영원히 파괴된 이후였다. 마가의 비유에는 빌라도 총독이 두 명의 혁명가와 대면하는 장면이 나오는데, 그 두 사람 모두 공개적으로 로마의 법과 질서를 반대했다. 한 사람은 바라바(그의 이름은 son of the father, 즉 "아버지의 아들"이라는 뜻이다)이며 폭력적인 인물이다. 또 한 사람은 예수([하나님] 아버지의 아들, Son of the Father)이며 비폭력적인 인물이다. 빌라도 총독은 바라바와 그 추종자들을 체포했다. 즉 "그런데 폭동 때에 살인을 한 폭도들과 함께 바라바라고 하는 사람이 갇혀 있었다"(마가 15:7). 예수는 감옥에 혼자 갇혀 있었다. 즉 그의 동지들은 체포되지 않았다. 마가의 이 비유가 가리키는 요점은 66-74년 사이에, 예루살렘은 잘못된 구세주를 선택했다는 점이다. 즉 비폭력적인 구세주가 아니라 폭력적인 구세주를 선택했다는 점이다.

네 번째로 예수의 저항이 비폭력적이었다고 결론짓는 이유는 예수와 빌라도(Jesus and Pilate)에 관한 것이다. 이것은 또 다른 비유로서, 이번에도 빌라도 총독 앞에서 벌어진 것인데, 이번에는 요한 18:33-38에 나온다. 요한은 빌라도와 예수 사이의 대화에서 빌라도가 예수에게 무슨 일을 했기에 자신에게 넘겨졌는가를 묻는 것을 상상한다(18:35). 예수의 대답(18:36)에서, 핵심적인 표현이 두 번씩 반복되어 그의 주장을 앞뒤에서 감싸고 있는 것을 주목할 필요가 있다.

내 나라는 이 세상에 속한 것이 아니다.
내 나라가 세상에 속한 것이라면,
내 부하들이 싸워서, 나를 유대 사람들의 손에 넘어가지 않게 했을 것이다.
그러나 내 나라는 이 세상에 속한 것이 아니다.

여기서 하나님 나라와 로마 왕국 사이의 날카로운 대조에 초점을 맞추어 보라. 로마의 왕국은 폭력에 의해서 얻어졌고, 유지되며 보존되며 보호받는 반면에, 하나님의 나라는 심지어 예수를 해방시키기 위해서조차도 폭력이 허용되지 않는다.

다시 말해서—이 사실은 아무리 강조해도 충분하지 않은데—빌라도 총독은 이 분명한 사실을 정확히 알고 있었다.(전에 안티파스가 세례자 요한을 처형하면서 알고 있었던 것처럼 말이다). 즉 폭력적인 반란자들에 대해서는, 로마의 관리들이 그 지도자를 처형했을 뿐만 아니라 그 추종자들도 가능한 한 많이 체포하여 처형했다. 그러나 비폭력적인 반란자들에 대해서는, 로마의 관리들이 그 지도자만 처형할 뿐, 나머지 추종자들은 무시해버렸다. 이처럼 역사적으로 가장 틀림없는 사실의 차원에 근거해서, 빌라도 총독은 예수가 혁명가였으며—그래서 공개적이며 법적이며 공식적인 십자가 처형이 필요했다—동시에 비폭력적인 인물이었다—그래서 그의 동지들을 일망타진할 필요는 없었다—는 사실의 증인이 되었다. 이처럼 위험했던 1세기 상황에서, 예수와 그밖에 예수 이전에 또한 그 이후의 많은 유대인들은, 로마의 제국주의 지배에 맞서는 전략으로서 폭력적 반란보다는 비폭력적인 저항을 선호했던 것이다.

나는 이 장의 세 번째 부분에서, 하나님 나라에 대한 패러다임의 변화를 가져온 예수의 혁신적인 비전에 관해, 두 가지 점을 보충함으로써 결론지으려 한다.

첫 번째는 예수의 그런 혁신적인 해석이 가져다준 충격을 인정한다 해도, 우리는 그런 해석을 받아들인 사람들이 그 해석이 가져다준 파열적인 도전을 완화시키려 했다는 사실에 대해 놀랄 필요는 없다. (이런 일은 모든 패러다임의 변화에서 일어나기 때문이다. 예를 들어, 아우구스투스 황제는 자신이 단순히 공화정을 회복시키고 있다는 것을—진지하게 혹은 거짓으로?—모든 사람들에게 확신시켰다.) 예수의 혁신적 해석을 받아들인 그들은 그것이 조만간 끝날 것이라고 말했다. '에스카톤'(eschaton), 즉 하나님의 나라가 이 땅에 도래하는 것은, 하나님이 개입하시는 순간에 이루어지는 일로부터 인간과 하나님이 협력하는 기간을 거쳐 이루어지는 일로 바뀌었다. 그러나 그들은 그 기간으로서의 '에스카톤'은 짧을 것이라고 말했다. 바울에서 시작해서 마가를 거쳐 요한계시록에 이르기까지, 최초의 크리스천들은 분명히 그 '에스카톤'이 모두 조만간 끝날 것이라고, 말하자면 자신들이 죽기 전에 끝날 것이라는 점에 동의했다. 당시 유대인들의 패러다임에서 하나님의 나라가 "조만간" 시작(start)될 것이라는 예상이, 예수의 패러다임의 변화에서는 그 나라가 "조만간" 끝날(end) 것으로 되어버렸다. 예수 자신이 하나님 나라가 현존하는 것에 대한 완성이 임박했다고 상상했을 가능성은 있다—그러나 확실치는 않다. 그러나 만일 예수 자신이 그렇게 상상했다면, 예수는—분명히 그렇게 상상했던 다른 모든 사람들과 마찬가지로—완전히 잘못 생각했던 것이다. 2천 년이 지났어도 사람들은 아직도 그 날을 기다리며 날짜를 세고 있다.

두 번째로 보충할 것은 토마스 쿤이 어떻게 정상적이거나 표준적인 패러다임이 마침내 새로운 혹은 혁명적인 패러다임으로 대체되는가를 논의하면서, "패러다임에 대한 충성이 바뀌는 것은 강제할 수 없는 회심 경험이다"라고 결론지었다. 그는 찰스 다윈과 막스 플랑크를 인용하여 자신의 결론을 뒷받침했다. 찰스 다윈은 그의 책『종의 기원』(On the Origin of Species)에서 이렇게 고백했다. "나는 결코 경험이 많은 자연주의자를 확신시킬 것으로는 기대하지 않는다... 나는 미래의 젊고 새롭게 등장하는 자연주의자들에 대해 확실한 기대를 걸고 있다." 막스 플랑크는 그의『과학적 자서전』(Scientific Autobiography)에서, "새로운 과학적 진리는 그 반대자들을 확신시키고 그들로 하여금 빛을 보게 만드는 것으로 승리하는 것이 아니라, 오히려 그 반대자들이 결국에는 죽을 것이기 때문에, 그것에 친숙한 새로운 세대가 성장함으로써 승리한다"[6]는 점을 인정했다. 비록 혁명적인 변화가 기성세대 안에서 시작한다 할지라도, 그런 혁명적인 변화가 비로소 완성되는 것은 흔히 다음 세대를 통해서다.

패러다임의 변화가 성공하기 위해서는 흔히 세대가 바뀌어야 할 필요가 있다는 점은 예수가 한 말씀, 즉 "나는 아들이 제 아버지를, 딸이 제 어머니를, 며느리가 제 시어머니를 거슬러서 갈라서게 하러 왔다. 사람의 원수가 제 집안 식구일 것이다"(마태 10:35-36)고 한 말씀을 이해하는 데 도움을 준다. 여기서 남편들과 아내들, 혹은 형제들과 자매들 사이의 충돌에 관해서는 전혀 아무런 언급이 없다는 사실을 주목할 필요가 있다. 인용된 말

---

6) Kuhn, *Structure of Scientific Revolution*, p. 151.

쑴에서 서로 갈라서는 세 쌍들은 모두 서로 다른 세대 사이의 문제인 것이다. 이것이 바로 패러다임의 변화가 결국에는 세대 간의 변화를 따르는 것임을 여실히 보여준다.

이 장에서 나의 네 번째 질문이며 마지막 질문은 예수가 사용한 비유들이라는 매체(medium)와 하나님의 나라라는 메시지(message) 사이의 상관관계에 관한 것이다. 우리가 앞 장들에서 보았던 예수의 도전하는 비유들과, 이 장에서 보았던 예수의 하나님 나라의 비전들은 서로 어떻게 연결되는가? 나의 대답은 도전하는 비유들이 하나님 나라에 대한 예수의 비전의 두 가지 측면들, 즉 그 협력적 성격과 비폭력적 성격을 위해 근본적으로 적합한 수사학이며, 심지어 실제로는 절대적으로 필요한 수사학이라는 것이다. 내가 이런 상관성을 설명하는 순서는 우선 첫째로, 도전하는 비유와 협력적인 하나님의 나라에 관해, 그 다음 둘째로, 도전하는 비유와 비폭력적인 하나님의 나라에 관해서 할 것이다.

나는 앞에서 도전하는 비유들이 궁극적인 권위와 책임을 청중들에게 부여한다고 말했다. 모든 비유들은 그 화자와 청중이 상호작용하는 것이지만, 도전하는 비유들은 특히 그렇다. 도전하는 비유들의 목적은 우리 세계의 근본 전제들에 관해 생각하도록 만드는 것이며, 비유를 말하는 사람은 청중들이 창조적으로 반응할 것을 신뢰해야만 한다. 우리는 오늘날 예수의 비유들에 관해 논평하면서 상당히 똑같은 입장에 있다. 우리는 분명히 1세기 유대인 청중들이 어떻게 반응했을 것인지를 상상하기 위해 인류학, 사회학, 역사학, 고고학을 사용할 수 있다. 그러나 우리는 그 청중들이 구체적인 비유에 대해 어떻게 반응했는지에 대해 결코 정확하게 말할 수는 없다.

예를 들어, 예수가 "착한 사마리아인의 비유"를 말했을 때, 청중들의 반응은 그 모든 등장인물들이 멍청이들이라고 대꾸했을 것을 상상해보자. 왜냐하면 청중들 생각에는 아무도 그 위험한 길을 혼자서 내려갈 생각을 하지는 않을 것이기 때문이다. 생각이 있는 사람들이라면 기다렸다가 여럿이 함께 내려갔을 것이다. 그 사마리아인은 아마도 혼자 그 길을 가야만 했을지도 모른다. 그러나 다른 사람들은 모두 함께 안전하게 그 길을 내려가려고 했을 것이다. 그렇다면, 그 사마리아인은 도움을 받을 수 있는 사람이 없었을 것이다. 멍청이들 같으니라구! 멍청한 이야기일 따름이다! 만일에 청중들이 이렇게 반응했다면, 예수는 이런 청중들을 가르칠 방법이 달리 없었을 것이다. 왜냐하면 청중들은 예수의 이야기를 이런 식으로 가로채서 매우 다른 방향으로 뒤틀어버렸을 것이기 때문이다.

"불의한 청지기의 비유"에 관해 생각해보자. 그 청지기는 주인이 자신을 해고하려 하자, 소작인들이 주인에게 진 빚을 줄여준다(누가 16:1-7). 이 이야기는 청중들로 하여금 "부자"와 그의 "청지기"(노예?)와 그 채무자들(소작농들?) 사이의 관계에 대해 의식화시켰을 것이다. 그 청중들은 어떻게 반응했을 것인가? 청중들은 그 "청지기"의 개인적인 행동들에만 초점을 맞추었을 것인가, 아니면 그 체제의 구조적인 압박들에 대해서도 논의할 수밖에 없도록 만들었을 것인가?

혹은 "사악한 소작인들의 비유"를 생각해 보자. 그 소작인들은 포도원을 차지하기 위해 부재지주의 아들을 살해한다(마가

12:1-8). 이 비유 다음에 붙어서 나오는 수수께끼(12:9-12)는 예수의 알레고리로 제쳐놓고, 이 비유를 들은 1세기 갈릴리 청중들을 상상해보자. 청중 가운데 몇 사람은 그 살인을 용납할 수 있다고―심지어 하나님의 법에 의해서도 용납할 수 있다고 생각했을까? 그 청중들은 그 소작인들이 "사악한" 사람들이라는 점에 대해 동의했을까? 청중 가운데 어떤 사람들은 그 소작인들의 행동을 이해할 수는 있지만 사려 깊지 못한 행동―당국자들이 기필코 보복할 것이기 때문에―이라고 생각했을까? 청중들 가운데 일부, 혹은 많은 사람, 혹은 대부분은 도덕적 근거에서 그 소작인들의 행동을 용납할 수 없는 것으로 판단했을까? 예수는 청중들의 반응을 미리 알 수는 없었을 것이며, 지금의 우리들 역시 알 수가 없다.

그렇다면 도대체 왜 예수는 그 청중들을 그처럼 신뢰했으며, 그들로 하여금 그처럼 다양하게 반응할 수 있도록 허락했는가? 도대체 왜 예수는 청중들에게 자신이 원했던 것을 노골적으로 또한 문자적으로―마치 오늘날 교회의 설교처럼―말하지 않았는가? 왜냐하면 도전하는 비유라는 매체는, 패러다임이 변화된 메시지를 위해 완벽하기 때문이다. 협력적인 에스카톤은 참여적인 교육방법(participatory pedagogy)을 요청하기 때문이다.

예수는 그의 청중들에게 하나님의 나라가 지금 현존한다고 단순히 선언하는 것이 아니다. 예수는 하나님 나라가 현존하는 것은 오직 그 나라를 받아들이고, 그 나라 속으로 들어가고, 또한 그 나라를 자신이 떠맡을 때 비로소 현존한다고 선언하는 것이다. 그의 도전에서 비롯되어, 그 도전 때문에, 만일에 토론과 논쟁, 동의와 의견대립, 주장과 모순이 생겨나지 않는다면, 의식의 변화는 일어날 수 없으며, 패러다임의 변화는 생길 수 없으며, 또한 하나님의 나라는 현존할 수가 없다. 왜냐하면, 첫째로 도전하는 비유들은 패러다임을 변화시키는 것들(challenge parables are paradigm shifters)이며, 둘째로, 하나님 나라 자체가, 다니엘서 7장이 말하는 것처럼, 하늘로부터 땅으로 보내진 초월적인 도전하는 비유(a transcendental challenge parable)이기 때문이다.

우리들은 심지어 예수가 가르친 어떤 비유들을 정확히 그 패러다임의 변화 자체의 비유들로 생각할 수 있다. 예를 들어, "보물의 비유"와 "진주의 비유"를 생각해 보자.

> 하늘 나라는 마치 밭에 숨겨 놓은 보물과 같다. 사람이 그것을 발견하면, 제자리에 숨겨 두고, 기뻐하면서 집에 돌아가서는, 가진 것을 다 팔아서 그 밭을 산다.(마태 13:44)

> 또 하늘 나라는 좋은 진주를 구하는 상인과 같다. 그가 값진 진주 하나를 발견하면, 가서, 가진 것을 다 팔아서 그것을 산다.(마태 13:45)

예수가 이 비유들을 사용한 것과는 완전히 별도로 생각하더라도, 이 비유들은 패러다임의 변화를 위한, 전통에서 일탈을 위한, 근본적으로 파열적인 혁신을 위한, 완전한 은유들이다. 그러나 물론 예수는 이 비유들을 다름 아니라 하늘 나라와, 즉 "하늘에서처럼 땅에서도 이루어진"(마태 6:10, 그리스어 어순에 따라) 하나님 나라와 서로 연결시킨다. 예수에게 이 쌍둥이 이야기들은 하나님의 세계 대청소가 여기에서 현재 이루어지고 있음을 상상한다. 그러나 그 하나님의 나라가 현재적인 것은 오직 하나님과 인간의 참여, 하나님과 인간의 협력에 의해서만 가능하다. 그 나라는 보석과 진주로서, 옛날의 알고 있었던 과거를, 새롭고 알지 못하는 미래로 변혁할 것을 요구하는 보석과 진주다.

예수의 도전을 가장 잘 요약한 사람은 두 명의 아프리카인 주교들인데, 그 두 주교는 서로 약 5천 마일 떨어진 곳에서 1500년의 시간적 차이를 두고 살았다. "하나님께서는 당신 없이 당신을 만드셨다"고 힙포의 아우구스티누스는 416년에 말했다. "하나님께서는 당신 없이는 당신을 의롭게 하시지 않는다." 이것을 1999년에 케이프타운의 데스몬드 투투 주교는 멋지게 잘못 인용하여 이렇게 말했다. "성 아우구스티누스는 '하나님께서는 우리들 없이는 일하시지 않으시며, 우리는 하나님 없이는 일할 수 없습니다'라고 말했습니다."

이제까지는 도전하는 비유들과 협력적인 하나님 나라 사이의 첫 번째 상관관계를 살펴보았다. 이제부터는 도전하는 비유들과 비폭력적인 하나님 나라와의 상관관계를 살펴보겠다. 언어로 혹은 심지어 비유들로 패러다임의 변화를 선포하는 것은 가능하다. 즉 이념적이며 수사학적으로 폭력적이며 심지어 직접적으로 혹은 간접적으로, 의도적으로 혹은 우연히, 물리적인 폭력을 불러일으키는 언어로 패러다임의 변화를 선포하는 것은 가능하다. 그러나 도전하는 비유들은 그 정의상 폭력적으로 분노하며 공격적으로 적대적이라기보다는 미묘하게 자극적이며 부드럽게 체제를 전복시키는 비유들이다. 도전하는 비유들은 공격하는 비유들이 아니다.

4장에서 설명했던 룻기, 요나서, 혹은 욥기를 다시 생각해보

자. 그 각각의 이야기는 청중들로 하여금 당시의 문화적 확신과 전통적인 절대성들을 다시 생각하도록 강압적으로 윽박지르는 것이 아니라 매혹적으로 유혹한다. 예를 들어, 룻기처럼 가족과 전통 모두에 충성함으로써 그에 따라 이상적으로 보상을 받아—해피 엔딩?—첫 아들을 얻게 된, 사랑스럽고 목가적인 전원시보다 더욱 부드러운 것이 무엇이 있겠는가! 룻기에는 신명기의 율법에 대한 공격이나, 혹은 에스라와 느헤미야의 명령에 대한 명백한 공격은 없다. 단지 룻기가 질문하는 것은 "이스라엘의 과거의 왕이었으며 미래의 왕인 다윗 왕의 증조할머니가 모압 여인이었다는 사실은 무엇을 뜻하는가?" 하는 질문뿐이다.

그러므로 요약하자면, 예수의 도전하는 비유들은, 협력적인 '에스카톤'을 위한 협력적인 초대로서, 또한 참여적인 하나님 나라를 위한 참여적인 교육방법으로서 매우 적절할 뿐 아니라 심지어 수사학적으로 반드시 필요한 것들이다. 그 도전하는 비유들은 비폭력적인 메시지를 위한 비폭력적인 매체로서도 똑같이 필요한 것들이다. 그 비유들은 성서의 위대한 이야기를 교묘하게 뒤집어엎는 짧은 이야기들이다. 그 비유들은 성서의 위대한 이야기를 부정하거나 파괴하지 않는다. 그러나 "말씀에 맞서는 말씀"으로서 그 비유들의 조용한 목소리는 우리로 하여금 성서가 여전히 우리에 관한 하나님의 이야기라기보다는 하나님에 관한 우리의 이야기라는 점을 상기하도록 만든다.

이 책의 1부에서 나는 비유들에 대해 단순한 세 가지 형태론을 주장했는데, 이 비유들은 그 이야기들이 은유적으로 그 자체를 넘어 외부적인 지시 대상, 즉 그 이야기의 청중들이 발견해야만 하는 외부적인 지시 대상을 가리키는 이야기들과 관련된 것이다. 이 형태론은 수수께끼 비유들(riddle parables) 혹은 알레고리들, 본보기 비유들(example parables) 혹은 도덕적 이야기들, 그리고 도전하는 비유들(challenge parables) 혹은 도발적인 비유들이다.

여기서 잠시 우리가 구약성서에서 살펴본 비유들에 초점을 맞추어 보자. 삼손이 블레셋 사람들에게 말했던 사자에 관한 수수께끼 비유, 요담이 세겜 사람들에게 말했던 나무들에 관해, 그리고 나단이 다윗 왕에게 말했던 어린양에 관한 본보기 비유들을 기억해 보자. 또한 포로기 이후 이스라엘 사회의 절대적인 전제들에 대해 말했던 룻기와 요나서, 욥기에 나오는 사랑스런 모압 여인에 관해, 회개하는 니느웨 사람들에 관해, 그리고 가장 거룩한 에돔 사람에 관한 도전하는 비유들을 기억해 보자.

처음 두 가지 형태—수수께끼와 본보기 비유—는 모두 어떤 식으로든 반대하는 날카로운 날이 서 있지만, 세 번째 형태—도전하는 비유—는 그 도발적인 내용을 극도로 부드럽게 전달한다. 이처럼 도전하는 세 권의 책들(룻기, 요나서, 욥기)은 논쟁적(polemical)이거나 공격적이라기보다는 오히려 교육적(pedagogical)이며 교훈적이다. 그 이야기들은 당신을 유혹하여 생각하도록 만들려고 하지, 당신을 때려눕혀 침묵하게 만들거나 윽박질러서 복종하게 만들지 않는다. 이것이 바로 우리가 이제까지 살펴본 예수의 도전하는 비유들이 사용한 방식이기도 하다. 그 비유들은 비록 역설적(ironic)일지라도 언제나 평화적(irenic)이다.

우리는 이처럼 교육적인 비유들로부터 이제 2부에서 다룰 논쟁적인 비유들까지 폭넓게 살펴볼 것인데, 예수가 가르친 비유들(parables by Jesus)이 일차적으로 교육적 도전들이라면, 예수에 관한 비유들(parables about Jesus)은 대체적으로 교육(pedagogy)을 넘어 논쟁적(polemic)으로, 또한 도전을 넘어 공격으로 나아가곤 하기 때문이다. 2부를 통해서 묻는 근본적인 질문은 예수가 —기독교인들에게—이 세상에 대한 하나님의 도전하는 비유로서 성육한 분인가, 아니면 이 세상에 맞서는 하나님의 공격하는 비유로서 성육하신 분인가 하는 질문이다.

그러나 지금 제2부로 직접 넘어가기 전에, 나는 짧은 중간극을 삽입하겠다. 나의 목적은 제1부에서 제2부로 (좀 더 쉽게) 넘어가기 위해 준비하도록 중간극을 넣은 것인데, 이것은 완전한 허구(fiction)로부터 사실과 허구의 혼합(a mixture of fact and fiction)으로 넘어가는 것이기 때문이다. 예수가 가르친 비유들은 허구적인 인물들에 관한 허구적인 이야기들이었다. 그러나 예수에 관해 전해진 비유들은 역사적 인물들에 관한 허구적인 이야기에서부터 사실적인 이야기들까지 다양한 스펙트럼을 보여준다. 만일에 우리가 복음서들 속의 허구를 좋아하지 않는다면, 우리는 이 문제를 단순히 복음서 저자들의 탓으로 돌릴 것이 아니라, 예수의 탓으로도 돌려야 한다. 복음서 저자들이 그런 수사학적 전략을 사용한 것은 예수 자신의 입술을 통해서였기 때문이다. 예수와 복음서 저자들 사이의 유일한 차이점은, 예수의 비유들이 허구적인 인물들에 관한 것인 반면에, 복음서 저자들의 비유들은 역사적 인물들에 관한 것이다.

다음의 중간극은 잠시 이 모든 문제를 제쳐놓고, 한 사람의 로마인의 이야기 속에서 역사적 사실과 역사적 인물이 비유로 만들어지는 과정, 혹은 좀 더 정확히 말해서, 다양하며 심지어

서로 모순을 일으키는 비유들로 만들어지는 과정을 보게 될 것이다. 독자들은 이 이야기를 역사적인 비유(historical parable), 혹은 비유적인 역사(parabolic history), 혹은 비유로 허구화된 역사(history fictionalized as parable)라고 부를 수 있다. 어떤 이름으로 부르든 간에, 이 이야기는 우리로 하여금 제2부로 넘어가도록 준비시켜 줄 것인데, 우리는 예수가 가르친(by) 도전하는 비유들로부터 마침내 예수에 관한(about) 도전하는 비유들로 넘어가며, 또한 실제로 기독교인들의 하나님이 세상에 대해 크게 도전하는 비유로서의 예수로(to Jesus as the Christian God's great challenge parable to the world) 넘어가게 된다.

중간극

비유적인 역사의 유혹

루비콘 강의 카이사르

우리는 고대 루비콘 강이 흘렀던 정확한 경로를 알지 못하며, 율리우스 카이사르가 건넜던 정확한 지점은 더더욱 모른다. 그러나 그 당시로부터 지금까지, "루비콘 강을 건넜다"는 말은 어떤 노력에서 되돌이킬 수 없는 지점을 지났다는 뜻의 상투어가 되었다. 카이사르 시대에 그 운명의 강—(이탈리아 반도를 따라 길게 뻗어있는) 아펜니니 산맥의 북쪽 지역으로부터 (이탈리아 반도 동쪽의) 아드리아 해로 흐르는 강—은 그 강 북쪽의 갈리아 키살피나 지역과 그 강 남쪽의 이탈리아 본토를 나누는 경계선이었다. 루비콘 강은 또한 로마제국의 장군이 군대를 이끌고 그 강을 건널 경우에는 사실상 국가에 대한 범죄자, 반역자, 적이 되는 법적인 경계선이기도 했다.

기원전 49년, 1월의 그 날에, 로마 공화정의 임종의 고통은 지난 80년 동안의 야만적인 대결 상태로부터 새로운 단계, 즉

20년 동안의 야만적인 내전의 단계로 악화되기 시작했다. 우리는 이런 대결의 시작을 거슬러 올라가 기원전 133년, 호민관 티베리우스 그라쿠스가 다음과 같이 고발했던 유명한 연설에서 찾아볼 수 있다.―독자들은 이 연설에 대한 또 다른 판본을 다른 곳에서도 볼 수 있을 것이다.

> 이탈리아를 돌아다니는 야생 짐승들은 자신들의 동굴을 갖고 있으며, 그들 각각은 휴식과 피난처를 갖고 있다. 그러나 이탈리아를 위해서 싸우고 죽는 사람들은 단지 공기와 햇빛을 가질 뿐이다. 집도 절도 없이 그들은 아내들과 자녀들을 데리고 방랑하고 있다.(Plutarch, *Life of Tiberius Gracchus* 9.4)

이로 인해 계급전쟁이 시작되었는데, 이 전쟁은 단순히 부자들(haves)이 가난한 자들(have-nots)에 맞서는 전쟁이 아니었다. 오히려 한쪽 편에는 "민중파"(*populares*), 즉 몇몇 부자들이 이끌던 가난한 자들이 있었고, 다른 편에는 "귀족파"(*optimates*) 즉 부자들을 이끌던 몇몇 부자들이 있었다. 시민들 사이의 갈등이 내란으로 바뀌자, "민중파"를 위한 카이사르와 그 군사력이 "귀족파"를 위한 폼페이우스와 그 법적인 권리에 대한 싸움이었다.

아테네는 민주주의를 창안했으며, 또한 민주주의와 제국을 가질 수는 있지만 동시에 오랫동안 그 둘 모두를 가질 수는 없다는 것을 배웠다. 로마는 공화정을 창안했으며 비록 공화정과 제국을 가질 수는 있지만, 그 둘 모두를 동시에 오랫동안 가질 수는 없다는 사실을 거의 배울 무렵이었다.

나는 이 중간극을 통해, 제1부의 예수가 가르친(by) 도전하는 비유들로부터, 제2부의 예수에 관한(about) 도전하는 비유들로 넘어가기 위한 매우 계획적인 연결이며 매우 구체적인 전환을 삼고자 한다. 실제로 예수에 관한 도전하는 비유들이 충분히 커지면, 우리는 그것들을 복음서들이라 부른다. 다시 말해서 이처럼 제1부에서 제2부로 넘어가는 것은 비유로서의 비유(parable as parable)로부터 비유로서의 역사(history as parable)로 넘어가는 것을 말한다.

제1부에서 다루었던 예수가 가르친 도전하는 비유들은 허구적인 이야기들 속에 등장하는 허구적인 인물들과 관련된 것이다. 예를 들어, 내가 패러다임과 같은 사례연구로 삼았던 "착한 사마리아인의 비유"에서, 예루살렘, 여리고, 그리고 그 중간의 가파른 내리막길은—당시와 마찬가지로 지금도—사실적인 지형이다. 그러나 그밖에 다른 모든 것은 허구다. 비록 사실적인 현장에서 벌어진 일이라 해도 말이다. "착한 사마리아인의 비유"에 나오는 그 희생자, 제사장, 레위인, 사마리아인은 모두 허구적인 인물들이다. 또한 강도들, 나귀, 여관주인, 두 데나리온 역시 허구적인 것들이다. (그러나 물론 심지어 허구적인 이야기들조차 일반적인 역사에 관해 많은 것을 밝혀줄 수 있다. 예를 들어 그 광야 길에는 중간에 강도들이 있었다거나, 혹은 당시 그 지역의 화폐는 달러가 아니라 데나리온이었다는 사실 등이다.) 그러나 이런 일반적인 역사와 그 정확한 위치에 관한 사실성과는 별도로, 예수가 가르친 비유들은 허구적인 이야기들 속에 나오는 허구적인 인물들과 관련된 것이다.

제2부에서 다룰 예수에 관한 도전하는 비유들은 훨씬 더 사

실과 허구, 역사와 비유가 뒤섞인 것들과 관련되어 있다. 우리는 허구적인 이야기들 속에 등장하는 허구적 인물들을 보는 것이 아니라, 허구적인 이야기들 속에 등장하는 사실적인 인물들, 혹은 비유적인 이야기들 속에 등장하는 역사적인 인물들을 보게 될 것이다. 예를 들어, 나는 예수가 빌라도 총독에 의해 로마식 십자가에서 처형되었다는 것은 역사적 사실이라고 간주한다(이 것에 관해서는 에필로그에서 좀 더 설명할 것이다.) 그러나 마가는 예수가 유월절 식사를 한 다음날 처형되었다고 기록한(마가 14:12-16) 반면에, 요한은 유월절 식사를 하는 날에 처형되었다고 기록했다(요한 18:28). 이 두 기록 가운데 오직 하나만이 역사이며 다른 하나는 비유다—아마도 그 둘 모두가 비유일 것이다. 즉 마가에게는 마지막 만찬이 유월절 만찬이었으며, 요한에게는 예수가 유월절 어린양이었다. 역사가 우리에게 말해줄 수 있는 것 전부는 예수가 유월절을 위한 한 주간 동안의 준비기간 중 어느 때에 죽었다는 사실이다.

이 중간극에서는 잠시 동안 예수 그리스도를 괄호 속에 넣어 두고, 율리우스 카이사르와 그가 "루비콘 강을 건넌 것"에 관해 초점을 맞추겠다. 나는 두 단계로 나누어 설명하겠다. 우선 나는 그 운명적인 강에서 역사적으로 벌어졌던 일을 가능한 한 정확하게 재구성한 것을 살펴볼 것이다. 그것은 역사적인 사건인가? 둘째로, 그 사건에 대해 서로 다르게 기록한 것들이 어떻게 역사를 비유로 둔갑시켰으며, 우리에게 비유적인 역사 혹은 역사적인 비유를 남겨주었는지를 살펴볼 것이다.

이 두 단계를 통해서, 우리는 항상 최종적인 판단을 내리기 위해서는 여러 자료들—실제로 여러 독립적인 자료들—에 절대적으로 의존할 수밖에 없다는 사실을 유념해야만 한다. 만일에 자료가 하나뿐이라면, 혹은 만일에 우리가 단 하나의 판본을 정확하게 복사한 많은 복사본들을 갖고 있다면, 사실을 허구와 구별하고, 역사를 비유와 구별하는 일이 얼마나 어려울 것인지를 생각해야 한다. 나는 자료들이 여럿이라는 점과 독립적인 자료들이라는 점에 관해서, 이 중간극의 마지막에서 두 가지 요점을 좀 더 설명할 것이다.

나는 루비콘 사건에 대한 최선의 재구성을 통해 **역사로서의 역사**(history as history)에서부터 시작할 것이다. 세 명의 고대 저술가들이 로마의 내전이 어떻게 시작되었는지에 관한 기본적인 이야기를 제공해주는데, 그들은 역사를 비유로 확장하지 않은 채 그 이야기를 들려준다. 실제로 그 세 명 가운데 두 명은 심지어 그 운명적인 강의 이름조차 밝히지 않고 있다.

가이우스 율리우스 카이사르(Gaius Julius Caesar, 기원전 100-44년). 카이사르는 기원전 50년대에 갈리아를 정복했으며, 그 자신이 쓴 『갈리아 전쟁에 대한 회고』(*Commentaries on the Gallic War*)에서 그 사건에 대해 기록했다.(내가 1945년에 열한 살 때 이 책으로 라틴어 공부를 시작했다. 이 책은 "갈리아 지역 전체는 세 부분으로 나뉘어졌다"라는 말로 시작하는데, 우리는 이 문장을 보다 정확하게 "나는 갈리아를 세 부분으로 나누었다"라고 번역했다.) 카이사르는 50년대에 갈리아를 정복했던 것과 마찬가지로, 자신의 책 『내전에 관한 회고』(*Commentaries on the Civil War*)에서는 40년대 초반에 무슨 일이 벌어졌는지를 기록했다.

그 기록에서 카이사르는 루비콘 강을 건넜지만 심지어 그 강을 건넜다는 언급조차 하지 않았다. 처음에 그는 우리에게, 원로원으로부터 "그의 온건한 요구에 대한 답변을 기다리는 동안 그는 라벤나에 있었다"(1.5)고 말한다. 이어서, 폼페이우스와 원로원이 그에게 부하들을 대동하지 않은 채 로마로 돌아와 재판을 받을 것을 요구하자, 자신을 변호하면서 "그는 그의 군인들에게 열변을 토했다." 그의 군단병력들은 자신들이 "장군을 방어하고 평민들의 호민관들을 온갖 위험으로부터 방어할 각오가 되어 있다"(1.7)고 외쳤다. 마침내, "그의 군인들의 의향을 파악하고 난 후에 비로소 카이사르는 그 군단을 아리미눔으로 진격시켰다"(1.8). 그러나 그가 라벤나에서 아리미눔—오늘날의 리미니—을 향해 진격하면서, 물론 루비콘 강을 건넜으며, 그 사실에 대해 신경을 쓰지 않았기 때문에 언급조차 하지 않았다.

루비콘 강을 건넌 것에 대해 언급조차 하지 않은 것은 그가 무력으로 이탈리아를 침입한 것의 법적인 문제에 대해 의식적으로 당혹스러워했기 때문이 아니었다. 카이사르는 그런 사람이 아니었다. 그가 기원전 48년 이후에 그 회고록을 쓸 당시에는 이미 폼페이우스를 그리스의 파살루스에서 격퇴했으며 그 후 이집트의 알렉산드리아 해변에서 암살한 이후였기 때문에 루비콘 강을 건넌 것에 대해 언급할 필요가 없었다. 카이사르에게 영광을 가져다준 거대한 계획에서 볼 때, 작은 강들은 별로 중요하지 않았던 것이다. 뿐만 아니라, 장군의 범죄는 단순히 루비콘 강을 건넌 것만이 아니라, 그 군대의 선두에서 건넜다는 점이었다. 카이사르에게 가장 중요했던 것은 그 군대가 자신의 편이었다는 사실을 확신시키는 일이었다. 그가 군단병력에게 연설했던 것과 또한 그 군인들이 적극적으로 동조했다는 사실이 그 당시에 그리고 나중에 글을 쓸 때에 그에게 가장 중요했을 것이다. 그러나 이처럼 언급하지 않았던 루비콘 강을 건넌 후 5년이 지났을 때, 카이사르는, 그 전에 폼페이우스와 마찬가지로, 암살당하고 말았다.

마르쿠스 벨레이우스 파터쿨루스(Marcus Velleius Paterculus, 기원전 19년-기원후 37년경). 로마의 내전이 시작된 사건에 관한 그 다음의 이야기를 하기 전에, 기원후 30년대 초에 루비콘 강이 언급된 이야기부터 살펴보자. 벨레이우스는 티베리우스 황제(14-37년) 밑에서 군사작전의 경력을 쌓았고 또한 공적인 업무를 거친 후에 역사를 쓰기 시작했다. 그가 두 권으로 쓴 『로마사 요약』(*Compendium of Roman History*)은 로마의 내전에서 폼페이우스가 카이사르에 대적했던 것에 관해 간결하고 정확하게 묘사했다.

한 지도자는 보다 나은 명분을 갖고 있었던 것처럼 보였고 다른 지도자는 보다 강했다. 한편에는 외양이, 다른 한편에는 군사력이 있었다. 폼페이우스는 원로원의 권위로 무장했으며, 카이사르는 군인들의 헌신으로 무장했다... 한편은 보다 명성이 있었고, 다른 편은 보다 막강했다.(2.49:1-2)

어떻게 "내전이 화염에 휩싸이게 되었는가"에 대한 그의 이야기 역시 매우 간결하다. "카이사르는 전쟁이 불가피하다고 결론짓고 그의 군대를 이끌고 루비콘 강을 건넜다. 그내우스 폼페이우스, 집정관들, 원로원의 대다수는 우선 그 도시를 버렸고, 다음에는 이탈리아를 버렸고, 이어서 (동쪽) 바다를 건너 디라키움(알바니아 서부 해안 도시로서 오늘날의 두레스)으로 갔다"(2.49.4).

이 내전의 3회전 모두—처음에는 카이사르 대 폼페이우스, 그 다음에는 옥타비아누스와 안토니우스 대 브루투스와 카시우스, 마지막으로는 옥타비아누스 대 안토니우스—에서 이탈리아를 포기하고 그리스에서 싸우려했던 편은 항상 패배자였다는 사실을 기억하는 것은 흥미 있는 일이다. 안토니우스는 이 사실을 주목했어야만 했다.

루시우스 카시우스 디오 코체이아누스(Lucius Cassius Dio Cocceianus, 155년경-229년경). 카시우스 디오 혹은 디오 카시우스는 로마의 집정관으로서 그리스어로 저술했다. 80권에 달하는 그의 『로마사』(*Roman History*)는 벨레이우스의 『로마사 요약』과는 비교할 수 없을 정도로 방대한 것이었다. 211년에서 233년 사이에 발표된 이 책은 지리학적인 관점에서 볼 때 카이사르의 기록보다 더욱 간결하다. 그는 루비콘 강 이름을 언급하지 않았다. 그러나 카이사르가 (루비콘 강 남쪽의) 아리미눔으로 진격한 함축적인 의미에 주목했다.

> 원로원 의원들은 카이사르가 그의 직책을 후계자들에게 물려주고 정해진 날까지 그의 군단들을 해산시켜야 하며, 그렇게 하지 않을 경우에는 나라의 이익에 반대되는 행동을 한 것이므로 적으로 간주된다고 결정했다. 카이사르에게 이 소식이 전해졌을 때, 그는 아리미눔으로 왔으며, 이로써 처음으로 그 자신의 구역의 한계를 넘어섰다... 이어서 그는 곧바로 로마로 진격했으며, 그 도중에 어떤 충돌도 없이 모든 도시들을 자기편으로 끌어들였다.(41.3.4-4.2)

그러나 법적으로 이탈리아에 대한 반역적인 침략으로 간주될 사건에 대해 단순히 "한계를 넘어섰다"고 말하는 것은 너무 온순한 표현이다.

나는 이제 **비유로서의 역사**(history as parable), 즉 역사를 비유로 옷을 입혀 의도적으로 사실을 허구로 감싸는 이야기들로 넘어가겠다. 여기에는 네 명의 다른 로마 역사가들이 해당되는데, 이들의 역사 기록연대는 발레이우스로부터 카시우스 디오 사이였으며, 이들은 카이사르가 루비콘 강을 건넌 것을 역사로부터 비유로 둔갑시켜, 비유적인 역사 혹은 역사적인 비유들로 만들었다. 이 네 명의 역사가 모두 루비콘 강을 명백히 언급했으며, 그 중 마지막 세 사람은 카이사르의 상투어가 되어버린 말을 소개했다.

마르쿠스 안내우스 루카누스(Marcus Annaeus Lucanus, 39-65년). 로마가 지배하던 당시 스페인 출신인 루카누스는 네로 황제에 대한 음모로 고발당해 자살하도록 선고를 받았다. 그의 서사시 『내전』(*Pharsalia*)은 60년경에 쓰여진 것으로서 공화정을 지지하며 군주제에 반대하는 작품임에도 불구하고 살아남았다. 루카누스는 그 내전의 양편을 다음과 같은 유명한 말로 요약했다. "정복자의 명분은 신들을 기쁘게 만들었지만, 패배자의 명분은 카토(Cato)를 기쁘게 만들었다"(1.128). 소 카토(Cato the Younger)는 기원전 95년부터 46년까지 살았으며 "귀족파"(*optimates*) 편에 섰다. 그는 위대한 보수적 전통주의자였는데, 이들의 치명적 실수는 자신들이 제국이 되고도 여전히 공화정으로 남을 수 있다고 생각한 점이었다.

루카누스의 기록은 단호하게 부정적이며 찬성하지 않는 입장이다. 카이사르가 "작은 루비콘 강"의 북쪽 기슭에 도달했을 때, 그는 "강력한 정신력으로 혼란과 다가올 충격을 깊이 생각했다." 그 앞에는 끔찍한 비전이 펼쳐졌다.

슬프고 유령과 같은 모습의 얼굴에
그의 떨고 있는 나라의 이미지가 드리웠다. 거대해 보였지만
밤안개를 통해 희미하고, 또한 백발의 머리칼은
관을 쓴 높은 이마로부터 흘려내렸다.
그녀의 머리 타래는 쥐어 뜯겼으며 그녀의 팔은 맨살이었다.
그 때 그 비전(Vision)의 한숨소리가 말했다.
"로마 사람들아, 무엇을 찾는가? 지금부터 어디에서
너희는 나의 군기를 들겠는가? 만일 너희가 곧바로 온다면,
나의 시민들아, 여기에 머물라, 이것이 경계선이다.
감히 더 나가지 말라." 허나 카이사르의 머리칼은 뻣뻣했다.
공포심으로 그가 응시했을 때, 지독한 불안이
그 기슭을 더 나가지 못하도록 발걸음을 억제했다.(1.212-223)

이런 비전에 대해 카이사르는 쥬피터 신과 여신 로마에게 호소함으로써 응답한다. 카이사르는 그 신들에게 "[나는] 당신들의 카이사르, 땅과 바다의 정복자입니다... 당신들의 군인은 여기에 있으며 당신들이 원하는 곳이면 어디든 갈 것입니다." 더 나아가, 만일에 로마의 신들에게 적이 있다면, 그것은 카이사르가 아니라 폼페이우스라고 말한다. 즉 "그의 유일한 죄는 그의 행동이 나로 하여금 당신들의 적이 되게 만든 것입니다." 그리고

더 이상 법석을 떨지 않은 채, 카이사르는 "명령을 내려 그의 군기들이 불어난 강물을 건너도록 했다"(1.224-235). "작은 루비콘 강"은 그 사이에 "불어난 강물"이 되었다.

루카누스는 역사를 바꿀 수 없었다. 즉 카이사르는 루비콘 강을 건넜으며 로마로 진격했다. 그러나 그 비전에 의해 루카누스는 역사를 매우 부정적인 비유로 둔갑시켰다. 카이사르가 자신을 정당화하는 것을 허락했지만, 나중에 그 비전을 기록한 것은 그 경고를 철회하거나, 그가 강을 건넌 것을 용서하거나, 혹은 그의 설명을 받아들인 것으로 기록한 것이 아니었다. 그러나 비유적인 역사는 물론 부정적이며 위협적일 뿐만 아니라, 때로는 긍정적이며 융통성 있는 것일 수도 있다. 다음에 나오는 것이 그렇다.

가이우스 수에토니우스 트란퀼루스(Gaius Suetonius Tranquillus, 69/75년경-130년경). 로마의 북아프리카에서 태어난 수에토니우스는 트라야누스 황제 시대에 문서기록 관리인이 되었다가, 하드리아누스 황제의 비서가 되었다. 이처럼 황제들을 후견인으로 두었다는 사실은 공식적인 기록들에 쉽게 접근할 수 있었다는 뜻이었고, 그 기록들을 바탕으로 『열두 황제들의 생애』(*Lives of the Twelve Caesars*)를 썼는데, 율리우스-클라우디우스 왕조의 율리우스 카이사르에서부터 시작해서 플라비아누스 왕조의 마지막 황제 도미티아누스까지의 생애를 썼다. 이 책의 『신이 된 율리우스』(*The Deified Julius*) 부분에서, 카이사르가 루비콘 강을 건넌 것에 대해 그가 비유적으로 해석한 것은 루카누스의 판본과 정반대 입장이다.

수에토니우스의 이야기는 매우 긍정적이며 찬성하는 입장이다. 수에토니우스는 그 이전에 루카누스처럼, 카이사르가 루비콘 강의 북쪽 기슭에 도착했을 때, "그 강은 그의 구역의 경계선이었는데, 그는 잠시 멈추었다가, 자신이 내딛는 발걸음이 무엇인지를 깨닫고, 주위에 있던 사람들에게 '지금이라도 우리는 돌아설 수 있다. 그러나 일단 우리가 저 작은 다리를 건너간 다음에는, 모든 것이 칼로써 처리된다'고 말했다"(31). 그러나 루카누스의 부정적인 "비전" 대신에, 우리는 수에토니우스에게서 다음과 같은 적극적인 "표징"을 보게 된다.

> 갑자기 놀라운 키에 아름다움을 지닌 존재가 나타났는데, 그는 앉아서 갈대를 불었다. 그리고 그 노래를 듣기 위해 목동들만 몰려든 것이 아니라 많은 군인들이 제 위치를 떠났는데 그 중에는 나팔수들도 있었다. 그 유령과 같은 존재는 한 나팔수에게서 나팔을 낚아채서 강으로 달려갔으며 엄청나게 큰 소리로 진격 나팔소리를 울렸고 반대편 기슭으로 성큼성큼 걸어갔다. 그 때 카이사르가 외쳤다. "우리의 신들의 표징이며, 또한 우리의 적들의 부당한 처사가 가리키는 경로를 따르자. 주사위는 던져졌다"(32).

여기서 우리는 카이사르의 유명한 말 "주사위는 던져졌다"(*iacta alea est*)는 표현을 보게 된다.

루카누스의 비전과 수에토니우스의 비전을 비교해보자. 루카누스가 로마를 의인화한 것은 "슬프고, 유령과 같은, 떨고 있는, 쥐어뜯긴, 벌거벗은" 모습이다. 그러나 수에토니우스의 비전은 "놀라운 키에 아름다움을 지닌 존재"였다. 루카누스에게 나타난 유령은 카이사르가 진격하는 것을 금지하고 위협했지만, 수에토니우스에게 나타난 유령은 그를 이끌어 루비콘 강을 건너도록 안내했다. "따라서, 그의 군대와 함께 강을 건너고, 그가 로마로부터 밀려난 후 그에게 왔었던 평민들의 호민관을 환영한 후, 그 [카이사르]는 눈물을 흘리며 그 군인들에게 열변을 토했다"(33). 그가 그의 군인들에게 "열변을 토한" 것이, 앞에서 살펴본 카이사르의 기록에 따르면, 그 강을 건너기 이전이었지—보다 적절하고 필요했다—이탈리아를 침입하기 위해 남쪽으로 진격한 이후가 아니었다는 것을 기억할 것이다.

루키우스 메스트리우스 플루타쿠스(Lucius Mestrius Plutarchus, 46년경-120년). 플루타쿠스는 로마가 지배하던 그리스에서 태어났으며, 전기작가인 도덕주의자로서 그의 가장 유명한 작품은 『숭고한 그리스인들과 로마인들의 비슷한 생애』(*Parallel Lives of Noble Greeks and Romans*)였다. 그는 루비콘 강의 카이사르에 관해 두 차례 말하는데, 한번은 알렉산더 대왕의 성공과 율리우스 카이사르의 성공을 비교하는 대목에서, 그리고 또 한번은 애기셀라우스의 실패와 폼페이우스의 실패를 비교하는 대목에서다.

플루타쿠스의 판본은 애매하기보다는 덜 부정적이거나 덜 적극적이다. 루카누스의 판본과 수에토니우스의 판본에서처럼, 플루타쿠스의 『카이사르의 생애』(*Life of Caesar*)는 카이사르로 하여금 루비콘 강의 북쪽 기슭에서 멈추도록 만든다. 그러나 어떤 유령 대신에 도덕적 성찰이 나온다.

그가 갈리아 키살피나 지역과 이탈리아의 나머지 지역을 갈라 놓는 강(루비콘 강이라 불린다)에 왔을 때, 그는 자신이 그 두려운 발걸음에 더욱 가까이 왔다는 것을 생각하기 시작했으며, 자신의 모험의 중대함에 시달려, 자신의 속도를 줄였다. 그는 가던 길을 멈추어 서서 오랫동안 침묵 가운데 자기 자신과 이야기를 주고받을 때, 그의 결심은 오락가락 했으며, 그의 목표는 엎치락뒤치락했다. 그는 또한 오랫동안 곁에 있던 친구들과 자신의 고민을 의논했는데, 그 중에는 아시니우스 폴리오(Asinius Pollio)도 있었다. 그들은 그 강을 건넌 다음에 온 인류에게 닥칠 큰 불행과 또한 그들이 후손들에게 남겨줄 드넓은 명성을 평가했던 것이다.(32.5-7)

플루타쿠스 역시 '주사위가 던져졌다'는 말을 하고 있는데, 그의 그리스어 본문은 "주사위를 던지자... [라고 그가 말했는데] 마치 계산을 포기하고 자신을 미래에 투신하는 것처럼 열정적으로, 그리고 사람들이 보통 필사적으로 행운을 향해 뛰어들 때 말하듯이 그 말을 했다"(32.8)라고 표현되어 있다.

끝으로, 플루타쿠스는 루카누스와 수에토니우스의 글에 나오는 유령을 빼놓은 채, 자신의 이야기를 다음과 같이 굉장히 뜻밖의 후기를 덧붙여 끝냈다. "더군다나 그는 그 강을 건너기 전날 밤에 이상한 꿈을 꾸었다고 전해진다. 그는 자기 어머니와 근친상간을 하는 꿈이었다고 생각했다는 것이다"(32.9).

잠시 수에토니우스의 『신이 된 카이사르』로 다시 돌아가자. 그 역시 똑같은 꿈을 기록했는데, 그 때가 기원전 63년, 즉 카이사르가 스페인에서 군대 회계담당자였던 때였다고 했다. 그는 카이사르가 "그의 어머니에게 폭력을 시도했다고 생각한" 꿈을 꾸고 당황했다고 썼다. 그러나 오이디푸스 컴플렉스적인 부정적인 것임에도 불구하고, "점쟁이들은 자신들의 해몽을 통해 그에게 큰 희망을 주었는데, 그것은 그가 세상을 지배할 운명이라는 것이었다. 왜냐하면 그가 힘을 지닌 채 보았던 어머니는 다른 무엇이 아니라 바로 대지(the earth), 즉 모든 인류의 공통적인 부모로 간주되는 어머니였기 때문이다"(7). 그러므로 플루타쿠스가 그 꿈을 기원전 63년에서부터 49년으로 옮겨놓고 또한 스페인에서부터 이탈리아로 옮겨놓을 때, 그 꿈은 루카누스처럼 로마 진격에 대한 경고인가, 아니면 수에토니우스처럼 세계 정복을 향한 초대인가? 만일에 루비콘 강에서, 루카누스의 "비전"이 부정적이며 또한 수에토니우스의 "표징"이 긍정적이라면, 플루타쿠스의 "꿈"은 근본적으로 애매한 것이다.

알렉산드리아의 아피아노스(Appianos of Alexandria, 95년경-165년경). 아피아노스는 로마가 지배하던 이집트 출신이었다. 그는 160년경에 24권으로 된 『로마사』(*Roman History*)를 썼는데, 당시 그는 로마에서 황궁의 법률가로 일했다. 그 책 안에는 내전에 관해 다섯 권으로 된 부분이 들어 있는데, 루비콘 강을 건넌 장면은 다음과 같다.

그가 이탈리아의 경계선이었던 루비콘 강에 도달했을 때, 그는 멈추어서 강물을 응시하면서, 그가 무장한 채로 그 강을 건널 경우 초래될 불행들에 대해 여러 가지 생각들을 했다. 정신을 차린 그는 옆에 있던 사람들에게, "친구들이여, 이 강을 건너지 않는다면 나에게 수많은 고통을 가져다 줄 것이며, 건넌다면 온 인류에게 가져다 줄 것이다"라고 말했다. 그래서 그는 "주사위는 던져졌다. 될대로 되라!"라는 유명한 말을 한

후, 영감을 받은 사람처럼 돌진했다.(2.35)

루비콘 강을 건넌 것에 관한 아피아노스의 판본은 네 개의 비유적인 역사들 중에 가장 짧다. 루카누스의 부정적인 "비전", 수에토니우스의 적극적인 "표징", 그리고 플루타쿠스의 애매한 "꿈"과 비교해볼 때, 아피아노스의 "멈춤"은 중립적인 묘사다.

위의 마지막 세 저술가는 모두 "주사위는 던져졌다"는 말을 인용했다. 더 나아가, 카이사르의 말이 플루타쿠스의 기록에는 매우 비슷하지만—"그 강을 건넌 다음에 온 인류에게 닥칠 큰 불행과 또한 그들이 후손들에게 남겨줄 드넓은 명성"—아피아노스의 기록에서는 반대로 되어 있다—"이 강을 건너지 않는다면 나에게 수많은 고통을 가져다 줄 것이며, 건넌다면 온 인류에게 가져다 줄 것이다."

고전 학자들은 루비콘 강에 카이사르와 함께 있었던 아시니우스 폴리오(Asinius Pollio)가 "주사위는 던져졌다"는 말의 원천이 아니었을까, 또한 애당초 그가 전한 이야기가 수에토니우스, 플루타쿠스, 아피아노스가 공통적으로 사용한 자료가 아니었을까 하는 의심을 품어왔다. 이 문제는 지금 내가 관심을 기울일 문제는 아니지만, 비록 그 역사가들이 공통적인 기초자료를 갖고 있었다 할지라도, 그들이 각각 그 자료를 어떻게 자기만의 방식으로 바꾸었는지를 살펴보는 것은 더욱 흥미로운 일이다. 예를 들어, 오직 플루타쿠스만이 카이사르가 루비콘 강을 건너기 전에 근친상간의 꿈을 꾼 것으로 서술했다. 서로 다른 자료들은 흥미롭지만, 공통 자료를 서로 다르게 각색한 것 역시 매우 흥미롭다. 이 둘 모두는 우리로 하여금 역사적인 비유 혹은 비유적인 역사 안에서, 역사를 비유로부터 분리시키는 작업—가능하다면—에 도움을 준다.

우리는 이제까지 카이사르가 루비콘 강을 건넌 것에 관한 일곱 사람의 옛 이야기를 살펴보았다. 처음 세 사람—카이사르, 벨레이우스, 디오—은 우리에게 기본적인 역사, 사실적인 이야기들 속의 사실적인 인물들의 역사를 알려준다. 마지막 네 사람—루카누스, 수에토니우스, 플루타쿠스, 아피아노스—은 모두 역사를 비유들로 발전시켰으며, 또한 사실상 네 개의 매우 다른 비유들로 발전시켰다. 그들은 우리에게 허구적인—혹은 최소한 허구화된—이야기들 속의 사실적인 인물들을 보여준다. 요약하자면, 정확하게 똑같은 역사적 사건에 관해 사실적-역사적 이야기를 말하는 것과 허구적-비유적 이야기를 말하는 것이 똑같이 가능하다는 말이다. 다시 말해서, 기원전 49년 1월 10일, 카이사르는 루비콘 강을 건넜으며, 그 나머지는 비유라는 말이다.

잠시, 우리가 만일 로마의 20년 동안의 내전에 관한 첫 번째 명백한 사건을 기록한 처음 세 사람의 기록만 갖고 있다고 상상해보자. 그들 가운데 어느 누구도 "주사위는 던져졌다"는 카이사르의 유명한 말을 전해주지 않는다. 오직 벨레이우스만이 루비콘 강의 이름을 언급하지만, 그 강을 건넌 것의 중요한 의미에 대해서는 설명하지도 않았고 강조하지도 않았다. 오직 카시우스 디오만이 그 의미를 언급했지만, 그 강의 이름은 언급하지 않았다. 만일에 이것이 우리가 갖고 있는 전부라면, "루비콘 강을 건넜다"는 말이 돌이킬 수 없는 지점을 지났다는 것, 단호하게 또한 철회할 수 없게 행동하는 것에 대한 격언과 같은 표현이 되었겠는가? 아니다. 우리가 오늘날 아직도 사용하는 그 상투어를 만든 것은 역사로서의 역사가 아니라, 비유로서의 역사였다. 우리가 항상 역사를 가장 잘―혹은 유일하게―기억하는 것은 그 역사를 비유라는 렌즈를 통해서 볼 때라고 말할 수도 있겠는가?

끝으로, 카이사르가 이탈리아를 침입한 것에 대해 이처럼 여러 비유적인 해석들이 있다는 것이, 그의 생애의 나머지 부분과는 달리 매우 극적인 예외 장면을 보여주는 것이라고 생각할 필요는 없다. 마리아 와이크 교수는 그녀의 탁월한 책 『카이사르: 서구 문화 속의 한 생애』에서, "율리우스 카이사르가 서양 정치 사상사와 행동에서 그 위치를 차지하는 것은 혁명에 대한 요청, 군주 혹은 독재자의 합법화의 도구, 억압의 정당화, 암살의 선례를 남긴 것이다"[1]라고 말한다. 율리우스 카이사르의 지상 생애 전체, 암살로 인한 죽음, 그리고 하늘로 승천한 것은 비유적인 역사와 역사적인 비유가 만연한 것이었다. 예수 그리스도의 지상 생애, 처형에 의한 죽음, 그리고 하늘로 승천한 것 역시 마찬가지였다.

이 중간극은 루비콘 강을 건넌 것의 비유적인 역사에 관한 세 가지 요인들을 정리함으로써 우리로 하여금 제2부로 넘어가도록 준비를 시켜주었다. 첫째로 가장 중요한 것은 허구적-비유적인 이야기들은 허구적인 인물들만을 담고 있는 것만이 아니라 사실적-역사적 인물들도 담을 수 있다는 점이다. 둘째로, 우리는 루비콘 강 사건에 대해 여러 판본들을 갖고 있다는 점이다. 셋째

---

[1] Maria Wyke, *Caesar: A Life in Western Culture* (Chicago: Univ. of Chicago Press, 2008), p. 145.

로, 똑같은 이야기에 관한 서로 다른 판본들, 혹은 심지어 똑같은 판본에 대한 서로 다른 각색들을 통해, 우리는 사실과 허구 모두가 하나의 이야기 속에 관련되어 있다는 점을 분명히 알게 되었다는 점이다. 만일에 우리가 단 하나의 기록만 갖고 있다면, 우리는 기껏해야 추측할 따름이며, 최악의 경우에는 편견에 사로잡히게 될 따름이다.

이 세 가지 요인들을 유념한 채, 나는 이제 카이사르의 복음으로부터 그리스도의 복음으로, 그리고 로마사에서 루비콘 강을 건넌 것에 관한 일곱 개의 판본으로부터 신약성서의 성육신에 관한 네 개의 판본으로 넘어가겠다. 제2부의 네 장들은 각각 마가, 마태, 누가-행전, 요한에 따른 복음에 초점을 맞출 것이다. 그리고 제2부를 시작하면서, 나는 두 가지 도전을 받고 있는데 하나는 형태에 관한 것이며, 다른 하나는 내용에 관한 것이다.

형태(format)와 관련하여, 나는 제2부의 남은 공간에서 무슨 수로 네 개의 복음서 모두를 적절하게 살펴볼 수 있겠는가? 각각의 장은 복음서가 예수가 가르친 도전하는 비유가 아니라 예수에 관한 도전하는 비유—짧은 비유가 아니라 크게 쓴 비유—라는 것을 적절하게 보여주기 위해서는 완전한 주석을 필요로 한다. 나의 해결책은 첫째로, 각 장의 초점을 그 해당 복음서의 특유한 주제나 대목에 맞추는 것인데, 이런 특유한 주제나 대목은 그 복음서 저자가 특별히 강조한 비전을 극적으로 드러내는 것들이다. 그리고 둘째로, 나는 그 특정한 복음서 전체를 검토하면서 그 복음서 저자가 예수에 대해 갖고 있었던 비전의 목표와 의도를 가장 분명하게 보여주는 단락들을 살펴볼 것이다.

내용(content)과 관련해서는 더욱 어려운 도전을 받고 있는데,

이것은 내가 제1부 마지막에서 이미 언급한 것과 관련된다. 나의 일반적인 주장은 예수가 자신의 생애 동안에 가르친(by) 비유들은 예수가 죽은 후 예수에 관한(about) 비유들을 낳았다는 것이다. 더 나아가, 네 개의 복음서들은 예수에 관한 비유들(parables about Jesus)을 담고 있을 뿐만 아니라, 네 개의 신중한 예수에 관한 메가 비유들(megaparables about Jesus)로 이해할 때 비로소 그 복음서들을 가장 잘 이해할 수 있다는 주장이다. 그러나 메가 비유들로 작용하는 이 복음서들은 일차적으로 도전하는 비유들로 해석해야만 하는 것인가?

　이런 질문이 생기는 이유는 이제까지 살펴본 도전하는 비유들—구약성서의 혹은 역사적 예수의 도전하는 비유들—은 논쟁적(polemical)이라기보다는 교육적(pedagogical)이기 때문이다. 비록 룻기가 민족적인 절대성에 도전하고, 또한 예수 이야기가 민족적인 태도에 도전한다 해도, 그 이야기들은 매우 부드럽고 섬세하게 도전한다. 즉 질문의 대상 혹은 도전의 대상에 대한 인신공격은 없으며 심지어 비열한 중상은 찾아볼 수 없다. 제2부에서는 각각의 복음서가 반대하는 것에 대한 도전을 넘어서 격렬하게 공격하거나 혹은 심지어 그 대상을 간단히 타도해버리는 상태로까지 나아가는지를 평가해야만 한다. 예수가 가르친 비유들이 예수에 관한 비유들을 낳는 과정에서, 그처럼 증오심이 많아져서 도전이 공격으로 바뀌고 다시 타도로 둔갑하는 것은 가장 두드러진 발전일 것이다. 쉽게 말해서, 복음서들이 예수에 관한 비유들로서, 도전으로서의 비유를 넘어서, 공격으로서의 비유로 나아가도록 계속 밀어붙였는가?

제2부

예수에 관한 비유들

7장

이름 없는 사람들을 위한 찬양

마가에 따른 비유 복음

　기원전 31년 9월2일 저녁 무렵이 되었을 때는, 이집트의 클레오파트라 7세 여왕이 자신을 포위하고 있던 옥타비아누스와 아그립파의 함대를 피해, 마크 안토니우스를 그가 포기한 기함(flagship)에서 건져내어 그와 함께 알렉산드리아로 도망쳐서 함께 자살하고 말았다. 그리스의 북서 해안에 있는 악티움 앞 바다에서 옥타비아누스, 즉 아폴로 신의 아들로 잉태되고 신적인 율리우스 카이사르의 아들로 입양되었으며, 조만간 "경배를 받으실 분"—라틴어로 '아우구스투스'(*Augustus*), 그리스어로는 '세바스토스'(*Sebastos*)—으로 선포될 옥타비아누스는 20년에 걸친 로마의 내전에서 승리자로 등장했다.

　로마의 소아시아 지방의 수도였던 에베소에서는 그 총독 파울루스 파비우스 막시무스가, 공화정이 제국이 되려는 나라를 그 자멸의 혼란으로부터 구출한 아우구스투스에게 적절한 영광과 마땅한 감사를 드릴 방법이 무엇일까를 궁리하고 있었다.

가장 신적인 카이사르 [아우구스투스]의 탄생일을... 우리는 만물의 시작과 같은 날로 보는 것이—최소한 실제적인 의미에서—마땅하다. 왜냐하면 그는 모든 것이 해체되고 혼란 속으로 빠져들 때 질서를 회복했으며, 또한 온 세상을 새로운 모습으로 만들었기 때문이다. 만일에 카이사르가 모두에게 공통된 축복으로 탄생하시지 않았더라면, 세상은 제멋대로 파멸을 당했을 것이기 때문이다. 이런 이유 때문에 우리는 이 날을 생명과 삶의 시작으로 간주하며, 태어난 것에 대해 후회하는 것을 끝장내는 날로 간주하는 것이 마땅할 것이다.

아우구스투스는 단지 로마, 이탈리아, 혹은 지중해 세계만 구원한 것이 아니라 "온 세상"을 구원했다. 그 총독은 "그러므로 아우구스투스의 탄생일은 소아시아(오늘날의 터키 서부지역)의 모든 도시들에서 정월 초하루가 되어야 한다고 제안했다."
아시아 도시들의 연맹은 이 제안을 열광적으로 받아들였다. 이 제안과 수용 모두 돌에 새겨져, 여신 로마와 신 아우구스투스에게 헌정된 신성한 구역들에 보관되었는데, 이 신적인 한 쌍(couple)이 새로운 세계 질서의 중심에 자리잡았다. 돌에 새겨진 가장 완전한 비문(碑文)은 에베소 남쪽의 프리에네에서 발견되었는데, 기원전 9년에 만들어진 것으로서, 다음과 같이 절절한 서문 다음에 총독의 달력 교체를 선포한다.

우리의 존재를 신적으로 정해주시는 섭리(Providence)는 아우구스투스 안에서 가장 완전한 선(善)을 살려내기 위해 자신의 에너지와 열심을 쏟아 부으셨는데, 섭리는 그에게 인류의 유익함을 위한 미덕을 채워주셨으며, 그를 우리와 우리 자손들의 구원자로 주셨습니다. 그는 전쟁을 종식시키고 평화를 명령하실 것인데, 카이사르, 그의 현현을 통해 복음, 즉 기쁜 소식(euaggelia)을 예언했던 사람들의 희망을 능가했으며, 과거의 은인들을 능가했을 뿐만 아니라, 미래에도 더욱 위대한 은인에 대한 희망을 허락하지 않으십니다. 왜냐하면 그 신의 탄생일은 그분 안에 속하는 복음(euaggelia)을 처음으로 세상에 가져다주셨기 때문입니다.

로마의 제국신학(Roman imperial theology) 안에서 카이사르 아우구스투스에게 사용된 용어들 가운데 상당수가 나중에 기독교 신학에서—그 적용에 대한 반대와 대결로—예수 그리스도를 가리키는 용어들로 사용되었다. 예를 들어, 하나님(성육하신), 구세주, 새로운 창조, 평화를 가져오신 분, 그리고—특히 제2부의 이 장과 전부를 위해—위에서 두 차례 반복된 용어 "복음"(good news)을 생각해 보라. 나는 그 표현에서부터 시작할 것이지만, 우선 이 장의 순서를 소개하겠다.

이 장은 다섯 단계로 전개될 것이다. 첫째로, 나는 예수 그리스도에 관한 크리스천 "복음"(그리스어 단수 형태는 '유앙겔리온' euaggelion)이 처음 카이사르 아우구스투스에 관한 "복음"과 그 이후 똑같은 칭호를 가진 모든 로마 황제들의 "복음들"(그리스어 복수 형태는 '유앙겔리아' euaggelia)에 대해 어떻게 계산된 도전(calculated challenge)이었는지를 살펴볼 것이다.

둘째로, 나는 마가가 어떻게 자신의 비유 복음을 시작하면서 "하나님의 아들 예수 그리스도의 복음(*euaggelion*)의 시작은 이러하다"(1:1)라고 선언할 수 있었는지에 대해 초점을 맞출 것이다. 이것은 분명히 로마의 제국신학에 대한 도전이지만, 그 핵심적인 질문은 "이 도전은 마가에게 강조와 초점을 맞춘 것이라기보다는 오히려 가정이며 전제였는가?" 하는 질문이다.

셋째로, 나는 이 질문에 대해 패러다임과 같은 대답을 하기 위해 마가의 복음서 가운데 한 부분을 선택할 것이다. 이것은 두 개의 요점을 갖고 있다. 첫째는 부정적인 대답이며, 둘째는 긍정적인 대답이다. 놀라운 것은, 또한 우리의 직관과 반대되는 것은, 예수에 관한 마가의 도전하는 비유가 일차적으로 향하는 방향은, 외부적으로 로마 당국과 리더십에 맞서는 방향이 아니라, 오히려 내부적으로 크리스천 권위 집단과 리더십에 맞서는—특히 존경받던 열두 제자들에게 맞서는 방향이라는 점이다. 그러나 마가에게 열두 제자들에 맞대응하는 적극적인 점은 무엇인가? 마가는 열두 제자들에 맞서서 다른 권위 집단이나 다른 권위 스타일을 주장하는 것인가?

넷째로, 마가복음 가운데 내가 선택한 부분을 기초로 해서, 나는 마가복음의 전반적인 목적과 의도를 주장할 것이며, 또한 마가는 왜 예수를 살아있는 비유로(Jesus as a living parable) 선포했는지를 살펴볼 것이다. 다시 말해서, 마가의 시대적 상황과 장소, 맥락과 공동체는 무엇이며, 이런 것이 위의 질문들에 대한 대답을 어떻게 해명하는지를 살펴볼 것이다.

다섯째로, 나는 마지막 질문들을 할 것인데, 이런 질문들은 제2부의 각 장에서 반복될 것이다. 이 복음서의 예수는 도전하는 비유인가, 아니면 이미 공격하는 비유로 바뀌었는가? 우리에게 익숙한 도전하는 비유와 이 새로운 형태의 공격하는 비유 사이의 근본적인 차이점은 무엇인가? 이 차이점에서 관건이 되는 것은 무엇인가?

나의 첫 번째 단계는 "복음"이 카이사르를 뜻하는 것과 그리스도를 뜻하는 것에 관한 문제다. 영어에서 "뉴스는 좋거나 나쁘다"(news is good or bad)라고 말하기 때문에, 비록 그 명사는 복수형이지만, 동사는 언제나 단수 동사(is)로 사용한다. 그리스어에서는 단수형과 복수형, 즉 '유앙겔리온'과 '유앙겔리아'가 모두 사용된다. 이 구분을 어떻게 영어로 정확하게 표현할 수 있을까? 대문자와 단수로 사용하는 것(Good News, 혹은 Gospel)과 소문자와 복수로 사용하는 것(good news 혹은 gospels)으로 구분할 수 있을까? 이런 구분—그리스어 원문에서는 그처럼 명백하지만 오늘날 영어 번역본에서는 사라져버린—이 도대체 왜 그리 중요한가?

우리는 쉽게 "네 복음서들" 혹은 "신약성서의 복음서들"이라고 말하는데, 이것은 마치 복수형태가 아무런 문제가 없는 것처럼 사용하는 것이다. 그러나 예수의 첫 추종자들은 오직 하나의 복음만이 있다고 생각했다. 바울은 갈라디아인들에게 보낸 편지에서 이 사실을 매우 강조하며 또한 날카롭게 지적한다.

여러분을 그리스도의 은혜 안으로 불러 주신 그분에게서, 여러분이 그렇게도 빨리 떠나 다른 복음(a different Gospel)으로 넘어가는 데는, 나는 놀라지 않을 수 없습니다. 실제로 다른 복음이 있는 것은 아닙니다. 다만 몇몇 사람이 여러분을 교란시켜서 그리스도의 복음을 왜곡시키려고 하는 것뿐입니다. 그러나 우리들이나, 또는 하늘에서 온 천사일지라도, 우리가 여러분에게 전한 것과 다른 복음을 여러분에게 전한다면, 마땅히 저주를 받아야 합니다. 우리가 전에도 말하였지만, 이제 다시 말합니다. 여러분이 이미 받은 것과 다른 복음(a Gospel contrary to what you received)을 여러분에게 전하는 사람이 있다면, 그가 누구이든지, 저주를 받아야 마땅합니다.(1:6-9)

단순하고 아무런 수식이 없으며 강조하는 용어 "복음"과는 별도로, 바울은 "하나님의 복음"(롬 1:1), "그의 아들의 복음"(롬 1:9), "그리스도의 복음"(빌 1:27), 그리고 "하나님의 형상이신 그리스도의 영광을 선포하는 복음"(고후 4:4)을 언급한다. 그러나 그것은 언제나 단수로 되어 있다. 온 세상을 위한 오직 하나의 "복음"만이 있다고 말하는 것처럼, 그것은 유일한 "복음"(the Gospel)이다. 그리고 그것은 카이사르의 "복음들"(the gospels)이 아니라, 그리스도의 복음(the Gospel)이다.

50년대에 기록된 바울의 편지들에서부터 이제는 70년대 이후에 기록된 "네 복음들"(the four gospels)을 보자. 바울의 경고 이후에 우리는 그 "네 복음들"을 하나의 복음(the One Gospel)에 대한 네 개의 "복음 판본들"(gospel versions)—혹은 줄여서 "복음들"—로 생각해야 할 것이다. 이런 이해는 2세기까지 잘 유지되었다. 심지어 후대에, 우리의 "네 복음들"의 저자들이 공식적으로 지명되었을 때도, 그 제목은 마태, 마가, 누가, 요한에 따른 복음(The Gospel according to)이었지, 마태의 복음(The Gospel of

Matthew), 마가의 복음, 누가의 복음, 요한의 복음이 아니었다. 다시 말해서, 언제나 여전히 오직 하나의 복음만이 있으며, 그것이 네 개의 판본들, 즉 네 개의 "~에 따른 복음"이 있을 따름이다. 비록 로마의 신학은 각각의 새로운 카이사르 아우구스투스에 관한, 각각의 새로운 구세주에 관한, 각각의 새로운 신의 아들에 관한 "복음들"(그리스어로 복수형)이 있을 것이지만, 기독교 신학은 오직 하나의 "복음"(그리스어로 단수형), 즉 영원히 단 한 번뿐인(once and for all forever) 예수 그리스도만을 선포할 것이다.

나의 두 번째 단계로, 나는 "복음"에 관한 이제까지의 논의를 마가에게 초점을 맞출 것이다. 마가가 세례자 요한을 "복음의 시작"(1:1)으로 선언한 후에, 그는 즉시 또한 계획적으로 "복음"의 중요성을 다음처럼 예수에 관한 요약으로 강조한다.

> 요한이 잡힌 뒤에, 예수께서 갈릴리에 오셔서, 하나님의 복음을 선포하셨다. "때가 찼다. 하나님의 나라가 가까이 왔다. 회개하여라. 복음을 믿어라."(1:14-15)

여기서 "복음" 혹은 "기쁜 소식"은 모두 그리스어 단수형 (*euaggelion*)이다. 이 본문 속의 요약된 선언은 다음 두 가지 근본적인 점에서 매우 명백하다.

첫째로, 하나님의 나라는 이미 현존한다. 때가 "찼다"(fulfilled)는 동사와 하나님의 나라가 "가까이 왔다"(come near)는 동사는 미래 시제(will be)가 아니라, 완료시제(has come)로 되어 있다. 둘째로, 그 나라가 온 것 자체가 바로 영원히 단 한번뿐인

복음(the Gospel)이며 기쁜 소식(the Good News)―단수형 '유앙겔리온'―이다. 그것은 새로운 황제의 도래에 관한 복음들(the gospels)―복수형 '유앙겔리아'―과 반대된다. 그것은 특히 프리에네에서 발견된 비문, 즉 아우구스투스의 생일을 새로운 창조, 평화와 질서 속에 세상을 전부 다시 시작하는 우주적인 복음들('유앙겔리아')로 선언하는 비문과 반대된다.

마가의 그 전주곡 혹은 서문이 끝날 즈음, 우리는 마가의 이야기가 그리스도 안에 나타난 하나님의 복음(단수)이 카이사르 안에서 찾은 로마의 복음(복수)에―도전하는 비유로서―맞서는 것으로 전개될 것을 기대하게 된다. 그리고 실제로 그렇게 전개된다. 예를 들어, 마가 5:1-13에 나오는 거라사 광인의 사건을 생각해 보자.

첫째로, 그는 귀신들린 상태에서 가장 불결한 모습 혹은 죽음 가운데 생존하는 모습이다. "그는 무덤 사이에서 사는데…밤낮 무덤 사이…에서 살았다." 이어서 그는 또한 귀신에게 가장 강력하게 사로잡혀 있다. "이제는 아무도 그를 쇠사슬로도 묶어 둘 수 없었다. 여러 번 쇠고랑과 쇠사슬로 묶어 두었으나, 그는 쇠사슬도 끊고 쇠고랑도 부수었다. 아무도 그를 휘어잡을 수 없었다"(5:3-4). 그의 이름을 묻자 그는 별로 이해하기 어렵지 않게 대답한다. "레기온(Legion)입니다. 우리의 수가 많기 때문에 붙은 이름입니다." 마침내, 예수가 그 귀신들린 사람에게서 떠나라고 명령하자, 레기온은 근처의 돼지 떼 속으로 들어가게 해달라고 요청하는데, "거의 이천 마리나 되는 돼지 떼가 바다 쪽으로 비탈을 내리달아, 바다에 빠져 죽었다"(5:13). 이처럼 "로마인들은 물러가라!"는 명백한 선언에 대해 더 이상의 설명은 필요하지 않을 것이다.

그러나 이처럼 로마의 지배에 반대하는 주제는 마가의 복음의 구체적인 프로젝트라기보다는 오히려 일반적인 전제이며, 일차적인 목적이라기보다는 오히려 이차적인 주장이다. 일차적인 목적은 외부적으로 로마에 그 초점을 맞춘 것이라기보다는 오히려 내부적으로 제자들에게 맞춘 것으로 보인다. 예를 들어, 예수의 다음 가르침을 생각해보자.

> 너희가 아는 대로, 민족들을 다스린다고 자처하는 사람들은, 그들을 마구 내리누르고, 고관들은 세도를 부린다. 그러나 너희끼리는 그렇게 해서는 안 된다. 너희 가운데서 누구든지, 위대하게 되고자 하는 사람은 너희를 섬기는 사람이 되어야 하고, 너희 가운데서 누구든지, 으뜸이 되고자 하는 사람은 모든 사람의 종이 되어야 한다.(10:42-44)

한편으로 마가의 리더십 모델은 로마제국이 정상적인 것으로 간주하는 것, 그리고 대부분의 인간 사회가 정상적인 것으로 간주하는 것과 정반대다. 그러나 다른 한편으로는, 그것이 구체적으로 열두 제자들을 향해 있는데, 그 열두 제자들은 자기들 중의 두 사람이 예수에게 "주께서 영광을 받으실 때에, 하나는 선생님의 오른쪽에, 하나는 왼쪽에 앉게 하여 주십시오"(10:37) 하고 요청하자 그 두 사람에게 화를 낸다. 마가의 복음은 열두 명의 황제들의 권력 사용/남용과 권위 사용/남용보다는 오히려 열두 제자들의 권력 사용/남용과 권위 사용/남용에 대해 훨씬 더 직접적으로 또한 즉각적으로 다루고 있다. 그것은 외부적이라기보다는 훨씬 더 내부적이다. 한편 이것은 이 첫 번째 복음의 가장 이상한 측면이며, 내가 마가의 복음을 비유로 이해하는 데서 나의 핵심적인 초점이다.

나의 세 번째 단계에서는 그 열두 제자, 즉 크리스천 공동체의 지도자들로서의 열두 제자들에 대한 이런 도전과 비판에 초점을 맞출 것이다. 나는 마가의 전체 비유 복음을 이해하기 위한 초점으로서, 열두 제자들에 대한 도전과 비판에 초점을 맞출 것이다. 그러나 우선, 마가가 70년대 초에 그의 복음을 기록할 때, 그 열두 명의 지도자들은 거의 죽었으며, 더군다나 상당수는 순교자로 죽었는데, 마가는 도대체 왜 그들에게 도전하고 있는가 하는 질문에 대해 잠시 생각해보자. 마가는 실제로 이미 지나간 과거의 어떤 것에 대해 도전하는 것인가, 아니면 현재의 어떤 것, 혹은 기독교의 영원한 어떤 것에 대해 도전하는 것인가? 다음에 설명할 나의 두 가지 요점들에서 첫째는 좀 더 부정적이며, 둘째는 좀 더 긍정적이다.

열두 제자들에 대한 마가의 도전이 담고 있는 부정적 측면은 8:22-10:52의 긴 부분에서 가장 분명하게 드러난다. 이 부분은 그 시작과 끝에서 예수가 장님을 치유하는 것에 관한 쌍둥이 이야기들을 갖고 이 부분의 전체 틀(frame)을 짜고 있는데, 두 이야기 모두 비슷한 방식으로 시작한다. 즉 "그들은 벳새다로 갔다." 그리고 눈먼 사람이 치유된다(8:22-26). 또한 "그들은 여리고에 갔다." 그리고 눈먼 사람이 치유된다(10:46-52). 이 두 번의 치유는 물론 성공하며, 두 번째 치유 이야기의 결론은 다음과 같다. "예수께서 그에게 말씀하셨다. '가거라. 네 믿음이 너를 구원하였다.' 그러자 그 눈먼 사람은 곧 다시 보게 되었다. 그리고 그는 예수가 가시는 길을 따라 나섰다"(10:52). 마가에게 그것은 단순히 (갈릴리의) "길을 따라"(on the road) 가는 것이 아니라 (예수의) "길을 따라"(on the Way) 가는 것을 뜻한다. 그렇다면, 도대체 그 열두 제자들은 "길을 따라" 가는 데서 어떻게 했는가?

이처럼 장님을 치유한 두 가지 이야기를 앞뒤의 틀로 삼아서, 마가는 그 틀 속에 세 가지 치유받지 못한—혹은 좀 더 정확히 말해서, 치유받을 수 없는—장님 이야기를 삽입시키고 있다. 예수는 눈먼 외부인들(blind outsiders)을 성공적으로 치유하지만(8:22-26; 10:46-52), 눈먼 내부인들(blind insiders), 즉 열두 제자들을 치유하는 데는 완전히 실패한다(8:31-10:45). 다음 삼중적인 구조를 주목할 필요가 있다.

	첫 시험	둘째 시험	셋째 시험
예수의 예언	8:31-32a	9:31	10:33-34
열둘의 반응	8:32b	9:32-34	10:35-41
예수의 답변	8:33-9:1	9:35-37	10:42-45

첫째로, 그들이 예루살렘을 향해 남쪽으로 "길을 따라" 가던 중에, 예수는 자신이 곧 죽게 될 것과 부활할 것을 세 차례에 걸쳐 예언한다. 그 때마다 열두 제자는 자신들의 권력과 권위에만 마음을 집중함으로써 믿을 수 없을 정도로 둔감하고 엉뚱하게 반응한다. 끝으로, 예수는 지금 현존하는 하나님의 나라 안에서는 권력과 권위가 어떻게 작동하는지를 그들에게 가르쳐 그들

의 눈먼 상태를 치유하려 시도한다.

각각의 예언에서 예수는 자신을 가리켜 "사람의 아들"(Son of Man), 즉 사람(人子, Human One)이라고 말한다(8:31; 9:31; 10:33). 우리는 앞의 6장에서, 그리고 다니엘서 7장에서 그에 관해 논의하면서 이런 용어들을 사용한 것을 기억할 것이다. 거기서는 지상의 제국들이 야생 짐승들로 동물화되어(animalified) 있으며, 오직 하늘의 종말론적 왕국만이 의인화되어(personified) "사람" 혹은 (문자적으로) "사람의 아들"(인자)로 나온다. "사람의 아들" 혹은 "사람"은 이미 예수 안에서 땅 위에 존재하기 때문에, 물론 하나님의 나라 역시 이미 현존한다. 그러나 분명히 열두 제자들에게는 아니었다. 이제 세 차례의 시험에서 그 각각의 시험이 우선 예언에서 반응을 거쳐 예수의 답변으로 진행되는 동안에 그 열두 제자들에게 무슨 일이 벌어지는가를 살펴보자.

첫째 시험은 8:31-9:1에 나온다. 그 예언은 "인자가 반드시 많은 고난을 받고, 장로들과 대제사장들과 율법학자들에게 배척을 받아, 죽임을 당하고서, 사흘 뒤에 살아난다는 것"이다.

그에 대한 즉각적인 반응은 베드로가 하는데, 그는 "예수를 꾸짖었다"(rebuked, 개역개정에는 "항변하매," 표준새번역에는 "항의하였다."). 베드로는 방금 전에 예수에게 "선생님은 메시아이십니다"(8:29)라고 선포했다. 그러나 그가 "메시아"라는 칭호로 뜻했던 의미는 예수가 갖고 있었던 "메시아"의 의미가 아니었다. 베드로의 메시아 이해는 아마도 당시 하나님의 종말론적인 전권(全權)을 가진 분으로서 군사적이며/혹은 초월적인 전사(warrior)에 대한 표준적인 기대였을 것이다.

예수는 그의 답변에서 "베드로를 꾸짖어(rebuked) 말씀하시기를 '사탄아, 내 뒤로 물러가라. 너는 하나님의 일을 생각하지 않고, 사람의 일만 생각하는구나!' 하셨다." "꾸짖다"는 말은 마가에게는 매우 강한 동사다. 예수는 이 단어를 예컨대, 악귀축출에서 귀신을 쫓아낼 때 사용하는데(1:25; 3:12; 9:25), 여기서 베드로 역시 귀신들린 "사탄"으로 취급되고 있다.

끝으로, 예수는 그 자리에 있는 모두에게, "제자들과 함께 무리를 불러 놓고" 자신의 답변을 확장시킨다. 하나님 나라의 협력적인 종말론은 예수의 운명에 참여하는 타인들에 의존하기 때문이다. 그래서 "누구든지, 나를 따라오려거든, 자기를 부인하고, 자기 십자가를 지고 나를 따라오너라" 하고 말한다. 이것은 예수가 그들을 대신/대속하는 것(substituting for)이 아니라, 그들이 예수와 더불어 참여하는(participating with) 것에 관한 것이다. 열두 제자는 마침내 이 메시지를 알아먹었는가?

둘째 시험은 9:31-37에 나온다. 여기서도 예수는 "제자들을 가르치시며... 그러나 제자들은 그 말씀을 깨닫지 못하였다." 마가가 이처럼 완전히 비유적이며, 허구적이며, 인위적인 방식으로 세 차례에 걸쳐 반복적으로 이야기를 만들고 있는 것에 대해 강조할 필요가 있겠는가? 한편 이것은 5장에서 설명했던 올릭 교수의 "셋의 법칙"에 대한 또 다른 사례이지만, 마가는 특별히 마지막 급진전(twist)을 보여준다.

예언은 "인자가 사람들의 손에 넘어가고, 사람들이 그를 죽이고, 그가 죽임을 당하고 나서, 사흘 뒤에 살아날 것이다." 첫째 예언(8:31-32)을 넘어서는 새로운 해석은 없다.

제자들의 반응은 무엇인가? "제자들은 그 말씀을 깨닫지 못하였고, 예수께 묻기조차 두려워하였다." 그러나 "그들은 가버나움으로 갔다. 예수께서 집 안에 계실 때에, 제자들에게 물으셨다. '너희가 길에서(on the way) 무슨 일로 다투었느냐?' 제자들은 잠잠하였다. 그들은 길에서(on the way), 누가 가장 큰 사람이냐 하는 것으로 서로 다투었던 것이다." 여기서도 마가의 아이러니가 드러난다. 그들은 "길에서"(on the way) 걷고 있었지만, "예수의 길"(on the Way)을 걷지는 않았다.

예수의 답변은 그가 "앉으신 뒤에, 열두 제자를 불러 놓으시고, 그들에게 말씀하셨다. '누구든지 첫째가 되고자 하면, 모든 사람의 꼴찌가 되어서 모든 사람을 섬겨야 한다.' 그리고 어린이 하나를 데려다가 그들 가운데 세우신 뒤에, 그를 껴안으시고서 그들에게 말씀하셨다. '누구든지 내 이름으로 이런 어린이들 가운데 하나를 영접하면, 나를 영접하는 것이요, 누구든지 나를 영접하면, 나를 영접하는 것보다, 나를 보내신 분을 영접하는 것이다.'"

나는 "종"과 "어린이"의 상관관계를 강조하고 싶다. 절대로 "어린이"를 현대인들이 감상적으로 생각하는 것처럼 귀엽거나 단순하고, 순전하거나 순진하거나, 혹은 심지어 귀하며 중요하다는 식으로 생각해서는 안 된다. 고대 세계에서 어린이는 사회적으로 무가치한 존재(a social nobody)였기 때문에, 심지어 그 목숨을 부지하기 위해서는 먼저 가족의 일원으로 받아들여져야만 했던 것이다. 힐라리온이 임신 중이었던 그 아내 알리아에게 보낸 다음과 같은 끔찍한 편지의 한 대목을 기억해야만 한다. 즉 "만일 우연히 당신이 아기를 갖게 되면, 만일에 사내아이면 살려두고, 여자아이면 [죽게] 내다버려요." 기원전 1년 6월 18일자로 된 이 편지는 (이집트) 알렉산드리아에서 멀리 떨어진 옥시

린쿠스로 보낸 것으로서, 그 도시의 쓰레기 더미에서 발견되었는데, 여자아이들도 그 쓰레기 더미에서 그들의 생명이 끝나곤 했었다.

셋째 시험은 10:33-45에 나온다. 이 셋째 시험은 모든 면에서 마가의 세 차례 반복의 클라이맥스다. 이것은 방금 말한 것처럼 올릭 교수의 "셋의 법칙"의 사례이지만, 여기서 세 번째는 두 차례의 실패 이후의 성공이 아니라, 마지막이며 클라이맥스와 같은 실패다. (그것은 야구의 은유에서, 열두 제자들에게 삼진 아웃에 해당된다.)

여기서 예수의 예언(10:33-34)은 가장 자세하며 또한 마가가 나중에 자세하게 묘사할 것을 단계적으로 미리 예언하고 있다.

> 보아라, 우리는 예루살렘으로 올라가고 있다. 인자가 대제사장들과 율법학자들의 손에 넘어갈 것이다[14:10-11]. 그들은 인자에게 사형을 선고하고[14:63-64], 이방 사람들에게 넘겨 줄 것이다[15:1]. 그리고 이방 사람들은 인자를 조롱하고[15:20] 침 뱉고[15:19] 채찍질하고[15:15] 죽일 것이다[15:24]. 그러나 그는 사흘 뒤에 살아날 것이다[16:6].

분명히 그 열두 제자는 그런 구체적이며 세부적인 일들에 관해 물어볼 것이라고 우리는 생각한다. 혹시 처형과 부활에 관해서는 물어보지 않는다면, 분명히 조롱하는 것, 침 뱉는 것, 채찍질하는 것에 관해서는 물어볼 것이라고 우리는 생각한다. 그러나 여기서도 그 열두 제자는 정말로 둔감하게 반응한다.

열두 제자들의 반응이 여기서는 세배대의 아들인 야고보와 요한에게서 나온다(10:35-37). 열두 제자들의 반응에 대한 마가의 순서는 처음에 베드로의 반응(8:32b), 이어서 열둘의 반응(9:32-34), 마지막으로 야고보와 요한의 반응(10:35-37)이다. 이것은 매우 의도적이다. 우리는 처음에 시몬(베드로)을 만나고(1:16), 야고보와 요한을 만나고(1:19), 그리고 열둘을 만난다(3:16-19). 그러나 심지어 열두 제자를 임명한 후에도, 지도적인 삼인방은 모두 예수로부터 새로운 이름을 받는다. 즉 "예수께서 열둘을 임명하셨는데, 그들은, [베드로라고 이름을 지어 주신] 시몬과, '천둥의 아들'을 뜻하는 보아너게라는 이름을 지어 주신 세베대의 아들 야고보와 그의 동생 요한"(3:16-17)이다.

다시 말해서, 이들 세 제자들은 열둘 안에서 리더십을 가진 삼인방으로 강조되고 있으며, 또한 항상 그 순서는 베드로, 야고보, 요한이다. 이 삼인방은 예수가 선택해서 변화산에 데리고 간 제자들이며(9:2), 또한 겟세마네 동산에도 데려간 제자들이다 (14:33). 그러나 마가는 그 삼인방이 그곳에서도 역시 실패했다고 말한다. 즉 그들은 변화산 위에 머물기를 원했으며, 겟세마네 동산에서는 잠자고 싶어했다. 지금 논의하고 있는 세 번의 시험을 통해서, 마가는 지도적인 삼인방의 첫째인 베드로를 비판하고 (8:33), 이어서 열두 제자 전부를 비판하고(9:32-34), 마지막으로는 그 삼인방의 나머지 둘을 비판한다(10:35-40).

그렇다면, 예수가 매우 자세하게 예언한 것에 대해 야고보와 요한은 어떻게 반응했는가? 그들의 반응은 예수와 세 차례에 걸친 대화(10:35-36, 37-38, 39-40)에 나타나며, 처형과 부활에 관한 그의 예언에 대해 믿을 수 없을 정도로 둔감하며 엉뚱한 반응을 다음과 같이 드러낸다. 그들은 예수에게 "주께서 영광을 받으실 때에, 하나는 선생님의 오른쪽에, 하나는 왼쪽에 앉게 하여 주십시오"(10:37)라고 요청한다. 그리고 더욱 황당한 것은 그들의 반응이 더욱 끔찍하고 폭넓게 확산되는 반응을 일으켰다는 점이다. 즉 "그런데 열 제자가 이것을 듣고, 야고보와 요한에게 분개하였다"(10:41). 이제, 뒤따라 나와야 하는 것은 예수가 그들의 반응을 엄중하게 바로잡아주는 답변이다.

또다시 예수의 답변이다.

그래서, 예수께서는 그들을 곁에 불러 놓으시고, 그들에게 말씀하셨다. '너희가 아는 대로, 민족들을 다스린다고 자처하는 사람들은, 그들을 마구 내리누르고, 고관들은 세도를 부린다. 그러나 너희끼리는 그렇게 해서는 안 된다. 너희 가운데서 누구든지, 위대하게 되고자 하는 사람은 너희를 섬기는 사람이 되어야 하고, 너희 가운데서 누구든지, 으뜸이 되고자 하는 사람은 모든 사람의 종이 되어야 한다. 인자는 섬김을 받으러 온 것이 아니라 섬기러 왔으며, 많은 사람을 위하여 자기 목숨을 몸값(a ransom)으로 내주러 왔다.(10:42-45)

첫째로, 여기서 우리는 이방인 스타일의 리더십과, 이처럼 유대인 스타일의 리더십을 철저하게 수정한 것 사이의 명백한 대조를 볼 수 있다. 다음으로, "그렇게 해서는 안 된다"는 말은 구체적으로 열두 제자를 향한 말씀이다. 예수가 반대한 것은 그들의 관점과 리더십 스타일이다. 그리고 그들이 보여야 할 리더십 스타일은 예수 자신의 리더십 스타일을 모델로 한 것이다. 예수는 단지 겸손에 대해서만 말하는 것이 아니라, 권력을 지녔지만 겸손한 것에 대해 말하고 있으며, 단지 종으로 사는 것에 대해서만 말하는 것이 아니라, 지도자로서의 종(a servant-as-leader)으로 사는 것에 대해 말한다. 끝으로, 고대 세계에서 "몸값"을 지불하고 되찾아 오는 대상은 특히 노예살이하는 사람들이었기 때문에, 당신의 몸값을 지불하는 지도자는 지배가 아니라 해방을 시키는 사람이다.

잠시 이것에 대해 생각해보자. 열두 제자―그리고 모든 다른 사람들―는 자신의 십자가를 지고 예수를 따르도록 도전받았다(8:34). 그것은 초대하는 것처럼, 즉 그들을 위해 예수가 대신/대속한 것(substitution by Jesus for them)으로 초대하는 것이 아니라, 그들이 예수와 더불어 참여하는 것(participation with Jesus by them)으로 초대하는 것처럼 들렸다. 그것은 우선 예루살렘으로 가서 예수와 나란히 십자가에 처형당하라는 도전처럼 들렸다. 그러나 마가가 세 차례 반복한 예언-반응-답변의 마지막에 이르면, 로마의 십자가 처형에 대한 공포를 함께 나누는 것은 열두 제자를 위해 재해석되어, 종 스타일의 리더십(servant-style leadership)이라는 역설을 함께 나누는 것으로 바뀐다. 마가에게는 다른 죽음의 방식들, 즉 처형당해서 죽는 것보다는 제국이 정상적인 것으로 간주하는 것에 대해 죽는 방식들이 있었기 때문이다.

"십자가를 진다"는 것은 그들에게 의심의 여지없이, 하나님 나라 운동의 지도자들로서 순교를 뜻할 수도 있다. 그러나 예수가 지금 강조한 것은 그들이 어떻게 범죄자 지도자들로서 죽을 것인가에 관한 것이라기보다는, 그들이 어떻게 종과 같은 지도자들로서 살아가야 하는가에 관한 것이었다. 기독교는 2천 년 역사에서 항상 후자보다는 전자를 더 많이 경험했다. 예수의 도전은 여전히 오늘날 우리에게도 참된 것이다.

나는 이제 이 장의 세 번째 단계의 두 번째 요점으로 접어들겠다. 이것은 마가의 적극적인 도전에 관한 것으로서, 앞에서 다루었던 세 차례의 부정적인 것들에 맞서는 것이다. 만일에 "사도들" 혹은 "제자들"로 불려진 사람들이 모두 철저하게 실패했다면, 도대체 마가의 이야기 속에는 이상적인 혹은 성공적인 크리스천들—그리고 크리스천 지도자들—은 전혀 없다는 말인가? 만일에 그 이름이 기록된 지도자들—베드로, 야고보, 요한—이 모두 처참하게 실패했다면, 이 복음서 저자만이 유일하게 온당하며, 올바르고, 적절한 지도자인가? 이제부터는 이름이 밝혀진 사람들과 이름이 없는 사람들 사이, 실패와 성공 사이, 배척과 환영 사이, 그리고 여성과 남성 사이의 변증법을 주목해야 한다. 또한 "마가"라는 이름은, 이 첫 번째 복음서를 기록한 익명의 저자에게 전통이 붙여준 이름이라는 것을 기억해야만 한다. 즉 그 저자 역시 이름이 없는 사람이다.

마가의 복음에서 마지막으로 중요한 부분은 의도적으로 비슷하지만 매우 놀라운 표현으로 그 틀을 갖추고 있다. 각각의 틀은 예수가 제자들보다 "앞장 서서 가셨다"는 말로 시작하며, "그들이 두려워했다"는 말로 끝난다.

> 갈릴리에서 예루살렘으로: 그들이 예루살렘으로 올라가는 길이었는데, 예수께서 앞장 서서 가셨다. 제자들은 놀랐고, 뒤따라가는 사람들은 두려워하였다.(10:32a)

> 예루살렘에서 갈릴리로: "그러니 그대들은 가서, 그의 제자

들과 베드로에게 이르십시오. 그는 그들보다 앞서서 갈릴리로 가십니다. 그가 그들에게 말씀하신 대로, 그들은 거기에서 그를 볼 것이라고 하십시오." 그들은 뛰쳐 나와서, 무덤에서 도망하였다. 그들은 벌벌 떨며 넋을 잃었던 것이다. 그들은 두려워서, 아무에게도 아무 말도 못하였다.(16:7-8)

이처럼 시작하는 틀은 열두 명의 이름이 있는 남성들이지만, 다음의 마지막 틀은 세 명의 이름이 있는 여성들이다. 마지막 틀은 다음과 같이 구체적이다.

여자들도 멀찍이서 지켜 보고 있었는데, 그들 가운데는 막달라 출신 마리아도 있고 작은 야고보와 요세의 어머니 마리아도 있고 살로메도 있었다. 이들은 예수께서 갈릴리에 계실 때에, 예수를 따라다니며 섬기던 여자들이었다. 그밖에도 예수와 함께 예루살렘에 올라온 여자들이 많이 있었다.(15:40-41)

이 집단에는 이름이 없는 여인들과 또한 이름이 있는 세 여인이 함께 나오는데, 이름이 있는 세 여인은 두 차례 더 반복해서 나온다. 즉 "막달라 마리아와 요세의 어머니 마리아는, 어디에 그가 안장되는지를 지켜 보고 있었다"(15:47)는 본문과 "안식일이 지나니, 막달라 마리아와 야고보의 어머니 마리아와 살로메는 가서 예수께 발라 드리려고 향료를 샀다"(16:1)의 본문에 나온다. 다시 말해서, 마가는 중심적이며 이름이 있는 남성 삼인방—베드로, 야고보, 요한—처럼, 중심적이며 이름이 있는 여성 삼인방—마리아, 마리아, 살로메—을 보여준다.

이제부터는—항상 마가를 읽을 때 그래야 하는 것처럼—마가의 목적과 의도를 이해하기 위해 그의 이야기의 순서와 구조에 특별히 주목해야만 한다.

시작하는 부정적 본보기: 열두 명의 이름이 있는 남자들은 예수를 믿지 않는다(10:32a-45)

첫 번째 적극적 본보기: 이름 없는 여자가 예수를 믿는다 (14:3-9)

두 번째 적극적 본보기: 이름 없는 남자가 예수를 믿는다 (15:39)

마지막 부정적 본보기: 세 명의 이름이 있는 여자들은 예수를 믿지 않는다(16:1-8)

10:32-16:8의 구조에서, 마가는 제자들의 서로 다른 세 가지 측면들—이름, 성별, 믿음—을 섞어서 보여주며 대조시키지만, 마가에게는 이름이 나머지 두 가지보다 더 지배적이다. 이것을 처리한 마가의 방식은 두 개의 부정적인 본보기를 앞뒤 틀로 삼아 그 틀 속에 두 개의 적극적인 본보기를 넣는 방식이다. 이 모든 것에서 우리는 지금 역사적인 비유 혹은 비유적인 역사를 읽고 있다는 사실을 계속 기억해야만 한다. 즉 우리는 70년대에 마가가 비유로 만든 30년대의 예수의 역사를 읽는 중이라는 말이다.

우리는 이미 마가의 시작하는 부정적 본보기를 살펴보았으며, 그 열두 명의 이름이 있는 남자 제자들이 어떻게 예수의 죽음과 부활에 대한 세 차례의 예언에 전혀 주의를 기울이지 않았는지를 살펴보았다(8:31-9:1; 9:31-37; 10:33-45). 우리는 또한 그 제자들의 멍청한 무관심이 어떻게 10:33-45에서 그 클라이맥스에 도달하는지도 살펴보았는데, 10:33-45은 그 부분의 결론이면서 동시에 마가의 이야기에서 마지막 부분이 시작되는 본문이다.

그 다음에 마가의 첫 번째 적극적인 본보기가 나온다. 14:3-9에서 이름 없는 한 여인이 베다니의 잔치에서 "매우 값진 향유"로 예수에게 기름을 붓는다. 이것은 확실히 아름다운 모습이지만, 도대체 왜 예수는 이것에 대해 그토록 놀라운 칭찬—"내가 진정으로 너희에게 말한다. 온세상 어디든지, 복음이 전파되는 곳마다, 이 여자가 한 일도 전해져서, 사람들이 이 여자를 기억하게 될 것이다"(14:9)—을 하는가? 도대체 이 이름 없는 여인이 정확히 무슨 일을 하였기에 그처럼 독특한 약속을 받게 되는가?

간단히 말해서, 그녀는 예수를 믿었다. 그녀는 만일에 당신이 죽게 되고 다시 살아날 것이라면, 지금 당신에게 기름을 붓는 것이 나을 것인데, 그 이유는 다른 기회가 없을 것이기 때문이라고 생각했다. 예수는 이렇게 말했다. "가난한 사람들은 늘 너희와 함께 있으니, 언제든지 너희가 하려고만 하면, 그들을 도울 수 있다. 그러나 나는 언제나 너희와 함께 있는 것이 아니다. 이 여자는, 자기가 할 수 있는 일을 하였다. 곧 내 몸에 향유를 부어서, 내 장례를 위하여 할 일을 미리 한 셈이다"(14:7-8). 그녀는 실제로 첫 번째 크리스천이었으며, 어떤 빈 무덤이 발견되거나 혹은 부활하신 예수에 대한 비전이 주어지기 이전에, 그녀는 믿었다. 그녀에게는 부활절이 예수의 말씀이었으며, 그녀는 그것을 믿었던 것이다.

마가는 그녀를 위에서 인용했던 15:40-41의 이름 없는 여인들 중에 속하는 것으로 상상하고 있을 것이다. 마가가 자신의 이야기를 시작하면서 어떻게 "예수께서 갈릴리에 오셔서, 하나님의 복음을 선포하셨다"(1:14)는 것을 기록하는 것으로 시작했다는 것을 기억할 필요가 있다. 그것이 여기에서 이 이름 없는 여인의 이야기로 완성되는데, 그럼으로써 그녀의 이야기는 항상 "복음이 전파되는" 곳마다 전해져야만 한다. 그녀는, 예수가 세 차례나 미리 말한 것처럼, 예수 자신이 예루살렘에서 로마에 의해 처형될 것이며 하나님에 의해 부활할 것임을 믿었다.

다음에는 두 번째 적극적인 본보기다. 마가는 이름 없는 여인이 예수에게 향유를 부은 것과 더불어 이름 없는 로마의 백부장이 고백하는 것을 적극적인 믿음의 모델로 삼아 짝을 이루게 만든다.

> 예수께서는 큰소리를 지르시고서 그의 마지막 숨을 쉬셨다. 그 때에 성전 휘장이 위에서 아래까지 두 폭으로 찢어졌다. 예수를 마주 보고 서 있는 백부장이, 예수께서 이와 같이 그의 마지막 숨을 쉬시는 것을 보고서 "참으로 이분은 하나님의 아들이셨다" 하고 말하였다.(15:37-39)

이것은 마가에게 완전히 크리스천의 고백이다. 마가의 이 기사를 누가가 다시 전할 때, 누가는 그처럼 즉각적인 회심은 있을 법하지 않다고 생각했다. 그래서 누가는 단순히 "백부장이 그 일어난 일을 보고, 하나님께 영광을 돌리며 말하기를 '참으로, 이 사람은 의로운 사람이었다' 하였다"(23:47)라고 수정했다. 그러나 마가는 역사(예수의 처형)를 비유(백부장의 회심)로 바꾸면서, 자신이 무엇을 하고 있는지 정확히 알고 있었다. 여기서도, 이름 없는 사람이 믿는 반면에, 이름 있는 사람들은 실패한다.

끝으로, 마가는 우리에게 그의 마지막 부정적 본보기를 보여준다. 16:1-8의 본문은 마가로서는 그 자신의 이야기를 끝내는 방식으로는 매우 대단히 이상한 본문이다. 다른 모든 곳—고린도전서 15장에서부터 요한복음 20-21장까지—에서는, 부활이 부활한 예수의 모습을 보는 것(vision)과 관련되어 있다. 그리고 실제로 그런 모습을 보는 것들은 나중에 마가 16:9-20에 덧붙여졌다. 그러나 마가 자신은 오직 빈 무덤과 천사의 설명, 즉 "십자가에 못박히신 나사렛 사람 예수 …는 살아나셨습니다. 그는 여기에 계시지 않습니다. 보십시오, 그를 안장했던 곳입니다"(16:6)라는 설명만 하고 있다.

이어서, 그 세 여인은 "그의 제자들과 베드로"에게 전할 메시지를 받는데, 그것은 예루살렘을 떠나라는 명령과 갈릴리에서 예수를 "보라"는 명령이다(16:7). 그러나 우리가 위에서 본 것처럼, 그 메시지는 그들에게 전달되지 않는다. 왜냐하면, 그 세 여인들은 "뛰쳐 나와서, 무덤에서 도망하였다. 그들은 벌벌 떨며 넋을 잃었던 것이다. 그들은 두려워서, 아무에게도 아무 말도 못하였"기 때문이다(16:8). 다시 말해서, 그 천사의 전달되지 않은 명령에 비추어볼 때, 마가는 예수가 죽고 부활한 후에, 열두 제자가 예루살렘에 머물러 있었다고 생각했다.

14:3-9의 이름 없는 한 여인(향유를 부은 여인)과 16:1-8의 세 명의 이름 있는 여인들을 비교해보자. 나는 마가의 비유의 관점에서 말하는 것이다. 이 관점에서는 죽기 전에 향유를 붓는 것은 신앙을 뜻하지만, 죽은 후에 향유를 붓는 것은 불신앙을 뜻한다. 마가에게는 그 이름 있는 여인들이 "가서 예수께 발라 드리려고 향료를 샀다. 그래서 그 주간의 첫날 새벽, 해가 막 돋을 때에, 무덤으로 갔다"(16:1-2). 다시 말해서, 그 여인들은 예수의 시신을 찾아 향유를 부을 것으로 기대했다. 그들은—마가의 관점에서는—예수가 말했던 것을 믿지 않았으며, 그럼에도 그들은 갈릴리로부터 예루살렘까지 예수를 따라왔으며 도와주었다.

이 모든 이야기—마가 10장에서부터 마가 16장까지—에서 이름 있는 사람들은 실패하는 반면에, 이름 없는 사람들은 성공한다. 그러나 성별은 똑같이 균형을 이루고 있다. 열두 명의 이름 있는 남자들과 세 명의 이름 있는 여자들은 실패한다. 그러나 이름 없는 그 여인과 또한 이름 없는 그 남자는 성공했다. 문제는 성별이 아니라 이름이다. 마가가 이처럼 비유적인 역사를 통해 도전하는 것—기독교에 대한, 그리고 기독교 안에서 도전하는 것—은 지배하는 지도자들보다 해방하는 지도자들을 칭송하는 것, 제도적인 리더십보다 카리스마적(영적)인 리더십이 우월하다는 것, 이름 있는 사람들보다 이름 없는 사람들이 찬양을 받아야 한다는 것이다.

이처럼 적극적인 것과 부정적인 것이 역전되는 것은 물론 도전하는 비유들의 특징이다. 예를 들어, "착한" 제사장과 레위인이 "나쁜" 행동을 하며, "나쁜" 사마리아인이 "옳은" 일을 하는 것을 생각해 보라. 마가의 도전하는 복음에서도 마찬가지다. 이름 있는 "착한" 사람들은 이름 없는 "나쁜" 사람들로 인해 도전 받는다. 그 도전은 이름 있는 크리스천들과 이름 없는 크리스천들 사이에—하나님 앞에서 그리고 예수와 더불어—역전될 가능성을 생각하고 곰곰이 묵상하라는 것이다.

그렇다면, 나의 네 번째 단계에서 묻게 되는 질문은 이처럼 기독교 공동체에 대한 놀라운 비전을 보여주는 마가의 지리적 위치와 상황은 무엇인가 하는 질문이다. 나는 마가가 자신의 복음서를 기록한 것은 "빌립보의 가이사랴에 있는 여러 마을"(8: 27)에서였을 것으로 짐작하는데, 그 마을들은 66-74년의 끔찍한 전쟁으로 인해 성전이 파괴된 후 유대 지역과 예루살렘으로부터 피난민들이 몰려들었던 곳이다. 그들은 모든 것을 잃어버렸다. 그들의 땅과 재산, 집과 사랑하는 사람들, 희망과 심지어 그들의 신앙조차 잃어버렸다.

역사가 요세푸스는 그의 『유대전쟁』(*Jewish War*)에서, 거짓 예언이 예루살렘의 유대인들에게 메시아가 (첫 번째) 도래하면 그들을 로마인들의 살육으로부터 구원해 줄 것이라고 약속함으로써 그들을 현혹시켰다고 주장한다(6.312-313). 마가는 그의 복음서에서, 거짓 예언이 예루살렘의 크리스천 유대인들에게 메시아가 (두 번째) 도래하면 그들을 로마인들의 살육으로부터 구원해 줄 것이라고 약속함으로써 그들을 현혹시켰다고 주장한다. 그래서 마가는—뒤늦은 비유적 지혜와 허구적인 창조성을 통해—예수가 바로 그런 속임수에 대해 경고했었다고 말한다.

예수께서 그들에게 말씀하셨다. "누구에게도 속지 않도록 조심하여라. 많은 사람이 내 이름으로 와서는 '내가 그리스도다' 하면서, 많은 사람을 속일 것이다. 또 너희는 여기저기에서 전쟁이 일어난 소식과 전쟁이 일어날 것이라는 소문을 듣게 되어도, 놀라지 말아라. 이런 일이 반드시 일어나야 한다. 그러나 아직 끝은 아니다... 그 때에 누가 너희에게 '보아라, 메시아가 여기에 있다. 보아라, 메시아가 저기에 있다' 하더라도, 믿지 말아라. 거짓 메시아들과 거짓 예언자들이 일어나, 표징들과 기적들을 행하여 보여서, 할 수만 있으면 선택 받은 사람들을 홀리려 할 것이다.(13:5-7, 21-22)

더 나아가, 마가는 이처럼 그리스도가 오시는 것과 로마가 오는 것을 틀리게 결합시킨 모든 책임을 열두 제자들의 탓으로 돌린다. 즉 그 열둘이 예수를 이해하지 못한 것과 또한 그들의 몰이해에서 비롯된 40년 전통에 전적인 책임이 있다는 것이다. 다시 말해서, 마가는 30년대에 예수와 함께 있는 열두 제자에 관해 말하는 것이 아니라, 예수 이후의 열두 제자의 전통, 즉 30년대 말부터 마가가 복음서를 쓰던 70년대까지 작용하고 있었던 전통에 관해 말하는 것이다.

마가는 당신들이 예수가 갈릴리 호수 서쪽에서 유대인들을 위해 빵과 물고기를 많게 한 기적(6:35-43)만이 아니라, 그 호수 동쪽에서 이방인들을 위해서도 똑같은 기적을 행한 것(8:1-9)을 이해했어야만 했다고 말한다. 마가는 당신들이 오직 "빵 한 개" 만으로도 크리스첸 유대인들-이방인들의 공동 식사를 위해 충분했다는 것(8:14-17a)을 이해했어야만 했다고 말한다. 다시 말해서, 마가는 예수로 하여금 그 열둘에게 다음과 말하게 한다.

"아직도 알지 못하고 깨닫지 못하느냐? 너희의 마음이 그렇게도 무디어 있느냐? 너희는, 눈이 있어도 보지 못하고, 귀가 있어도 듣지 못하느냐? 기억하지 못하느냐? 내가 빵 다섯 개를 오천 명에게 떼어 주었을 때에, 너희는 남은 빵 부스러기를 몇 광주리나 가득 거두었느냐?" 그들은 그에게 "열두 광주리입니다" 하였다[6:35-43]. "빵 일곱 개를 사천 명에게 떼어 주었을 때에는, 남은 부스러기를 몇 광주리나 가득 거두었느냐?" 그들이 "일곱 광주리입니다" 하니[8:1-9], 예수께서 그들에게 "너희가 아직도 깨닫지 못하느냐?" 하고 말씀하셨다.(8:17b-21)

마가는 당신들이 예루살렘의 크리스천 유대인 공동체를 이끌어올 것이 아니라, 갈릴리의 크리스천 유대인들과 이방인들의 공동체를 이끌었어야만 했다고 말한다. 마가는—그의 복음서의 마지막 클라이맥스와 같은 문장에서—당신들이 예수의 빈 무덤에서 천사가 전해준 예수의 마지막 명령을 결코 듣지 못했다고 말한다. 그 여인들에게 전해진 명령은 "가서, 그의 제자들과 베드로에게 이르십시오. 그는 그들보다 앞서서 갈릴리로 가십니다. 그가 그들에게 말씀하신 대로, 그들은 거기에서 그를 볼 것이라고 하십시오"라는 명령이었지만, 그들은 너무 두려워서 아무에게도 아무 말도 하지 못했다(16:7-8).

마가의 복음이 열두 제자들—예수가 불렀으며 "사도들"이라고 이름지어준 열둘(마가 3:16-19)—을 비판하는 것은 단지 예수의 비전을 따르지 못한 것만이 아니라, 예수의 리더십 모델을 따르지 못한 것에 대해서도 비판하는 것이다. 실제로 마가에게는 열두 제자들의 이 두 번째 실패가 첫 번째 실패를 초래했으며 혹은 적어도 촉진시킨 것처럼 보인다. 그들의 리더십 스타일과 방식이 예수의 스타일과 방식과 같지 않았기 때문에, 그 내용과 실체 역시 예수의 것이 아니었다.

우리가 당시로부터 2천 년이 지난 후에 마가의 복음을 도전하는 비유로 읽을 때, 우리는 무슨 생각을 하는가? 이름 있는 사람보다 이름 없는 사람들을 칭송하는 것은 기독교가 결코 잊어서는 안 되는 것이다. 기독교의 이름 있는 지도자들은 왔다가는 사라지며, 또한 그들이 뒤에 남겨놓는 것들의 상당수는 기독교에 결코 신뢰를 쌓는 것이 아니다. 기독교 역사에서 이름 있는 지도자들 가운데, 예수가 열두 제자들에게 가르친 것처럼 "너희 가운데서 누구든지, 위대하게 되고자 하는 사람은 너희를 섬기는 사람이 되어야 하고, 너희 가운데서 누구든지, 으뜸이 되고자 하는 사람은 모든 사람의 종이 되어야 한다"(10:43-44)는 말씀대로 권력과 권위와 리더십을 행사한 사람이 도대체 몇이나 되는가! 이 도전은 여전히 확실하다.

다섯 번째 마지막 단계에서 내가 묻는 질문은 마가가 예수를 설명한 것(presentation)이 도전하는 비유인지 아닌지, 혹은 그것이 이미 공격하는 비유가 되어버렸는지 아닌지 하는 질문이다. 마가의 예수는 이름 있는 베드로, 지도적인 삼인방, 그리고 열두 제자 일반의 크리스천 리더십에 대해 도전하는가 아니면 공격하는가? 여기서 조심할 것은 모든 공격은 도전이지만, 모든 도전이 공격인 것은 아니라는 사실이다. 이것을 구분하면서 내가 주의하는 측면은 그 이야기가 상대방을 욕하는지, 정직성에 대해 의심하는지, 성실성에 대해 비난하는지, 혹은 그 이야기가 도전하는 것을 부정하며 완전히 타도하려 하는지에 관한 것이다. 만일 그렇다면, 그 이야기는 비폭력적인 도전을 넘어 폭력적인 공격으로 바뀐 것이다.

마가에서 그 열두 제자는 단지 몰이해 때문에만 책망받는 것이 아니라, 완악한 몰이해 때문에도 책망받고 있다. 그것이 "너희의 마음이 그렇게도 무디어 있느냐?"(8:17)는 책망의 뜻이다. 독자들은 1장에서 이집트의 파라오가 "마음이 완악해진" 것을 기억할 것이다. 이것은 매우 대단히 심각한 고발이다. 그러나 물론 이미 언급한 것처럼, 열두 제자 대부분이 이미 오래 전에—많은 수는 순교자로—죽었기 때문에, 마가의 궁극적인 표적(target)은 그들의 계속되는 신학적 전통, 리더십 스타일, 그리고 이름 있는 자들을 중요하게 대우하는 것이었다.

그러나 심지어 열두 제자가 그처럼 예수에 의해 반복적으로 비판을 받았다는 것은 그들이 예수와 더불어 계속해서 "그 길"(on the way)을 갔다는 뜻이다. 비록 그들이 "예수의 길"(on the Way)을 가지는 않았지만 말이다. 호된 비판은 방금 위에서 인용한 마가의 극도로 강하게 책망하는 부분에서 드러나지만, 그 문장 형태를 주목해야 한다. 즉 "어찌하여 너희는 ...? 아직도 ...? 너희의 마음이 ...?   너희는 ...? 너희는 ...? 너희가 아직도 ...?"(8:17b-21). 즉 예수의 비판은 모두 질문의 형태로 주어진다. 그리고 열두 제자에게는 그 계속되는 질문들 중간에 두 차례 대답할 기회도 주어진다. 예수는 그 열두 제자에 대한 호된 비판을 선고하는 형태로 "너희는 ... 했다! 너희의 마음이 ...! 너희는 ... 했다! 너희는 ... 했다! 너희는 ... 하지 않는다! 너희는 ... 하지 않는다!"라고 말했을 수도 있었을 것이다.

모든 것을 고려할 때, 나는 마가가 쓴 예수의 비유 복음이 공격이라기보다는 오히려 도전이라고 생각한다. 실제로, 만일에 마가가 유일한 복음서 판본이라면, 그런 구분은 현학적이며 공연한 것으로서 고려할 가치가 없는 것일 수 있다. 그러나 나는 우리가 다음 세 가지 복음 기사들을 살펴볼 때 무슨 일이 일어날 것인지를 미리 내다보고 있으며, 슬픈 것은 어떻게 도전이 계속해서 점점 더 그 공격의 양상들이 깊어가며 넓어지는 방향으로 확대되는가 하는 점이다. 이처럼 불행한 과정을 보여주는 첫 번째 본보기로서 이제 나는 마태에 따른 비유 복음으로 넘어가겠다.

8장

수사학적 폭력

마태에 따른 비유 복음

프롤로그에서 말했던 것처럼, 나는 1959년에 로마의 교황청 성서연구소에서 2년 동안 박사 후 전문화 과정을 밟게 되었다. 이 연구소(Biblicum이라고 줄여서 부른다)는 로마의 중심가 코르소 도로 건너편에 있으며, 트레비 분수에서 멀지 않다.

나는 13세기에 세워진 로마 가톨릭의 마리아의 종 수도회에 속해 1950년 이래 수사였으며, 1957 이후에는 사제로 살았으며, 1959년에는 아일랜드의 국립신학교인 메이누트 대학에서 신학 박사(Doctor of Divinity) 학위를 받았다. 나는 그 유럽식 박사 칭호를 좋아했는데, 이유는 나중에 미국에서 명예 미국 인문학 박사 (American Doctor of Humanities) 학위를 받아, 신학과 인문학이 결합됨으로써, 필요한 부분만 약간 수정하여, 예수와 계속 접촉하도록 해주었기 때문이다.

나는 교황청 성서연구소에서 성서학 교수 자격증 학위를 받기 위해 프란시스 맥쿨 신부의 지도 아래 최종 논문을 써야만 했다. 무엇을 나의 논문 주제로 삼아야 할 것인가?

프롤로그에서 말했던 것처럼, 나는 1960년에 오베람머가우에서 예수 그리스도의 수난극을 보았으며, 그로 인해 나는 반(反) 셈족주의와 신약성서에 관해 생각하기 시작했다. 그러나 그 주제는 나에게 주어진 시간에 비해 너무 방대한 주제였다. 그러나 좀 더 구체적으로 초점을 맞추려고, 나는 1947년부터 1955년 사이에 출판된 『시온주의자 연구』(Cahiers Sioniens)라는 프랑스 잡지를 읽기 시작했는데, 이 잡지들은 기독교와 유대교 사이의 관계에 관한 선언문—나중에 제2차 바티칸 회의에서 공표되었다—을 준비하는 데 매우 중요했다.

1954년에 마지막으로 간행된 잡지들 중 하나에는 르네 블로흐(Renee Bloch)가 모세에 관한 랍비들의 전통들에 대한 논문이 실려 있었는데, 이 논문은 1955년에 출판된 『종교학 연구』(Recherches de Science Religieuse)에 수록된 다른 논문 속에서 계속 이어졌다.(블로흐는 1955년에 너무 일찍 죽었다.) 그의 논문들은 랍비들의 미드라쉬를 연구한 것들인데, 미드라쉬는 성서본문들의 도덕적 요소들을 강조하며, 성서본문을 읽다가 제기되는 질문들에 대한 랍비들의 대답, 혹은 본문들의 내용에 대한 반대 의견들을 이야기식으로 확장시킨 것이다.

예를 들어, 이집트의 파라오가 이스라엘 백성의 갓 태어난 모든 사내아이를 죽이라고 명령한 후에, 모세는 우연히 태어나게 된 것인가? 랍비들의 미드라쉬는 그렇지 않다고 대답했다. 파라오가 꿈을 꾸었는데, 그 참모들이 예정된 해방자의 도래를 예언한 꿈으로 해석했다는 것이다. 그러므로 파라오의 살인적인 그물은 정확히 그 태어날 구원자를 잡기 위한 것이었다는 말이다. 그렇다면 도대체 왜 그 모든 이스라엘 부모들—물론 모세의 부모를 포함해서—은 태어날 아기들이 살육당하는 것을 막기 위해서 서로 이혼(별거)하지 않았는가? 미드라쉬는 그 특별한 부모가 하나님을 신뢰했거나 그 예정된 아기를 임신하도록 하나님의 명령을 받았기 때문이라고 말했다.

블로흐는 또한 한편으로 파라오와 그 참모들이 태어날 모세에 대해 논의한 것과, 다른 한편으로 헤롯 왕과 그 참모들이 태어날 예수에 대해 논의한 것 사이의 병행법(parallels)에도 주의를 끌게 했다. 이것은 나의 자격증 학위 논문의 주제가 되었다. 나는 마태 1-2장의 전반적인 구조, 구체적인 순서, 개별적인 세부 이야기들은 정확히 모세에 관한 미드라쉬들을 모델로 삼아 만들어졌다고 주장했다. 마태가 예수의 어린 시절에 관해서 기록한 이야기는 모세의 어린 시절에 관한 출애굽기 1-2장에 대해 미드라쉬적으로 확장시킨 이야기들에서 비롯되었으며 또한 그 이야기들을 모델로 삼았던 것이다. 한편 나의 이 논문은 그 이후 성서의 진리를 비유적인 역사로 이해하는 데 기초가 되었다.

그러므로 마태는 예수가 새로운 모세라고 즉각 선포했던 것이다. 실제로 마태 1-2장을 읽어보기만 해도 이런 강조점을 쉽게 발견할 수 있다. 예를 들어, 동방박사들은 비록 별의 인도를 받았지만, 예루살렘에 들러서 예수가 태어난 곳을 물었다. 도대체 왜 그럴 필요가 있었는가? 왜냐하면 마태는 이런 역사적인 전주곡이라기보다는 비유적인 전주곡에서 악한 파라오—출애굽기 1-2장에서 사내아기들을 살육한—와 악한 헤롯 왕—마태 1-2장에서 똑같은 짓을 한—사이에 병행법을 만들고 있기 때문이다. 예수가 새로운 모세이듯이 헤롯 왕은 새로운 파라오이다. 따라서 동방박사들을 인도하는 별이 있었음에도 불구하고 그들이 예루살렘에서 예수가 태어난 곳을 물어야만 했던 이유는 헤롯 왕이 예수의 출생 이야기 속에 들어와서 새로운 파라오가 되어야만 했기 때문이다.

마태의 복음이 시작될 때, 동방박사들은 헤롯 왕에게 "유대인의 왕으로 나신 이가 어디에 계십니까?"(2:2)라고 묻는다. "유대인의 왕"이라는 칭호는 그의 복음서 마지막에 다시 나오는데, 27:11-37에서 세 차례 반복되면서 마치 죽음을 알리는 조종(弔鐘) 소리처럼 울린다. 예를 들어, 십자가 위에, "그의 머리 위에는 '유대인의 왕 예수'라고 적은 죄패를 붙였다"(27:37). 다시 말해서, 마태의 복음은 로마가 임명한 왕 헤롯이 예수에 대해 치명적인 폭력을 사용하는 것—성공하지 못한다—으로 시작하여, 로마가 임명한 총독이 예수에게 대해 똑같은 폭력을 사용하는 것—성공한다—으로 끝난다.

앞장에서 마가를 해설할 때와 마찬가지로, 이 장의 요점 역시 다섯 단계로 해설하겠다. 첫 번째 요점은 마태에서 "유대인의 왕"으로서의 예수(2:2; 27:11, 29, 37)에 대한 폭력의 주제를 다룰 것이다. 마태에서 예수에 대한 그런 폭력을 인정할 때, 이 비유 복음서 안에는 예수에 의한(by) 폭력도 있는가? 더 나아가, 폭력에는 다른 형태들과 차원들이 있는가, 그리고 만일 있다면, 그런 형태들과 차원들은 서로 연결되어 있는가?

두 번째 요점은 마태의 본문을 대략적으로 살펴보고, 그의 목적과 의도를 파악하기 위한 일차적인 분석을 할 것이다. 나는 이것을 두 단계로 할 것인데, 우선 마태에서 앞부분에 나오는 본문들을 살펴보고 난 다음에 나중에 나오는 본문들을 살펴봄으로써 두드러진 불일치를 강조할 것이다. 이 단계를 통해 마태의 마음을 헤아릴 수 있는 나의 핵심적인 통찰력을 얻게 된다.

세 번째 요점 역시 두 단계로 전개된다. 첫째 질문은 앞 단계에서 얻은 나의 결론은 단순히 자의적인 요소인가, 아니면 그 결론이 마태의 가장 중요한 주제를 보여주는 것인가? 둘째 질문은 만일 나의 결론이 마태의 가장 중요한 주제를 보여주는 것이라면, 그 주제는 어떤 영속적인 중요성을 갖는 것인가 하는 질문이다.

네 번째 요점과 다섯 번째 요점은 7장에서 마가에 대해 물었던 것과 마찬가지다. 네 번째 요점은 그 모든 것이 마태의 지리적 장소와 상황, 관심과 마태가 초점을 맞추었던 공동체들을 해명하는 데 어떤 역할을 하는가 하는 질문이다. 다섯 번째 요점은 마태복음의 예수가 도전하는 비유로 제시되는가, 아니면 공격하는 비유로 제시되는가 하는 질문이다.

나의 첫 번째 요점은 엉뚱한 질문처럼 보일 것이 틀림없는 질문이다. 예수에 대한 폭력을 인정한다 하더라도, 마태 안에는 예수에 의한 폭력도 있는가? 이 질문은 언뜻 보면, 절대로 아니라고 대답할 것을 요구한다. 도대체 마태 안에 어디에 예수에 의한 폭력이 나온단 말인가 하고 묻게 되는 것이 당연하다. 실제로 마태 1-2장 자체만 본다 해도, 처음부터 그런 오해를 불식시키고 있지 않은가?

우리는 6장을 시작하면서, 비록 신약성서가 예수를 다윗 가문의 메시아 혹은 새로운 다윗으로 말하지만, 과거에 다윗 왕이 자기 백성을 군사적으로 블레셋 족속으로부터 구원했던 것처럼 예수가 현재 자기 백성을 로마로부터 군사적으로 구원할 전사 왕(warrior prince)으로 묘사되지는 않고 있다는 사실을 살펴보았다. 마태 1-2장 역시 예수를 그런 신적인 명령과는 거리가 먼 존재로 묘사하고 있다.

한편으로, 마태 1-2장에서 예수는 다윗 가문의 메시아 혹은 새로운 다윗으로 강조되고 있다. 마태는 자신의 복음을 시작하면서, "아브라함의 자손이요 다윗의 자손이신 예수 메시아(그리스도)의 족보는 이러하다"(1:1)는 말로 시작한다. 그리고 예수의 어린 시절 이야기 전체를 통해서, 마태는 계속해서 예수를 "다윗의 아들"이라고 부르는데, 이것은 마태가 마가와 누가보다 세 배나 자주 그렇게 부르는 것이다—요한은 한 번도 예수를 그렇게 부르지 않는다. 그의 어린 시절 이야기에서는 요셉—양 아버지로서—역시도 "다윗의 아들"로 불린다. 더 나아가, 마태 1-2장에는 "베들레헴"이 예수의 출생지로 다섯 번이나 언급되는데, 마가는 결코 한 번도 그렇게 언급하지 않으며, 요한은 한 번, 누가는 두 번 언급한 것과 비교된다. 마태에게 예수는 새로운 다윗이며 메시아적인 다윗이다.

다른 한편으로는, 방금 본 것처럼, 예수의 어린 시절 이야기의 전체 구조와 구성요소들은 출애굽기 1-2장에 대한 미드라쉬 속의 모세 이야기와 병행을 이룬다. 예수가 새로운 모세라는 주제가 예수를 새로운 다윗으로 보는 관점을 지배하며 포함한다. 그러나 모세는 율법의 수여자(a law giver)이지, 전쟁의 영웅이 아니다. 다시 말해서, 마태에게 모세가 다윗보다 우선한다는 것은 비폭력적인 율법이 폭력적인 전쟁보다 우선한다는 뜻이다.

더 나아가, 마태의 복음 전체에 걸쳐서, 예수는 으레 다양한 적대자들과 논쟁을 벌인다. 그러나 예수는 그들에게 결코 어떤 인간적인 폭력—초월적인 폭력은 말할 것도 없고—을 사용하지 않는다. 예수가 아마도 그런 논쟁에서 "이긴" 것은 예수가 항상 최종적인 말씀을 하기 때문일 것이다. 마태는 예수가 다윗 가문의 메시아로서 어느 때든 마음만 먹으면 신적인 폭력을 불러올 권능이 있다고 생각했을 것이지만, 예수는 한 번도 그런 힘을 사용하지 않는다. 그런 마당에 도대체 마태복음 안에 예수에 의한 폭력이 어디에 있단 말인가?

그러나 나의 첫 단계에 대한 그 두 개의 대답은 다음과 같은 두 번째 질문을 제기하도록 만든다. 폭력에는 다양한 형태, 차원, 방식이 있는가? 여기서 나는 인간의 폭력이 세 개의 연속적인 단계를 거칠 수 있다는 점을 주장할 것이다. 즉 이념적인 폭력으로부터 수사학적인 폭력을 거쳐, 물리적인 폭력으로 다음과 같이 발전할 수 있다는 말이다.

> 이념적인 폭력(ideological violence)은 어떤 사람들, 집단들, 혹은 민족들이 비인간적이며, 인간보다 못한 존재들, 혹은 적어도 자신들이 당연시하는 인간성이 매우 부족한 존재들이라고 생각하는(thinking) 폭력이다.

> 수사학적 폭력(rhetorical violence)은 그런 생각에 기초해서, 그 타자들(others)을 무례하게 비방하며, 조잡하게 욕하며, 경멸적 상투어로 부르거나, 정치적 "반역자" 혹은 종교적 "이단자"라고 불러 그들을 비인간화시키는 언어적(speaking) 폭력이다.

물리적 폭력(physical violence)—그리고 심지어 치명적인 폭력—은 그런 가정에 근거해서, 불법적으로 공격하거나, 아니면 사회적 권력을 얻었을 경우에는 법적이며 정치적인 행동으로 드러내는(acting) 폭력이다.

우리의 속담에는 "몽둥이와 돌맹이는 나의 뼈를 부수지만, 욕설(혹은 말)은 나를 해치지 못한다"는 말이 있다. 이것은 사실이 아니다. 우리의 경험으로는 욕설과 말이 흔히 몽둥이와 돌맹이를 거쳐 화덕과 화장장(특히 나치 포로수용소의 화장장 - 옮긴이)으로 발전한다. 일단 이념과 수사학이 적대자들을 비인간화시키고 나면, 권력은 흔히 그들을 제거하는 것이 의무—심지어 신적인 의무—라고 간주한다. 다시 말해서, 나는 이념에 기초한 수사학적인 폭력을 매우 심각하게 간주해야 한다고 주장하는 것이다.

폭력이 이처럼 확대되는 위험성 때문에, 내가 이 장 전체를 위해서 묻는 기본적인 질문을 반복하자면, 마태의 비유 복음 안에는 예수에 의한 폭력, 좀 더 구체적으로 말해서, 이념에 기초한 수사학적 폭력을 예수가 사용했는가 하는 질문이다.

마태 안에서 예수에 의한 수사학적 폭력이 있는지에 관한 질문에 대답하기 위해서, 나는 이제 두 번째 요점으로 넘어간다. 나는 이것을 두 단계로 설명할 것인데, 첫 번째 대답은 예수가 수사학적으로 폭력적이지 않다는 것이며, 두 번째 대답은 예수가 수사학적으로 폭력적이라는 것이다.

첫 번째 대답은 예수가 수사학적으로 폭력적이지 않다는 것이다. 우선, 우리가 "산상설교"라고 부르는 것(마태 5-7장)에서부터 시작하자. 그러나 마태는 예수가 새로운 모세라는 주제를 계속 전개했다면, 마태 5-7장을 "새로운 모세로서의 예수가 새로운 시내산 위에서 가르친 새로운 토라의 첫 번째 책"이라고 불렀을 것이다.

미리 지적할 요점은 다음과 같다. 오늘날의 광고에서는 주로 "오래된"이라는 말은 경멸적 표현인 반면에, "새로운"은 우수한 것으로 간주된다. 그러나 고대세계에서는 그렇지 않았다. "오래된" 것은 시험을 거친 것으로서 참된 것인 반면에 "새로운" 것은 위험하며 의심스러운 것으로 간주되었다. 예를 들어, 아우구스투스 황제는 자신이 오래된 공화정을 회복시킨다고 주장하면서 실제로는 새로운 왕조 군주정을 만들었다. "새로운" 것이 안전하며 최상이었던 것은 "오래된" 것을 교체하고 폐기했기 때문이 아니라, 오히려 "오래된 것"을 변화시키고 갱신했기 때문이었다. 그래서 마태는 예수로 하여금 다음과 같이 말하게 한다.

> 누구든지 이 계명 가운데 가장 작은 것 하나라도 폐지하고 사람들을 그렇게 가르치는 사람은, 하늘 나라에서 가장 작은 사람이라고 일컬음을 받을 것이요, 또 누구든지 이 계명을 지키며 가르치는 사람은, 하늘 나라에서 큰 사람이라고 일컬음을 받을 것이다. 내가 너희에게 말한다. 너희의 의로운 행실[보다 나은 표현은 '정의' justice]이 율법학자들과 바리새파 사람들의 의로운 행실보다 낫지 않으면, 너희는 하늘 나라에 들어가지 못할 것이다.(5:19-20)

여기서 우리는 하나님 나라 안에서 "가장 작은 사람"에 대해 내부적으로 도전하는 것을 볼 수 있으며, 또한 그 나라 밖의 "율법학자들과 바리새파 사람들"에 대해 외부적으로도 도전하는 것을 볼 수 있다. 여기서 충돌이 일어나는 것은 예수 대 모세가 아니며, "기독교" 대 "유대교"는 더더욱 아니다. 오히려 크리스천 유대교 대 바리새파 유대교, 혹은 마태의 율법 해석 대 율법학자들과 바리새파의 율법 해석 사이의 충돌이다. 그렇다면 마태의 첫 도전에서, 크리스천 유대인들의 "정의"(justice)는 정확히 어떻게 바리새파의 정의를 능가해야 하는가?

마태는 5:17-20의 선언문에 뒤이어 여섯 개의 법적인 반제(antithesis)를 제시하는데, 그 각각에서 오래된 법이 새로운 법으로 포섭되며 바뀐다. 다음 여섯 개의 말씀 요약을 통해서, 우리는 예수 안에서 법의 정의가 완성된 것에 대한 마태의 비전을 볼 수 있다.

살인에 대해(5:21-26): "옛 사람들에게 이르기를 '살인하지 말아라.' 한 것을 너희가 들었다."
"그러나 나는 너희에게 말한다." 심지어 성내지도 말고, 모욕하지 말고, 욕하지도 말아라.

간음에 대해(5:27-30): "'간음하지 말아라' 하고 이른 것을, 너희가 들었다."
"그러나 나는 너희에게 말한다." 심지어 음탕한 생각조차 품지 말아라.

이혼에 대해(5:31-32): "또 '이혼은 허락된다' 하고 말해졌다."

"그러나 나는 너희에게 말한다." 이혼은 "음행한 경우"에만 허락된다.

거짓 맹세에 대해(5:33-37): "옛 사람들에게 이르기를 '너는 거짓 맹세를 하지 말아야 한다' 한 것을 너희는 들었다."
"그러나 나는 너희에게 말한다. 아예 맹세하지 말아라."

보복에 대해(5:38-42): "'눈은 눈으로, 이는 이로 갚아라' 하고 이른 것을, 너희가 들었다."
"그러나 나는 너희에게 말한다. 악한 사람에게 맞서지 말아라. 다른 쪽 뺨을 돌려대라."

사랑에 대해(5:43-48): "'네 이웃을 사랑하고, 네 원수를 미워하여라' 하고 이른 것을, 너희가 들었다."
"그러나 나는 너희에게 말한다. 너희의 원수를 사랑하고, 너희를 박해하는 사람을 위하여 기도하여라."

우리는 이 반제들에서 두 가지 측면을 주목할 수 있다. 하나는 첫 문장의 길이가 서로 달라 긴 것—"옛 사람들에게 이르기를 '~~' 하고 이른 것을 너희는 들었다"—에서부터 짧은 것—"'~~' 하고 이른 것을 너희는 들었다"—을 거쳐 가장 짧은 것—"'~~' 하고 말해졌다"—는 식으로 서로 다르다. 그러나 두 번째 문장은 "그러나 나는 너희에게 말한다"로서, 항상 똑같고 강조적이며 절대적이다.

8장. 수사학적 폭력

그러나 더욱 중요한 측면은 예수에게서 성취된 혹은 갱신된 각각의 법 조항들 모두가 너무 극단적이라서 후대의 기독교는 대체적으로 일반적인 실천에서 그 말씀들을 무시해버렸다는 사실이다. 이런 사실은 그 말씀들이 지닌 희망과 이상으로서의 힘을 결코 부정하는 것은 아니며, 그들의 "정의"가 당시에 살았던 "율법학자들과 바리새파 사람들"의 정의를 능가했을 뿐만 아니라, 그 이후 살았던 대부분의 크리스천들의 정의를 능가했다는 사실을 인정하는 것이다.

지금 마태 안에 나오는 예수의 수사학적 폭력에 관한 질문을 다루면서, 나는 그 여섯 개의 반제들 가운데 첫 번째와 마지막 것을 보다 자세히 살펴보겠다. 이 첫 번째 반제는 단지 살인을 금지하는 것을 훨씬 넘어 다음 세 가지 완성을 보여준다.

> 그러나 나는 너희에게 말한다. 자기 형제나 자매에게 성내는 사람은, 누구나 심판을 받는다.
> 자기 형제나 자매를 모욕하는 사람은, 누구든지 의회에 불려 갈 것이다.
> 자기 형제나 자매를 "바보"라고 (욕)하는 사람은, 누구든지 지옥 불 속에 던짐을 받을 것이다.(5:22)

분노, 모욕, 그리고 욕하는 것은 엄중하게 유죄로 선고되어 하나님의 심판까지 받게 되는 것이다. 실제로 화해의 행동이 제사보다 우선한다. 즉 "너는 그 제물을 제단 앞에 놓아 두고, 먼저 가서 네 형제나 자매와 화해하여라. 그런 다음에, 돌아와서 제물을 드려라"(5:24).

여섯 번째 마지막 반제는 처음의 부정적인 것에서 적극적인 것으로 이동함으로써, 시작할 때(살인에 대해)의 비전을 완성시켜 다음과 같이 그 마지막 명령에서 드러낸다.

> 나는 너희에게 말한다. 너희의 원수를 사랑하고, 너희를 박해하는 사람을 위하여 기도하여라. 그래야만, 너희가 하늘에 계신 너희 아버지(your Father)의 자녀가 될 것이다. 아버지께서는, 악한 사람에게나 선한 사람에게나, 똑같이 해를 떠오르게 하시고, 의로운 사람에게나 불의한 사람에게나, 똑같이 비를 내려 주신다... 그러므로 너희의 하늘 아버지(heavenly Father)께서 완전하신 것과 같이, 너희도 완전하여라.(5:44-45, 48)

여기서 고딕체로 강조한 것은 원수 사랑의 이유와 모델이 정치적인 신중함이나 윤리적인 이상주의 때문이 아니라는 점을 강조하기 위한 것이다. 그것은 그런 방식으로 행동하시는 하나님처럼 되며, 그럼으로써 그 하나님의 자녀가 되기 위한 것이다. 다시 말해서, 예수는 마태의 새로운 법—성취되었고 갱신된 토라—안에서, 원수를 사랑하는 적극적인 비폭력이 하나님의 성격 자체에서 비롯되며 또한 그것을 모델로 삼은 것으로 가르친다.

이제 나의 첫 번째 질문, 즉 예수에 의한 수사학적 폭력이 있었는가 하는 질문에 대한 대답은 절대로 아니라고 대답된 것처럼 보인다. 예수는 이 여섯 개의 도덕적으로 확대되는 말씀들을 시작하는 틀(살인에 대해)에서 어떤 종류의 수사학적 폭력도 엄하게 금지하며, 또한 그 마지막 틀(사랑에 대해)에서는 어떤 종류의 이념적인 폭력도 금지하기 때문이다. 그러나 예수에 의한,

이념에 기초한 수사학적인 폭력이 다행스럽게도 부정적인 대답('없다')으로 시작한다면, 나중에는 불행하게도 똑같이 긍정적인 대답('있다')을 하게 된다. 이것은 이 두 번째 요점에서 두 번째 단계가 될 것이다.

이 또 다른 대답—마태 안에서도—은 예수가 수사학적으로 폭력적이라는 대답이다. 그 새로운 토라를 시작하면서 예수의 처음 명령들 이후에 무슨 일이 벌어지는가를 주의 깊게 살펴보자. 단 하나의 단어에 초점을 맞추어, 비난함으로써 모욕하는 단어이며, 또한 박해자들을 위해 기도하는 것 혹은 원수를 사랑하는 것과는 거리가 먼 단어에 초점을 맞추어보자. 그 단어는 "위선자들"이다. 마태는 그 여섯 개의 명령을 마치자마자, 이어서 다음과 같이 선언한다.

> 그러므로 네가 자선을 베풀 때에는, 위선자들이 사람들에게 칭찬을 받으려고 회당과 거리에서 하듯이, 네 앞에서 나팔을 불지 말아라... 너희는 기도할 때에, 위선자들처럼 하지 말아라. 그들은 사람에게 보이려고, 회당과 큰길 모퉁이에 서서 기도하기를 좋아한다... 너희는 금식할 때에, 위선자들처럼 슬픈 기색을 나타내지 말아라. 그들은 금식하는 것을 남에게 보이려고, 얼굴을 보기 싫게 한다.(6:2, 5, 16)

여기서 반복적으로 나오는 "위선자들"이라는 말은 비록 사람들에 대한 모욕을 금지하고 사랑하는 기도를 요구한 반제들에 곧바로 뒤따라 나오기 때문에 놀랍기는 하지만, "위선자들"이라는 말이 지닌 수사학적 폭력은 참을 만한 것일 수도 있을 것이다. 그러나 마태는 나중에 이런 비난을 지독하게 긴 욕설들로 확대시켜, 모두 예수의 입술을 통한 욕설로 만든다.

> 율법학자들과 바리새파 사람들아, 위선자들아, 너희에게 화가 있다!(23:13)
>
> 율법학자들과 바리새파 사람들아, 위선자들아, 너희에게 화가 있다!(23:15)
>
> 눈먼 인도자들아, 너희에게 화가 있다!(23:16)
>
> 어리석고 눈먼 자들아! ... 눈먼 자들아!(23:17, 19)
>
> 율법학자들과 바리새파 사람들아, 위선자들아, 너희에게 화가 있다!(23:23)
>
> 눈먼 인도자들아!(23:24)
>
> 율법학자들과 바리새파 사람들아, 위선자들아, 너희에게 화가 있다! ... 눈먼 바리새파 사람들아!(23:25, 26)
>
> 율법학자들과 바리새파 사람들아, 위선자들아, 너희에게 화가 있다!(23:27)
>
> 율법학자들과 바리새파 사람들아, 위선자들아, 너희에게 화가 있다.(23:29)
>
> 뱀들아, 독사의 자식들아, 너희가 어떻게 지옥의 심판을 피하겠느냐?(23:33)

내가 지금 강조하는 것은 단지 일반적으로 비열한 욕설에 대한 것이 아니라, 마태 5장의 예수와 마태 23장의 예수 사이의 두드러진 불일치에 관한 것이다. 예수는 이념에 기초한 수사학적 폭력을 절대로 금지하는 것으로 시작하지만, 이처럼 예수 자신이 마태 5장에서 금지했던 것을 마태 23장에서 예수 자신이 정확히 실행하는 것으로 끝내고 있다. 그러므로 문제는 예수가 자신의 마음을 바꾸었는가, 아니면 마태가 자신의 예수를 바꾸었는가 하는 것이다.

나의 세 번째 요점 역시 두 단계를 거친다. 첫 단계는 마태 5장의 예수와 마태 23장의 예수 사이의 모순이 계획에 없던 예외적인 것에 불과한 것인지, 아니면 마태의 예수는 으레 수사학적으로 폭력적으로 묘사되는가 하는 질문이다. 나는 후자의 질문에 대해 그렇다고 대답하며, 그것을 입증하기 위해 세 가지 사례연구를 제시할 것이다. 이 사례연구는 나의 두 번째 단계로 인도하는데, 그 질문은 마태 전반의 수사학적 폭력의 분위기는 사소한 문제인가, 아니면 기독교를 위해 계속적인 중요성을 갖는 문제인가 하는 질문인데, 나는 이 질문에 대해 네 번째 사례연구를 통해 그렇다고 대답할 것이다. 그러나 우선 내가 이 네 개의 사례연구를 어떻게 전개할 것인지를 보여주는 예비적인 정보에서 시작하겠다.

학자들은 마태와 누가가 마가를 자신들의 중요한 자료로서 사용했다는 점에 대해 거의 합의하고 있다. 또한 마태와 누가가 마가 이외에 또 다른 중요한 자료를 사용했다는 점에 대해서도 상당수—거의는 아닐지라도—의견의 일치를 보여준다. 그 또 다른 자료는 마가에는 없지만 마태와 누가에 공통적으로 나오는 병행 본문들을 통해 알 수 있다. 학자들은 이 또 다른 자료를 Q 복음 혹은 단순히 Q라고 부르는데, 이것은 "자료"를 뜻하는 독일어 '크벨레'(Quelle)를 줄인 말이다. 이런 두 가지 결론을 인정한다면, 어떤 사건에 대한 마태의 판본을 그 자료와 비교해 볼 때, 마태가 도대체 어디에서 예수에 의한 수사학적 폭력을 만들 거나 강화시키는지를 가장 쉽게 볼 수 있다.

나의 첫 번째 사례연구는 배척에 대한 대응(reaction to rejection)과 관련된다. 마가의 예수는 그의 동지들에게 만일에 그들이 하나님의 나라를 선포하는 동안에 배척을 받으면 어떻게 해야 하는지를 말한다. 그들의 대응은 최소한의(minimal) 것이어야 한다.

> 어느 곳에서든지, 너희를 영접하지 않거나, 너희의 말을 듣지 않거든, 그 곳을 떠날 때에, 너희의 발에 묻은 먼지를 떨어서, 그들에게 증거로 삼아라. 그들은 나가서, 회개하라고 선포하였다.(마가 6:11-12)

마가에서는 이것이 고작해야 부드럽고 함축적인 위협일 뿐이다. 심지어 이것은 위협이 아니라, 오히려 "우리는 여기서 떠나겠습니다"라는 선언과 같은 것이다. 그러나 마태는 10:15에서 마가의 본문에 매우 노골적인 위협을 덧붙이며, 또한 11:20-24에서는 Q 복음으로부터 또 다른 유죄판결을 인용하여 덧붙인다.

> "누구든지 너희를 영접하지 않거나 너희의 말을 듣지 않거든, 그 집이나 그 성읍을 떠날 때에, 너희 발에 묻은 먼지를 떨어버려라."(마태 10:14; 누가 9:5; 마가 6:11로부터)

"내가 진정으로 너희에게 말한다. 심판 날에는 소돔과 고모라

땅이 그 성읍보다는 견디기가 쉬울 것이다."(마태 10:15; 마태 자신으로부터)

예수께서는 그 때에, 자기가 기적을 많이 행하신 고을들이 회개하지 않으므로, 꾸짖기 시작하셨다. "고라신아, 너에게 화가 있다. 벳새다야, 너에게 화가 있다. 너희에게서 행한 기적들을 두로와 시돈에서 행하였더라면, 그들은 벌써 베옷을 입고, 재를 뒤집어쓰고, 회개하였을 것이다. 내가 너희에게 말한다. 심판 날에 두로와 시돈이 너희보다 더 견디기 쉬울 것이다. 가버나움아, 네가 하늘에까지 치솟을 셈이냐? 지옥에까지 떨어질 것이다. 너 가버나움에서 행한 기적들을 소돔에서 행하였더라면, 그 도시는 오늘까지 남아 있을 것이다.

내가 너희에게 말한다. 심판 날에는 소돔 땅이 너보다 견디기 쉬울 것이다."(마태 11:20-24; 누가 10:12-15; Q로부터)

예수의 언어는 Q에서 폭력적인 독설로 바뀌며, 마태는 이것을 완전히 받아들인다. 더 나아가, 이것은 더 이상 "어느 곳"의 문제가 아니라 매우 구체적이며 그 장소의 이름을 거명하는 문제다. 고라신, 벳새다, 가버나움과 같은 작은 유대인 마을들은 심판 날에 두로, 시돈, 소돔, 고모라와 같은 네 개의 이방인 도시들의 운명보다 더 나쁘게 잘못될 것이다. 이것은 수사학적 폭력이 크게 증가한 것을 보여주어, 기록 순서상으로 마가는 그 이전에 Q 복음과 그 이후의 마태에 의해 괄호 속에 들어가게 되었다 (마가의 부드러운 언어가 마태의 독설로 묻혀지게 되었다는 뜻 - 옮긴이).

두 번째 사례연구는 증거가 될 어떠한 표적도 거절하는 것

(refusal of any proof sign)과 관련된다. 여기서의 패턴은 앞의 사례연구에서와 정확히 똑같다. 사람들은 예수에게 그 자신의 정체성을 증명하고 그의 선포의 타당성을 입증할 하늘로부터의 표적을 보여달라고 요구한다. 그는 하나님으로부터의 어떤 천상적인 증명을 통해 그 자신을 정당화시키라고 도전받는다. 마가에서는 이에 대한 예수의 응답이 절대적이며 간결하다.

> 바리새파 사람들이 나와서는, 예수에게 시비를 걸기 시작하였다. 그들은 예수를 시험하느라고 그에게 하늘로부터 내리는 표적을 요구하였다. 예수께서는 마음 속으로 깊이 탄식하시고서 말씀하셨다. "어찌하여 이 세대가 표적을 요구하는가! 내가 진정으로 너희에게 말한다. 이 세대는 아무 표적도 받지 못할 것이다." 그리고 예수께서는 그들을 떠나, 다시 배를 타고 건너편으로 가셨다.(마가 8:11-13)

이것은 단순하지만 매우 강하게 어떤 증거도 주기를 거절한 것이다. 여기에서는 어떤 비난도 찾아볼 수 없다.

그러나 마태는 또 다시 그의 두 자료, 즉 마가와 Q 복음을 결합시켜, 우리가 방금 마가에서 본 절대적 거절을 예외적인 것으로 만들고, 또한 유죄판결을 내리는 언어가 또 다시 마가의 단순한 진술을 휩싸버린다.

> 그 때에 율법학자들과 바리새파 사람들 가운데 몇 사람이 예수께 대답하여 말하였다. "선생님, 우리는 선생님에게서 표적을 보았으면 합니다." 예수께서 그들에게 말씀하셨다. "악하

고 음란한 세대가 표적을 요구하지만, 이 세대는 예언자 요나의 표적 밖에는 아무 표적도 받지 못할 것이다. 요나가 사흘 낮과 사흘 밤 동안을 큰 물고기 뱃속에 있었던 것과 같이, 인자도 사흘 낮과 사흘 밤 동안을 땅속에 있을 것이다.

심판 때에 니느웨 사람들이 이 세대와 함께 일어나서, 이 세대를 정죄할 것이다. 니느웨 사람들은 요나의 전도를 듣고 회개하였기 때문이다. 그러나 보아라, 요나보다 더 큰 이가 여기에 있다. 심판 때에 남방 여왕이 이 세대와 함께 일어나서, 이 세대를 정죄할 것이다. 그 여왕은 솔로몬의 지혜를 들으려고, 땅 끝에서부터 찾아왔기 때문이다. 그러나 보아라, 솔로몬보다 더 큰 이가 여기에 있다."(마태 12:38-42; 누가 11:16, 29-32; Q로부터; 또한 마태 16:1-4을 보라)

Q 복음의 예수는 마가의 예수보다 훨씬 더 비열하지만, 마태는 마가와 Q를 결합시켜, Q의 정죄하는 언어가 마가의 훨씬 더 온화한 수사학을 휩싸버린다. 예를 들어, 마가의 "이 세대"는 마태에서 "악하고 음란한 세대"로 바뀐다.

세 번째 사례연구는 울면서 이를 가는 것(weeping and gnashing of teeth)에 초점을 맞춘다. 이 사례는 예수의 입술을 통해 나온 가장 비열한 위협들 가운데 하나와 관련된다. 이 본문은 마가에는 나오지 않지만, Q 복음에는 오직 한 번만 나온다.

내가 너희에게 말한다. 많은 사람이 동과 서에서 와서, 하늘 나라에서 아브라함과 이삭과 야곱과 함께 잔치 자리에 앉을 것이다. 그러나 이 나라의 아들들은 바깥 어두운 데로 쫓겨나

서, 거기에서 울며 이를 갈 것이다.(마태 8:11-12; 누가 13:28-29; Q로부터)

마태는 Q 복음으로부터 이처럼 단 한 번 나오는 본보기를 사용하는데, 한 번이 아니라 다섯 번씩이나 사용한다. 이것은 예수의 다섯 비유들의 결론에서 후렴처럼 확대된다.

[1] 가라지 비유(13:24-30, 36-43): 그들은 불 아궁이 속에 던져질 것이며, 거기서 그들은 울며 이를 갈 것이다.(13:42)

[2] 그물의 비유(13:47-50): 그들은 불 아궁이 속에 던져질 것이며, 거기서 그들은 울며 이를 갈 것이다.(13:50)

[3] 큰 만찬의 비유(22:1-14): 그의 손발을 묶어서, 바깥 어두운 데로 내던져라. 거기에서 슬피 울며 이를 갈 것이다.(22:13)

[4] 종들의 비유(24:45-51): 그 종을 몹시 때리고, 위선자들과 함께 둘 것이다. 거기에서 슬피 울며 이를 갈 것이다.(24:51)

[5] 주인의 돈에 대한 비유(25:14-30): 그를 바깥 어두운 데로 내쫓아라. 거기서 슬피 울며 이를 가는 일이 있을 것이다.(25:30)

"울면서 이를 갈 것"이라는 말은 결국 이 비유들을, 임박한 처벌에 대한 경고 혹은 부정적인 본보기로 바꾸어놓는다. 우리는 이미 앞장에서 마가가 크리스천 공동체의 리더십을 통렬하게 비판했으며, 그 공동체 안에서 이름 있는 자들보다는 이름 없는 자들을 드높였다는 것을 살펴보았다. 그러나 마가의 비유에서 열두 제자에 대한 도전은 결코 마태 안에서 보게 되는 것과 같은 수사학적 폭력의 수준으로 확대되지 않았다.

지금까지 살펴본 세 가지 사례들은 모두 위협적인 독설에 관한 것이었으며, Q 복음이 예수의 입술로 말한 수사학적 폭력을 마태가 받아들인 것과 관련된 것들이었다. 나는 이제 나의 세 번째 요점의 두 번째 단계로 넘어가 마태 전반에 걸쳐 이처럼 확대되는 독설의 계속적인 중요성을 평가할 것이다. 나는 네 번째 사례연구를 사용할 것이지만, 그것은 예수에 의한 수사학적 폭력의 단지 하나의 사례가 아니다. 그것은 직접적으로 마태 자신에 의해 만들어진 것으로서, 예수의 입술로 발설한 것이 아니라 예수의 적대자들 자신의 입술로 발설한 것으로 되어 있다.

나의 네 번째 사례연구는 예수의 처형과 관련된다. 예수가 말한 것으로 기록하면서, 마태는 계속해서 언어적 독설의 수위를 높여간다. 그러나 이와 비슷한 것들이 특히 예수의 재판과 처형에서, 예수에게도 가해진다. 나는 여기서 오직 하나의 본보기만을 살펴볼 것이지만, 후대의 역사에서 끔찍한 결과를 초래한 것으로서, 신학적인 반(反) 유대주의로부터 인종적인 반(反) 셈족주의까지 초래한 것이다. 나는 마가의 판본에서부터 시작해서, 마태가 무엇을 바꾸었는지를 살펴보겠다.

[1] 그런데 빌라도는 명절 때마다 사람들이 요구하는 죄수 하나를 놓아 주곤 하였다. 그런데 폭동 때에 살인을 한 폭도들과 함께 바라바라고 하는 사람이 갇혀 있었다.
[2] 그래서 무리(the crowd)가 올라가서, 자기들에게 해주던 관례대로 해 달라고, 빌라도에게 청하였다.
[3] 그러나 대제사장들은 무리를 선동하여, 차라리 바라바를 놓아 달라고 청하게 하였다.

[4] 그리하여 빌라도는 무리를 만족시켜 주려고, 바라바는 놓아 주고, 예수는 채찍질을 한 뒤에 십자가에 처형당하게 넘겨 주었다.(마가 15:6-8, 11, 15)

이 짧은 이야기는 역사라기보다는 비유이다. 마가의 목적은 —유대인들이 66-74년의 끔찍한 로마와의 전쟁 이후에 뒤돌아 보면서—예루살렘은 그릇된 선택을 했다는 점을 말하려는 것이었다. 예루살렘은 비폭력적 혁명가 예수—"하늘 아버지의 아들"—대신에 폭력적인 혁명가 바라바—"아버지의 아들"—를 선택했다는 말이다. 그러나 나의 현재 관심은 도대체 마태가 어떻게 마가의 자료를 채택하여 개작했는가 하는 점이다.

[1] 명절 때마다 총독이 무리(the crowd)가 원하는 죄수 하나를 놓아 주는 관례가 있었다. 그런데 그 때에 바라바라고 하는 소문 난 죄수가 있었다.
[2] 그러나 대제사장들과 장로들은 무리들(the crowds)을 구슬러서, 바라바를 놓아 달라고 하고, 예수를 죽이라고 요청하게 하였다.
[3] 빌라도는, 자기로서는 어찌할 도리가 없다는 것과 또 민란이 일어나려는 것을 보고, 물을 가져다가 무리(the crowd) 앞에서 손을 씻고 말하기를 "나는 이 사람의 피에 대하여 책임이 없으니, 알아서 하시오" 하였다.
[4] 그러자 온 백성(the people as a whole)이 대답하여 말하였다. "그 사람의 피는 우리와 우리 자손에게 돌아올 것이오." 그래서 빌라도는 바라바는 놓아 주고, 예수는 채찍질한 뒤에, 십자

가에 처형하라고 넘겨 주었다.(마태 27:15-16, 20, 24-26)

마태는 두 가지 매우 중요하며 또한 명백한 방식으로 마가의 본문을 바꾸어놓았다. 첫째로, 마가는 그의 기사에서 "무리"(the crowd)를 한결같이 단수 명사로 사용한다(15:8, 11, 15). 그러나 마태는 이것을 발전시켜, "무리… 무리들… 무리… 온 백성"(27:15, 20, 24, 25)으로 만든다. 단순히 "무리"를 "무리들"로 만들 뿐 아니라 그들이 결국에는 "온 백성"이 된다. 이처럼 그 수위를 높인 것은 가장 중요하다. 왜냐하면 "백성"(people)은 그리스어로 '라오스'(*laos*)인데, '라오스'는 단지 그곳에 있던 "사람들"(people)만이 아니라 "온 백성"(the people as a whole, *pas ho laos*)도 뜻하기 때문이다.

둘째로, 마태는, 그리고 신약성서 전체에서 오직 마태만이, 예수의 피에 대한 빌라도의 죄 없음(27:24)과 그 피에 대한 "온 백성"의 책임(27:25)을 대조시키고 있다. 우리는 즉시 마태가 마가를 내부적으로 바꾸고 또한 외부적으로 확장시킨 대목을 볼 수 있다. 마태가 이 주제에 관해 별도의 전승을 갖고 있었다는 증거는 없다. 마태는 오직 마가와 그 자신이 수위를 상승시킨 기록만 갖고 있다. 그러나 이 마지막 본보기에서는 마태가 강조했던 것이 예수로부터의(from) 수사학적 폭력이라기보다는 예수에 대한(against) 수사학적 폭력이었다.

결론적으로, 마태는 예수의 적대자들에 대한 예수의 수사학적 폭력을 강화시켰을 뿐만 아니라, 이 마지막 사례연구에서 보듯이, 이념에 기초한 수사학적 폭력이라는 일반적 분위기가 바로 그 적대자들에 의해 그들 자신들에게 향해지고 있다. 마태의 이 한 문장이 지닌 해로운 함축적 의미를 부정하고 또한 이 문장이 다른 모든 유대인들, 즉 그 이전이나 이후나 영원히, 다른 유대인들 모두에게 적용된 것이 아니며 또한 그렇게 적용할 수도 없다는 것을 주장하기까지 거의 2천 년이 걸렸다.

나의 네 번째 요점은 수사학적 독설이 심해지는 것이 마태의 비유 복음 전체의 시대와 장소, 문제들과 관심을 이해하도록 도와주는가에 관한 것이다. 그리고 다섯 번째 요점은 마태의 예수가 도전하는 비유를 통해 묘사되는가, 아니면 공격하는 비유를 통해 묘사되는가에 관한 것이다. 이 두 질문 모두에 대해 함께 대답할 것인데 그 이유는 이 두 질문이 긴밀하게 연결되어 있기 때문이다.

70년에 로마 군인들이 예루살렘을 파괴한 이후에, 성전의 제사장들과 희생제사를 중심으로 했던 유대교가 랍비들과 토라 연구를 중심으로 영원히 대체되었다. 마태는 이런 패러다임의 변화 과정 속에 그의 복음서를 썼다. 마태는 나중에 "하늘 나라를 위하여 훈련을 받은 율법학자는 누구나 자기 곳간에서 새 것과 낡은 것을 꺼내는 집주인과 같다"(13:52)고 말한 것처럼, 유대교 안의 가족 내부적 충돌(intra-familial clash in Judaism), 즉 크리스천 유대인 율법학자들과 바리새파 유대인 율법학자들 사이의 충돌을 보여준다.

가족 안에서의 다툼은 물론 극도로 가혹할 수 있다. 왜냐하면 적대한다고 해서 결코 완전히 분리할 수는 없기 때문이다. 그러나 그처럼 팽팽한 상황에서조차, 마태는 바리새파의 이론보다는 다음과 같이 그들의 행실을 공격하는 데 치밀하다. 즉 "율법학자들과 바리새파 사람들은 모세의 자리에 앉은 사람들이다.

그러므로 그들이 너희에게 말하는 것은 무엇이든지 다 실행하고 지켜라. 그러나 그들의 행실은 따르지 말아라. 그들은 말만 하고, 실행하지는 않는다"(23:2-3). 그러나 고대의 이런 독설 전략 속에서, 우리는 바리새파 적대자들이 마태에 대해 가졌던 태도 역시 마태가 그들에게 가졌던 것만큼이나 비열했을 것으로 추정해야 할 것이다. 양쪽 편 모두 상대편의 성격을 정확히 묘사하기보다는 과격하게 싸잡아 욕설을 퍼붓고 있었던 것이다.

그러므로 한편으로는, 아마도 1세기에 크리스천 유대교와 바리새파 유대교 사이의 논쟁의 양편에서 수사학적 독설은 서로 비열하고 똑같이 가혹했을 것이다. 다른 한편으로는, 마태가 예수의 입술 위에 얹어놓은(혹은 마지막 사례에서처럼 예수를 향한) 수사학적 폭력에는 매우 특별한 문제가 있다.

이 문제는 단지 Q 복음의 예수에게서 나타난 폭력적 수사학을 마태가 그처럼 열광적으로 그 수위를 높여서, 마가의 예수가 보여주는 좀 더 온화한 언어—심지어 혹은 특별히 마가가 열두 제자를 호되게 비판할 때조차 보여준 온화한 언어를 덮어버린 문제만이 아니다. 중심적인 문제—그리고 나 자신의 비판—는 말하자면 마태 5장과 마태 23장 사이의 현저한 불일치의 문제다. 도대체 어떻게 마태는 예수가 분노, 모욕, 욕설을 금지시키는 것으로 시작하고, 원수를 사랑하며 박해자를 위해 기도할 것을 요구하는 것으로 시작해서, 그 복음의 나머지 부분에 걸쳐서는 정확히 정반대되는 행동을 하는 예수로 묘사할 수 있었는가?

나는 마태가 자신을 유대인 공동체 외부에 존재하는 것으로 생각하지는 않았다고 본다. 실제로 그의 언어의 비열함 자체는 80년대에 크리스천 유대인 학자들과 바리새파 유대인 학자들 사이의 치열한 반목을 시사한다. 그러나 나의 네 번째 질문에 대해 그처럼 대답함으로써, 나의 다섯 번째 질문에 대해서도 대답한 것이 된다.

마태가 예수를 그려 보여주는 것은 도전하는 비유(challenge parable)가 아니라 공격하는 비유(attack parable)이다. 마태의 복음이 공격으로서—특별히 마태 23장 대 마태 5장의 빛에서 볼 때—초래한 불행은 마태가 만들어낸 예수는 궁극적으로 마태 자신이 즐겨 사용했던 욕설—즉 "위선자"라는 욕설—을 예수 자신이 듣게 될 수 있다는 사실이다. 이 사실은 이 장의 기본적인 질문에 대해 매우 분명하게 대답해 준다. 마태의 예수는 자주 수사학적으로 폭력적이지만, 이것은 예수 자신이 아니라, 그 말을 하고 있는 마태가 그런 것이다. 그러나 우리는 마태가 예수를 마태 23장의 공격하는 비유의 예수로 계속해서 바꾸어놓기 전에 마태 5장에서 도전하는 비유의 예수를 정확하게 드러낸 것에 대해 감사해야 한다.

그렇다면 다음은 무엇인가? 마가는 교육적으로 도전하는 비유를 통해 예수를 그리지만, 마태는 예수에 대한 그런 이미지를 바꾸어 논쟁적인 공격하는 비유를 썼다. 누가-행전은 어떤가? 왜 나는 누가에 따른 복음이라고 부르는 것과 사도들의 행전이라 부르는 것을 결합시켜서, 누가-행전에 따른 복음을 말하는가? 이 결합은 도전인가 아니면 공격인가, 아니면 둘 모두인가? 그것이 무엇이든 간에, 그것은 누구를 향해 쓴 것인가?

9장

로마, 그 새로운 예루살렘

누가-행전에 따른 비유 복음

옥타비아누스가 아직 아우구스투스 황제가 되기 이전이었을 때, 그는 "아프로디시아스는 아시아의 모든 도시들 가운데 나의 도시로 선택한 도시"라고 말했으며, 그 도시의 시민들은 이런 영예를 자신들의 극장 벽에 새겨 넣었다. 그리스의 여신 아프로디테는 로마의 여신 비너스였으며, 아우구스투스 황제의 가족들은 비너스 여신의 자손이라고 주장했던 마당에, 그 도시는 역사적으로 정확한 시점에 매우 운이 좋게 황제의 도시로 선택된 것이다. 2천 년이 지나, 그 유적지를 (30년 동안) 발굴하고 아프로디테 신전 문 안에 매장된 터키의 고고학자 케난 에림(Kenan Erim)은 "아나톨리아의 모든 그레코-로만 유적지들 가운데, 아프로디시아스는 가장 눈에 어른거릴 만큼 아름답다"고 주장했다. 또한 시인 하비(L. G. Harvey)는 그 도시가 "영원히 지속될 만큼 아름답다"고 노래했다.

아프로디시아스는 고대의 카리아 지역(소아시아의 서부 지역)에 자리잡았던 도시로서, 현재 터키의 서쪽 에게해 중부 해안으로부터 약 150 마일 내륙으로 들어간 곳에 있다. 1세기 당시에는 이 도시에 독특하며 기념비적인 통문(通門, 아프로디테 신전으로 통하는, 광화문 같은 통문 - 옮긴이)이 있었는데 그 통문 양편이 3층으로 되어 있었다. 양편의 2층과 3층은 얕은 부조(浮彫)로 새긴 조각품들로 장식했는데, 그 조각품들은 그리스 전통과 로마의 지배를 부드럽게 통합시킨 것들이었다. 그 통문은 율리우스-클라우디우스 왕조의 "올림포스의 제국의 신들"(*Theoi Sebastoi Olympioi*)에게 봉헌되었다. 이처럼 제국의 신들을 "올림포스의" 신들이라고 묘사한 것을 나는 생전 처음 이곳에서 보았다.

21세기의 아프로디시아스는—그 파괴된 아우구스테움 혹은 세바스테이온 건축물로부터 나온 얕은 부조들로 인해—세계에서 가장 큰 로마의 얕은 부조 박물관을 갖고 있다. 그러나 나의 현재 초점은 그런 것이 아니라, 1966년에 발견된 그 도시의 유대인 회당에 새겨진 명각(銘刻)에 관한 것이다. 그 명각은 고대 세계로부터 출토된 가장 긴 유대인 명각이다.

200년대 초에는 그 유대인 회당 문기둥의 오른편에 그 회당 건축을 위해 돈을 기부했던 사람들의 이름이 새겨져 있었다. 그 기부자 명단에는 126명의 이름과 각 개인의 가족관계 혹은 직업도 기록되어 있는데, 유대교와의 관계에 따라 세 등급으로 나누어진다. 그 관계들을 비교할 수 있는 통계를 매우 세밀하게 주목할 필요가 있다. 즉 그 기부자들 126명 가운데 69명(55%)은 유대인들이며, 3명(2%)은 "개종자"이며, 54명(43%)은 "하나님을 예배하는 사람들"이다. 여자로서 이름이 기록된 사람은 한 사람

뿐인데, "야엘"이라는 그 여인—사사기 4-5장을 기억나게 한다—은 그 건축사업 전체의 "후원자"로서 제일 먼저 나온다. 그뿐 아니라 "하나님을 예배하는 사람들" 명단에 나오는 처음 아홉 사람은 모두 도시 의회 의원으로 기록되어 있다.

첫 번째 범주는 매우 분명하다. 그들은 유대인으로 태어난 사람들이었다. 두 번째 범주 역시 매우 분명하다. 그들은 이교도에서 유대교로 개종한 사람들이며, 또한 그들이 남자들이기 때문에 할례도 받은 사람들이다. 그러나 그들 가운데 아홉 명이 도시 의회에 속해 있었던 "하나님을 예배하는 사람들"(God-worshipers)은 누구였는가? 그들은 이방인들로서, 남자일 경우에는 할례를 받지 않은 채 남아 있었지만, 유대인들의 유일신 신앙과 유대인들의 윤리를 받아들였고, 회당에 정기적으로 참석했던 사람들이었다.

유대인 철학자 필로는 『특별법』(*The Special Laws*)에서, "제7일에는 모든 도시에서 사람들 앞에서 잔치가 열리며… 신앙과 성결의 규칙들에 의해 하나님을 향한 행동을 규제하며, 인간의 규칙들에 의해 타인들을 향한 행동을 규제했다"(2.15.62-63)라고 썼다. 또한 유대인 역사가 요세푸스는 그의 『유대 고대사』에서, 예루살렘 성전의 재물은 "사람이 살 수 있는 세상에 퍼져 있는 모든 유대인들, 하나님을 예배하는 사람들(*sebomenon ton theon*), 심지어 아시아와 유럽에서 살고 있는 그들"로부터 온다고 지적했다(14.110).

그래도 여전히 아프로디시아스의 통계는 매우 놀라운 것이다. 그 회당을 재정적으로 지원할 마음이 있으며 능력도 있었던 사람들의 거의 절반이 이방인들로서 "하나님을 예배하는 사람들"이었다. 아프로디시아스 회당의 안식일 예배에 참석한 사람들의 절반은 유대인들이며 절반은 이방인들이었는가? 만일 그랬다면, 그것은 하나의 예외적인 경우였는가, 아니면 적어도 로마 제국 동부지역의 어느 도시에서나 볼 수 있었던 상당히 대표적인 모습이었는가? 아프로디시아스가 매우 예외적이었다는 증거는 없다. 따라서 나의 작업가설―증거에 따라 뒤집힐 수 있다―은 "하나님을 예배하는" 이방인들이 상당히 많았던 것이 일반적인 회당의 모습이었다는 것이다.

다시 말해서, 고대세계에서는 한편으로 유대인으로 태어난 사람들 혹은 유대교로 개종한 사람들과 다른 한편으로는 순전한 이방인들 사이에 상당수의 중간집단들이 있었다는 말이다. 더 나아가, 만일 아프로디시아스를 대표적인 사례로 간주할 수 있다면, 이처럼 공개적으로 회당에 참여하는 중간집단에 속하는 "하나님을 예배하는" 이방인들 가운데는 사회적으로 유력한 사람들이 상당수 있었다.

이 장은 앞의 두 장처럼, 다섯 개의 요점들과 다섯 개의 중요한 질문들을 해명할 것이다. 첫 번째 요점은 예비적인 것이다. 왜 나는 누가-행전을 말하는가? 이 둘은 비록 연속적인 책이기는 하지만, 우리가 "누가"라고 부르는 똑같은 저자가 쓴 별개의 책들인가? 아니면 누가복음과 사도행전은 한 작품으로 계획되고 통합된 것인데 단지 두 권으로 출판된 것인가? 만일 그렇다면, 왜 그리고 어떻게, 우리가 현재 사용하는 신약성서에서처럼 둘로 분리되었는가?

두 번째 요점은 앞에서 강조했던 "하나님을 예배하는 이방인들" 문제에 대해 갖는 질문으로서, 우리가 "누가"라고 부르는 이 익명의 저자 자신은 크리스천이 되기 전에 하나님을 예배하는 이방인이었는가 하는 질문이다. 이 질문에 대해 나는 그렇다고 대답하며, 그에 대한 기본적인 증거를 제시하겠다.

    세 번째 요점은 여기서도 두 단계로 나누어, 하나는 부정적이며 다른 하나는 긍정적이다. 첫 번째 단계는 누가-행전이 유대인들과 유대교에 대해 갖고 있는 부정적 태도에 관한 것이다. 첫 번째 책(누가복음)에서 예수를 묘사할 때나, 두 번째 책(사도행전)에서 바울을 묘사할 때나, 유대인들은 폭동을 일으키며 심지어 살기등등한 사람들로 묘사된다. 두 번째 단계는 누가-행전이 로마제국에 대해 갖고 있는 긍정적 태도에 관한 것이다. 이 두 권의 책은 기독교가 어떤 정치-종교적 잘못이나 폭동을 일으키지 않았다고 자주, 노골적으로, 또한 공식적으로 선언한다.

    네 번째와 다섯 번째 요점은 앞에서 마가와 마태의 결론이 되었던 똑같은 질문을 한다. 네 번째 질문은 앞의 두 단계들이 우리로 하여금 두 권으로 된 비유 복음으로서의 누가-행전의 일반적인 목적과 전반적 의도를 이해하는 데 어떤 도움을 주는가 하는 질문이다. 다섯 번째 질문은 누가-행전을 가장 잘 이해하는 것은 도전하는 비유로서인가, 공격하는 비유로서인가, 아니면 그 둘이 어떤 식으로든 결합된 비유로서인가—그리고 만일 그렇다면, 그 각각은 누구를 향한 것인가 하는 질문이다.

    나의 첫 번째 요점은 이 장의 제목, 즉 "누가-행전에 따른 비유 복음"이라는 제목의 타당성에 관한 것이며, 나의 주장처럼 이 두 권의 책이 별개의 작품이 아니라, 두 권으로 이루어진 하나의 비유 복음이라는 주장의 타당성에 관한 것이다.

첫째로, 두 번째 책(사도행전)을 시작하는 말은 첫 번째 책(누가복음)을 시작하는 말과 명백하게 연결되어 있다. 두 권 모두 똑같은 사람 혹은 인격화된 존재에게 헌정되고 있다. 첫 번째 책은 "존귀하신 데오빌로님, 나도 모든 것을 처음부터 정확하게 조사하여 보았으므로, 귀하께 이 이야기를 차례대로 엮어 드리는 것이 좋겠다고 생각하였습니다"(누가 1:3)라고 말한다. 두 번째 책은 "데오빌로님, 나는 첫째 책에서 예수께서 행하시고 가르치신 모든 일을 다루었습니다"(행 1:1)라고 말한다. 이것은 두 번째 책이 첫 번째 책의 보충판으로 의도된 것임을 증명하지만, 아직은 이 책들이 두 권으로 이루어진 단 하나의 복음으로 계획된 것이라는 점을 증명하지는 않는다. 아마도, 첫 번째 책이 그리 성공적이기 않았기 때문에 두 번째 책은 덧붙여진 추가부분일까?

둘째로, 이런 모든 경우들에서와 마찬가지로, 이 책들이 단순히 한 권을 쓴 다음에 또 다른 권을 쓴 것이라기보다는 애당초 두 권으로 계획된 것임을 보여주는 것은 두 번째 책이 어떻게 시작하는가 하는 것이 아니라, 첫 번째 책이 어떻게 끝나는가 하는 문제다. 첫 번째 책은 만일에 두 번째 책이 없다면 불완전한가? 첫 번째 책은 아직도 해결되지 않은 질문들을 남겨놓아 독자들로 하여금 또 다른 책을 기다리도록 만드는가?

누가의 첫 번째 책은 예수가 다음과 같은 명령을 한 후에 하늘로 승천하는 것으로 끝난다. 즉 "보아라, 내가 내 아버지께서 약속하신 것을 너희에게 보낸다. 그러므로 너희는 위로부터 오는 능력을 입을 때까지, 이 성에 머물러 있어라"(누가 24:49) 하는 명령이 그것이다. 이 시점에서는 실제로 우리는 "내 아버지께서 약속하신 것"이 무엇인지, 또한 "위로부터 오는 능력"이 무엇인지 알지 못한다. 다시 말해서, 우리는 실제로 다음을 기다리며, 무슨 일이 벌어질 것인지에 대해 의아한 상태로 남아 있다.

누가의 두 번째 책은 예수의 승천에 관한 또 다른 기사로 시작하지만, 여기서는 그 수수께끼 같은 말들—"약속"과 "능력"—이 모두 설명된다. 첫째로, 그 약속이 무엇인지 설명된다. 즉 "예수께서는 사도들과 함께 계시는 동안에 그들에게 명하시기를 '너희는 예루살렘을 떠나지 말고, 내게서 들은 아버지의 약속을 기다려라. 요한은 물로 세례를 주었으나, 너희는 여러 날이 되지 않아서 성령으로 세례를 받을 것이다' 하셨습니다"(행 1:4-5). 이어서, 능력이 설명된다. 즉 "성령이 너희에게 내리시면, 너희는 권능을 받고, 예루살렘과 온 유대와 사마리아에서, 그리고 마침내 땅 끝에까지, 나의 증인이 될 것이다"(행 1:8). 다시 말해서, 누가 24:49에서 그들이 남아서 기다리도록 했던 것이 여기서 설명되며(행 1:4-5), 그것은 사도행전 2장의 오순절의 성령강림이다.

나는 작업가설로서 누가-행전을 쓴 저자는 이 책들을 두 권으로 된 하나의 비유 복음으로 계획했다고 결론짓는다. 그러나 그렇다면 그는 도대체 왜 처음부터 두 권으로 만들었는가? 우리의 신약성서를 만든 사람들이 그처럼 쉽게 두 권으로 따로 떼어 놓을 수 없도록 왜 처음부터 매우 큰 한 권으로 만들지 않았는가? 그 이유는 평범한 것이었다.

고대의 파피루스 두루마리는 그 길이를 약 10미터 정도까지 만들 수 있었으며, 그 길이보다 길어지면 풀칠한 페이지들이 떨어져나가기 쉬웠기 때문이다. 그래서 고대의 책들은 여러 권

(volumes)—"두루마리"를 뜻하는 라틴어 '볼루멘'(*volumen*)에서 온 말—으로 나뉘었다. 예를 들어, 유대인 역사가 요세푸스는 그의 『유대전쟁』을 위해서 일곱 개의 두루마리가 필요했고, 『유대고대사』를 위해서는 스무 개의 두루마리가 필요했다.

마태, 마가, 요한은 자신들의 복음서를 위해 단지 하나의 두루마리만 필요했다. 그러나 누가의 복음은 그만큼 길어서 두 개의 두루마리를 필요로 했다. 그의 복음은 후대의 전승이 "누가에 따른 복음"과 "사도들의 행전"이라 부른 것을 포함했다. 물론 누가는 두 권으로 된 자신의 복음 사이에 "요한에 따른 복음"이 자리잡고 있는 것을 보면, 매우 놀랐을 것이다.

그러므로 누가복음이라는 현재의 이름에도 불구하고, 누가의 복음이 절대로 누가 1:1-24:53만이라고 생각해서는 안 된다. 만일 그렇게 생각한다면, 우리는 그 목적을 완전히 오해할 것이다. 그러나 지금 다시 강조하는 것은, 누가의 복음이 그 두 권 모두가 하나로 통합되며 전체로서 의도된 것으로서, 우리가 현재 알고 있는 누가 1:1에서부터 사도행전 28:31까지라는 사실이다. 이런 사실 때문에 나는 누가-행전에 따른 복음이라고 불러야 한다고 주장하는 것이며, 나는 항상 그 두 권의 어느 부분을 해석할 때도 그 전체에 비추어서 해석하는 것이다.

나의 두 번째 요점은 2세기 이래로 "누가"라고 불러왔던 그 익명의 저자의 정체성에 관한 것이다. 왜 나는 그 저자가 기독교로 개종한 유대인이 아니라 하나님을 예배하는 이방인이었다고 주장하는가? 다음 두 가지 증거 때문인데, 그가 쓴 두 권의 책 각각에서 찾을 수 있다.

마가에는 나오지 않지만 마태 8:5-13과 누가 7:1-10에 나오는 이야기에서 시작할 것인데, 이 이야기는 요한 4:46-53과는 약간 다른 이야기다. 가버나움의 한 중요한 관리가 자기 집에 있는 누군가를 구원해 달라고 요청하여, 예수는 심지어 멀리 떨어져 있는 상태에서도 그를 즉시 치유해준다. 나의 요점은 예수에게 기적을 베풀어 달라고 요청한 사람이 누구인가에 관한 것이다. 다음은 이 이야기에 대한 세 가지 판본들이다.

마태: 예수께서 가버나움에 들어가셨을 때에, 한 백부장이 다가와서, 그에게 간청하여 말하기를 "주님, 내 종이 중풍으로 집에 누워서 몹시 괴로워하고 있습니다" 하였다.(8:5-6)

누가: 예수께서 가버나움으로 가셨다. 어떤 백부장의 종이 병들어 거의 죽게 되었는데, 그는 주인에게 소중한 종이었다. 백부장은 예수의 소문을 듣고, 유대인의 장로들을 예수께로 보내어 그에게 청하기를, 와서 자기 종을 낫게 해 달라고 하였다. 그들이 예수께로 와서, 간곡히 탄원하기를 "그는 선생님에게서 은혜를 받을 만한 사람입니다. 그는 우리 민족을 사랑하며, 우리에게 회당을 지어 주었습니다" 하였다.(7:1-5)

요한: 거기에 왕의 신하가 한 사람 있었는데, 그의 아들이 가버나움에서 앓고 있었다. 그 사람은, 예수께서 유대에서 나와서 갈릴리로 들어가셨다는 소문을 듣고, 예수께 와서 "제발 가버나움으로 내려오셔서, 아들을 고쳐 주십시오" 하고 애원하였다. 아들이 거의 죽게 되었기 때문이다.(4:46-47)

마태와 요한은 모두 그 관리가 직접 예수에게 요청하도록 만든 반면에, 누가는 간접적으로 요청한다. 누가는 그가 "유대인 장로들"을 통해서 요청하게 만들었는데, 그 이방인이 그 유대인 장로들에게 "회당을 지어주었"기 때문이었다. 누가는 분명히 그 이상적인 하나님 예배자를 묘사하고 칭찬하기 위해 이런 삽입구를 덧붙였지만, 나는 이것이 또한 누가 자신이 크리스천이 되기 이전에 하나님을 예배하는 사람이며 회당의 지지자로서의 지위를 시사하는 것이라고 생각한다.

그 다음으로, 우리가 사도행전이라고 부르는 책 전체에 걸쳐서, 누가는 "유대인들"과 "이방인들"만이 아니라 세 번째 집단, 즉 유대인이거나 이방인 둘 중의 하나(either/or)가 아니라, 유대인이면서 동시에 이방인(both/and)인 중간 집단에 관해서도 말한다. 누가는 이처럼 애매한 개인들 혹은 집단을 네 번에 걸쳐 "하나님을 두려워하는 사람들"(10:2, 22, 35; 13:16)이라고 부른다. 누가는 또한 그들을 네 번에 걸쳐 "예배자들"(13:43, 50; 17:4, 17, 한글개역, 개역개정과 표준새번역에는 "경건한 사람들")이라고 부르며, 또한 보다 완전한 명칭으로 두 번에 걸쳐 "하나님을 공경하는 사람"(16:14; 18:7)이라고 부른다. 또한 누가-행전이 헌정된 사람의 이름이 데오빌로(Theophilus)인데, 이 이름의 그리스어 뜻은 "하나님을 사랑하는 자"(God-lover)라는 뜻임을 기억할 필요가 있다. 그것은 이처럼 회당에 참석하는 이방인들을—개인적으로든 혹은 공동체적으로든—가리키는 세 번째 이름일 수도 있다.

어쨌든 간에, 그런 이방인들은 다음과 같은 본문들에서 유대인들과는 분명하게 구별된다. 즉 "이스라엘 동포 여러분, 그리고 하나님을 두려워하는 여러분"(13:16), "유대 사람과 유대교에 입교한 경건한 사람들"(13:43), "유대 사람들은 경건한 귀부인들을 선동해서"(13:50), "유대인들과... 경건한 그리스 사람들"(17: 1, 4), 그리고 "유대 사람들과 이방 사람 예배자들"(17:17) 등의 본문에서 그들은 유대인들과 분명히 구별된다. 이 모든 본문들에서 "경건한"이라는 말은 그리스어로 "(하나님을) 예배하는 사람들"을 뜻한다.

더 나아가, 그처럼 중간에 있는 "이방인 출신 유대인들"에 대해 누가는 때때로 그들을 직접 "하나님을 두려워하는 사람들," 혹은 "하나님을 예배하는 사람들"이라는 명칭 없이 기술하기도 한다. 예컨대, 사도행전 8:27에 나오는 에티오피아의 내시, 즉 "에티오피아 여왕 간다게의 고관으로, 그 여왕의 모든 재정을 관리하는 사람"으로서 "예배드리러 예루살렘에 왔던" 그는 십중팔구 하나님을 예배하는 사람이었을 것이다.

도대체 왜 누가는 그의 두 권으로 된 복음서에서—또한 신약성서 전체에서 오직 누가만이—그런 이방인 출신 유대인들 혹은 유대교적인 이방인들에 대해 그처럼 노골적으로 관심을 기울이는가? 이 첫 번째 질문에 대한 나의 대답은 단지 학문적 억측이며 학자로서의 추측일 수 있다. 그러나 우리가 지금 누가-행전이라고 부르는 두 권으로 된 복음을 쓴 이 익명의 저자 "누가"는 그가 기독교로 개종하기 이전에 애당초 이방인 출신 하나님 예배자였으며 회당의 지지자였다는 것이 나의 주장이다. 이 질문을 마음 한 구석에 담아두고 다음 논의로 넘어가자. 즉 이방인 출신 하나님 예배자가 기독교로 개종했을 때, 그는 한편으로 유대인 공동체에 대해, 그리고 다른 한편으로 로마제국에 대해 어떤 생각을 가졌을 것인가?

나의 세 번째 요점은 두 단계로 나누어 사례연구들로 전개될 것이다. 첫째로, 나는 누가-행전이 유대교에 대해 보여주는 매우 부정적인 태도를 탐구할 것이다. 그리고 둘째로, 누가-행전이 로마제국에 대해 보여주는 매우 적극적인 태도를 살펴볼 것이다. 나의 초점은 누가의 책에서는 예수에 맞출 것이며, 사도행전에서는 바울에 맞출 것이지만, 나는 항상 누가-행전을 두 권으로 이루어진 하나의 비유 복음으로 생각할 것이다.

누가가 유대교에 대해 매우 부정적인 태도를 보여주는 첫 번째 사례는 우선 나사렛 회당에서 예수를 통해 드러난 구조적 패턴에 관한 것이지만, 이것은 나중에 바울이 오늘날의 터키에 속하는 비시디아 지방 안디옥으로부터 오늘날의 그리스에 속하는 마케도니아 지방 데살로니가의 회당들에서 보여준 것으로 확대된다. 예수와 바울 모두의 경우에서, 그런 부정적인 반응이 왜 그리고 어떻게 형성되었는지를 주의 깊게 살펴볼 필요가 있다.

나는 유대인들의 고향 땅 안에 있는 예수로부터 시작하겠다. 예수는 자신의 고향 나사렛에서 사람들로부터 배척을 당하고, 예언자들은 자기 고향에서 존경받지 못한다고 격언처럼 말한 것을 우리는 기억한다. 이 이야기는 마가(6:1-6)에서 나온 이야기인데, 마태는 이것을 거의 그대로—"목수"를 "목수의 아들"로 바꾸어—베꼈다(13:54-58). 그러나 누가는 예수가 격언처럼 한 말씀을 인용하고(4:23-24), 또한 전체 이야기를 바꾸어서(4:16-30), 이것이 누가-행전 전부를 위한 일관된 강조점이 되게 만든다.

(예수의 공적인 활동에 관한) 이야기를 시작하면서 누가는 예수로 하여금 안식일에 나사렛 회당에 들어가서, 이사야 61:1을 읽고 가난한 사람들과 종살이하는 사람들, 눈먼 사람들과 억

압당하는 사람들을 위한 해방의 희년을 선포하도록 만든다(4: 16-19). 나는 이것이 역사라기보다는 비유라고 생각하는데, 그 이유는 우선 나사렛이 회당 건물을 갖고 또한 예언서 두루마리를 갖고 있었을 만큼 충분히 부유했을 가능성은 극히 희박했다고 보기 때문이다. 어쨌건, 청중들의 즉각적 반응은 매우 좋았다. 즉 "사람들은 모두 감탄하고, 그의 입에서 나오는 그 은혜로운 말씀에 놀라서 '이 사람은 요셉의 아들이 아닌가?' 하고 말하였다"(4:22).

사람들의 이 마지막 질문은 예수를 무시하는 말이라기보다는 사람들의 놀람을 보여준다. 그러나 그 순간에 예수 자신이 공공연한 공격을 시작한다.

> 그래서 예수께서는 그들에게 말씀하셨다. "너희는 틀림없이 '의사야, 네 병이나 고쳐라' 하는 속담을 내게다 대고 말하려고 한다. 너희가 나더러 '우리가 들은 대로 당신이 가버나움에서 했다는 모든 일을, 여기 당신의 고향에서도 하시오' 하고 말하는 줄 안다." 예수께서 또 말씀하셨다. "내가 진정으로 너희에게 말한다. 어떤 예언자도 자기 고향에서는 환영을 받지 못한다."(4:23-24)

도대체 왜 누가는 그처럼 예수를 무시하는 말을 마가 6:2-3과 마태 13:54-57에서처럼, 그 회당의 청중들이 발설하게 만들지 않고 예수가 발설한 것으로 만들었는가? 누가는 계속해서 이보다 더욱 큰 도발을 불러일으키기 위해서 그 말을 사용한 것인데, 더욱 큰 도발 역시 예수의 입술을 통해 나온다.

내가 진정으로 너희에게 말한다. 엘리야 시대에 삼 년 육 개월 동안 하늘이 닫혀서 온 땅에 기근이 심했을 때에, 이스라엘에 과부들이 많이 있었지만, 하나님께서 엘리야를 그 많은 과부 가운데서 다른 아무에게도 보내지 않으시고, 오직 시돈 지방의 사렙다의 한 과부에게만 보내셨다. 또 예언자 엘리사 시대에 이스라엘에 나병 환자가 많이 있었지만, 그들 가운데서 아무도 깨끗함을 받지 못하고, 오직 시리아 사람 나아만만이 깨끗함을 받았다.(4:25-27)

이것은 솔직히 말해서, 예수가 사람들로부터 아무런 도발도 받지 않았음에도 불구하고 도발을 시작한 것이다. 이것은 누가가 사용한 마가 자료 속의 어느 것보다도 상황을 더욱 악화시킨다. 즉 예수가 인용한 사례들에서 구약성서의 유명한 두 예언자들인 엘리야(왕상 17장)와 엘리사(왕하 5장)는 유대인들이 아니라 이방인들을 돕기 위해 보내졌다. 그 힌트는 하나님께서—당시와 지금도?—유대인들보다는 이방인들을 더 사랑하신다는 것이다. 이런 모욕이 초래한 결과는 "회당에 모인 사람들은 이 말씀을 듣고서, 모두 잔뜩 화가 났다. 그래서 그들은 들고 일어나서 예수를 동네 밖으로 쫓아냈다. 그들의 동네가 산 위에 있었으므로, 그들은 예수를 산 벼랑에까지 끌고 가서, 거기에서 밀쳐 떨어뜨리려고 하였다"(4:28-29).

누가가 나사렛 회당에서 이처럼 허구적인 장면을 창작한 것은—맨 처음부터 그리고 패러다임처럼—다음과 같은 신학적 요점을 강조하기 위한 것이다. 즉 동료 유대인들이 처음에는 예수를 받아들였지만, 예수가 하느님께서는 이방인들에게도 관심을 보이셨으며 또한 심지어 이방인들을 유대인들보다 더욱 우선적으로 사랑하셨다는 것을 주장하자, 동료 유대인들의 태도가 급변했다는 점이다. 그 결과 그들은 살기가 등등해서 예수를 죽이려고 난동을 부렸다.

나는 이제 유대인들의 디아스포라 안에서 활동했던 바울을 살펴보겠다. 예수에 대해서는—누가-행전의 시작에서부터—우리가 방금 보았듯이, 유대인 회당에서 하나님께서 이방인들을 우선적으로 사랑하신다는 것이 유대인들의 살기등등한 난동을 초래한 상황이었다. 이런 상황은 분명히 누가의 첫 번째 책에서 또 다시 예수에게 발생하지 않도록 막는 것은 아니지만, 두 번째 책에서는 바울에 대해 가장 중요한 주제가 된다. 누가는 심지어 나사렛 회당에서의 예수에 관한 자신의 기사를 바울의 기사에 관한 패러다임으로 사용하여, 동쪽의 비시디아 안디옥에서, 그리고 서쪽의 데살로니가에서 바울의 모습을 기록했다.

순서	누가의 예수	행전의 바울	행전의 바울
회당의 상황	4:16-17	13:14-16a	17:1-2a
성서의 성취	4:18-21	13:16b-41	17:2b-3
일차적 수용	4:22	13:42-43	17:4
마침내 배척	4:23-28	13:44-49	17:5a
치명적 공격	4:29-30	13:50-52	17:5b-9

이런 병행법은 누가-행전의 메가 비유를 이해하고 평가하는 데 대단히 중요하다. 사도행전에서 유대인들이 바울을 수용한

것에서부터 배척한 것으로 돌아서게 된 정확한 시점을 주목할 필요가 있다.

> 그 다음 안식일에는, 온 도시 사람이 거의 다 주님의 말씀을 들으려고 모여들었다. 그 무리 [즉 13:43의 이방인 하나님 예배자들]를 보고 유대 사람들이 시기심(jealousy)으로 가득차서, 바울과 바나바가 한 말을 반대하면서 비방하였다.(13:44-45)

> 그들 가운데 몇몇 사람이 승복하여 바울과 실라를 따르고, 또 많은 경건한 그리스 사람들과 적지 않은 귀부인들 [즉 이방인 출신 하나님 예배자들]이 그렇게 하였다. 그러나 유대 사람들은 시기하여(jealous), 거리의 불량배들을 모아다가 소요를 일으켜서, 그 도시를 혼란에 빠뜨렸다.(17:4-5a)

누가는 실제로 예루살렘 성전에서 사도들이 설교한 것에 대해 유대인들이 반대한 것을 설명하기 위해서 이미 "시기했다"는 말을 사용했었다. 즉 "대제사장과 그의 지지자들인 사두개파 사람들이, 모두 시기심이 가득 차서 들고일어나, 사도들을 잡아다가 옥에 가두었다"(5:17-18).

요약하자면, 누가는 예수가 자신의 고향 나사렛의 회당에서 겪었던 경험을 출발점으로 삼아서 나중에 바울이 디아스포라 회당들에서 겪게 될 일들을 준비한 셈이다. 유대교가 기독교를 배척한 것을 "시기심" 때문이었다고 바울은 주장한다. 왜냐하면 기독교는 이방인들에게 전도하는 일에 성공하고, 특히 그 중간에 있는 이방인 출신 유대교 하나님 예배자들에게 전도하는 일에 성공했기 때문이다. 누가 4장의 예수로부터 사도행전 13장의 바울을 거쳐 사도행전 17장의 바울에게 이르는 모든 순서는 결국 누가-행전에서 유대인들과 유대교에 대해 부정적이며 비난하는 태도에 관해 매우 조심해야 하며 비판적이어야 한다는 첫 번째 경고다.

한편 바울 자신은 로마서 11:25에서, "이스라엘 사람들 가운데서 일부가" 기독교를 배척한 것은 인간적인 시기심 때문이 아니라 하나님의 신비로 설명했다. 이것은 온건하게 말해서, 우리가 누가에서 보았던 태도와는 상당히 다른 평가다. 다시 말해서, 누가-행전은 1세기 초엽의 예수나 1세기 중엽의 바울에 관해 말해주기보다는 오히려 2세기 초엽의 "누가" 자신에 관해서 훨씬 더 많은 것을 말해준다.

이 첫 번째 단계는 누가-행전이 유대인들과 유대교에 대해 갖고 있는 부정적 태도—처음에는 예수를 통해, 나중에는 바울을 통해—를 보여준다. 나는 이제 두 번째 단계로 넘어가서, 누가-행전이 로마인들과 로마제국에 대해 보여주는 적극적 태도를 설명할 것인데, 처음에는 예수에게, 이어서 바울에게 초점을 맞출 것이다.

누가-행전은 계속해서, 로마는 기독교에 대해 아무런 결함을 발견하지 않고 있으며, 또한 로마의 대표자들은 기독교가 아무런 죄가 없다는 것을 법적으로, 공식적으로, 또한 공개적으로 선언한다고 주장한다. 누가의 예수와 사도행전의 바울 모두 아무런 죄가 없다는 사실이 그들을 만났던 최고의 로마 관리들에 의해 선포되고 있다.

나는 여기에서도 누가의 첫 번째 책에 나오는 예수에게서 시작하겠다. 예수가 로마당국과 직접 대면한 것은 그가 빌라도 총독 앞에서 재판을 받을 때뿐이었다. 모든 복음서 저자들은 빌라도가 예수의 무죄를 선언하도록 만들지만, 누가는, 오직 누가만은, 빌라도가 세 번씩이나 예수가 어떤 범죄도 저지르지 않았다고 주장하게 만든다. 누가는 심지어 빌라도가 예수의 무죄를 선언하는 것을 세고 있는데, 독자들이 그런 강조를 놓칠 것에 대비한 것이다.

> [1] 빌라도는 대제사장들과 무리에게 "나는 이 사람에게서 아무 죄목도 찾지 못하겠소" 하고 말하였다.(23:4)
>
> [2] 빌라도가 ... 말하였다. "당신들은, 이 사람이 백성을 오도한다고 하여 내게로 끌어 왔으나, 보다시피, 내가 당신들 앞에서 친히 신문해 보았지만, 당신들이 고소한 것과 같은 죄목은 아무것도 이 사람에게서 찾지 못하였소. 헤롯도 또한 그것을 찾지 못하고, 그를 우리에게 도로 돌려보낸 것이오. 이 사람은 사형을 받을 만한 일을 하나도 저지르지 않았소." (23:13-15)
>
> [3] 빌라도가 세 번째 그들에게 말하였다. "도대체 이 사람이 무슨 나쁜 일을 하였소? 나는 그에게서 사형에 처할 아무런 죄를 찾지 못하였소."(23:22)

위에서 "세 번째"라고 분명하게 세고 있는 것을 주목할 필요가 있다. 더 나아가, 누가는, 오직 누가만이 예수가 빌라도와 안티파스 앞에 나타난 것으로 만들고 있다.

빌라도와 안티파스는 각각 로마가 임명한 총독이며 로마가 임명한 분봉왕으로서, 예수가 처형될 만한 어떤 범죄도 저지르지 않았다는 사실에 대해 동의한다. 이것은 사도행전 전체에 걸쳐 후렴처럼 반복될 것에 대한 패턴을 설정해 놓고 있다.

나는 이제 누가의 두 번째 책 속에서 바울을 살펴볼 것이다. 그 북소리가 시작되는 것은 엉뚱하게도 로마제국의 키프로스 지방의 수도 바보에서다. 그 총독 "서기오 바울은 총명한 사람이어서, 바나바와 사울을 청해서, 하나님의 말씀을 듣고자 하였다"(행 13:7). 그들은 일시적으로 그들의 적대자 "바예수라고 하는 마법사로서 유대인 거짓 예언자"의 눈을 멀게 했으며, "총독은 그 일어난 일을 보고 주를 믿게 되었고, 주의 교훈에 깊은 감명을 받았다"(13:12). 이것은 역사가 아니라 비유다.(이것 역시 전환의 순간으로서—사도행전 13:9 이후에—"사울"이 "바울이 됨으로써 그의 유대인 이름이 로마식 이름으로 대체된다. 나는 이것이 누가-행전에서 유대교가 기독교가 되고, 또한 예루살렘이 로마가 되는 것에 대한 작은 상징이라고 판단한다.)

바울이 만난 그 다음 총독은 로마제국의 아가야 지방의 수도 고린도에서 만난 갈리오였다. 그는 철학자 세네카의 형이었는데, 네로 황제 때 두 형제 모두 죽었다. 누가-행전에 따르면, 그곳에서 일어난 일은 유대인들과 크리스천들에 대한 이상적인 로마인들의 태도를 묘사해준다.

갈리오가 아가야 지방의 총독으로 있을 때에, 유대 사람이 한 패가 되어 바울에게 달려들어, 그를 재판정으로 끌고 가서, "이 사람은 법을 어기면서, 하나님을 공경하라고 사람들을 선동하고 있습니다" 하고 말하였다. 바울이 막 입을 열려고 하였을 때에, 갈리오가 유대 사람에게 말하였다. "유대인 여러분, 사건이 무슨 범죄나 악행에 관련된 일이면, 내가 여러분의 송사를 들어주는 것이 마땅할 것이오. 그러나 문제가 언어와 명칭과 여러분의 율법에 관련된 것이면, 여러분이 스스로 알아서 처리하시오. 나는 이런 사건에 재판관이 되고 싶지 않소." 그래서 총독은 그들을 재판정에서 몰아냈다. 그들은 회당장 소스데네를 붙들어다가 재판정 앞에서 때렸다. 그러나 갈리오는 이 일에 조금도 참견하지 않았다.(18:12-17)

여기서도 또 다시, 누가-행전의 표준적 고발에 따르면, 말썽을 일으킨 것은 "크리스천들"이 아니라 "유대인들"이지만, 논쟁이 로마의 "법"에 관한 것이 아니라 유대인들의 법에 관한 것이기 때문에, 현명한 총독들은 갈리오처럼 행동해야만 했다. 이것 역시 역사가 아니라 비유다.

이처럼 로마 총독들이 바보와 고린도에서 신중하게 대응한 사건들 이후에, 누가의 합의에 가담하는 새로운 관리는 로마의 소아시아 지방의 수도 에베소의 관리들이었다. 그곳에서는 바울에 대해 폭동을 일으킬 위험이 있었는데, 그 이유는 그 도시의 유명한 아르테미스/다이아나 신전 주변에서 신상(神像)을 만드는 사업에 기독교가 해를 끼쳤기 때문이다.

첫째로, "바울에게 호감을 가진 아시아의 몇몇 고관들도 사람을 보내서, 바울에게 극장에 들어가지 말라고 권하였다"(19:31). 이것은 물론 로마제국의 중요한 지원이었다. 둘째로, 바울의 적대자들이 그 극장에 모였을 때, "에베소 시의 서기장"이 그들에게 엄중히 경고하여 "여러분은 신당 물건을 도둑질한 사람도 아니요 우리 여신을 모독한 사람도 아닌 이 사람들을 여기에 끌고 왔습니다"(19:37) 하고 말했다.

이처럼 로마제국의 관리들이 전부 기독교를 승인한 것이 그 절정에 이르는 것은 바울이 마침내 예루살렘에서 로마인들의 감옥에 수감될 때였다. 누가-행전은 그것이 벌을 주기 위한 수감이 아니라 보호하기 위한 수감이었다고 말한다. 예루살렘의 군사재판관(천부장) 글라우디오 루시아는 "유대인들"이 바울을 죽일 계획을 세웠다는 말을 듣고(23:12-22), "백부장 두 사람을 불러서 명령하였다. '오늘 밤 아홉 시에 가이사랴로 출발할 수 있도록, 보병 이백 명과 기병 칠십 명과 창병 이백 명을 준비하여라. 또 바울을 벨릭스 총독에게로 무사히 호송할 수 있도록, 그를 태울 짐승도 마련하여라' 하고 말했다"(23:23-24). 여기서도 물론 이처럼 치명적인 사태를 일으킨 것은 "유대인들"이었다. (한편 사도행전 22:25-29에서 바울이 로마 시민이라고 선언한 것은 이런 맥락에서였다. 그러나 바울 자신은 고린도후서 11:25에서 "채찍으로 맞은 것이 세 번"이라고 인정하지만, 로마법은 로마 시민들에게 이런 체벌을 금지하고 있었다.)

더 나아가 글라우디오 루시아는 로마 총독에게 자신의 행동을 설명하는 편지까지 썼는데, 누가-행전은 그 편지 내용을 전부 직접 인용하고 있다! 그 편지는 "바울이 유대 사람의 율법 문제로 고소를 당하였을 뿐이며, 사형을 당하거나 갇힐 만한 아무런 죄가 없다는 것을 알았습니다"(23:29)라고 말한다. 더 나아가, 그 편지는 바울이 "로마 시민"이라고 증명한다(23:27).

그 다음에 총독 벨릭스는 바울을 2년 동안 가두어 두었는데, 그 이유는 "그는 바울에게서 돈을 받을까 하고 은근히 바라서, 바울을 자주 불러내어 이야기를 나누었다"(24:26). 즉 이번에는 문제가 바울에게 있는 것이 아니라 벨릭스에게 있었다. (로마 역사가 타키투스는 벨릭스를 폭군이라고 불렀다.) 이처럼 바울은 죄가 없으며 불법적으로 (가이사랴에) 감금되어 있었다.

그 후 새로운 총독 보르기오 베스도가 60년경에 도착했다. "바울이 나타나자, 예루살렘에서 내려온 유대 사람들이 그를 ... 여러 가지 무거운 죄목을 걸어서 고발하였으나, 증거를 대지 못하였다"(25:7). 베스도는 그에게 예루살렘에서 재판받을 것을 제안했으나 바울은 암살당할 것을 염려하여 로마의 네로 황제에게 상소했다. 헤롯 왕조의 아그립바 왕과 그의 누이 버니게가 새로운 총독을 공식적으로 환영하기 위해 가이사랴에 왔을 때, 베스도 총독은 그들에게 "원고들이 일어나서 그를 고발할 죄목을 늘어놓았지만, 내가 짐작한 그런 악한 일은 하나도 없었습니다. 그들이 그와 맞서서 싸우는 몇몇 문제점은, 자기네의 종교와 또 예수라는 어떤 죽은 이에 관한 일인데, 바울은 그가 살아 있다고 주장하였습니다"(25:18-19)라고 말했다.

이어서 바울이 그 세 사람 모두 앞에서 공개적으로 자신을 변호한 후에, 그들은 "그 사람은 사형을 당하거나, 갇힐 만한 일을 한 것이 하나도 없다"(26:31)는 데 동의했다. 즉 아그립바 왕은 베스도 총독에게 "그 사람이 황제에게 상소하지 않았으면, 석방될 수 있었을 것이오"(26:32) 하고 말했다. 누가는 그의 첫 번째 책에서 예수에게 했던 것처럼, 그의 두 번째 책에서는 바울에게도 마찬가지로, 헤롯 왕조의 통치자가 로마 총독과 함께 바울이 고발당한 것에 대해 죄가 없다고 동의하도록 만들었다.

끝으로, 바울에 관한 그 이야기와 크리스천들이 무죄한 것에 대해 로마 관리들이 모두 증명한 것에 관한 이야기는 마침내 바울이 로마에 도착했을 때 그 클라이맥스에 이른다.

> 바울은 자기가 얻은 셋집에서 꼭 두 해 동안 지내면서, 자기를 찾아오는 모든 사람을 맞아들였다. 그는 아무런 방해도 받지 않고, 아주 담대하게 하나님 나라를 전하고, 주 예수 그리스도에 관한 일들을 가르쳤다.(28:30-31)

비록 사도행전 21장부터 28장까지에서, 우리는 감옥에 갇힌 바울이 사슬에 묶인 채로 예루살렘으로부터 로마로 호송되는 것을 지켜보았지만, 도대체 그것이 어떻게 끝났는지에 대해서는 누가가 우리에게 전혀 아무런 말도 하지 않는다. 혹은 그가 누가-행전을 결론짓는 방식으로 그 말을 하는지도 모른다. 누가의 클라이맥스와 같은 선언문은 하나님과 그리스도가 로마 자체 안에서, 로마제국의 어떤 방해도 받지 않은 채 공개적으로 선포되고 있다는 것이다.

우리는 이제까지의 두 단계가 어떻게 합쳐지는가를 볼 수 있다. 누가-행전에게 부정적인 이미지는 난동을 부리며 살기등등한 유대교는 기독교를 적대시한다는 것이다(첫 번째 단계). 따라서, 그 전쟁에서 기독교를—유대교로부터—보호하고 방어한 것은 적극적인 로마의 법과 질서와 행정적인 정의라는 것이다(두 번째 단계).

나의 네 번째 요점은 이제까지의 단계들이 누가-행전의 전반적인 목적과 의도를 정립하는 데 어떻게 도움을 주는가 하는 것이다. 두 권으로 된 비유 복음 전체를 통해서, 기독교를 방어한 것이 어떻게 그 결과가 나타났는가?

누가-행전은 기독교의 무죄를 입증하는 데 두 가지 문제를 안고 있었다. 하나는 외부적이며 정치적이며 종교적인 문제였으며, 다른 하나는 내부적이며 구조적이며 구성적인 것이었다. 그 순서대로 설명하겠다.

첫째로 외부적인 문제였다. 기독교가 만일에 유대교의 보호 우산 아래서 등장했다면, 로마는 이런 질문을 했을 것이다. 즉 "당신들은 유대인들인가 아니면 크리스천들인가? 우리가 관심을 갖는 것은 당신들 모두가 무신론자들이라는 것이다. 즉 우리 제국의 신들을 예배하지도 않으며 존경하지도 않는 사람들이라는 말이다. 당신들 유대인들은 적어도 옛날부터 무신론자들이었기에, 우리는 당신들과 함께 사는 법을 배웠다. 그러나 당신들 크리스천들은 새로운 종류의 무신론자들이 아닌가? 특히 당신들의 종교 창시자를 우리가 처형했기에 하는 말이다." 로마인들은 아마도 "우리가 유대인들은 오래 전부터 알고 있었고 특별한 혜택도 주었지만, 당신들 크리스천들은 도대체 누구인가? 당신들은 새로 나타난 사람들인데, 우리가 당신들에 관해 듣는 것이라곤 온통 문제투성이다. 즉 당신들의 유대인 지도자는 티베리우스 황제 때 문제를 일으켰고, 당신들 크리스천 방화범들은 네로 황제 때 문제를 일으켰으니 하는 말이다. 도대체 당신들은 누구이며 무엇을 하는 사람들인가?" 하고 말했을 것이다. 이처럼 로마제국 안에서 기독교의 존립을 위협하는 이 모든 위험한 질문들에 대해 누가-행전은 어떻게 대답하는가?

근본적인 대답은 크리스천들이 지금은 유일하게 참된 유대인들이라는 것이다. 왜냐하면 유대인들은 그들 자신의 메시아를 배척했으며, 따라서 그들 자신의 운명을 거부했기 때문이다. 따라서 로마가 한때 유대교에 주었던 그 모든 오래된 특혜와 종교적 면제를 완전히 상속받을 사람들은 이제 크리스천들이다. 누가-행전은 기독교가 참된 유대교로서, 결코 갑자기 등장한 새로운 종교가 아니라, 옛적부터 존경받은 종교를 계속 이어가는 유일하게 적법한 종교라고 말한다.

 이것이 누가-행전의 가장 중요한 주제이지만, 우리가 방금 살펴본 것처럼 부수적 주제도 있다. 누가-행전에 따르면, 폭동을 일으키고 폭동을 위협하는 것은 결코 크리스천들—항상 평화로운—로부터 오는 것이 아니라, 유대인들—항상 시기심이 많은—로부터 오는 것이다. 누가-행전이 주장하는 이런 사실은 로마 제국에게, 유대인들의 본토에서 66-74년에 벌어진 반(反) 로마 유대전쟁을 상기시키지 않았겠는가? 그리고/혹은 누가-행전의 기록 연대에 달려 있지만, 유대인들의 디아스포라에서 115-117년에 벌어진 반(反) 로마 전쟁을 로마인들에게 상기시키기 않았겠는가? 그 전쟁들은 실제로 그리고 잠재적으로 로마의 반(反) 유대교 정책으로 작용할 수 있었다. 어쨌건 간에, 유대교라고 주장하는 것이 이제는 폭동을 일으키기 일쑤이기 때문에, 만일에 평화로운 기독교가 유대교의 진정한 연속이라면, 로마제국으로서는 어떻게 "옛" 유대교를 배척하고 대신에 기독교를 "새로운" 유대교로 받아들이지 않을 수 있겠는가? 그리고 "옛" 유대교에 특혜를 주었던 모든 관용을 이제는 "새로운" 유대교에 주지 않을 수 있겠는가?

 다음으로 내부적인 문제는 누가-행전을 비교하는 데서 생기는 문제다. 종교-정치적 차원에서 기독교가 유대교로부터 등장하면서 그런 방어적인 선언문이 필요했다고 인정할지라도, 여전히 구조적이며 구성적인 차원에서 누가-행전은 큰 문학적인 난관을 안고 있었다. 다시 말해서, 나는 네 번째 요점의 첫 번째 단계에서부터 이제는 그 두 번째 단계로 넘어가겠다.

잠시 동안, 누가가 그의 두 권으로 된 복음서를 작성하려고 준비할 때 안고 있었던 문학적 문제들에 관해 생각해보자. 예수는 그 첫 번째 책이 끝나면 사라질 것인데, 그렇다면 두 번째 책의 주인공은 누구로 삼을 것인가? 열두 제자들인가, 베드로와 바울을 나란히 두 주인공으로 할 것인가, 아니면 바울 혼자만 주인공으로 할 것인가? 이 두 번째 주인공은 예수와 위험한 병행법을 만들어내어, 그 둘이 동등한 "주인공들"로 만들어지는 것은 아닌가? 아래에서, 이처럼 구성적인 도전에 대해 누가-행전이 어떻게 두 가지 서로 엮어진 주제들(motifs)—여행이라는 주제와 성령이라는 주제—을 갖고 풀어나갔는지, 특히 그가 그 둘을 어떻게 결합시켜 성령의 여행(the journey of the Spirit)으로 풀어나갔는지를 주목해서 살펴볼 필요가 있다.

누가-행전의 첫 번째 책은 갈릴리로부터 예루살렘으로의 길고도 느린 여행을 기록하고 있는데, 마지막은 예루살렘에서 "열한 제자와 또 그들과 함께 있던 사람들이 모여 있었고… 늘 성전에서 하나님을 찬양하며 지냈다"(누가 24:33, 53)는 말로 끝난다. 두 번째 책은 예루살렘으로부터 로마까지의 길고도 느린 여행을 기록하고 있는데, 마지막은 바울이 "아무런 방해도 받지 않고, 아주 담대하게 하나님 나라를 전하고, 주 예수 그리스도에 관한 일들을 가르쳤다"(행 28:31)는 말로 끝난다. 그 개요는 다음과 같다.

첫 번째 책(누가)	두 번째 책(사도행전)
갈릴리에서	예루살렘에서
(3:1-9:50)	(1:1-7:60)
갈릴리로부터 예루살렘까지	예루살렘부터 로마까지
(9:51, 53; 13:22-23, 33-34; 17:11; 18:31; 19:11, 28)	(8:1-28:14a)
예루살렘에서	로마에서
(19:29-24:53)	(28:14b-31)

첫 번째 책에서—위의 성경구절들이 보여주듯이—우리는 예수가 예루살렘을 향해 멀고도 느리며 엄숙하게 행진해가고 있다는 것을 계속해서 상기하게 된다. 두 번째 책에서도 비슷한 과정을 볼 수 있는데, 유대 지역에서 출발해서 사마리아를 거쳐 시리아의 안디옥까지(8:5; 9:31; 11:19), 안디옥에서 키프로스를 거쳐 갈라디아까지(13:1-14:6), 갈라디아에서 그리스를 거쳐 아시아까지(15:40-19:41)의 여행이다. 그러나 바울은 다시 예루살렘으로 돌아와서 그의 마지막 여행을—사슬에 묶인 채—예루살렘에서부터 로마까지(21:17-28:14a) 한다.

이 개요에서, 예루살렘이 누가의 두 권으로 된 복음 비유의 중심이라는 것을 알 수 있다. 만일 우리가 오직 그 첫 번째 책만이 누가의 복음을 구성하는 것으로 오해해서 읽는다면, 우리는 그 결론을 완전히 틀리게 해석하게 된다. 즉 그 마지막 구절에서 예수의 동지들은 예루살렘에 있으며, "늘 성전에서 하나님을 찬양하며 지냈다"(누가 24:52-53).

만일 이 구절이 누가의 복음의 끝이라고 간주한다면, 크리스천 유대교는 분명히 유대교, 예루살렘, 그리고 그 성전 안에 확고하게 자리잡은 것이 된다. 그러나 누가 24:52-53은 최종 구절이라기보다는 연결고리인 셈이다. 그 구절은 결론이 아니라 다음 책으로 넘어가는 구절이다. 누가-행전에게 "복음"은 유대교가 기독교에게 자리를 넘겨주었다는 것이며, 로마가 그동안 유대교에 주었던 모든 특혜를 이제는 기독교에게 주어야 한다는 것이다. 로마가 이제 하나님의 새로운 거룩한 도시였다. 로마는 새로운 예루살렘이었다.(이것은 물론 "뉴스"였을 것이지만, 바울, 혹은 마가나 마태에게는 "기쁜 소식"이 아니었다.)

나는 이제 누가-행전의 여행(journey) 주제로부터 성령(spirit) 주제로 넘어가겠다. 앞에서 언급한 것처럼, 누가는 그의 첫 번째 책에서 다룬 여행하는 예수와 그의 두 번째 책에서 다룬 여행하는 바울 사이에 어떤 균형 잡힌 병행구를 만들어, 마치 바울이 예수만큼이나 중요한 인물로 부각되는 것을 원하지 않았다. 그의 해결책은 무엇이었나? 여행하는 것은 성령이었다는 점을 강조하는 것이었다. 그래서 각각의 책은 성령이 지상으로 내려온 것으로 균형을 맞추어 시작해야만 했다.

첫 번째 책의 시작부분에서, 세례자 요한은 예수에게 세례를 베풀었고, "성령이 비둘기 같은 형체로 그의 위에 내려오셨다"(누가 3:22). 그 다음에 "예수께서 성령이 충만해서, 요단 강에서 돌아오셨다. 그리고 성령에 이끌려 광야로 가셨다"(4:1). 두 번째 책의 시작부분에서, 오순절에 성령이 마치 불길의 갈라진 혀들(tongue of fire)처럼 눈에 보이게 내려왔고 열두 제자는 "모두 성령으로 충만했다"(2:1-4). 그 후에 성령은, 예수의 경우보다 훨씬 더 뚜렷하게, 신학과 지리 모두를 장악했다. 예를 들어 "성령과 우리에게 기뻤습니다"(15:28)라는 신학적인 장악과 다음과 같은 지리적 장악이다.

> 그들이 주께 예배를 드리며 금식하고 있을 때에, 성령이 그들에게 말씀하셨다. "너희는 나를 위해서, 바나바와 사울을 따로 세워라. 내가 그들에게 맡기려 하는 일이 있다." 바나바와 사울은, 성령이 가라고 보내시므로, 실루기아로 내려가서, 거기에서 배를 타고 키프로스로 건너갔다.(13:2, 4)

> 성령이 아시아에서 말씀을 전하는 것을 막으시므로, 그들은 브루기아와 갈라디아 지방을 지나, 무시아 가까이 이르러서, 비두니아로 들어가려고 하였으나, 예수의 영이 그것을 허락하지 않으셨다.(16:6-7)

이것은 사도행전 1:2부터 28:25까지 계속 북소리처럼 울리는 성령에 대한 증언의 단지 한두 가지 사례일 뿐이다.

누가-행전은 여행과 성령의 주제를 결합시켜, 첫 번째 책에서는 하나님의 거룩한 성령이 갈릴리에서부터 예루살렘으로 여행하고, 두 번째 책에서는 예루살렘으로부터 로마로 여행한 것에 대해 기록하고 있다. 누가-행전의 저자에게 "복음"은 성령이 그 사령부를 예루살렘으로부터 로마로 옮겼다는 것이다. 로마는 새로운 예루살렘이다.

그것을 이런 방식으로—그러나 문자적인 방식으로는 아니다—상상해보자. 누가-행전은 실제로 바울이 로마의 제국법정 속으로 가져온 기독교를 위한 변론 요지(defense brief)다. 다시 말해서, 누가-행전은 기독교가 로마제국에 맞서는 것이 아니라 그

제국 안에 있다고 선전한다. 이것은 누가-행전이 로마 기독교와 콘스탄티누스 황제라는 미래를 향해 나아간 첫 번째 움직임이었다는 말이다. 누가-행전은 기독교가 로마와 어울리기에는 문제들이 있다는 것을 모르지 않았지만—결코 모르지 않았다—그런 문제들은 팍스 로마나(Pax Romana)를 부정함으로써 해결될 것이 아니라 팍스 로마나와 타협함으로써 해결되어야 한다는 것이다.

나는 마침내 이 장의 다섯 번째 요점으로 넘어간다. 이제까지의 모든 분석과 특히 유대교와 기독교에 관한 그 중대한 주장을 인정한다고 할 때, 누가-행전에 따른 복음은 어떤 형태의 비유인가? 그것은 마가가 예수의 열두 제자와 예수의 가족 친척들에게 했던 것처럼 내부적으로 도전하는 비유인가? 아니면 마태의 크리스천 유대교가 바리새파 유대교에 맞서서 선포했던 것처럼 내부적으로 공격하는 비유인가? 실제로 누가-행전은 공격하는 비유이며 동시에 도전하는 비유이지만, 그 두 측면이 내부적인 것이라기보다는 오히려 외부적으로 향해 있는 것이며 그 둘이 모두 긴밀하게 통합되어 있다.

첫째로, 누가-행전은 공격하는 비유다. 누가-행전 안에서의 예수의 모습은 무엇보다 유대교에 맞서서 공격하는 비유로서 드러난다. 그러나 그 모습은 마태가 예수를 묘사했던 것과는 매우 다르다. 누가-행전은 유대교 내부의 관점이라기보다는 오히려 외부의 관점이다. 왜냐하면 "누가"는 "마태"와 달리, 유대교로부터 완전히 벗어나 있다. 이방인 출신으로 하나님을 예배하는 사람이었다가 기독교로 개종한 그는 유대교의 유효성이 이제는 기독교 속으로 흡수되었고 따라서 기독교에 의해 대체된 것으로 생각했다.

한편으로 누가-행전의 공격은 마태에서 분명히 드러나는 것처럼 가혹하고 독설적이지는 않다. 예를 들어, "위선자들"이라는 말 하나만 생각해보자. 마태는 그 말을 열여섯 차례나 사용하지만(6:2-16; 15:7; 22:18; 23:13-29; 24:51), 누가는 단 두 번만 사용한다(12:56; 13:15).

다른 한편으로, 비록 마태의 내부적인 공격은 바리새파 유대교에 대한 크리스천 유대교의 반대를 보여주지만, 누가-행전의 외부적인 공격은 유대교에 대한 기독교의 반대를 보여준다. 하나님을 예배하는 사람으로서 "누가"는 유대교와 유대교가 사용하는 그리스어 번역 성서를 매우 잘 알고 있었지만, 이방인으로서(그리고 로마 시민으로서?) 그의 비전은 크리스천 유대교(a Christian Judaism)의 비전이 아니며 혹은 유대적인 기독교(a Jewish Christianity)의 비전도 아니었던 반면에, 로마적인 기독교(a Roman Christianity) 혹은 심지어 크리스천 로마(a Christian Rome)의 비전이었다.

누가-행전은 또한 도전하는 비유이지만, 외부적으로 로마 당국에 도전하는 비유다. 그 도전의 첫 번째 중요한 요소는 물론 로마가 기독교—유대교를 대체한 것으로서—를 받아들이고, 한때 유대교에게 허락해주었던 제국의 관용과 면제들을 기독교에 주어야 한다는 도전이다. 이 도전은 누가-행전의 마지막 문장에 요약되어 있는데, 여기서 바울은 로마에 머물면서 "아무런 방해도 받지 않고, 아주 담대하게 하나님 나라를 전하고, 주 예수 그리스도에 관한 일들을 가르쳤다"(28:31)고 말한다.

물론 로마의 표준적인 사회 규범들에 대해 윤리적으로 도전하는 몇 가지 요소들도 있다. 예를 들어, 다음 개종 이야기에서 강조된 것이 무엇인지 주목해보자. "가이사랴에 고넬료라는 사람이 있었는데, 그는 이탈리아 부대라는 로마 군대의 백부장이다. 그는 경건한 사람(그리스어로 '예배하다'는 동사에서 온 말)으로 온 가족과 더불어 하나님을 두려워하는 사람이다"(행 10:1-2a). 다시 말해서 고넬료는 이방인으로서 하나님을 예배하는 사람, 혹은 하나님을 두려워하는 사람이었다. 그러나 그의 성격에 관해 세 차례나 강조한 것이 무엇인지를 주목해보자.

> 그는 경건한 사람으로 온 가족과 더불어 하나님을 두려워하며, 유대 백성에게 자선을 많이 베풀며, 늘 하나님께 기도하는 사람이다... 하나님의 천사가 ... "네 기도와 자선 행위가 하나님 앞에 상달되어서, 하나님께서 기억하고 계신다." ... 갑자기 어떤 사람이 눈부신 옷을 입고 ...[말했다] "고넬료야, 하나님께서 네 기도를 들으시고, 네 자선 행위를 기억하고 계신다."(10:2-4, 31)

누가-행전은 로마가 연민의 마음으로 자선 행위를 하도록, 즉 자비로운 아량을 베풀도록 도전한다―분배 정의를 실천하도록 도전하는 것은 아니다. 물론 로마는 자선을 요구한 사람들을 십자가에 처형하지는 않았지만, 정의를 요구한 사람들은 처형했다.

결론적으로 요약하자면, 누가-행전은 유대교에 대한 공격이며, 동시에 로마에 대한 도전이다. 다시 말해서, 누가-행전은 두 개의 전선에서 동시에 작전을 펼치고 있는데, 한편으로는 기독교 속으로 흡수된 것을 제외하고는 유대교를 배척하고 모욕하고, 다른 한편으로는 기독교의 로마가 맞이할 미래를 선포하며 축하한다. 마가의 예수는 도전하는 비유를 통해 설명되고, 마태의 예수는 공격하는 비유를 통해 전달되며, 누가-행전의 예수는 공격하는 비유와 도전하는 비유를 통해 묘사되는데, 우리는 마침내 요한에게 이르렀다. 다음의 마지막 질문은 "요한에 따른 복음은 어느 형태의 비유인가?" 하는 질문이다.

10장

하나님의 환상적인 꿈

요한에 따른 비유 복음

우리가 세계 문화유산을 생각할 때는 대개 고대 유적지들을 상상하게 된다. 그러나 한 곳은 결코 그렇지 않다. 그곳은 탁 트인 사반나 지역에 그 국가의 새로운 수도로 계획된 도시다. 그 도시는 고작 50년밖에 되지 않았지만 거의 즉각적으로 세계문화유산이 되었다. 그 도시가 오래된 것이라는 것을 보여주는 유일한 것은 라틴어로 된 그 이름 브라질리아뿐이다. 브라질의 수도인 것이다.

그 도시의 중앙에 자리잡고 있는 텔레비전 탑의 전망대에서 동쪽을 바라보면, 우리가 그 도시의 디자인에 영감을 준 비행기 모양의 꼬리 부분에 올라타고 있다는 상상을 하게 된다. 우리의 앞쪽 양편으로는, 똑같이 균형을 맞추었으며 의도적으로 이름을 붙인 "북쪽 날개"와 "남쪽 날개"가 펼쳐지는데, 둘로 나누어진 이런 도시 구역들은 그 비행기의 중앙 조종실에서 뒤편으로 멋지게 뻗어나와 있다. 그 조종실의 중앙축 양편으로 늘어서 있는 정부 청사 건물들은 수많은 유리창이 마주보는 도미노들이 길게 누워있는 모습이다. 그 청사들은 그 비행기의 코 부분에 있는 조종실 중앙을 향해 빽빽하게 열을 맞추어 행진하는 것처럼 보인다. 그 "삼권 구역"에는 사법부, 입법부, 행정부가 들어서 있는데, 이 세 구역이 브라질리아라는 비행기 모양의 도시와 브라질 연방을 통치한다.

나의 초점은 그 "남쪽 날개" 바로 앞에, 국립박물관과 국립도서관과 함께 있는 매우 아름다운 건물이다. 그 건물은 브라질의 국립대성당(Catedral Metropolitana Nossa Senhora Aparecida)으로서, (올림픽 봉화탑 모양의) 그 원으로 이루어진 디자인, 콘크리트로 된 갈빗대 기둥들, 그리고 채색유리로 된 전체적인 아치는 마치 손을 들고 기도하는 것처럼 보인다. 우리가 그 건물을 들어갈 때는 밖에서 지하로 들어간 후에 위로 올라가 안으로 들어가게 된다. 왜냐하면 입구를 만들 경우 그 유리로 된 원의 형태를 깨트릴 것이기 때문이다.

우리가 그 아래로 내려가는 계단으로 가기 위해서는 네 명의 복음서 저자들의 엄숙한 동상들 사이로 지나가야 하는데, 그 동상들은 조각가 알프레도 체시아티가 만든 것들로 실물의 두 배 크기로 된 청동상들이다. 그 동상들은 입구에서 예상하듯이 양편에 둘씩 나누어서 세워져 있지 않다. 또한 네 동상이 모두 한 편에 세워져 종교-정치적 선언을 하기 위해 정부 청사들을 직면하고 있지도 않다. 오히려 동상 셋은 그 입구의 한 편에 세워져 있고, 다른 편의 한 동상을 바라보고 있다.

동편에 있는 셋은 학자들이 공관(共觀 synoptic) 복음서 저자들이라 부르는 사람들인데, 그렇게 부르는 이유는 우리가 그들의 본문들을 함께 나란히 병행하는 칼럼들로 만들어 볼 수 있기 때문이다. 처음 만나는 동상은 마태의 동상인데, 그는 오른쪽 어깨에서부터 왼쪽 엉덩이까지 몸 전체를 가로질러 펼쳐진 두루마리를 두 손으로 받들고 있다. 그 다음의 마가는 가슴을 노출한 채, 아래로 쳐진 오른 손에 닫혀진 두루마리를 들고 있으며, 왼손 역시 아래로 쳐진 채 손을 벌리고 간청하는 모습이다. 끝으로 누가 역시 그의 아래로 쳐진 오른 손에 닫혀진 두루마리를 들고 있으며, 그의 왼손은 가슴에 대고 있으며 그의 머리는 예배를 위해 베일을 쓰고 있다. 그 입구의 서쪽에는 그 세 명의 공관복음서 저자들을 바라보고 있는 요한의 동상이 서 있다. 그러나 요한은 그 세 사람과 달리, 그의 왼손에 그의 두루마리를 들고 있으며, 그의 들어올린 오른손은 손바닥을 그 세 사람을 향해 있어서 마치 선생과 증언자의 권위적인 제스처를 보이고 있다. (우리는 오늘날 법정에서 진실을 맹세하는 똑같은 제스처를 하고 있다.)

이 조각들에서 네 명의 복음서 저자들 모두는 저자들로 묘사되어 있지만, 다른 사람들을 가르치는 것은 오직 요한뿐이다. 마태, 마가, 누가에 대해 증언하는 것은 요한이다. 이런 주장은 이 장을 쓰게 된 나의 질문을 낳은 셈이다. 만일 공관복음서들이 각각 나사렛 예수에 관한 메가 비유—도전하는 비유이며/혹은 공격하는 비유이든—로 창조되었다면, 요한의 비유는 다른 비유들을 어떻게 "가르치는가"? 그것은 도전하는 비유로 가르치는가 아니면 공격하는 비유로 가르치는가? 더욱 중요한 질문은 요한의 비유가 다른 비유들을 올바르게 가르치는가 아니면 틀리게 가르치는가? 그러므로 이 장 전체에 걸쳐서, 브라질리아의 국립대성당에 서 있는 복음서 저자들의 도발적인 모습은 계속해서 우리의 눈에 볼 수 있는 모체로 남아 있을 것이다.

이 장 역시 다섯 개의 서로 연결된 요점들을 중심으로 전개될 것이다. 나의 첫 번째 요점은 요한이 공격하는 비유인가 아닌가 하는 질문에 관한 것이다. 만일 그렇다면, 무엇을 공격하고 있으며 누구를 향한 공격인가? 또한 그 공격의 초점은 우리가 이미 살펴본 마태와 누가의 공격들과 어떻게 비교되는가?

나의 두 번째 요점은 요한의 비유 복음의 서문에 관해 짧게 탐구하는 것이다. 요한의 전주곡 전부(1:1-18)는 공관복음서들의 전주곡, 즉 마가(1:1-8), 마태(1-2), 누가(1-2)의 전주곡들과 어떻게 비교되며, 어떻게 그 전주곡들에 도전하는가? 이 문제를 탐구하면 그 다음 세 번째 요점을 탐구하기 위한 작업가설을 제공해준다. 세 번째 요점은 요한이 예수의 생애와 죽음과 부활과 "재림"을 이해한 것이 공관복음 전승, 즉 마가, 마태, 누가의 이해와 비교해서 어떻게 다른가 하는 질문에 관한 것이며, 네 단계로 이루어져 있다.

네 번째와 다섯 번째 요점은 앞의 세 장에서 확립된 패턴을 따른다. 네 번째 요점이 질문하는 것은 앞의 결론들이 요한의 비유 복음의 전반적인 목적과 일반적인 의도에 관해 무엇을 드러내는가 하는 질문이다. 다섯 번째 요점이 질문하는 것은 요한에게는 공격과 도전이 어떻게 결합되어 있는가 하는 질문이다. 만일 공격이라면, 누구를 향한 것이며, 만일 도전이라면 누구를 향한 것인가?

첫 번째 요점의 질문은 대답하기가 매우 쉬운 것처럼 보인다. 요한의 복음서를 읽고 나서 곧바로 갖게 되는 인상은 이 책이 공격하는 비유로서, 마태와 누가 모두와 명백하게 병행하는 책이라는 것이다. 우리는 8장에서 마태의 공격이 크리스천 유대교로부터 바리새파 유대교를 향한 공격이었다는 것을 살펴보았다. 다시 말해서, 마태는 여전히 유대교 내부에(inside) 있었다. 또한 9장에서는 누가의 공격이 이방인 기독교로부터, 특히 하나님을 예배하는 이방인 기독교로부터 전통적인 유대교 자체에 대한 공격이라는 것을 살펴보았다. 다시 말해서, 누가-행전은 이미 유대교 바깥에(outside) 있었다. 이제는 요한이 어떻게 마태와 누가를 결합시켜서, 실제로, 그의 공격을 부분으로부터 전체로, 말하자면 "바리새파" 혹은 "대제사장들"에 대한 공격으로부터 단순히 "유대인들" 전체로 (마치 예수와 그의 동지들은 "유대인들"이 아니었던 것처럼) 그 공격의 수위를 높였는지를 주목해야 한다.

첫째로, 바리새파와 관련해서, 요한은 마태만큼이나 그들을 비난하며, 실제로는 마태보다 더욱 격렬하게 비난한다. 예를 들어, 요한 7-9장에 나오는 예수와 바리새파 사이의 충돌은 이렇게 그 결말이 지어진다. "예수와 함께 있는 바리새파 사람들이 … '우리도 눈이 먼 사람이란 말이오? 하고 그에게 말하였다. 예수께서 그들에게 말씀하셨다. '너희가 눈이 먼 사람들이라면, 도리어 죄가 없었을 것이다. 그러나 너희가 지금 본다고 말하니, 너희의 죄가 그대로 남아 있다'"(9:40-41). 그러나 눈이 먼 사람들이라는 비난은—이미 마태 23장에서 반복해서 본 것처럼—바리새파 사람들에 대한 요한의 가장 심한 공격은 아니다.

보다 심하게 요한은—오직 요한만이—단지 대제사장들만이 아니라, 바리새파를 예수의 죽음과 직접 연관시킨다. 그리고 이런 연관은 요한의 이야기에서 일찍 시작되고 있다. 즉 "대제사장들과 바리새파 사람들은 예수를 잡으려고 성전 경비병들을 보냈다"(7:32). 그리고 나중에는 "성전 경비병들이 대제사장들과 바리새파 사람들에게 돌아오니, 그들은 '어찌하여 그를 끌어오지 않았느냐?' 하고 경비병들에게 물었다"(7:45). 더 나아가, 그들 사이의 이런 협력은 계속되다가 다음과 같이 그 치명적인 클라이맥스에 도달한다. "대제사장들과 바리새파 사람들은 의회를 소집하여 말하였다. '이 사람이 표적을 많이 나타내고 있으니, 어떻게 하면 좋겠습니까?'"(11:47). 그래서 "대제사장들과 바리새파 사람들은 예수를 잡으려고, 누구든지 그가 있는 곳을 알거든 알려 달라는 명령을 내려 두었다"(11:57). 마지막으로, 예수를 체포하기 위해 "(가룟) 유다는 로마 군인 한 떼와, 또 대제사장들과 바리새파 사람들이 보낸 성전 경비병들을 데리고 그리로 갔다. 그들은 등불과 횃불과 무기를 들고 있었다"(18:3).

둘째로, 요한은 부분에 대한 비난으로부터 전체에 대한 비난으로, 유대 당국자들에 대한 비난으로부터 유대인 백성 전체에 대한 비난으로 그 비난의 수위를 높이곤 한다. 예를 들어, 예수가 안식일에 병자를 치유한 것에 대해 유대인들이 처음부터 살기등등하게 반대했던 것에 대해 마가가 논평한 것과 요한이 논평한 것을 비교해보자. 마가는 "바리새파 사람들은 바깥으로 나가서, 곧바로 헤롯 당원들과 함께 예수를 없앨 모의를 하였다"(마가 3:6)라고 말한다. 그러나 요한은 "유대 사람들은 이 말씀 때문에 더욱더 예수를 죽이려고 하였다. 그것은, 예수께서 안식일을 범하였...기 때문이다"(요한 5:18)라고 말한다. 부분("바리새파 사람들")에 대한 비난으로부터 전체("유대 사람들")에 대한 비난으로 그 수위를 높인 것을 분명히 볼 수 있다.

욕설과 인신공격과 관련해서, 예수가 귀신들렸다는 구체적인 비난에 대해 마가와 요한의 이야기를 비교해보자. 마가는 "예루살렘에서 내려온 율법학자들은, 예수가 바알세불이 들렸다고 하고, 또 그가 귀신의 두목의 힘을 빌어서 귀신을 내쫓는다고도 하였다"(마가 3:22)라고 기록했다. 그러나 요한복음에는 이 비난이 모든 유대인들에 대한 비난으로 확대된다. 즉 "유대 사람들이 예수께 말하였다. '우리가 당신을 사마리아 사람이라고도 하고, 귀신이 들렸다고도 하는데, 그 말이 옳지 않소?'"(요한 8:48). 이것은 도전이 아니라 공격이다.

더 나아가 욕설과 관련해서, 예수 자신이 마태의 복음에서보다는 요한의 복음에서 더욱 많은 욕설을 한다. 예수는 그 유대인들에게 "너희는 너희의 아버지인 악마에게서 났고, 또 그 아버지의 욕망대로 하려고 한다. 그는 처음부터 살인자였다. 또 그는 진리 편에 서 있지 않다. 그것은 그 속에 진리가 없기 때문이다. 그가 거짓말을 할 때에는 본성에서 그렇게 하는 것이다. 그는 거짓말쟁이요 거짓의 아버지이기 때문이다"(8:44).

마지막으로, 로마인들의 예수에 대한 재판과 바라바를 풀어준 것에 대해 마가와 요한에 나오는 서로 다른 판본을 주목해보자. 마가는 일관되게 "대제사장들"의 사주를 받은(15:11-12) "무리"(15:8, 11, 15)가 예수보다는 바라바를 선호했다고 말한다. 그러나 요한은 이것을 다음과 같이 바꾸었다.

대제사장들과 경비병들이 예수를 보고서 "십자가에 못박으시오! 십자가에 못박으시오!" 하고 외쳤다. 그러자 빌라도는 그들에게 "당신들이 이 사람을 데려다가 십자가에 못박으시오. 나는 이 사람에게서 아무 죄도 찾지 못하였소" 하고 말하였다. 유대 사람들이 그에게 대답하였다. "우리에게는 율법이 있습니다. 그 율법을 따르면, 그는 마땅히 죽어야 합니다. 그가 자기를 가리켜서 하나님의 아들이라고 하였기 때문입니다."(19:6-7)

요한 안에서는, "대제사장들과 경비병"이라는 구체적인 표현이 "유대인들"로 확대되고 있다.

다시 말해서, 그리고 이 첫 번째 요점에서, 요한의 외부적인 공격은 단순히 마태에서처럼, 바리새파 유대교를 향한 것이 아니라, 누가-행전에서처럼, 유대교 자체를 향한 것이다. "유대인들"이라는 용어는 공관복음 전승에는 불과 몇 번밖에 나오지 않으며, 그것도 대부분 비유대인들이 사용한 중립적인 표현으로 나온다. 그러나 요한에서는, 사도행전에서처럼, 그 용어가 때때로 민족을 가리키는 중립적 의미로 사용되지만, 훨씬 더 자주 적대적인 칼날을 드러낸 채 사용된다.

나의 두 번째 요점은 요한의 비유 복음의 시작하는 서문에 대한 짧지만 결정적인 탐구로서, 마치 고고학자가 아직 발굴되지 않은 고대 유적지를 예비적으로 살펴보는 것과 같다. 첫째로, 모든 복음서는 전주곡으로 시작하는데, 그 전주곡은 그 다음에 이어지는 전체 이야기에 초점을 맞추고 요약하는 것이다. 복음서들의 그런 전주곡들을 고전 오페라 혹은 음악적 코메디의 전주곡과 비슷한 것으로 생각해보면, 그런 전주곡은 그 뒤에 이어지는 드라마 전체에 걸쳐 듣게 되는 주제들이나 멜로디들을 결합시킨 것이다. 또한 이런 복음서 전주곡들이 고대의 청중들이나 독자들로 하여금 그 빽빽한 본문들, 더군다나 모든 글자가 그리스어 대문자로 기록되어 있으며, 문단이 나누어져 있지도 않고 소제목이 붙어 있지도 않으며, 오늘날처럼 장과 절로 구분되어 있지도 않은 본문들을 대면하는 데 얼마나 큰 도움이 되었는지를 생각해볼 필요가 있다.

마가의 전주곡은 세례자 요한에 대한 이사야의 "예언"으로 거슬러 올라가며(1:1-3), 마태와 누가의 전주곡들은 예수의 탄생에 관해 서로 매우 다른 판본들인데, 마태는 그 전주곡에서 아브라함까지 거슬러 올라가며(1:1), 누가는 아담에게까지 거슬러 올라간다(3:38). 그러나 요한의 전주곡은 그런 공관복음서 저자들이 언급한 시대보다 훨씬 더 멀리 거슬러 올라간다. 요한의 전주곡은 세례자 요한이나 이사야, 혹은 아브라함이나 아담에게서 시작하지 않는다. 그것은 하나님의 마음 속의 환상적인 꿈(a visionary dream), 즉 하나님과 함께(with) 있으며 하나님이신(is) 환상적인 꿈에서 시작한다.

> 태초에 말씀(*ho logos*)이 계셨다.
> 그 말씀(*ho logos*)은 하나님과 함께 계셨다.
> 그 말씀(*ho logos*)은 하나님이셨다.
> 그(*houtos*)는 태초에 하나님과 함께 계셨다.(1:1-2)

우리는 그리스어 '호 로고스'(*ho logos*)를 "말씀"(the Word)으로 번역하는데, 이 번역은 정확하면서도 동시에 공허한 번역이다. 요한의 장엄한 시적인 전주곡의 첫마디에서 "말씀"은 도대체 무엇을 뜻하는가?

그것은 하나님께서 기원전 4년경에 예수라고 불렸던 밝은 새 아이디어(new idea)와 더불어 나타나신 것이 아니라는 것을 뜻한다. 하나님의 영원하며 만물을 생성하는 꿈은 정의와 평화의 세상을 위한 것이며, 억압과 불의, 폭력과 학살과 전쟁으로 인해 더럽혀지지 않는 땅을 위한 것이었다. 세상을 위한 그 희망, 비전, 꿈은 언제나 하나님과 함께(with) 있었으며 또한 하나님이셨다(was).

그것을 이런 식으로 생각해보자. 엄청난 강물이 계속해서 통나무가 한 군데로 몰려 쌓인 곳에 밀어닥치지만, 작은 개울로밖에는 통과하지 못한다. 그러다 어느 날 그 강물이 그 통나무 더미를 완전히 무너뜨리고 홍수가 밀어닥친다. 그 물살은 특정한 순간에 그 더미를 무너뜨리지만, 그 물살이 그 순간에 만들어진 것은 아니다. 그 물살은 언제나 그곳에서 밀고, 밀고, 밀고 있었다. 더 나아가, 만일 우리가 모든 변수들을 통제할 수 있다면, 우리는 그 돌파의 순간을 설명할 수 있을 것이다. 그러나 강 하류에서 사는 사람이 그 강물이 방금 전에 만들어졌다고 생각하는 것은 심각한 오해일 것이다. 이것 역시 도전하는 비유다.

나의 세 번째 요점은 이런 일차적 탐구에서부터 직접 이어지는 것이다. 그 질문은 예수에 대한 요한의 메가 비유가 단순히 유대교에 대해 공격하는 비유만이 아니라 보다 근본적으로 세 가지 공관복음서들에 대해 도전하는 비유인가 아닌가 하는 질문이다. 이 문제에 대해 나는 요한의 복음이 다른 복음서들의 공관적인 관점으로 그려진 예수의 생애, 죽음, 부활, "재림"에 대한 도전이라는 것을 주장할 것이다. 그 다음 단계는 요한의 복음서에 묘사된 예수 이야기의 그 네 가지 요소들을 특별히 마가에 묘사된 네 가지 요소들과 비교할 것인데, 이유는 마가가 마태와 누가를 위한 중요한 자료였기 때문이다.

나는 예수의 생애(life)부터 시작하겠다. 여기서 나는 공관복음서들 속에 그토록 많이 나오는 예수의 기적들을 요한이 얼마나 다르게 해석했는가에 초점을 맞출 것이다. 예를 들어, 감옥에 갇힌 세례자 요한이 예수의 정체성에 관해 질문했을 때, 누가는 예수의 치유 기적들을 인용하여 다음과 같이 그의 정체성을 확립한다. "가서, 너희가 보고 들은 것을 요한에게 알려라. 눈먼 사람이 보고, 다리 저는 사람이 걷고, 나병 환자가 깨끗해지고, 귀먹은 사람이 듣고, 죽은 사람이 살아나고, 가난한 사람이 복음을 듣는다"(7:22). 나는 이처럼 전통적인 기적들에 대해 요한이 얼마나 다르게 해석했는지를 보여주기 위해 하나의 사례만을 제시하겠다.

오병이어(五餅二魚)의 기적, 즉 빵과 물고기를 기적적으로 많아지도록 한 이야기는 공관복음서들에 다섯 차례 나온다(마가 6:32-44; 마태 14:13-21; 누가 9:10b-17; 마가 8:1-10; 마태 15:32-39). 나는 여기서 그 첫 번째 것(마가 6:32-44)에만 초점을 맞추어, 요한에 나오는 그 병행 판본(6:1-13)과 그에 뒤따른 예수의 긴 담화(6:14-59)와 비교할 것이다.

마가에 나오는 오병이어 이야기는 직접적으로 또한 문자적으로 굶주린 사람들을 위한 음식에 관한 것이다. 그뿐 아니라, 이것은 예수가 열두 제자들에게—이미 앞의 7장에서 살펴본 것처럼—공동체 지도자들로서 그들의 책임을 가르치려는 또 다른 시도이다. 예수의 비전과 제자들의 비전 사이의 차이점은, 그 날 "큰 무리"를 가르친 후에 예수와 제자들 사이의 대화 속에 다음과 같이 강조되고 있다.

> 날이 이미 저물었으므로, 제자들이 예수께 다가와서 아뢰었다. "여기는 빈 들이고 날도 이미 저물었습니다. 이 사람들을 흩어, 제각기 먹을 것을 사 먹게 근방에 있는 농가나 마을로 보내시는 것이 좋겠습니다." 예수께서 "너희가 그들에게 먹을 것을 주어라" 하셨다.(마가 6:35-37a)

이처럼 서로 반대되는 해결책은 매우 분명하다.

> 열두 제자: "이 사람들을 흩어, 제각기 먹을 것을 사 먹게 … 보내시는 것이 좋겠습니다."

> 예수: "너희가 그들에게 먹을 것을 주어라."

이어지는 제자들의 반응은 예수를 거의 조롱하는 수준이다. 즉 "그러면 우리가 가서 빵 이백 데나리온 어치를 사다가 그들에게 먹이라는 말씀입니까?"(6:37b). 그 후에 예수는 제자들을 자신과 그 무리 사이에 끌어들여 그 기적의 모든 단계를 진행한다.

[1] 찾기: 예수께서는 그들에게 "너희에게 빵이 얼마나 있느냐? 가서, 알아보아라" 하고 말씀하셨다. 그들이 알아보고 "빵 다섯 개와 물고기 두 마리가 있습니다" 하고 말하였다.

[2] 앉기: 예수께서는 제자들에게 명하여, 모두들 떼를 지어 푸른 풀밭에 앉게 하셨다. 그들은 백 명씩 또는 쉰 명씩 떼를 지어 앉았다.

[3] 나누기: 예수께서 빵 다섯 개와 물고기 두 마리를 손에 드시고, 하늘을 우러러 감사 기도를 드리신 뒤에, 빵을 떼어서 제자들에게 주시면서, 사람들에게 나누어 주게 하셨다. 그리고 그 물고기 두 마리도 모든 사람에게 나누어 주셨다. 그들은 모두 배불리 먹었다.

[4] 거두기: 빵 부스러기와 물고기 남은 것을 주워 모으니, 열두 광주리에 가득 찼다. 빵을 먹은 사람은 남자 어른만도 오천 명이었다.(6:38-44)

다시 말해서, 그리고 마가로서는 매우 의도적으로, 열두 제자는 그들 자신의 해결책(사람들을 보내는 것)을 포기하고, 각 단계마다 예수의 해결책(그들에게 먹을 것을 주는 것)에 참여하도록 만들어졌다.

이 기적 비유의 요점이, 예수에게는, 이미 존재하는 음식—출애굽기 14장의 하늘에서 내려준 만나처럼 하나님께서 주시는 음식이 아니라 이미 존재하는 음식—이 하나님의 땅에 사는 하나님의 백성들을 위한 하나님의 분배정의를 실천하는 그 자신의 손을 거치면 모두에게 충분하고도 남는다는 점이다. 또한 마가에게는 그 요점이 열두 제자가 공동체 지도자들로서 그 과정을 위한 자신들의 책임을 부인했다는 점이다. 그러나 이 이야기는 항상 실제 음식이 이 세상에서의 삶의 물질적 기초라는 것이다. 이 이야기는 결코 음식에 관한 것만이 아니다. 이 이야기는 언제나 정의로운 음식에 관한 이야기다.

요한 6:1-13에 나오는 기적적인 분배에 관한 이야기는 마가의 이야기와 비슷하다. 즉 이미 마가에서 나온 것과 똑같이 빵 다섯 개와 물고기 두 마리(6:9)이며, "큰 무리"가 오천 명이며(6:10), 먹고 남은 것이 열두 광주리다(6:13). 그러나 마가의 판본과 요한의 판본 사이에는 사소한 차이점과 더불어 매우 중요한 차이점이 있다.

첫째로 사소한 차이점이다. 마가는 예수가 "너희에게 빵이 얼마나 있느냐? 가서, 알아보아라"(6:38) 하고 말하도록 만드는 데 아무런 거리낌이 없었다. 그러나 요한은 예수가 (사람들이 지닌 빵의 숫자를) 몰랐다는 것을 암시하는 이런 질문을 하도록 만드는 것에 대해 마음이 편하지 않았다. 그래서 요한은 자신의 비유를 이렇게 시작한다.

> 예수께서 ... "우리가 어디에서 빵을 사다가, 이 사람들을 먹이겠느냐?" 하고 빌립에게 말씀하셨다. 예수께서는 빌립을 시험해 보시고자 이렇게 말씀하신 것이었다. 예수께서는 자기가 하실 일을 잘 알고 계셨던 것이다. 빌립이 예수께 대답하였다. "이 사람들에게 모두 조금씩이라도 먹게 하려면, 여섯 달치 임금으로도 충분하지 못합니다."(6:5-7)

이것은 사소한 변화에 불과하다. 비록 이것이 요한에게는 중요한 것이지만 말이다. 왜냐하면, 요한으로서는 예수가 미리 모든 것을 알고 있으며, 예수는 몰라서 묻는 것이 아니라 시험하기 위해서 묻는 것이기 때문이다.

다음으로, 이 기적 비유에는 마가와 요한 사이에 중요한 차이점이 있다. 요한 6장의 나머지 부분은 이 기적 이야기를 그 다음에 이어지는 긴 담화(6:14-59)를 위한 시각적인 보조 장치(a visual aid)로 축소시킨다. 그리고 예수의 그 담화는 오직 빵만 가리킬 뿐이지 물고기는 가리키지 않는다. 마가에 나오는 마지막 행동과 요한의 행동에서 담화로 바뀌는 것을 비교해보면, 이미 요한에게서 그 물고기들이 사라진 것을 볼 수 있다.

> 빵 부스러기와 물고기 남은 것을 주워 모으니, 열두 광주리에 가득 찼다. 빵을 먹은 사람은 남자 어른만도 오천 명이었다.(마가 6:43-44)

> 그래서 보리빵 다섯 개에서, 먹고 남은 부스러기를 모으니, 열두 광주리에 가득 찼다.(요한 6:13)

요한으로서는 그 물고기들을 사라지게 만들 수 있었는데, 그 이유는 그 다음에 이어지는 담화에서 예수가 생명의 빵—물고기는 아니다—이기 때문이다. 생명의 빵에 관한 담화에서 벌어지는 것은 다음과 같다.

첫째로, 부정적인 점이다. 예수는 사람들에게 빵의 현실, 실제적인 음식에 대한 관심을 경고한다. "너희가 나를 찾아온 것은 표적을 보았기 때문이 아니라, 빵을 먹고 배가 불렀기 때문이다"(6:26). 혹은, 또 다시 "너희는 썩을 양식을 얻으려고 일하지 말고, 영원한 생명에 이르게 하는 양식을 위해 일하여라"(6:27).

둘째로, 적극적인 점이다. 우리가 이 담화를 혼자 읽을 때, 이것이 예수의 거듭되는 주장, 즉 자신이 하늘로부터 내려온 생명의 빵이라는 주장을 중심으로 어떻게 구성된 것인지를 주목할 필요가 있다.

> 예수께서 그들에게 말씀하셨다. "나는 생명의 빵이다. 내게로 오는 사람은 결코 주리지 않을 것이요, 나를 믿는 사람은 다시는 목마르지 않을 것이다."(6:35)

> 유대 사람들은 예수께서 "나는 하늘로부터 내려온 빵이다" 하고 말씀하셨으므로, 그를 두고 수군거리기 시작했다.(6:41)

> "나는 생명의 빵이다. 너희의 조상은 광야에서 만나를 먹었어도 죽었다. 그러나 하늘로부터 내려오는 빵은 이러하니, 누구든지 그것을 먹으면 죽지 않는다."(6:48-50)

> "나는 하늘로부터 내려온 살아 있는 빵이다. 이 빵을 먹는 사람은 누구나 영원히 살 것이다. 내가 줄 빵은 나의 살이다. 그것은 세상에 생명을 준다."(6:51)

요한 6장의 이 담화의 마지막에 이르면, 우리는 예수가 사람들에게 나누어준 실제 빵―과 물고기―은 이미 잊어버리게 되는데, 요한에게 이 실제적인 음식은 예수 자신이 하늘로부터 내려온 신적인 음식이라는 것을 상징적으로 가리키는 단순한 시각적 보조 장치 역할을 한 것에 불과하다.

마지막으로 강조할 것은 이 점이다. 마가와 요한 사이의 차이점은 단순히 실제적 혹은 물질적 빵을 주는 예수와 상징적 혹은 영적인 빵을 주는 예수 사이의 차이가 아니다. 두 이야기 모두 상징적이다. 마가의 이야기는 음식이 하나님의 선물임을 상징한다—그리고 초래한다. 요한의 이야기는 예수가 하나님의 선물임을 상징한다—그러나 초래하지는 않는다? 우리는 지금 마가와 요한을 읽고 그 둘 모두를 얻는다. 그러나 요한은 마가에게 도전하려는 의도였으며, 마가의 그 이야기를 요한 자신의 다른 판본으로 읽도록 만들려고 도전했던 것이다.

요한은 예수의 모든 물리적 혹은 질병에서 회복시키는 기적들을 해석하면서, 하나님께서 예수 안에서 무슨 일을 하시는가(does)보다는 오히려 하나님께서 예수 안에서 무엇(누구)인가(is)를 상징하는 것으로 해석한다. 예를 들어, 요한 4장에 나오는 실제적인 물 마심(4:7-15)과 실제적인 식사(4:31-38) 이야기가 어떻게 예수에 대한 영적인 상징들로 바뀌는가를 살펴보라. 가나의 혼인잔치 이야기는 단지 포도주에 관한 것이었다고 정말로 생각하는가?

나의 두 번째 단계는 예수의 죽음(death)에 관한 것이다. 예수의 죽음에 대한 마가와 요한 사이의 엄청난 차이점들을 보여주기 위해서는 다음 세 가지 사례들만으로 충분할 것이다. 첫째는 동산에서, 둘째는 십자가 위에서, 그리고 마지막으로는 무덤에서 벌어진 사례들이다.

마가에게는 예수가 겟세마네 동산에서 거의 통제 불능의 상태에 처해 있다. 여기서 땅바닥(ground), 잔(cup), 제자들(disciples)의 세 가지 주제를 주목해보자.

땅바닥: 예수께서는 두려워하며, 괴로워하셨다. 그래서 그들에게 말씀하셨다. "내 마음이 괴로워 죽을 지경이다. 너희는 여기에 머물러서 깨어 있어라." 그러고서 조금 나아가서 땅에 엎드려서, 될 수만 있으면 이 시간이 자기에게서 비껴가게 해 달라고 기도하셨다.(14:33-35)

잔: 예수께서는 이렇게 말씀하셨다. "아바, 아버지, 아버지께서는 모든 일을 하실 수 있으시니, 내게서 이 잔을 거두어 주십시오. 그러나 내 뜻대로 하지 마시고, 아버지의 뜻대로 하십시오."(14:36)

제자들: 제자들은 모두 예수를 버리고 달아났다.(14:50)

여기서 고딕체로 표기한 주제들을 주목하고, 또한 요한은 어떻게 이 이야기를 전하면서 그 세 가지 주제들 각각을 완전히 바꾸어놓았는지를 살펴보자.

땅바닥: 유다는 로마 군인 한 떼(*speira*)와, 또 대제사장들과 바리새파 사람들이 보낸 성전 경비병들을 데리고 그리로 갔다. 그들은 등불과 횃불과 무기를 들고 있었다. 예수께서는 자기에게 닥쳐올 일을 모두 아시고, 앞으로 나서서 "너희는 누구를 찾느냐?" 하고 그들에게 물으셨다. 그들이 "나사렛 사람

예수요" 하고 대답하니, 예수께서 "내가 그 사람이다" 하고 말씀하셨다. 예수를 넘겨 준 유다도 그들과 함께 서 있었다. 예수께서 그들에게 "내가 그 사람이다" 하고 말씀하시니, 그들은 뒤로 물러나서 땅에 쓰러졌다.(18:3-6)

잔: 시몬 베드로는 칼을 가지고 있었는데, 그는 그것을 빼어 대제사장의 종을 쳐서, 오른쪽 귀를 잘라 버렸다. 그 종의 이름은 말고이다. 그 때에 예수께서 베드로에게 말씀하셨다. "그 칼을 칼집에 꽂아라. 아버지께서 내게 주신 이 잔을, 내가 어찌 마시지 않겠느냐?"(18:10-11)

제자들: 다시 예수께서 그들에게 "너희는 누구를 찾느냐?" 하고 물으시니, 그들은 "나사렛 사람 예수요" 하고 대답하였다. 예수께서 말씀하셨다. "내가 그 사람이라고 말하지 않았느냐? 너희가 나를 찾거든, 이 사람들은 물러가게 하여라."(18:7-8)

이처럼 마가로부터 요한으로 오면서, 극도로 이상한 역전이 벌어진다. (요한에게) 예수는 (마가처럼) 통제 불능 상태가 아니라, 완전히 상황을 통제한다. 예수는 실제로 자신에 대한 체포를 관리한다. 예수의 인간성은 그의 명백한 신성에 완전히 자리를 내준다. 요한의 판본에 나오는 요소들을 주목해보자.

첫째로, 로마 군인 "한 떼"로 애매하게 번역된 말은 그리스어 '스페이라'(*speira*)로서 매우 구체적으로 600명으로 이루어진 '보병대'를 뜻한다. 요한의 매우 의도적인 강조는 그 문단의 마지막에 이 단어를 반복함으로써 분명히 드러난다. 즉 "로마 군인들(*speira*)과 그들의 대장(*chiliarchos*)과 유대 사람의 성전 경비병들이 예수를 잡아 묶었다"(18:12). 여기서 "대장"으로 번역된 장교는 군단 사령관, 즉 천 명의 군인들을 지휘하는 사령관이다. 그들 모두가 예수를 체포하러 동원되었다. 그러나 예수는 그들 모두를 땅에 쓰러지게 만들었다.

이어서, 요한의 이야기에는 예수가—비록 완전히 복종하지만—마가에서처럼, 그 고통의 잔이 자기에게서 지나가기를 바라는 말을 하지 않는다. 대신에 요한의 이야기에는 수사학적인 질문, 즉 "아버지께서 내게 주신 이 잔을, 내가 어찌 마시지 않겠느냐?" 하는 말이 나온다.

끝으로, 제자들은 마가에서처럼 예수를 버리고 도망치지 않는다. 대신에, 예수는 자기를 체포하는 사람들에게 "이 사람들은 물러가게 하여라" 하고 명령한다. 여기서는 제자들이 예수를 버린 것이 아니라, 예수가 제자들을 보호하고 구해준다. 이것은 "'아버지께서 나에게 주신 사람을, 나는 하나도 잃지 않았습니다' 하신 그 말씀을 이루게 하시려는 것"(18:9)으로서, 예수가 그 전에 했던 말씀, 즉 "그들 가운데서는 한 사람도 멸망하지 않았습니다. 다만 멸망의 자식(즉 가롯 유다)만 잃은 것은 성경 말씀을 이루시려는 것입니다"(17:12)를 기억나게 한다.

예수의 십자가 처형에 관해서는 요한의 이야기가 어떻게 다른가? 예수의 죽음에 대해 마가는 처량한 인간의 어둠으로 기록했지만 요한은 그것을 명백한 신적인 빛 안에서 다시 썼다. 우리가 방금 살펴본 동산에서 벌어진 일은 십자가 위에서도 계속된다. 다음은 마가의 판본인데 신 포도주의 목적에 대해 주목할 필요가 있다.

세 시에 예수께서 큰소리로 "엘로이 엘로이 레마 사박다니?" 하고 부르짖으셨다. 그것은 번역하면 "나의 하나님, 나의 하나님, 어찌하여 나를 버리셨습니까?" 하는 뜻이다. 거기에 서 있는 사람들 가운데서 몇이, 이 말을 듣고서 말하기를 "보시오, 그가 엘리야를 부르고 있소" 하였다. 어떤 사람이 달려가서, 해면을 신 포도주에 푹 적셔서 갈대에 꿰어, 그에게 마시게 하며 말하기를 "어디 엘리야가 와서, 그를 내려 주나 두고 봅시다" 하였다. 예수께서는 큰소리를 지르시고서 숨지셨다.

(마가 15:33-37)

여기서 신 포도주는 예수의 생기를 되살려서 엘리야가 그를 도와주러 오는지를 보기에 충분할 만큼 살려두기 위한 목적이다. 마가에게 예수는 외부적인 조롱과 내면적인 절망 가운데 죽는다. 그러나 이것은 물론 외부적으로 그 다음에 일어난 일을 통해 균형을 이루어야만 했다. 즉 "그 때에 성전 휘장이 위에서 아래까지 두 폭으로 찢어졌다. 예수를 마주 보고 서 있는 백부장이, 예수께서 이와 같이 숨을 거두시는 것을 보고서 '참으로 이 분은 하나님의 아들이셨다' 하고 말하였다"(15:38-39).

어쨌거나, 요한의 이야기에서는 이 병행적인 장면이 마가의 이야기와는 정반대다. 요한에게는 예수가 또 다시 심지어 자기 자신의 죽음까지도 완전히 통제한다. 신 포도주 사건을 보자.

그 뒤에 예수께서는 모든 일이 이루어졌음을 아시고, (성경 말씀을 이루시려고) "목마르다" 하고 말씀하셨다. 거기에 신 포도주가 가득 담긴 그릇이 있었는데, 사람들은 해면을 그 신 포도주에 듬뿍 적셔서, 히솝 풀 대에다가 꿰어 예수의 입에 대었다. 예수께서 신 포도주를 드시고 "다 이루었다" 하고 말씀하신 뒤에, 머리를 떨어뜨리시고 숨을 거두셨다.(요한 19:28-30)

여기서는 예수에게 신 포도주를 준 것이 예수를 조롱하기 위해서가 아니라 예수의 "목마르다"는 말씀에 순종하기 위해서다. 예수는 자신을 체포하는 사람들에게 명령함으로써 자신의 체포를 통제하며, 또한 처형자들에게 명령함으로써 자신의 처형을 통제하여, 성경 말씀이 성취되도록 한다. 또한 요한의 이야기에서는 예수가 죽기 전에 큰 소리를 지르지도 않는다. 예수는 모든 것이 끝났을 때, 그리고 그가 그의 영혼을 내어줄 준비가 되었을 때 죽는다. 마가의 예수는 인간적 고뇌 가운데 죽는다. 요한의 예수는 신적인 광채 가운데 죽는다.

무덤에 묻히는 것에 관해, 마가의 예수는 서둘러 부적절하게 묻힌다. 왜냐하면 "이미 날이 저물었는데, 그 날은 준비일, 곧 안식일 전날이었다"(마가 15:42). 수치스러운 매장이 아닌 이유는 아리마대 요셉이 "고운 베를 사 가지고 와서, 예수의 시신을 내려다가 그 고운 베로 싸서, 바위를 깎아서 만든 무덤에 그를 모시고, 무덤 입구에 돌을 굴려 막아 놓았"(15:46)기 때문이다. 그러나 (예수의 시신에) 적절하게 향료를 바르거나 애도의 시간은 따로 없었다. 따라서 "안식일이 지나니, 막달라 마리아와 야고보의 어머니 마리아와 살로메는 가서 예수께 발라 드리려고 향료를 샀다"(마가 16:1).

이것은 최소한 흉하지 않은(decent) 매장이었다. 그러나 요한은 이 이야기를 왕의(royal) 매장 혹은 심지어 신적인(divine) 매장으로 격상시킨다. 그 차이점들을 살펴보자. 요한은 우선 마가에서처럼(15:42-45), 아리마대 요셉이 빌라도에게 예수의 시신을 요청하는 것(요한 19:38)으로 시작한다. 그 다음에 요한은 다시 니고데모를 등장시키는데, 우리는 3:1-9과 7:50-52 이후에는 그를 만나지 못했었다. 그의 재등장을 통해 요한은 예수의 매장에 두 가지 중요한 측면을 덧붙일 수 있게 된다.

> 또 일찍이 예수를 밤중에 찾아왔던 니고데모도, 몰약에 침향을 섞은 것을 백 근쯤(약 34킬로그램) 가지고 왔다. 그들은 예수의 시신을 모셔다가, 유대 사람의 장례 풍속대로 향료를 바르고, 고운 베로 감았다. 예수께서 십자가에 달리신 곳에 동산이 있고, 그 동산에는 아직 사람을 장사한 일이 없는 새 무덤이 하나 있었다.(요한 19:39-41)

그 무덤이 새 것이었으며 사용된 적이 없는 무덤이라는 것은 마태(27:60)와 누가(23:53)에는 나오지만, 마가에는 나오지 않는다(15:42-44). 그 무덤이 동산 안에 있었다는 것, 즉 그 무덤이 매장지로서 이상적인 장소 안에 있었다는 것은 오직 요한에게만 독특한 이야기다.(이로써 우리는 예수의 죽음 이야기가 시작된 곳, 즉 동산으로 되돌아온다). 그러나 물론 요한이 중요하게 덧붙인 것은 "몰약에 침향을 섞은 것 백 근쯤"으로 예수의 시신에 기름을 바른 것이다.

만일에 우리에게 요한의 복음이 없다면, 우리는 다음과 같이 그것을 작성하는 사람을 상상할 수 있을 것이다. 마가를 손에 들고, 모든 부정적인 것을 적극적인 것으로 바꾸고, 어둠을 빛으로, 인간적인 것을 신적인 것으로 바꾼다. 또한 예수가 자신의 처형을 완전히 통제하도록 해서, 모든 일이 예수의 뜻대로, 그리고 예수가 완전히 준비된 때 이루어지게 만든다. 끝으로, 예수를 부적절하게 매장할 것이 아니라 정말로 넘치도록 적합하게 매장한다. 결코 예수를 서둘러서 향료도 바르지 않은 채 매장할 것이 아니라, 천천히 완전히 향료를 바른 후에, 신처럼 화려한 매장은 아니라 해도 왕답게 매장할 것이다.

나의 세 번째 단계는 예수의 부활(resurrection)에 초점을 맞출 것이다. 예수의 생애와 죽음에 대한 공관복음서 전승에 대해 요한이 어떻게 도전했는지를 이해하는 것은 비교적 쉽다. 그러나 예수의 부활과 재림에 대한 일반적 전승에 대해 요한이 어떻게 도전했는지를 이해하는 것은 훨씬 더 어렵다. 요한이 어떻게 도전하든 간에, 훨씬 더 완곡하며 매우 애매한 것들이 많이 있다.

먼저 나사로의 이야기부터 생각해보자. 한편으로, 그것은 눈부시게 명백한 소생으로서의 부활 기적이다. 예수는 나사로가 확실히 죽은 상태가 될 때까지 의도적으로 기다린다. 즉 "예수께서는 나사로가 앓는다는 말을 들으시고도, 계신 그 곳에 이틀이나 더 머무르셨다"(11:6). 그래서 "예수께서 가서 보시니, 나사로가 무덤 안에 있은 지가 벌써 나흘이나 되었다"(11:17). 이어서 그의 누이 마르다는 "주님, 죽은 지가 나흘이나 되어서, 벌써 냄새가 납니다"(11:39)라고 항의한다. 끝으로, 예수는 나사로에게 "나오너라" 하고 명령하여, "죽었던 사람이 나왔다. 손발은 천으로 감겨 있고, 얼굴은 수건으로 싸매여 있었다. 예수께서 그들에게 '그를 풀어 주어서, 가게 하여라' 하고 말씀하셨다"(11:44).

몸의 죽음과 부패의 현실에 대한 그 주장을 회피하기는 어렵다. 요한 11장에 나오는 "생명"과 "죽음"은 매우 문자적인 사실들을 가리키는 매우 문자적인 단어들이다. 그러나 그 현실의 한 가운데서 우리는 예수와 마르다 사이의 다음과 같은 대화를 보게 된다.

> 예수께서 마르다에게 말씀하셨다. "네 오라버니가 살아날 것이다." 마르다가 말하였다. "마지막 날 부활 때에 그가 다시 살아나리라는 것은, 내가 압니다." 예수께서 마르다에게 말씀하셨다. "**나는 부활이요 생명이니, 나를 믿는 사람은 죽어도 살고, 살아서 나를 믿는 사람은 영원히 죽지 않을 것이다. 네가 이것을 믿느냐?**" 마르다가 예수께 말하였다. "예, 주님! 주님은 세상에 오실 메시아이시며 하나님의 아들이신 줄을, 내가 믿습니다."(11:23-27)

위에서 고딕체로 표기된 말씀은 "생명"과 "죽음"의 의미가 문자적 의미에서 어떤 은유적 의미로 바뀐 것을 시사한다. 그뿐 아니라, 마르다는 예수의 질문에 대해 정확히 대답하지 않는다. 마르다는 예수가 메시아이며 하나님의 아들이라는 것을 믿지만, 살아서 예수를 믿는 사람은 영원히 죽지 않을 것이라는 점을 믿는가? 영원히 죽지 않는다는 말이 무슨 뜻인가?

요한에게는 나사로의 이야기가 긍정적인 비유인가 아니면 부정적인 비유인가? 그가 다시 살아난 것이 예수의 부활을 위한 긍정적인 모델인가, 아니면 부활로 오해된 소생에 대해 거의 비아냥거리는 부정적 모델인가? 요한 11장은 요한 6장과 비슷한가? 즉 물리적 기적은 그 자체로는 중요하지 않지만, 단지 "생명의 빵"(6:35, 42, 48, 51), 혹은 "부활이며 생명"(11:25)인 예수의 영적 도전을 위한 시각적 보조 장치로 나오는 것인가? 나는 요한이 요한 11장의 나사로 이야기를 사용해서 요한 20장의 예수를 위한 부정적인 장식으로 사용하고 있다고 생각한다. 이제 여기서—공관복음서 기사에 대한 도전으로서—무슨 일이 벌어지는지를 주목할 필요가 있다.

공관복음 전승에 나오는 초기 크리스천 지도자들 가운데 가장 중요한 지도자들인 마리아와 베드로는 이 장에서 예수의 부활에 관해 정면으로 도전받고 있다. 그들은 거의 함께 엮여 있다. 즉 마리아 이야기(20:1-2과 20:11-18)는 앞뒤에서 틀이 되어 베드로의 이야기(20:3-10)를 감싸고 있다.

첫째로, 베드로의 이야기다. 누가는 그 이야기를 이렇게 말했다. 즉 "그러나 베드로는 일어나서 무덤으로 달려가, 몸을 굽혀서 들여다 보았다. 거기에는 모시 옷만 놓여 있었다. 그는 일어난 일을 이상히 여기면서 집으로 돌아갔다"(24:12). 그러나 요한은 이것을 다음과 같이 수정해서 말한다.

> 베드로와 그 다른 제자 [20:2의 "예수께서 사랑하시던 그 다른 제자"]가 나와서, 무덤으로 갔다. 둘이 함께 뛰었는데, 그 다른 제자가 베드로보다 빨리 뛰어서, 먼저 무덤에 이르렀다. 그는 몸을 굽혀서 고운 베가 놓여 있는 것을 보았으나, 안으로 들어가지는 않았다. 시몬 베드로가 그를 뒤따라와서, 무덤 안으로 들어가 보니, 고운 베가 놓여 있었고, 예수의 머리를 쌌던 수건은 그 고운 베와 함께 놓여 있지 않고, 한 곳에 따로

개켜 있었다. 그제서야 먼저 무덤에 다다른 그 다른 제자도 들어가서, 보고 믿었다. 아직도 그들은, 예수께서 죽은 사람들 가운데서 반드시 살아나야 한다는 성경 말씀을 깨닫지 못하고 있었다.(요한 20:3-9)

그 사랑받는 제자는 그곳에 먼저 도착하고, 먼저 들여다 보고, 먼저 믿는다―심지어 그 혼자서 그렇게 한다 (내가 고딕체 표기한 것을 주목하라). 베드로가 한 것이라고는―누가 24:12을 존중해서―먼저 들어간 것뿐이다. 그러나 요한은 이런 공관복음 전승에 대해 도전하면서, 빈 무덤과 예수의 시신을 쌌던 베옷이 개켜 있었던 것은 예수의 부활에 대한 믿음을 불러일으킬 수도 있지만 그렇지 않을 수도 있다고 말한다.

다음으로, 마리아를 살펴보자. 마리아에게도 빈 무덤은 부활을 믿기에는 충분하지 않다. 요한은 마리아로 하여금 세 번씩이나 빈 무덤을 부정확하게, 시신 약탈의 경우인 것으로 해석하도록 만든다.

[1] 그러므로 그 여자는 뛰어서, 시몬 베드로와 예수께서 사랑하시던 그 다른 제자에게로 가서 "누가 주님을 무덤에서 가져 갔습니다. 어디에 두었는지 모르겠습니다" 하고 말하였다.(요한 20:2)

[2] [무덤 안에서] 천사들이 마리아에게 말하였다. "여인아, 왜 우느냐?" 마리아가 대답하였다. "누가 우리 주님을 가져 갔습니다. 어디에 두었는지 모르겠습니다."(20:13)

[3] 이렇게 말하고 뒤로 돌아섰을 때에, 마리아는 예수께서 서 계신 것을 보았지만, 그분이 예수이신 줄은 알지 못하였다. 예수께서 마리아에게 말씀하셨다. "여인아, 왜 울고 있느냐? 누구를 찾느냐?" 마리아는 그가 동산지기인 줄로 알고 "여보세요, 당신이 그분을 옮겨 갔거든, 어디에다 두셨는지를 말해 주십시오. 내가 그분을 모시겠습니다" 하고 말하였다.(20:14-15).

이 마지막 장면은 매우 이상하다. "예수께서 '마리아야!' 하고 부르셨다"(20:16)는 본문이 말해주듯이, 예수가 마리아의 이름을 부르기 전까지는, 심지어 부활한 분을 본 것(a risen vision)조차도 충분하지 않기 때문이다. 마리아는 "돌아서서 히브리 말로 '라부니!' 하고 불렀다. 그것은 '선생님!'이라는 뜻이다"(20:16). 요한은 빈 무덤으로는 확실치 않은 것처럼, 부활한 분을 보는 것조차도 그 자체로는 확실치 않다고 말한다. 빈 무덤과 부활한 분을 보는 것 모두가 해석을 요구하는데, 그 해석은 신앙을 통한 해석이다.

마리아에 관해 마지막으로 지적할 것은 이것이다. 전통적인 라틴어 번역본에 나와 있는 것처럼 "내게 손을 대지 말아라"(noli me tangere)는 말씀은 예수가 마리아에게 한 말씀이 아니다. 그리스어는 매우 다르게 표현되어 있다. 즉 "예수가 그녀에게 말씀하셨다. '나에게 의지하지 말아라(Do not hold on to me). 내가 아직 아버지께로 올라가지 않았다. 이제 너는 내 형제들에게로 가서, 내 아버지 곧 너희의 아버지, 내 하나님 곧 너희의 하나님께로, 내가 올라간다고 말하여라'"(20:17). 다시 말해서, 정말로 부활 현현으로 중요하게 간주되는 것들은 예수가 하늘로 승천하기 이전이 아니라 그 이후의 부활현현이다. 예수가 20:19과 20:24에서 나타날 때, 그는 이미 승천한 이후로서, 위의 하늘로부터 나타나는 것이지 아래의 빈 무덤으로 나타나는 것이 아니라는 말이다. 이것은 공관복음의 현현 전승에 대한 요한의 궁극적인 도전이며, 또한 이것은 직접 나의 다음 부분으로 인도한다.

나의 네 번째 마지막 단계는 소위 말하는 예수의 재림(return)과 관련된 것이다. 공관복음 전승에서는 하나님 나라의 현존이 완성되는 것은 가까운 미래에 예수가 재림하는 것으로 이해되었다. 마가복음에서 예수는 "여기에 서 있는 사람들 가운데는, 죽기 전에 하나님의 나라가 권능으로 오는 것을 볼 사람들도 있다"(9:1)라고 말한다. 그리고 마태에서는 예수가 "너희가 이스라엘의 동네들을 다 다니지 못해서 인자가 올 것이다"(10:23)라고 말한다. 그러나 이런 공관복음들에 대해 요한이 도전하는 것은 예수의 재림이 이미 일어났다는 것이다. 예수는 이미 성령으로 다시 왔다는 말이다.

예수가 요한 20:19-23에서 하늘로부터 모든 제자들에게 나타났을 때, 그는 "그들에게로 숨을 내뿜으시고 말씀하셨다. '성령을 받아라'"(20:22). 그들이 성령을 받았다는 것에 대한 이런 언급은 우리로 하여금 요한 13-17장에 나오는 예수의 위대한 마지막 담화로 돌아가게 지시한다. 이 긴 부분에서, 성령—공관복음 전승에서 잘 알려진—은 독특하게 보혜사(Advocate), 변호자, 위로자(그리스어 '파라클레토스' *parakletos*)라는 새로운 이름으로 불린다.

내가 아버지께 구하겠다. 그러면 아버지께서 다른 보혜사를 너희에게 보내셔서, 영원히 너희와 함께 있게 하실 것이다. 그분은 진리의 영이시다. 세상은 그분을 보지도 못하고 알지도 못하므로, 그분을 맞아들일 수가 없다. 그러나 너희는 그분을 안다. 그것은 그분이 너희와 함께 계시고 또 너희 안에 계시기 때문이다.(14:16-17)

그러나 보혜사, 곧 아버지께서 내 이름으로 보내실 성령께서, 너희에게 모든 것을 가르쳐 주시고, 또 내가 너희에게 말한 모든 것을 생각나게 하실 것이다.(14:26)

내가 아버지께로부터 너희에게 보내려는 보혜사, 곧 아버지께로부터 오는 진리의 영이 오시면, 그 영이 나를 증언하실 것이다.(15:26)

첫째로, 성령, 혹은 진리의 영은 크리스천들을 법정에서 "세상 통치자"(16:11)에 맞서서 변호해주는 법률 대리인과 같은 의미로 신적인 변호사(보혜사)라고 새로운 이름으로 불려진다. 더 나아가, 성령은 "또 다른 보혜사"로서, 예수 자신이 예전의 보혜사였다고 말한다. 끝으로 아버지께서 예수의 이름으로 보내실 성령(14:26)은 예수가 아버지께로부터 보내는(15:26) 똑같은 성령이다.

위에 첫 번째 인용문에 뒤이어, 예수는 이렇게 계속 약속한다. "나는 너희를 고아처럼 버려 두지 않고, 너희에게 다시 오겠다. 조금 있으면(a little while), 세상이 나를 보지 못할 것이다. 그러나 너희는 나를 보게 될 것이다. 그것은 내가 살아 있고, 너희도 살아 있을 것이기 때문이다"(14:18-19). "조금 있으면"이라는 말은 나중에 마치 후렴처럼 반복된다. 단순히 반복되는 것이 아니라, 심하게 두드려댄다.

"조금 있으면, 너희는 나를 보지 못할 것이다. 그러나 또 조금 있으면, 나를 볼 것이다." 제자 가운데서 몇몇이 서로 말하였다. "그가 우리에게 '조금 있으면 너희가 나를 보지 못하게 되고, 또 조금 있으면 볼 것이다' 하신 말씀이나 '내가 아버지께로 가기 때문에'라고 하신 말씀은 무슨 뜻일까?" 그들은 "도대체 '조금 있으면'이라는 말씀이 무슨 뜻일까? 우리는, 그가 무엇을 말씀하시는지 모르겠다" 하고 말하였다. 예수께서는, 제자들이 자기에게 물어 보고 싶어하는 기미를 아시고, 그들에게 말씀하셨다. "내가 '조금 있으면, 너희가 나를 보지 못하게 되고, 또다시 조금 있으면, 나를 볼 것이다' 한 말을 가지고 서로 논의하고 있느냐?"(16:16-19)

"조금 있으면"이라는 말이 네 절에서 일곱 차례 인용되고 있다. 이 말이 요한에게 그처럼 중요한 이유는 무엇인가?

나는 요한이 공관복음 전승이 상상한 예수의 재림까지를 "조금 있으면"으로 본 것에 대해 도전하고 그것을 바로 잡고 있다고 생각한다. 첫 번째 "조금 있으면"은 요한에게 예수가 십자가에 처형되고 그의 동지들로부터 떠나기까지의 시간이다—오늘날의 크리스천들에게는 세족(洗足) 목요일부터 성 금요일까지를 말한다. 두 번째 "조금 있으면"은 요한에게 예수가 부활하여, 며칠 동안 혹은 심지어 40일 동안 재림하는 것이 아니라 영원히 보혜사 성령 안에서 재림하기까지의 시간이다—우리들에게는 길어야 성 금요일부터 부활절 일요일까지다.

다시 말해서, 요한이 공관복음 전승에 대해 도전하는 것은 예수의 재림이 이미 성령이라는 하늘의 선물(은사) 속에 일어났다는 것이다. "내가 너희에게 진실을 말하는데, 내가 떠나가는 것이 너희에게 유익하다. 내가 떠나가지 않으면, 보혜사가 너희에게 오시지 않을 것이다. 그러나 내가 가면, 보혜사를 너희에게 보내 주겠다"(16:7). 하나님을 본 사람은 아무도 없었지만, 크리스천들은 예수 안에서 하나님을 본다. 예수는 가고 없지만, 크리스천들은 진리의 성령으로서의 신적인 보혜사 안에서 그 예수를 갖고 있다—혹은 좀더 정확하게는 예수가 크리스천들을 갖고 있다. 삼위일체의 신비는 동시에 매우 명백하며 또한 전적으로 신비하다.

나의 네 번째 요점은 마찬가지로 이제까지의 요점들에 관한 상황과 그 지리적 위치를 질문한다. 우리가 이제까지 살펴본 것처럼, 요한은 유대교에 대해 공격하며 또한 더욱 분명하게 공관복음의 기독교에 대해 도전하는 것이라는 점을 인정할 때, 요한은 도대체 어디에 서서 그처럼 두 개의 전선에서 작전을 펼치고 있는가? 요한은 마태와 달리, 그러나 누가처럼, 유대교 바깥에서 말하고 있는 것이 분명해 보인다. 그러나 정확히 어디에서인가? 요한은 단지 지금 유대교 바깥에 있는 것인가, 아니면 누가처럼, 결코 완전히 유대교 내부에 들어갔던 적이 없었는가?

다음은 나의 최상의—그러나 전혀 독창적인 것은 아닌—추측에 의한 대답이다. 요한의 복음은 "유대인들"에 대해 언제나 즉각적으로—또한 반대해서—말하는데, 그 이유는 요한의 복음이 기독교로 개종한 유대인이 쓴 것이 아니라, 기독교로 개종한 사마리아인이 쓴 것이기 때문이다. 나의 주장은 크리스천 사마리아인은 두 개의 전선에서 동등한 지식을 갖고 유대교를 공격할 수 있을 뿐만 아니라, 유대인들의—혹은 이방인들의—기독교에 대해서도 도전할 수 있다는 것이다.

"요한"은 기독교로 개종한 사마리아인이었는가? 예를 들어, 요한이 사마리아와 사마리아인들에 관해 다른 복음서들과 어떻게 다르게 기록했는지를 주목해 보자.(독자들은 앞의 3장에서 유대인들과 사마리아인들 사이의 긴장관계를 기억할 것이다.)

마가는 사마리아나 사마리아인들에 관해 언급한 적이 없다. 마태는 예수가 그의 동지들에게 경고하면서 "이방 사람의 길로도 가지 말고, 또 사마리아 사람의 도시에도 들어가지 말라"(10:5)고 말한다. 누가-행전의 첫 번째 책은 사마리아인들에 대해 적극적으로(누가 17:11-19), 또한 부정적으로(9:51-57) 말한다. 그러나 두 번째 책에서는 사마리아에 관한 모든 것은 극히 적극적으로 표현되어 있다. 부활한 예수는 그의 동지들에게 이렇게 약속한다. "성령이 너희에게 내리시면, 너희는 권능을 받고, 예루살렘과 온 유대와 사마리아에서, 그리고 마침내 땅 끝에까지, 나의 증인이 될 것이다"(행 1:8). 그래서 이런 지리적인 명령은 유대(행 1-7장)로부터 사마리아(행 8장)를 거쳐, 계속해서 느리지만 확실하게 로마까지(행 9-28장) 이동한다. 누가-행전이 갖고 있는 기독교의 운명에 대한 비전에서는, 사마리아가 유대로부터 이탈리아로, 예루살렘으로부터 로마로, 그리고 유대인들로부터 이방인들로 옮겨가는 데 있어서 중대한 단계이다(행 8:5-25; 9:31; 15:3).

그러나 요한은—오직 요한만이—야곱의 우물에서 예수와 사마리아 여인에 관한 특별한 이야기를 전해준다. 예수는 "사마리아를 거쳐서 가실 수밖에 없었다. 예수께서 사마리아에 있는 수가라는 동네에 이르셨다. 이 동네는 야곱이 아들 요셉에게 준 땅에서 가까운 곳이며, 야곱의 우물이 거기에 있었다. 예수께서 길을 가시다가, 피로하여 우물가에 앉으셨다. 정오쯤이었다"(4:3-6).

그 사마리아 여인은 예수를 "예언자"(4:19)로 알아본다. 그러자 예수는 그 여인에게 자신이 "메시아/그리스도"라는 것을 드러낸다(4:25-26). 이어서 그 여인은 "물동이를 버려 두고 동네로 들어가서, 사람들에게 말하였다. '내가 한 일을 모두 알아맞히신 분이 계십니다. 와서 보십시오. 그분이 그리스도가 아닐까요?' 사람들이 동네에서 나와서, 예수께로 모여들었다"(4:28-30). 마지막으로 클라이맥스에 이르는 결론은 다음과 같다.

그 동네에서 사마리아 사람들이 많이 예수를 믿었다. 그것은 그 여자가, 자기가 한 일을 예수께서 다 알아맞히셨다고 증언하였기 때문이다. 사마리아 사람들이 예수께 와서 자기들과 함께 머무르시기를 청하므로, 예수께서 이틀 동안 거기에 머무르셨다. 그래서 더 많은 사람들이 예수의 말씀을 듣고서, 믿었다. 그들은 그 여자에게 말하였다. "우리가 믿는 것은, 이제 그대의 말 때문만은 아니오. 우리가 그 말씀을 직접 들어 보고, 이분이 참으로 세상의 구주이심을 알았기 때문이오." 이틀 뒤에 예수께서는 거기를 떠나서 갈릴리로 가셨다. (4:39-43)

예수의 정체성이 "예언자"(4:19)로부터 "메시아/그리스도"(4: 25, 29)로, "세상의 구세주"(4:42)로 승격된다. 그러나 이 이야기의 요점은 사마리아인들이 기독교로 개종한 것을 압축적으로, 소규모로, 그리고 비유로 전하는 것이다.

우리는 만일 "누가"가 이방인 출신의 하나님 예배자였다가 기독교로 개종한 사람이었다면, 그가 어떻게 유대교에 대해 그처럼 많이 알 수 있었으면서도 여전히 유대교를 근본적으로 배척할 수 있었는지를 이해할 수 있었다. 이와 마찬가지로, "요한"이 사마리아인으로서 기독교로 개종한 사람이라는 것은 단순한 하나의 가능성이 아니라, 적어도 어떻게 그가 유대교에 대해 그처럼 많이 알 수 있었으면서도 그처럼 분명하게 유대교 바깥에 있으며 또한 "유대인들"에 대해 반대할 수 있었는지를 설명해주는 것이다.

이 장의 다섯 번째 요점은 또 다시 요한의 복음이 공격하는 비유인지, 도전하는 비유인지, 혹은 그 둘을 어떤 방식으로 결합시키는 복음인지 하는 질문이다. 이 질문에 대해 독자들은 이미 나의 대답을 알고 있을 것이다. 요한의 복음은 유대교 바깥에서, 아마도 사마리아인들의 전통으로부터, 유대교에 대해 신랄하게 공격하는 것이다. 요한의 복음은 또한 공관복음, 즉 마가, 마태, 누가 속에 묘사된 예수의 모든 측면들에게 대해 침착하게 전면적으로 도전하는 복음이다. 한편 예수가 "내 아버지의 집에는 있을 곳이 많다"(14:2)라고 말할 때, 요한은 기독교에 대한 다른 해석들을 위한 관용을 제안하는 것이 아니다. 이 복음서의 저자는 공관복음 전승이 점점 더 우세하게 되고, 점점 더 규범적인 것이 되어갈 때, 자신의 다른 비전을 위해 관용을 요구하는 것이다.

끝으로, 요한의 복음은 로마 당국에 대해 도전하는 비유이기도 하다. 우리는 이것을 빌라도와 예수 사이의 클라이맥스와 같은 대화에서 분명히 볼 수 있다. 요한이 매우 작은 이 비유를 어떻게 포맷했는지를 주목해 볼 필요가 있다.

> 내 나라는 이 세상에 속한 것이 아니다.
> 내 나라가 세상에 속한 것이라면,
> 내 부하들이 싸워서,
> 나를 유대 사람들의 손에 넘어가지 않게 했을 것이다.
> 그러나 내 나라는 이 세상에 속한 것이 아니다.(18:36)

우리는 이 구절을 읽은 후에 "유대 사람들의 손에 넘긴다"는 요한의 통상적인 반(反) 유대적인 말을 망각할 수 있다―마치 빌라도 총독이 예수의 십자가 처형에 대해 법적으로, 공식적으로, 그리고 행정적으로 책임이 없었다는 듯이 말이다. 그러나 나의 현재 초점은 위의 인용문을 앞뒤에서 감싸고 있는 "내 나라"(my kingdom)에 맞추어져 있다.

우리는 흔히 이 본문의 첫 문장, 즉 "내 나라는 이 세상에 속한 것이 아니다"라는 문장만을 인용함으로써, 여러 오해를 받을 수 있게 만든다. 즉 예수가 뜻한 것은 하나님 나라가 이 땅에 관한 것이 아니라, 하늘에 관한 것인가? 혹은 그 나라가 현재에 관한 것이 아니라, 미래에 관한 것인가? 혹은 그 나라가 외적인 생활에 관한 것이 아니라, 오직 내면적 생활에만 관한 것인가?

그러나 실제로 예수는 계속해서 자신이 한 말의 의미를 강조해서 명확하게 밝힌다. "빌라도 양반, 로마왕국과 하나님 나라—여기 아래에서 오직 하나밖에 없는 땅에서, 이곳의 오직 하나밖에 없는 세상 안에서의 하나님 나라—사이의 차이점은 당신의 나라가 폭력에 기초하고 있으며, 폭력을 통해 유지되고 방어되지만, 내 나라는 그렇지 않다는 말이외다. 결코 아니지요. 빌라도 양반, 심지어 내 부하들이 나를 당신 손에서 빼내서 자유롭게 하기 위해서조차도 내 부하들은 결코 싸우거나 폭력을 사용하지 않는다는 말이외다."

요한의 메가 비유는 결론적으로—누가-행전처럼—유대교 바깥에서 유대교를 향해 공격하는 비유이지만, 또한—마가처럼—기독교 내부에서부터 기독교를 향해 도전하는 비유이기도 하다. 요한의 복음은 또한, 모든 복음서들이 각자 서로 다른 방식으로 전개한 것처럼, 로마제국에 대해 도전하는 비유이다. 우리는 이런 종류의 도전을 이미 누가-행전에서 보았지만, 요한의 도전은 누가-행전의 도전보다 더욱 체제전복적이다. 요한의 도전은 기독교가 로마의 승인을 받아 유대교를 대체하는 것에 대해 로마가 단순히 개입하지 말 것을 요구하는 것이 아니다. 요한은 로마의 폭력과 화해하는 것이 아니라 제국이 정상으로 간주하는 것을 대체하거나 혹은 변혁시키는 것에 관한 복음이다.

에필로그

역사와 비유

이 에필로그는 두 부분으로 전개된다. 첫 번째 부분은 내가 이 책에서 예수의 비유 만들기(parabling of Jesus)에 관해 주장했던 것을 요약할 것이다. 두 번째 부분은 예수 자신에 관해 두 개의 새롭고 결론적인 질문들, 즉 그런 비유로 만들어진 예수(Jesus)에 관해 질문을 제기할 것이다. 나는 내가 이제까지 살펴본 것들을 정리하는 것으로 시작하겠다.

첫째로, 비유는 이야기로서, 긴장을 일으키는 순서로 시작과 중간과 끝이 있어서, 그 줄거리가 있는 작은 세계 속으로 사람들을 손짓하여, 그 계속되는 모험 속에 외부인-내부인으로서 참여하도록 만드는 이야기다. (만일 우리가 "나는 그 이야기에 열중할 수가 없다"고 말한다면, 참여는 실패한 것이다.) 물론 어떤 이야기들은 아무것도 생각하지 않은 채 참여할 것을 요구하는데, 생각하기 시작하면 그 이야기가 완전히 있을 법하지 않은 이야기이거나 심지어 전혀 뚱딴지같은 이야기라는 것을 깨달을 수 있기 때문이다.

둘째로, 은유는 (어떤 사물을) "~로서 보는 것"이다. 은유는 가장 평범한 상투어("해가 떠오른다")로부터 세계를 상상하고 현실 자체를 주장하는 것("모든 사람들을 위해 자유와 정의를") 까지 다양하다. 여기서도 은유의 목적은 참여하는 것이다. 은유는 우리로 하여금 (어떤 사물을) "～로서 보는" 인간의 필연성을 인식하도록 초대하는데, 이것은 우리가 서 있는 근거를 만들어내야 하는 위험하며 현기증나는 필연성이다. 그러나 여기서도 은유들은 상투어가 될 수 있으며, 그렇게 되면 우리는 그런 은유들의 불가피성을 망각하게 된다.

그러나 예를 들어 다음과 같은 일을 해보자. 거울을 들여다보면서, 우리 자신을 바라보는 우리의 눈을 보지 않은 채 우리가 우리 자신을 볼 수 있는지를 보자. 우리는 바다의 물고기처럼 은유 안에서 헤엄을 친다. 물고기는 바다에 관해 알고 있는가? 은유가 감추고 있는 질문은 이것이다. 우리가 (어떤 사물을) "～로서 보지" 않은 채 무엇을 볼 수가 있는가 하는 질문이다.

셋째로, 비유는 은유적인 이야기이며, 그렇기 때문에 비유는 청중들과 독자들에게 특별한 참여 방식을 유도하는 경향이 있다. 비유는 우리로 하여금 그 이야기 속으로(into) 빨려 들어가기를 원하는 것이 아니라, 그 이야기로부터(out of) 벗어나기를 원한다. 씨앗 뿌리는 사람의 비유는 우리로 하여금 그 파종 작업 속으로 들어가 농사에 관한 정보들을 생각하게 되기를 원하는 것이 아니다. 그 비유는 우리로 하여금 파종 작업으로부터 벗어나기를 원한다. 벗어나서 어디로 들어가기를 원하는가? 비유들은 생각을 위한 덫이며 참여를 위한 미끼들이다. 우리는 그 비유를 통해서 "만일 씨앗 뿌리는 것이 씨앗 뿌리는 것이 아니라면, 도대체 무엇인가?"와 같은 생각을 하도록 유혹을 받으며, 심지어 그런 생각을 하도록 도발을 당하는 것이다.

넷째로, 나는 비유의 장르로서 기본적으로 세 가지 형태론을 제시했다. 수수께끼(riddle) 비유들(혹은 알레고리들)은 그 이야기들 속의 각각의 요소가 그 자체 바깥의 어떤 다른 감추어진 이야기 속의 요소들을 가리킨다. 예를 들어, 마가의 씨 뿌리는 사람의 비유에서, "새들"(4:4)은 "사탄"(4:15)을 뜻한다. 수수께끼들의 경우에, 참여하는 것은 숨어 있는 지식을 발견하며 비밀 정보를 풀어서 해독하는 작업과 관련된다.

본보기(example) 비유들은 윤리적인 모델, 도덕적 사례, 혹은 실천적 경우들로서, 그것을 파악하고 모방함으로써 참여하도록 초대한다. 예를 들어, 누가에 따른 복음에서, 잃어버린 양을 찾아다니고 그것을 발견해서 기뻐하는 것(15:6)은 예수가 죄인들을 대하는 태도를 위한 모델이며, 또한 우리도 어떻게 행동해야 하는지에 대한 모델이다.

도전하는(challenge) 비유들은 내가 주장한 비유들의 세 가지 형태 가운데 내가 가장 관심을 기울이는 것인데, 구약성서의 책 한 권 길이의 룻기, 요나서, 욥기로부터 신약성서의 한 시간 정도 걸려서 말로 풀어냈을 예수의 비유들까지 모두 도전하는 비유들이다. 내가 모든 사례연구들을 통해 강조했던 것은 당대에 휩쓸었던 절대적인 관습, 율법, 문화, 전제, 편견들에 대해 간단하지만 전혀 다른 비전을 비유 이야기를 통해 전복시킨 간접적이며 에두르는 이야기 방식, 절묘하며 부드러운 이야기 전달 방식이다.

하나님의 절대적인 법은 결코 모압 사람은 하나님의 백성이 될 수 없다고 말한다. 그러나 룻기의 도전하는 비유는 모압 여인

이 바로 다윗 왕, 즉 하나님께서 기름 부으신 왕으로서 이스라엘의 과거의 왕이며 미래의 왕인 다윗 왕의 증조할머니라고 말한다. 그것이 어떻단 말인가? 신명기 신학 혹은 에스라와 느헤미야가 요구한 율법에 근거한 이혼에 대해 아무런 공격을 하지 않는다는 말이다. 그러나 모압 여인 룻은 다윗의 족보에 들어 있다—또한 나중에는 예수의 족보에도 들어 있다. 이런 이야기 방식은 얼마나 부드럽고 절묘한가?

예수 역시 이와 비슷하다. "착한 사마리아인"은 "착한 모압 여인"처럼, 민족적인 절대성과 종교-정치적인 차별들—단순히 유대인들의 세계에서만이 아니라 어느 세계에서든지—에 대해 도전한다. 만일에 우리 민족이 "착한 사람들"이라고 믿는 자들—제사장과 레위인—이 자비심을 실행하지 않는 반면에, 우리가 유일하게 "나쁜 놈들"이라고 생각하는 민족—사마리아인—이 자비심을 실행한다면 어떻겠는가? 이것은 그런 상식적 원칙을 입증하는 예외인가, 아니면 그런 상식적 원칙을 뒤집어엎는 예외인가? 생각해 볼 필요가 있다.

더 나아가, 이 책의 제1부를 마감하면서, 나는 비유들을 참여적인 교육 방법으로 인정할 때, 예수의 메시지와 예수가 사용한 매체 사이에, 즉 하나님 나라라는 메시지와 도전하는 비유라는 매체 사이에 본래적인 연관성이 있는지에 대해 의문을 제기했다. 그에 대한 대답으로, 나는 똑같이 중요한 두 개의 상관관계를 설명했다.

모든 비유들은 참여적인 교육방법(participatory pedagogy)이다. 첫 번째 상관관계는 다음과 같은 점에 근거한 것이다. 즉 예수는 하나님의 나라가 하나님의 일방적인 개입 행위가 아니라 하나님과 인간 사이의 쌍방적인 협력의 행위라고 선언함으로써(데스몬드 투투의 말처럼, "하나님께서는 우리들 없이는 행하시지 않으시며, 우리는 하나님 없이는 행할 수 없다.") 참여적이며 혹은 협력적인 종말론은 주장했다는 점이다.

그러나 참여적인 종말론은 참여적인 교육방법을 요구하며, 협력적인 메시지는 협력적인 매체를 요구했다. 다시 말해서, 비유들은 그 정확한 메시지를 위해 가장 완벽한—심지어 필수적이며 불가피한—매체였다. 그러나 이것은 또 다른 질문을 제기한다. 모든 비유들이 참여를 요구한다면, 도대체 왜 예수는 수수께끼 비유들이나 본보기 비유들보다는 도전하는 비유들을 더 선호했는가? 이 세 가지 비유 형태들 모두가 참여적이며 협력적이며 상호적인 매체들이다. 그런데 왜 예수는 특별히 도전하는 비유들을 선택했는가?

도전하는 비유들은 비폭력적인 교육방법(nonviolent pedagogy)이다. 예수에게 하나님의 나라는 단순히 협력적인 사업만이 아니라 비폭력적인 사업이기도 했다. (빌라도가 최소한 이 사실을 정확하게 알려주었으니 고맙다.) 나는 이런 두 가지 측면이 예수의 정의와 평화의 세계에 대한 비전에서 똑같이 중요하며 또한 똑같이 필요하다고 생각한다. 도전하는 비유는 물론 은유적으로 대결하지만 그러나 절묘하게 그리고 부드럽게 대결한다. 도전하는 비유는 결국 단 하나의 이야기에 불과한데, 도대체 그런 이야기 하나가 그 시대를 휩쓸고 있는 법적인 절대성, 고대의 민족적인 고정관념, 이미 확립되어버린 종교-정치적 생각들, 특히 신적으로 재가된 명령들에 맞설 수 있는가? 도전하는 비유는 맞설 수 있으며, 맞설 것이며, 맞서고 있다. 왜냐하면 그것이 도전하는 비유의 위력(power)이기 때문이다.

다섯째로, 제1부의 예수가 가르친 비유들로부터 제2부의 예수에 관한 비유들로 넘어가기 전에, 나는 중간극에서 카이사르가 루비콘 강을 건넌 것에 관해 다루었다. 제1부에서는 우리가 허구적인 이야기들 속의 허구적인 등장인물, 즉 비유적인 이야기들 속의 비유적인 주인공들을 살펴보았다. 그러나 그 중간극은 허구적인 이야기들 속의 사실적인 등장인물들, 비유적인 이야기들 속의 역사적인 등장인물들의 가능성—실제로 사실성—을 소개했다. 율리우스 카이사르는 분명히 존재했으며, 기원전 49년에 라벤나에서 리미니로 가기 위해 분명히 루비콘 강을 건넜다. 그 중간극은 물론 허구적인 이야기들 속의 허구적인 등장인물들—즉 제1부의 예수가 가르친 비유들—로부터 허구적인 이야기들 속의 사실적인 등장인물들—즉 제2부의 예수에 관한 비유들—로 이동하기 위한 의도적인 준비 작업이었다.

여섯 번째로, 제2부의 네 장들을 어떤 방식으로든 요약하려는 것은 아니지만, 나는 마가, 마태, 누가-행전, 요한을 두루 살피면서 내린 하나의 결론을 강조하고 싶다. 마가는 도전하는 메가 비유(megaparable)를 통해 예수를 드러냈지만, 마태에서는 그 형태가 공격하는 메가 비유로 바뀐다. 그 다음에 누가-행전과 요한은 모두 서로 다른 방식으로 도전하는 비유와 공격하는 비유를 결합시키고 있다.

다시 말해서, 단지 수사학의 차원에서만 본다 하더라도, 도전하는 비유의 비폭력성이—네 복음서를 거치면서 점차—공격하는 비유의 폭력성이 되어버렸다. 공격하는 비유는 단지 비유의 새로운 형태로서 네 번째 형태인 것이 아니다. 공격하는 비유는 예수 자신의 도전하는 비유 방식에 대한 하나의 안티 비유(an antiparable)이다. 비유가—적어도 수사학적으로는—폭력적인 것으로 둔갑했다.

나는 여기서 잠시 멈추어서 마지막으로, 이 책 전체를 통해 내가 도전하는 비유를 어떻게 이해하고 있는지, 특히 비유들의 네 번째 형태인 공격하는 비유와 어떻게 다른지를 강조하려 한다. 나는 인간의 폭력이 거의 불가피하게 이념적인 폭력으로부터 시작해서 수사학적 폭력을 거쳐 물리적 폭력으로 그 수위가 올라간다고 생각한다. 인간의 폭력에 대해 이처럼 이해할 때, 나는 도전하는 비유가 이념적으로 절대적인 것들—민족적인, 혹은 법적인, 사회적이거나 문화적, 혹은 종교적이거나 정치적으로 절대적인 것들—에 대해 의문을 제기하면서도 그 절대적인 것들에 대해 반대하여 똑같이 절대적인 것들로 대체하지 않는 시도라고 이해한다. 도전하는 비유는 이야기로서 단지 하나의 이야기를 말할 수 있을 따름이다. 그러나 그 하나의 이야기는 우리로 하여금 감히—비폭력적인 수사학으로써—도저히 바꿀 수 없는 현실이라고 간주되는 전제들과 편견들에 대해 다시 생각하도록 만든다. 도전하는 비유의 위력은 폭력에 가담하지 않은 채 폭력에 대해 반대하는 비폭력적 수사학의 위력이다.

이제는 이 에필로그의 두 번째 주제로 들어가겠다. 독자들은 아마도 나의 마지막 두 질문의 내용을 짐작할 수 있었을 것이다. 만일에 비유들이 허구적인 이야기들 속의 허구적인 등장인물들과 관련된 것(예수가 가르친 도전하는 이야기들)이며, 또한 허구적인 이야기들 속의 사실적인 등장인물들과 관련된 것(예수에 관한 복음서 이야기들)이라면, 사실적인 이야기들 속의 허구적인 등장인물들도 있는가? 다시 말해서, 나의 현재 초점을 위해서, 예수 자신은 역사적인 인물로서 존재했는가, 아니면 예수는 결코 사실적으로 존재했던 적이 없었으며 단지 허구적으로만 존재했는가? 뿐만 아니라, 이런 사실이 "복음"에 대한 기독교인들의 비전에 어떤 차이점을 가져다주는가? 그러므로 질문은 두 개다. 예수는 존재했는가? 그리고 그 대답은 우리에게 중요한가?

첫 번째 질문은 예수가 역사적인 인물로서 시공간 속에 존재했는가 하는 질문이다. 예수는 율리우스 카이사르와 비슷한가?―사실적인 인물이지만 비유의 구름들 속에 싸여 있는가? 아니면 예수는 착한 사마리아인과 비슷한가?―기독교의 비유적인 상상력이 만들어낸 완전히 허구적인 인물인가? 나의 대답은 예수가 역사적인 인물로서 실재했다는 것이다. 이런 결론은 다음 두 가지 역사적 증거로부터 나온 것인데, 그 두 가지 형태의 역사적 증거 가운데 하나는 외적인 것이며, 다른 하나는 내적인 것이다. 나의 이런 결론은 어떤 도그마적인 전제로부터 도출된 것이 아니라는 말이다.

예수가 역사적인 인물로서 실재했다는 것을 보여주는 외적인 이유는 1세기 말엽의 유대인 역사가 요세푸스와 2세기 초엽의 로마 역사가 타키투스가 모두 예수에 관해 기본적으로 일치하고 있다는 점이다. 이 두 역사가 모두는 로마에서 자신들의 역사서를 저술했으며, 또한 적어도 일부 교육을 받은 지배층들은 "크리스천들"을 "그리스도"의 추종자들로 알고 있었음을 시사한다―마치 플라톤주의자들이 플라톤을 추종하거나, 아리스토텔레스주의자들이 아리스토텔레스를 추종했던 것처럼 말이다. 그렇다면 이 "그리스도"는 누구였는가?

요세푸스의 『유대 고대사』에 나오는 예수에 관한 설명은 후대의 기독교인 편집자들에 의해 "수정되었다"는 점에 대해 일반적으로 학자들은 합의를 이루고 있다. 그래서 내가 그 본문을 인용할 때, 후대에 첨가된 부분들은 고딕체로 표기하겠다. 요세푸스의 예수에 관한 설명은 90년대에 로마에서 기록된 것으로서 의도적으로 중립적인 입장을 보여주는데 다음과 같은 네 가지 요점을 갖고 있다.

운동: 그 즈음에 예수라는 이름의 현자가 살았다. **만일 그를 실제로 인간이라고 불러야만 한다면 말이다.** 그는 놀라운 기적들을 행하였고, 기쁘게 진리를 받아들이는 사람들을 가르쳤다. 많은 유대인들과 많은 그리스인들이 그를 따랐다. **그는 그리스도였다.**

처형: 우리들 가운데 가장 높은 지도자들이 그를 고발한 것을 듣고 빌라도는 그를 십자가형에 처하였다.

연속: 그를 처음 사랑하게 된 사람들은 그에 대한 사랑을 포기하지 않았다. **그는 사흘만에 다시 살아나 사람들에게 나타났는데, 이것은 하나님의 예언자들이 이것과 그에 관한 수많은 놀라운 일들을 예언한 바 있기 때문이다.**

확장: 그를 따라 크리스천들이라고 불리는 족속이 오늘날까지 사라지지 않고 있다.(18.63-64)

나는 위에서 고딕체로 표기한 부분들이 후대에 기독교인들이 "수정한 것"이라는 점에 동의하지만, 한 부분은 예외다. 요세푸스는 이 본문의 앞에서 "그리스도"를 언급했어야만 했다. 왜냐하면 그는 결론적으로 "크리스천들"은 "그를 따라" 즉 그리스도를 따라, 그렇게 불린다고 말하지만, 그 운동의 창시자 이름은 오직 "예수"라고만 밝혔기 때문이다. 따라서, "그는 그리스도였다[라고 불렸다?]"는 문장은 십중팔구 본래 요세푸스의 설명 가운데 있었던 문장이었지, 후대에 기독교인들이 고백하면서 덧붙인 것이 아닐 가능성이 크다고 생각한다.

그뿐 아니라, 나중에 『유대 고대사』에서 요세푸스는 "그리스도라고 불린 예수"에 관해 말한다(20.200). 그래서 나의 주장은 요세푸스가 위의 인용문에서 "그는 그리스도였다"라고 말하기보다는 "그는 그리스도라고 불렸다"라고 말했을 것이라는 점이다. 후대에 기독교인들이 편집하면서, "그는 그리스도였다"라는 문장 전체를 삽입한 것이 아니라 "그는 그리스도라고 불렸다"에서 "불렸다"를 삭제했을 것이다.

어쨌건 간에, 타키투스는 110년대에 율리우스-클라우디우스 왕조의 『연대기』(*Annals*)를 기록하면서, "크리스천들"을 "그리스도"의 추종자들로서 설명하면서 똑같이 다음 네 가지를 지적하고 있다.

운동: 그리스도는 그 이름의 창시자로서,

처형: 티베리우스 통치 시대에 본디오 빌라도 총독에 의해 사형이 집행되었는데,

연속: 그 유해한 미신은 잠시 억제되었지만 곧 다시 나타나,

확장: 그 질병의 근거지였던 유대만이 아니라 그 수도, 즉 세상의 온갖 끔찍하고 욕된 것들이 모여들어 유행하는 그 수도에도 나타났다.(15.44)

그러므로 외적으로, 1세기에서 2세기로 넘어갈 무렵에 두 명의 역사가가 "그리스도"를 한 운동의 창시자로 설명하면서, 그를 처형했지만 그 운동이 멈추지 않았으며—요세푸스가 말한 것처럼 "끊어지지 않는 사랑"으로서든, 타키투스의 말처럼 "유해한 미신"으로서든—시간이 지날수록 지리적으로 확장되었다. 이것은 예수의 사실성에 대한 외적인 증거이지만, 적어도 나에게는 내적인 증거가 훨씬 더 결정적이다.

내적인 논증은 우리가 이제까지 복음서들의 순서, 즉 마가, 마태, 누가, 요한의 순서를 거치면서 이미 살펴보았던 것에서 시작된다. 우리는 도전하는 비유를 통해 제시되었던 예수가 계속해서 공격하는 비유를 통해 제시되는 예수로 바뀌고 있음을 살펴보았다. 하나의 사례로서, 예수가 마태 5장에서 어떻게 인신공격이나 심지어 남을 모독하는 언어 사용을 금지시키고, 원수들을 용서하고 사랑할 것을 명령하는 것으로 시작했는지를 기억한다. 그러나 마태 23장에서는 그 똑같은 예수가 "율법학자들과 바리새파 사람들아, 위선자들아, 너희에게 화가 있다"는 말씀을 반복적으로 선포하고 있다. 또한 그 이후의 복음서들을 거치면서 수사학적인 욕설들이 어떻게 점점 더 심하게 계속해서 예수의 입술로부터 나오고 있는지를 우리는 살펴보았다.

또 다른 사례를 보다 폭넓게 신약성서 전체의 관점에서 생각해보자. 예수는 그의 마지막 주간(우리의 종려주일)에 나귀를 타고 예루살렘에 들어간다. 첫째로, 마태는 예수가 탄 나귀가 그 곁에 새끼에게 젖을 먹여 키우던 암컷 나귀라고 말한다(21:2). 이어서 마태는 이것이 스가랴 9:9의 메시아 강림에 관해 "예언자를 시켜서 하신 말씀을 이루려고 하는 것이다"(21:4)라고 말한다.

끝으로, 그렇다면 왜 하필 나귀인가? 왜냐하면 그처럼 비폭력적인 예루살렘 입성이야말로 메시아가 "에브라임에서 병거를 없애고, 예루살렘에서 군마를 없애며, 전쟁할 때에 쓰는 활도 꺾으려 한다. 그 왕은 이방 민족들에게 평화를 선포할 것이며, 그의 다스림이 이 바다에서 저 바다까지, 유프라테스 강에서 땅 끝까지 이를 것이다"(슥 9:10)라는 것을 뜻했기 때문이다. 이런 비폭력적인 입성은 폭력적인 황제의 방식, 즉 파괴된 성벽이나 열린 성문을 통해 정복한 도시에 입성하는 황제의 방식에 대해 비유적으로 풍자하는 것이었다.

이제 신약성서의 마지막 책인 묵시록 혹은 요한계시록을 살펴보자. 계시록 19장에서 재림하는 예수는 더 이상 젖을 먹이는 나귀가 아니라, 전쟁터의 흰 말을 타고 있다.

> 나는 또 하늘이 열려 있는 것을 보았습니다. 거기에 흰 말이 있었는데 '신실하신 분', '참되신 분'이라는 이름을 가지신 분이 그 위에 타고 계셨습니다. 그분은 의로 심판하시고 싸우시는 분입니다... 또 나는 짐승과 세상의 왕들과 그 군대들이, 흰 말을 타신 분과 그분의 군대에 대항해서 싸우려고 모여 있는 것을 보았습니다... 그리고 남은 자들은 말 타신 분의 입에

서 나오는 칼에 맞아 죽었고, 모든 새가 그들의 살점을 배부르게 먹었습니다.(계 19:11, 19, 21)

비폭력적인 성육신 예수(nonviolent incarnate Jesus)는 폭력적인 묵시종말적 예수(violent apocalyptic Jesus)로 바뀌었다. 젖을 먹이는 나귀와 그 새끼는 이제 전쟁용 군마로 대체되었다.

이것은 내가 예수를 역사적 인물로 받아들이는 내적인 증거이며 훨씬 더 결정적인 이유이다―네 개의 복음서 판본들이 아무리 창조적으로 작은 비유들과 큰 비유들로 예수를 묘사했다 할지라도 말이다. 나의 요점은 이것이다. 만일에 우리가 비역사적인 인물을 날조한다면, 왜 우리가 더불어 살 수 없는 인물을 날조하고, 계속해서 또한 마지막으로는 그와 정반대되는 인물로 바뀌도록 날조하겠는가? 다시 말해서, 나는 예수가 사실적이며 역사적인 인물이었을 가능성이 훨씬 크다고 보는데, 예수의 비폭력적인 분배 정의에 대한 급진적인 주장은 그것이 낳은 전통에 의해 받아들여졌고 또한 동시에 부정되었던 인물이었다. 그래서 나는 예수가 실제로 사실적이며 역사적인 인물이었지, 1세기의 유대인들이 만들어낸 은유적이며 상징적이거나 비유적인 인물이 아니었다고 결론짓는다.

이런 두 가지 이유, 즉 외적이며 내적인 이유와 더불어, 현대 학자들이 합의한 것에 비추어, 예수는 실제로 존재했으며, 우리는 그의 생애의 중요한 순서들―세례자 요한으로부터 빌라도 총독까지―을 알 수 있지만, 그가 우리에게 다가오는 것은 허구(fiction)의 긴 꼬리를 남기는 구름들을 달고 오는데, 그것은 예수가 가르친 비유들과 예수에 관한 비유들, 작은 비유들(miniparables)로서의 특정한 사건들과 메가 비유들(megaparables)로서의 전체 복음서들로 다가온다고 결론짓는다.

나의 두 번째 결론적 질문은 이것이다. 만일에 우리가 예수는 결코 역사적인 인물이 아니었다는 것을—절대적인 확실성을 갖고—발견했다면, 그것은 기독교인의 비전에 어떤 차이를 가져올 것인가? 애당초 거짓말이었다는 비난이나 처음부터 음모였다는 비난과는 별도로, 만일에 "예수"가 "착한 사마리아인"이나 "탕자"처럼, 의도적으로 또한 정직하게 그런 식으로 날조되었다면 어쩔 것인가? 기독교에서 실종되었을 것은 무엇인가? 비폭력적인 분배 정의가 하나님의 성격으로서 계시된 실제적 삶(an actual life), 그 이상도 그 이하도 아닐 것이다. 그러나 (만일에 정말로 예수가 그처럼 날조된 인물이라면) 우리는 멋진 비유 속의 비역사적인 인물로부터는 그런 비폭력적인 분배 정의가 하나님의 성격으로서 계시되었다는 것을 얻을 수 없었을 것인가? 실제로 없었을 것이다. 도대체 왜 그런가? 여기서 관건이 되는 것은 무엇인가?

만일 "마틴 루터 킹 주니어" 목사가 단지 역사적인 인물이 아니라, 그의 생애와 사상은 뉴욕 타임즈 베스트셀러 소설 속에 묘사된 가공적인 인물로서, 그 허구적인 이야기가 온갖 상을 받고 급기야 영화로까지 만들어졌다고 상상해 보라. 그의 비전은 미국의 운명을 위해 절대적으로 효과적인 것이 되었을 것이지만, 결국 즉석에서 그 모든 것이 매우 아름다운 것이라는 논평과 더불어 잊혀졌을 것이며, 지금 여기서는, 그리고 어느 때 어느 곳에서도 실현될 수 없는 꿈에 불과할 것이다. 그런 것은 단지 허구적인 오락물, 가상적인 꿈에 불과하여, 그 꿈에서 깨어나 현실로 돌아오면, 그런 꿈은 심지어 인간의 가능성으로서조차 부정하는 현실에 직면하게 된다. 사람들은 항상 그런 꿈을 되받아 칠 것이라고—적어도 둘째 날이나 셋째 날에는, 적어도 두 번째 살인이나 세 번째 살인에 의해 되받아 칠 것이라고, 그런 꿈에 대해 반대했을지도 모른다.

그러나 마틴 루터 킹 목사는 실제로 그 꿈을 살아냈던 인물이기 때문에—단순히 그 꿈을 상상했던 비유적인 소설 속의 인물이 아니라—그의 비전은 쉽게 잊혀질 수 없었던 것이다. 그런 꿈을 살아낸 사람이 있었다면, 다른 사람들도 다시 그런 꿈을 살아낼 수가 있다. 물론 이것이 예수가 실제로 사실적이며 역사적인 인물로서 도전하는 것이다. 만일 어떤 사람이 그의 생애와 죽음에서 무엇인가를 할 수 있다면, 다른 사람들 역시 마찬가지로 할 수 있다.

예수의 비유들의 위력(power)은 그의 추종자들로 하여금 하나님과 더불어 정의와 사랑의 세계, 평화와 비폭력의 세계를 공동창조하도록(to co-create with God a world of justice and love, peace and nonviolence) 도전했으며 또한 그렇게 할 수 있도록 만들었다. 예수의 역사적 생애는 적어도 한 사람이 완전히 하나님과 더불어 협력할 수 있다는 것을 입증함으로써(by proving at least one human being could cooperate fully with God) 그의 추종자들에게 도전했던 위력(power)이었다. 그리고 만일 한 사람이 그것을 입증했다면, 왜 다른 사람들은 못하겠는가? 만일 몇몇 사람이 했다면, 왜 모두는 못하겠는가? 시인 에밀리 디킨슨은 "재는 불길이 있었다는 것을 뜻한다"고 썼다. 그리고 만일 불길이 한번이라도 붙었다면, 불길은 또다시 붙을 수 있다.※

옮긴이의 말

삶이 힘겨워질수록 예수를 더욱 붙들게 된다. 예수를 믿는 일은 하나님의 거룩한 꿈을 실현하는 일에 예수처럼 지극정성으로 참여하는 일임을 다시 되새기게 된다. 하나님의 거룩한 꿈은 불(태양), 흙, 물, 공기를 원(圓)으로 둘러싸고 있는 생명의 영원한 순환을 상징하는 켈틱 십자가가 보여주듯이, 거룩한 신비 가운데 줄기차게 진행되는 생명의 역사 속에서, 특히 예수가 온몸으로 살아낸 것처럼 하나님 나라가 이 땅에 임하도록 지배체제에 맞서 투쟁하는 과정 속에 드러난다. 예수운동은 우리가 운명이나 지배체제의 노예가 되기를 거부하며, 또한 이기적 욕망과 어리석은 집착에서 벗어나, 그 우주적 생명의 역사에 참여하는 웅장한 영혼과 풍성한 생명과 자유를 추구하는 일이다. 즉 지배체제와 자기의 감옥에 갇히지 않고 생명의 주체가 되도록 우리의 거룩한 원(願)을 크게 품는 일이다. 태평양을 가로질러 건너는 바다거북, 대륙을 오가는 철새들, 남극지방에서 겨울 내내 태양도 뜨지 않는 어둠 속에서 가슴에 알을 품고 굶주림과 혹한을 견디는 수컷 펭귄들만이 아니라 온갖 벌레들이며 풀 나무들까지 모든 생명체들은 이처럼 생명의 장엄한 행진에 발맞추어 정성껏 하나님의 거룩한 꿈을 꽃피우기 때문이다. 물론 시지푸스와 프로메테우스의 웅혼한 꿈과 인내는 더 말할 나위도 없다.

더구나 우리 시대는 기후붕괴와 대멸종으로 인해 지질학적으로 지난 6천5백만 년 동안 생명을 가장 풍성하게 꽃피워왔던 신생대를 끝장내고 있으며, 생명과 정의와 평화의 세상을 통해 하나님 나라를 이 땅에 이루려는 하나님의 거룩한 꿈 자체를 파괴하는 시대다. 기후 과학자들은 지금 추세로는 60년 후에 지구 평균기온이 섭씨 4도 상승할 것으로 예측하여 대멸종과 문명의 붕괴를 경고하고 있다. 우리는 자기-파멸의 벼랑 끝을 향해 질주하고 있으며, 역사상 자손에 대한 보호본능과 책임감을 느끼지 못하는 첫 번째 세대가 되었을 만큼 집단최면에 걸려 있다.

그러나 깨어있는 사람들은 절박한 당면 과제를 분별하고, 생명과 정의와 평화의 세상을 위한 마지막 투쟁에 지혜와 힘을 모으고 있다. 특히 종교인들은 이 우주의 신비한 진화과정 안에서 전혀 예상하지 못했던 새로운 창조를 계속하는 사랑과 생명의 영을 우리의 몸 안에 모시는 일, 그리고 그 창조적인 영이 이끄시는 풍성한 삶을 원하기 때문이다. 더구나 "한 분 하나님"을 믿고 또한 나사렛 예수를 "주님"으로 따르는 일은 우리를 몸서리치게 만드는 온갖 고통과 절망, 억압과 착취, 폭력과 전쟁의 비극적인 상극(相剋)의 세상에서, 우리를 포함한 삼라만상이 한 모태(母胎)에서 태어난 형제자매로서, 모두가 더불어 기쁨과 평화를 누리도록 서로 한 마음으로 보듬는 상생(相生)의 삶을 살아내기 위해, 보다 약한 생명체들의 고통에 함께 공감하며 또한 가능한 한 그 고통을 극복하기 위해 지배체제에 맞서 힘껏 저항하는 것이 가장 인간답고 아름다운 삶의 원리라고 믿고, 마음과 정성과 뜻을 다해 이 원리를 지키려고 노력하는 일이기 때문이다. 이런 우주적 삶의 원리를 온전히 살아내지 못해 죄인이라고 고백할 수밖에 없지만, 예수가 먼저 그 우주적인 존엄의 길을 용기 있게 걸어간 것을 본받아, 우리도 다시 감히 용기를 내어 그 거룩한 길에 참여하려고 애를 쓴다.

그러나 한국 교회가 일반적으로 "사회적 진보를 거부하는 영원한 수구적 정신의 온상"(김상봉)으로 작용하는 근본 이유는 성서의 전근대적인 신화적 세계관 때문에 당면 과제조차 하나님 손에 떠넘기고 세상에 대한 책임의식을 갖지 못하는 경향 때문만이 아니다. 성경의 권위를 강조할수록, 또한 예수 그리스도 안에 나타난 특수계시의 절대성과 유일회성을 강조하는 사람일수록 권위주의적이며 비민주적일 뿐만 아니라, "외부 집단"에 대해 배타적이며 폭력적인 태도를 보이는 사람들이 많은 이유는 무엇인가? 복음주의 신학자 로날드 사이더 교수(*The Scandal of the Evangelical Conscience*, 2005)가 여러 통계자료를 통해 보여주듯, "성령세례를 받고 거듭났다"고 주장하는 복음주의 기독교인들이 아내 구타, 이혼율, 인종혐오에서 미국의 평균치보다 훨씬 높을 만큼 폭력적이며 성차별적이며 인종차별적인 이유는 무엇인가? 하나님의 무조건적이며 무차별적인 자비하심에 근거해서 원수까지도 사랑하라고 가르치는 기독교가 오히려 인류 역사상 가장 많은 사람들을 학살한 종교가 되었을 정도로 잔혹하고 폭력적인 이유는 무엇인가? 예를 들어, 여성혐오와 억압, 십자군 전쟁과 종교 전쟁, 종교 재판, 마녀 사냥, 유대인 혐오와 학살, 노예무역, 제3세계 식민지 정복이 모두 예수의 이름으로 자행된 이유는 무엇인가? 종교가 아무리 "내부 집단"의 결속을 위한 것이라 하더라도, "온 천하보다 더 귀한 영혼들"을 그처럼 대량학살하는 만행들을 어떻게 예수 이름으로 자행할 수 있었는가?

물론 제국의 종교가 된 이후 예수의 복음은 황제의 복음과 타협하여 정통주의라는 배제의 논리를 만들어, 그 획일적 교리에 동의하지 않는 자들을 저주하고 처형하는 한편, 기독교 세계라는 패권주의적인 지배체제는 하나님의 절대 진리라는 명분으로 불의한 사회 구조를 합리화시켰으며, 선교라는 명분으로 자신들의 정치경제적 목적을 달성하기 위해 예수를 이용한 것임에 틀림없다. 또한 자신들의 정통주의와 제국주의적 선교방식이 하나님의 뜻을 배반하는 것일 수 있다는 사실을 전혀 반성하지 않은 채, 하나님 나라를 내세의 천국 혹은 내면의 천국으로 만들어 버리고, 선악 이원론으로 세상을 단순하게 재단한 자신들의 교리에는 아무런 오류가 없다고 정당화했기 때문이다. 지배체제의 이런 이데올로기적 정당화에 의해 세뇌되고 길들여진 사람들은 그 교리에 무비판적으로 복종하여 예수의 이름으로 폭력을 자행하는 악마의 도구가 되기 십상이었다. 따라서 예수의 이름으로 자행된 그 모든 만행들은 결국 제국에 의해 학살당한 비폭력적인 예수를 패권주의 체제가 폭력적인 승리주의적 그리스도로 둔갑시킴으로써 초래한 비극들이었다.

교회사에서 획일적인 교리 절대주의에 기초한 제국주의적 승리주의가 초래한 이 모든 비극적 아이러니를 무수하게 경험했음에도 불구하고, 여전히 성경 문자주의와 교리주의에 근거한 근본주의 신학이 파시즘적인 승리주의와 패권주의를 조장하는 이유는 무엇인가? 성경의 모든 말씀이 하나님의 영감으로 기록되었다는 "축자영감설"에 기초하여 기독교의 전통 교리들, 특히 예수의 재림을 통한 하나님의 우주적인 심판을 학수고대하는 근본주의자일수록 폭력적이며, 타종교인들을 멸시하고, 특히 북한에 대한 적대정책을 지지하며, 생태계 파괴 사태를 "예수 재림"의 징조로 환영하는 사람이 많은 이유는 무엇인가?

문제는 이것이다. 왜 성경을 열심히 읽을수록 하나님 나라를 이 땅에 이루기 위해 생명과 정의와 평화운동에 헌신하기보다는 오히려 이기적이며 폭력적이며 몰상식한 사람이 되기 쉬운가? 크로산이 『하나님과 제국』(*God and Empire*, 2007, p. 237)에서 묻고 있는 것처럼, "폭력적인 기독교 성서에 근거한 폭력적인 기독교 안에서 비폭력적인 기독교인이 되는 것이 어떻게 가능한가?" 하는 질문이다. 신적 계시를 통해 절대 불변하는 진리를 소유하고 있다는 자기확신과 우월감과 그 진리를 기록한 문자를 절대화하는 문자 근본주의에 사로잡혀, "한 분 하나님"에 대한 신앙을 몇 개의 근본적인 믿음 조항들과 동일시함으로써 더욱 절대적인 것으로 만들어, 성경 자체가 하나님의 거룩한 꿈을 실현해나가는 역사에 대해 항상 새롭게 재해석해나간 과정이라는 점을 망각하기 때문이 아닌가? 그래서 성경에 기록된 하나님의 전능한 모습이란 하나님이 마음만 먹으면 무슨 일이든 행할 수 있는 절대군주처럼 매우 자의적이며, 수시로 이방인 여인들과 아이들까지 남김없이 진멸하도록 명령하는 매우 폭력적인 전쟁의 신이며, 전능한 동시에 정의의 신으로서 고통을 안겨주는 "새디스트 신"(도로테 죌레)인 마당에, 그 독생자 예수의 모습마저 폭력적이기 때문이 아닐까? 단순히 재림 예수가 어린양 예수가 아니라 세상을 온통 피바다로 만드는 "도살자 예수"(계 19장)로 등장하기 때문만이 아니다. 십자가의 폭력이 "우리를 구원하는 하나님의 폭력"이라고 믿기 때문만도 아니다. 우리가 빛과 함께 경험하는 짙은 어둠을 솔직히 인정하지 않은 채 그 어둠을 타자에게 투사하여 악마화함으로써 그 어둠을 폭력적으로 타도하고 멸절시켜야 할 대상으로 만들기 때문만도 아니다.

한 사람의 인품과 본색이 가장 잘 드러나는 것은 그가 분노할 때와 절망할 때, 그리고 목숨이 걸린 싸움판에서이기 십상인데, 예수는 자신에게 적대하던 바리새파 사람들과 유대인들에 대해 얼마나 심한 저주와 욕설들을 퍼붓고 있는가(예컨대 마태 23: 13-33, 요한 8:44)? 더군다나 마가, 마태, 누가, 요한으로 갈수록 왜 예수의 언어폭력이 점점 더 심해지는가? 이념적 폭력은 언어폭력을 거쳐 물리적 폭력으로 발전한다는 크로산의 관점에서 볼 때, 하나님의 아들 예수의 입술로부터 나온 것으로 기록된 그런 저주와 욕설은 타종교인들만이 아니라 기독교 안의 다른 종파들에 대한 저주와 폭력을 정당화시켜주는 것이 아닌가?

이처럼 외부 집단, 특히 다른 종교와 신학 노선을 믿고 따르는 사람들을 저주한 예수의 모습은 정말로 예수가 가르친 "무차별적인 사랑과 구원의 하나님"을 성육신한 모습인가? 아니면, 복음서 저자들이 그 적대자들에 대해 갖게 되었던 증오심과 적개심과 저주를 "예수의 입술을 통한 하나님의 말씀"으로 만들어 버린 탓인가? 애당초 복음서들에 나오는 예수의 생애, 죽음, 부활, 재림 이야기들은 역사적 사실들인가, 아니면 픽션들인가? 아니면 사실과 허구가 결합된 비유적 역사인가? 예수가 가르친 비유들은 어떻게 당대의 근본주의였던 율법의 절대성에 도전했던 룻기, 요나서, 욥기의 전통을 창조적으로 계승하는가?

예수가 가르친 비유들 속에서 "외부인들"(outsiders), 즉 탕자와 사마리아인, 세리, 잔치에 초대받지 못한 사람들이 결국에는 모두 하나님 나라에 참여하는 반면에, "내부인들"(insiders) 즉 큰

아들과 제사장과 레위인, 바리새인, 잔치에 초대받은 사람들은 결국 그 나라에 참여하지 못한다. 하나님 나라에서는 외부인들과 내부인들의 지위가 완전히 역전되는 것이다.

그러나 왜 예수에 관한 복음서들의 이야기에서는 바리새파 사람들과 유대인들에 대해 예수의 입술로 그처럼 저주와 욕설을 퍼붓고 있는가? 그들은 율법에 근거해서 "외부인들"을 하나님의 이름으로 낙인찍는 악질들이며, 또한 율법수호라는 명분으로 예수를 살해하는 데 앞장선 원수들이며, 그 이후 초대교회 역사에서 예수운동을 적대시했던 "악마들"이었기 때문인가? 유대교 안에서 시작된 예수운동이 극히 소수자들의 새로운 운동으로서 자기 정당성을 확인하기 위해서는, 유대교에 대한 비판과 공격이 불가피했을 것이라는 점도 이해할 수 있다. 그렇다 하더라도, "원수 사랑"을 가르친 예수가 자신의 입술로 자신을 적대한 사람들에게 저주와 욕설을 퍼부었다는 것은 결국 예수 자신을 "위선자"로 만드는 것이라는 사실을 복음서 저자들은 몰랐는가? 복음서 저자들의 증오심과 적개심이 뼈에 사무칠 정도였다 하더라도, 저주와 욕설을 통해 과연 "원수들"의 회심과 변화를 기대할 수 있었는가? 우리는 악마가 될 수 있다. 그러나 종교적인 이유로 동족 전체를 "악마의 자식들"(요한 8:44)로 규정한 예수의 발언과는 정반대로 실제로 악마가 된 것은 기독교인들과 기독교 국가들이 아니었는가?

문제의 핵심은 예수가 자신을 적대했던 사람들을 실제로 "원수들"로 간주하고 그들에 대해 그처럼 심한 저주와 욕설을 퍼부었는가 하는 문제다. 예수가 가르치고 살아낸 하나님 나라에 대해 그처럼 살기등등하게 적대했던 세력들이 상극의 현실로 몰아

갈 때, 예수가 선택한 길이 복음서 기자들이 기록한 것처럼 그들에 맞서서 언어폭력을 사용하며 저주하는 상극의 길이었는가, 아니면 룻기, 요나서, 욥기처럼 부드러운 도전을 통해 비폭력적인 자기 성찰로 인도하는 상생의 길이었는가?

역사적 예수 연구의 세계적인 권위자 크로산 교수는 이처럼 중요하고 복잡한 문제들에 대해 자세히 설명해준다. 복음서 저자들이 작성한 예수 이야기들에 근거해서 기독교인들이 예수 이름으로 저주와 폭력을 정당화해왔던 것에 대해 크로산은 그들의 근본적인 성서적 토대를 완전히 뿌리뽑아버린다. 예수에 대한 복음서 저자들의 해석을 비판적으로 완전히 재해석함으로써, 2천년 동안 훼손되었던 예수의 자유혼, 특히 "한 분 하나님"의 거룩한 꿈에 대한 믿음과 사랑에 충만한 예수의 자유혼과 그의 창조적인 신학과 평화교육방법론을 되살려낸 이 책은 폭력으로 점철된 기독교 역사의 방향을 돌려놓는 혁명적인 책이다. 복음서 저자들이 실패한 것에서 우리가 배우지 못한다면, 우리는 앞으로도 그 실패를 계속해서 반복할 수밖에 없기 때문이다.

시장 자본주의의 구조적 모순과 생태계 파괴로 인해 인류 문명의 붕괴를 목전에 두고 있어서 "가이아의 평화"(Pax Gaia)가 절실하지만, 오히려 점차 파시즘의 망령이 다시 배회하는 시절에, 교회 안과 밖의 온갖 몰상식과 폭력성과 편가르기를 극복하고 시대의 어둠을 돌파해 이 땅의 역사를 앞장서서 견인하기 위해 곳곳에서 저항하는 모든 이들을 응원하는 마음으로, 원서가 출판된 지 한 달만에 번역판을 내놓는다. 세상의 모든 장벽들, 특히 종교와 신학의 노선 차이로 인한 증오와 적개심마저 온몸으로 끌어안고 뛰어넘게 한 사랑의 혁명가 예수께 찬미!!

성경 색인

굵은 글씨로 된 페이지에 성경 본문이 있습니다.

구약성서

출애굽기
1-2, **269**, **272**
7:13-14, 22, **35**
8:15, 32, **35**
8:19, **35**
9:7, 35, **35**
9:12, **35**
9:29, **161**
9:34, **35**
10:1, 20, 27, **35**
11:10, **35**
14, **341**
14:8, **35**
22:25, **158**
22-23, **158**
24:1, **161**

레위기
17-26, **158**
25:36-37, **158**

신명기
1:16, **111**
12-26, **158**
23:3-4a, **109**, **111**
23:19, **158**
28, **123**, **127**, **128**, **129**, **183**
28:2, **127**
28:4, **127**
28:18, **127**
28:25, **127**

사사기
9, **50**
9:1-3, **51**
9:8-15, **50**
9:15, **51**
9:49, **52**
9:53, **52**
13-16, **28**
14:1, **28**
14:3, **28**

14:6, **29**
14:12-13, **29**
14:14, **29**
14:15, **29**
14:18, **30**
14:19, **30**
15:5, **30**
15:6, **30**
15:8, **30**
16:1, **28**
16:4, **28**

룻기
1:1, 2, 6, 22, **107**
1:1-5, **105**
1:4, **107**
1:16, **111**
1:16-17, **106**
1:22, **106**, **108**
2:1, **106**
2:2, 21, **108**
2:6, **108**

391

4:3, 5, 10, **107**
4:5, 10, **108**
4:14-17, **107**
4:17-22, **108**

사무엘하
11:1, 34, **52, 54**
11:2-3, **53**
11:8, **53**
11:15, **53**
12:1-4, **54**
12:5-7a, **54**
12:10, **55**
12:13, **55**

열왕기상 17, **308**

열왕기하 5, **308**

에스라 10:2, 10, 11, 14, 17, 18, 44, **110**

느헤미야
13:1-2, **111**
13:3, 26, 27, 30, **110**

욥기
1:1-2:13, **121, 123**
1:1-3, **123**
1:2-3, **128**
1:8, **124**
3:1-37:24, **121, 123, 126**
6:24, **128**
38:1, **129**
38:1-40:2, **129**
38:1-42:6, **121, 123, 128**
40:3-5, **129**
40:6-41:34, **129**
42:1-6, **129**
42:7, **128**
42:7-17, **121, 123**
42:10, **122**

시편
15:5, **160**
137:7, **125**

이사야
4:11-13, **34**
6:8, **117**
6:10, **34, 156**
37:33, 35, **118**
45:1, **132**
61:1, **307**

예레미야
4:21, **125**
25:15-16, **124**
25:15-26, **124**
25:18, **124**
25:19-21, **124**

에스겔
18:8-9, 13, 17, **159**
22:12, **159**

다니엘
1-6, **55**
3, **56**
6, **56**
7, **175, 176**
7:2-6, **176**
7:7, 19, 23, **176**
7:8, 11, 20, 21, **176**
7:12, **176**
7:14, **177**
7:18, **177**
7:27, **177, 192**

오바댜 1, 2, 4, 8, 12, 13, **125**

요나
1:1-2, **113**
1:3, **113**
1:10, **114**
1:16, **114**
2:1-9, **114**
2:10, **114**
3:1-2, **114**
3:4, **114**
3:5-9, **115**
3:10, **115**
4:1, **115**
4:10, **115**
4:10-11, **116**

나훔
1:1, **119**
2:8-10, **119**
3:1-3, **120**

스가랴
9:9, **378**
9:10, **378**
10:11, **118**

신약성서

마태복음
1:1, **269, 271, 272, 337**
1-2, **269, 332**
2:2, **270**
3:7-10, **184**
3:13-15, **187**
3:16-17, **188**
4:17, **191**
5, **282, 292, 293, 377**
5:17-20, **276**
5:21-26, **276**
5:22, **278**
5:24, **279**
5:27-30, **276**
5:31-32, **277**
5:33-37, **277**
5:38-42, **277**
5:43-48, **277**
5:44-45, **196**
5:44-45, 48, **279**
5:48, **197**
5-7, **275**
6:2, 5, 16, **280**

6:2-16, **325**
6:10, **189, 206**
8, **333**
8:5-6, **303**
8:5-13, **303**
8:11-12, **287**
9:15-16, **191**
10:5, **361**
10:10, **197**
10:14, **284**
10:15, **283, 284**
10:23, **357**
10:35-36, **202**
11:11, **188**
11:12-13, **191**
11:18-19, **187**
11:20-24, **283**
12:28, **191**
12:38-42, **286**
13:16-17, **191**
13:24-30, 36-43, **287**
13:42, **287**
13:44, **205**
13:44-46, **164**
13:45, **205**
13:47-50, **287**

13:52, **291**	22:34, **88**	25:20-23, **165**
13:54-57, **307**	22:34-35, **88**	25:24, 26, **162**
13:54-58, **306**	22:34-40, **87**	25:24-28, **151**
14:13-21, **339**	22:36-40, **89**	25:27, **157**
15:7, **325**	22:40, **80, 89**	25:30, **287**
15:32-39, **339**	22:41-46, **87**	27:11, 29, 37, **270**
16:1-4, **286**	23, **282, 292,**	27:15, 20, 24, 25,
18:4, **62**	**293, 333, 377**	**290**
18:6, **62**	23:2-3, **292**	27:24, **290**
18:10-14, **63**	23:12, **141**	27:25, **290**
18:12-14, **62**	23:13, **281**	27:37, **270**
19:23-24, **189**	23:13-29, **325**	27:60, **351**
19:30, **141**	23:15, **281**	
20:1, **146, 170**	23:16, **281**	마가복음
20:1-2, **145**	23:17, 19, **281**	1:1, **238, 241**
20:1-16, **145**	23:23, **281**	1:1-3, **123**
20:3, **146**	23:24, **281**	1:1-8, **332**
20:3-7, **146**	23:25, 26, **281**	1:4-5, **184**
20:7, **146**	23:27, **281**	1:9, **187**
20:8-15, **146**	23:29, **281**	1:10-11, **188**
21:2, **378**	23:33, **281**	1:14, **257**
21:4, **378**	24:45-51, **287**	1:14-15, **36, 241**
21:28-32, **166**	24:51, **287, 325**	1:14b-15, **191**
22:1-14, **287**	25:1-13, **166**	1:16, **250**
22:13, **287**	25:14-18, **150**	1:19, **250**
22:18, **325**	25:14-30, **150**	1:25, **247**
22:23-33, **87**	25:19-23, **151**	2:1, **36**

2:10, 28, **192**
2:19-20, **191**
2-3, **39**
3, **36, 66**
3:6, **36, 334**
3:12, **247**
3:16-17, **250**
3:16-19, **250, 262**
3:21-22, **36**
3:22, **335**
3:23, **37**
3:23-27, **37, 39**
4, **25, 36, 37, 38, 40, 41, 44, 61, 65, 95**
4:1-2, **32**
4:1-20, **31**
4:3-8, **32**
4:3-9, **20, 41**
4:4, **369**
4:8, **42**
4:10, **32, 33, 115**
4:11-13, **34, 39, 156**
4:14-20, **38, 41**
4:15, **369**
4:20, **42**

4:21-23, **41**
4:33-34, **41**
4:34, **15**
5:1-13, **242**
6:1-6, **306**
6:2-3, **307**
6:8, **197**
6:9, **342**
6:10, **342**
6:11, **284**
6:11-12, **283**
6:13, **342**
6:32-44, **339**
6:35-37a, **340**
6:35-43, **261**
6:37b, **340**
6:38, **342**
6:39-40, **341**
6:41-42, **341**
6:43-44, **341, 343**
7, **36, 38**
7:1-5, **38**
7:6, 8, **39**
7:14, **39**
7:17, **39**
8:1-9, **261**
8:1-10, **339**

8:11-13, **285**
8:14-17a, **261**
8:17, **264**
8:17b-21, **262**
8:22-10:52, **244**
8:22-26, **245**
8:27, **260**
8:31, **192, 246**
8:31-9:1, **246, 256**
8:31-10:45, **245**
8:31-32a, **245**
8:32b, **245, 250**
8:33, **250**
8:33-9:1, **245**
8:34, **252**
8:38, **192**
8:17b-21, **264**
9:1, **256**
9:2, **250**
9:9, 12, 31, **192**
9:25, **247**
9:31, **246**
9:31-37, **247, 256**
9:32-34, **245, 250**
9:35-37, **245**
10:32-16:8, **255**
10:32a, **253**

성경 색인 *395*

10:32a-45, **255**	12:29-31, **88**	15:15, **249**
10:33, **253**	12:32, **89**	15:19, **249**
10:33, 45, **192**	12:32-33, **88**	15:20, **249**
10:33-34, **245, 250**	12:34a, **88**	15:24, **249**
10:33-45, **249, 256**	12:35-37, **87**	15:33-37, **349**
10:35-36, 37-38, 39-40, **250**	13:5-7, 21-22, **261**	15:37-39, **257**
	13:26, **129**	15:38-39, **349**
10:35-37, **250**	14:3-9, **255, 256**	15:39, **255**
10:35-40, **250**	14:7-8, **256**	15:40-41, **254, 257**
10:35-41, **245**	14:9, **256**	15:42, **350**
10:37, **251, 243**	14:10-11, **249**	15:42-44, **351**
10:41, **251**	14:12-16, **216**	15:42-45, **351**
10:42-44, **243**	14:21,41, **192**	15:46, **350**
10:42-45, **245, 251**	14:22, **12**	15:47, **254**
10:43-44, **263**	14:26, **192**	16:1, **254, 351**
10:46-52, **245**	14:33, **250**	16:1-2, **259**
10:52, **245**	14:33-35, **346**	16:1-8, **255, 258, 259**
10-16, **259**	14:36, **346**	
11:27, **39**	14:50, **346**	16:6, **249**
11-12, **39**	14:63-64, **249**	16:7, **360**
12, **36, 39**	15:1, **249**	16:7-8, **262**
12:1, 12, **39**	15:3-4, **242**	16:8, **258**
12:1-8, **204**	15:6-8, 11, 15, **289**	16:9-20, **258**
12:9-12, **204**	15:7, **197**	20:31, **141**
12:18-27, **87**	15:8, 11, 15, **290, 335**	
12:28, **88**		누가복음
12:28-34, **87**	15:11-12, **335**	1:1, **302**

1:1-24; 53, **302**
1:3, **300**
1-2, **332**
2:1-4, **323**
3:1-9:50, **321**
3:10-14, **184**
3:21a, **187**
3:21b-22, **188**
3:22, **322**
3:38, **337**
3-4, **133, 138, 139**
3-6, **133**
4, **138, 311**
4:1, **322**
4:16-17, **309**
4:16-19, **307**
4:16-30, **306**
4:18-21, **309**
4:22, **307, 309**
4:23-24, **307**
4:23-28, **309**
4:25-27, **308**
4:28-29, **308**
4:29-30, **309**
5:29-32, **61**
5:30, **141**

5:34-35, **191**
6:27-28, 35, **197**
6:36, **197**
7:1-5, **303**
7:1-10, **303**
7:1-18, **185**
7:19, **185**
7:22, **339**
7:22-23, **185**
7:28, **188**
7:34, **141**
8:8, **42**
8:15, **42**
9, **333**
9:3, **197**
9:5, **284**
9:10b-17, **339**
9:51, 53, **321**
9:51-57, **361**
9:52-56, **92**
10, **95**
10:12-15, **284**
10:23b-24, **191**
10:25, **74**
10:25-29, **75, 86, 89, 90**
10:26, **74**

10:27, **74, 80, 89**
10:28, **74, 89**
10:29, **74, 80, 89**
10:30-35, **10, 74, 75, 86, 89, 90**
10:31-32, **151, 152, 165**
10:36, **74, 89**
10:36-37, **75, 89, 90**
10:37a, **75, 80**
10:37b, **75**
11:5-8, **164**
11:16, 29-32, **286**
12:16-21, **164**
11:20, **191**
12:56, **325**
13:2, 4, **323**
13:15, **325**
13:22-23, 33-34, **321**
13:28-29, **287**
14:11, **141**
14:16-24, **165**
14:28-32, **164**
15:1, **60**
15:1-2, **58, 141**

성경 색인 *397*

15:1-3, **62**
15:2, **60**
15:4-7, **58, 62**
15:6, **369**
15:8-10, **59, 62**
15:11, **59, 70**
15:11-32, **62**
15:12-24, **59**
15:24, **60**
15:24, 32, **60**
15:25-32, **59**
15:28, **60, 323**
15:29, **60**
15:31-32, **60**
15, **61, 62, 63, 64, 65**
16:1-7, **203**
16:1-12, **164**
16:6-7, **323**
16:16, **191**
16:19-21, **142**
16:22-25, **142**
16:27-31, **143**
16:31, **143**
17:11, **321**
18:11-19, **361**
17:20-21, **190**

18:1-8, **164**
18:9, **139**
18:10, **137**
18:10-13, **140**
18:14, **140**
18:31, **321**
19:8, **141**
19:11, 28, **321**
19:12, 14, 27, **152**
19:12-26, **152**
19:13, **152**
19:15-19, **153**
19:20-24, **154**
19:23, **157**
19:29-24:53, **321**
20:27-40, **87**
20:41-44, **87**
22:35-36, **197**
22:37-38,   49-52, **197**
23:4, **312**
23:13-15, **312**
23:22, **312**
23:47, **258**
23:53, **351**
24:12, **354, 355**
24:13-33, **11**

24:27, **143**
24:28-32, **12**
24:31-32, **143**
24:49, **300**
24:52-53, **322**

요한복음

1:1-2, **337**
1:1-18, **332**
1:29-34, **187**
1:32-34, **188**
3:1-9, **351**
4, **345**
4:3-6, **362**
4:7-15, **345**
4:9, **93**
4:19, **362, 363**
4:25, 29, **363**
4:25-26, **362**
4:29-30, **362**
4:31-38, **345**
4:39-43, **363**
4:42, **363**
4:46-47, **304**
4:46-53, **303**
5:18, **335**
6, **343, 344, 354**

6:1-13, **339, 342**	11:57, **334**	20:2, **354**
6:5-7, **342**	13-17, **357**	20:3-9, **355**
6:13, **343**	14:2, **364**	20:3-10, **354**
6:14-59, **339, 343**	14:16-17, **358**	20:11-18, **354**
6:26, **344**	14:18-19, **359**	20:13, **356**
6:27, **344**	14:26, **358**	20:14-15, **356**
6:35, **344**	15:26, **358**	20:16, **356**
6:35, 42, 48, 51, **354**	16:7, **360**	20:17, **357**
	16:11, **358**	20:19, **357**
6:41, **344**	16:16-19, **359**	20:19-23, **357**
6:48-50, **344**	17:12, **348**	20:22, **357**
6:51, **344**	18:3, **334**	20:24, **357**
7:32, 45, **334**	18:3-6, **347**	20-21, **258**
7:50-52, **351**	18:7-8, **347**	
7-9, **333**	18:9, **348**	사도행전
8:44, **387**	18:10-11, **347**	1:1, **300**
8:48, **335**	18:12, **348**	1:1-7:60, **321**
9:2, **131**	18:28, **216**	1:2-28:25, **323**
9:40-41, **333**	18:33-38, **198**	1:4-5, **301**
11, **353, 354**	18:35, **198**	1:8, **361**
11:6, **352**	18:36, **198, 364**	1-7, **361**
11:17, **352**	19:6-7, **336**	2, **301**
11:23-27, **353**	19:28-30, **350**	5:17-18, **310**
11:25, **354**	19:38, **351**	8, **361**
11:39, **352**	19:39-41, **351**	8:1-28:14a, **321**
11:44, **353**	20, **354**	8:5, **321**
11:47, **334**	20:1-2, **354**	8:5-25, **362**

8:27, **305**	17, **311**	28:30-31, **317**
9:31, **321, 362**	17:1,4, **305**	28:31, **302, 321,**
9-28, **362**	17:1-2a, **309**	**325**
10:1-2a, **326**	17:2b-3, **309**	
10:2, 22, **304**	17:4, **309**	로마서
10:2-4, 31, **326**	17:4,17, **304**	1:1, **240**
11:19, **321**	17:4-5a, **310**	1:9, **240**
13, **311**	17:5a, **309**	11:25, **311**
13:1-14:6, **321**	17:5b-9, **309**	
13:7, **313**	17:17, **305**	고린도전서
13:9, **313**	18:7, **304**	15, **258**
13:12, **313**	18:12-17, **314**	
13:14-16a, **309**	19:31, **314**	고린도후서
13:16, **304, 305**	19:37, **315**	4:4, **240**
13:16b-41, **309**	21:17-28:14a, **321**	9:14, **77**
13:42-43, **309**	22:25-29, **314**	11:25, **315**
13:43, **304, 305,**	23:12-22, **315**	
310	23:23-24, **315**	갈라디아서
13:43, 50, **304**	23:27, **315**	1:6-9, **240**
13:44-45, **310**	23:29, **315**	
13:44-49, **309**	24:26, **316**	빌레몬서
13:50, **305**	25:7, **316**	1:27, **240**
13:50-52, **309**	25:18-19, **316**	
15:3, **362**	26:31, **316**	요한계시록
15:40-19:41, **321**	26:32, **316**	19, **378, 387**
16:14, **304**	28:14b-31, **321**	19:11, 19, 21, **379**